Nationaler Verbraucherschutz und internationaler Handel

Europäische Hochschulschriften

Publications Universitaires Européennes
European University Studies

Reihe V
Volks- und Betriebswirtschaft

Série V Series V
Sciences économiques, gestion d'entreprise
Economics and Management

Bd./Vol. 2942

PETER LANG
Frankfurt am Main · Berlin · Bern · Bruxelles · New York · Oxford · Wien

Bettina Sophie Rudloff

Nationaler Verbraucherschutz und internationaler Handel

Grenzen und Möglichkeiten neoklassischer Theorieansätze zur Beurteilung von Konfliktpotenzialen am Beispiel des WTO-Streits zum *Hormonfleisch* zwischen der EU und den USA

PETER LANG
Europäischer Verlag der Wissenschaften

Bibliografische Information Der Deutschen Bibliothek
Die Deutsche Bibliothek verzeichnet diese Publikation in der Deutschen Nationalbibliografie; detaillierte bibliografische Daten sind im Internet über <http://dnb.ddb.de> abrufbar.

Diese vorliegende Arbeit wurde von der
Landwirtschaftlichen Fakultät der
Rheinischen Friedrich-Wilhelms-Universität Bonn
als Dissertation angenommen.

D 98
ISSN 0531-7339
ISBN 3-631-39777-1

www.peterlang.de

Ich halte es mit tiefen Problemen wie mit einem kalten Bad - schnell hinein, schnell hinaus. Dass man damit nicht in die Tiefe, nicht tief genug hinunter komme, ist der Aberglaube der Wasserscheuen, der Feinde des kalten Wassers [...] Oh! Die große Kälte macht geschwind!

Friedrich Nietzsche (1882): Fröhliches Wissen, S. 381.

Als je in water poept zal het gauw naar boven komen drijven.

Nederlandse spreekwoord.

Vorwort

Die vorliegende Dissertation entstand während meiner Zeit als wissenschaftliche Mitarbeiterin am Institut für Agrarpolitik der Universität Bonn, an dem mir von Beginn an großes Vertrauen für selbstverantwortliche und kreative Aufgaben entgegengebracht wurde.

Hierfür und für den immer ungebrochenen Glauben an meine Fähigkeiten danke ich meinem Doktorvater, Herrn Prof. Dr. Wilhelm Henrichsmeyer, der mir die notwendige Unterstützung und ausreichende Freiräume für meine Arbeit bot. Herrn Prof. Dr. Dieter Born, Institut für Landwirtschaftliche Betriebslehre, danke ich herzlich für die Übernahme des Koreferats.

Und Herrn Prof. Dr. Ulrich Köpke, Institut für Organischen Landbau, verdanke ich nicht nur die Übernahme des Vorsitzes der Prüfungskommission, sondern vor allem die wertvolle Erfahrung leidenschaftlicher und persönlich engagierter Wissenschaft.

Der Theodor-Brinkmann-Stiftung verdanke ich den Förderpreis 2002 für meine Dissertation, der mir eine große Ehre und Auszeichnung bedeutet.

Ohne meine Arbeitskollegen am Institut wäre das Bad in kaltem Wasser nicht möglich oder aber nicht so erfrischend gewesen: In erster Linie danke ich meinem langjährigen Kollegen und Freund Herrn Dr. Guido Urfei, der mir Wasserscheuen immer wieder auf beruflicher, aber auch auf persönlicher Ebene beim notwendigen Sprung ins Nass hilft. Herr Dr. Thomas Heckelei weiß, seit wir uns kennen, mein Selbstbewusstsein zu stärken und das Beste aus mir herauszuholen.

Spezieller Dank gilt auch Herrn Dr. Martin von Lampe, der mit mir verschiedene Argumentationsversionen intensiv durchgefochten hat. Auch Herr Dipl.-Ing. Agr. Stefan Sieber hat einige Fassungen mit mir diskutiert und mich immer zu fröhlichem Wissen motiviert. Herr Dipl.-Ing. Agr. Hans-Josef Greuel ist auch jetzt noch eine zuverlässige und unkomplizierte Hilfe in den undurchsichtigen Tiefen der EDV. Frau Dr. Ulrike Grote vom Zentrum für Entwicklungsforschung in Bonn war mir bei vielen fachlichen Fragen zum WTO-Regelwerk eine Stütze.

Schließlich trugen auch zahlreiche studentische Hilfskräfte zum Gelingen der Arbeit bei: neben Herrn Jochen Deitmer und Frau Murielle Knopf gilt mein besonderer Dank Frau Carmen Richerzhagen. Ohne ihre ausdauernde Recherche, die verlässliche Durchsicht zahlreicher Textversionen und viele hilfreiche Anregungen wäre der termingerechte Abschluss meiner Arbeit nicht möglich gewesen. Und viel weniger Spaß gemacht hätte es ohne die geteilte Liebe zu Skeletten und Kakerlaken sowieso!

Weiterhin danke ich meiner gesamten Familie nicht nur für die Ermöglichung meiner fachlichen Ausbildung, sondern auch für die immer vorherrschende Kultur, sich einfach für alles zu interessieren und darüber auszutauschen.

Schließlich gilt ein ganz persönlicher und tiefer Dank meinen Freunden – die besten, die man nur haben kann:

Heiko Weber, „der auch nicht mehr kann als arbeiten“ und mich dennoch in endlos sinnlosen Spaziergängen am Rhein aufzubauen wusste und mir bis heute ein Zuhause in Bonn bietet.

Klaus Knippertz, der mich während meines gesamten universitären Lebens auch im nicht-universitären Bereich und nicht zuletzt durch so manche lange Nacht begleitet hat.

Carmen Richerzhagen, die zwar nicht die Schwester von Robert ist, aber trotzdem mir auch dann zur Seite steht, wenn man eine Wohnung wie die meine besenrein verlassen muss.

Mit Richard Skuppin lässt sich dem alltäglichen Irrsinn immer eine besondere Dimension abgewinnen, was mir auch über die Phase der Manuskriptfertigstellung hinaus viel bedeutet und sehr hilft.

Am Ende und damit bewusst an herausragender Stelle bedanke ich mich von ganzem Herzen bei Robert Bongaerts, alias Herr Brüggen-Bracht. Er teilte die gesellige Zeit an den nachbarschaftlichen Lehrstühlen und er ist mir in all den Turbulenzen der letzten Jahre, auch in Phasen eher unfröhlichen Wissens, immer das gewesen, was ich am meisten brauchte: eine Insel in manchmal schon verdammt kaltem und tiefem Wasser. Daar komt het wel op neer!

Maastricht, im November 2002 Bettina Sophie Rudloff

Inhaltsverzeichnis

Verzeichnis der Übersichten

Verzeichnis der Tabellen

Anhangsverzeichnis

Abkürzungsverzeichnis

α	inländisch geltender Transferparameter für den Export an Emissionen
AB	Appellate Body
ADI	Acceptable Daily Intake
AoA	Agreement on Agriculture
B	ausländisch geltender Transferparameter für den Export an Emissionen
BSE	Bovine Spongiforme Enzephalopathie
bspw.	beispielsweise
c.p.	ceteris paribus
CTBT	Committe on Technical Barriers to Trade
CTE	Committee on Trade and Environment
DSB	Dispute Settlement Body
DSU	Dispute Settlement Understanding
ECE	Economic Commission for Europe
ECU	European Currency Unit
EG	Europäische Gemeinschaft
EU	Europäische Union
FAO	Food and Agriculture Organization of the United Nations
GAP	Gemeinsame Agrarpolitik
GATS	General Agreement on Trade in Services
GATT	General Agreement on Tariffs and Trade
GEN	Global Ecolabelling Network
ggf.	gegebenenfalls
GMO	Genetically Modified Organism
gQ	gute Qualität
grav.	gravid
H	Hormonfleisch
HCCP	Hazard Analysis Critical Control Points
IDF	International Dairy Federation

i.S.	im Sinne
ISO	International Organization for Standardization
ITO	International Trade Organization
IWF	Internationaler Währungsfonds
KNA	Kosten-Nutzen-Analyse
KR	Konsumentenrente
MFNT	Most-favoured Nation Tariff
MGA	Melengestrolacetat
MRL	Maximum Residue Level
$N^{\bar{Q}}$	Erwartungswert-Nachfrage
NGO	Non-Governmental Organization
OA	Unterer Anrainerstaat
OECD	Organization for Economic Co-operation and Development
OH	Hormonfreies Fleisch
PM	Product Measure (= Produktstandard)
PPM	Product and Process Measure (= Produkt- und Prozessstandard)
PPM-NPR	Product and Process Measure - non product related (= Produkt- und Prozessstandard ohne Produktbezug)
PPM-PR	Product and Process Measure - product related (= Produkt- und Prozessstandard mit Produktbezug)
PR	Produzentenrente
PRM	Policy Review Mechanism
RO	Agreement on Rules of Origin
SCM	Agreement on Subsidies and Countervailing Measures
SPS	Agreement on the Application of Sanitary and Phytosanitary Measures
SQ	schlechte Qualität
St	Staatseinnahmen
SÜ	Sozialer Überschuss
TBT	Agreement on Technical Barriers to Trade

TED	Turtle Excluder Device
ToT	Terms of Trade
TRIPS	Agreement on Trade-related Aspects of Intellectual Property Rights
TRQ	Tariff Rate Quota
UA	Unterer Anrainerstaat
UK	Umweltkosten
UNCTAD	United Nations Conference on Trade and Development
vCJK	neue Variante der Creutzfeld-Jakob-Krankheit
VN	Vereinte Nationen
VK	Verbraucherschutzkosten
W	Gesamtwohlfahrt
W-A-Diagramm	Wahrscheinlichkeits- Schadensausmaß-Diagramm
WBGU	Wissenschaftlicher Rat der Bundesregierung „Globale Umweltfragen“
WHO	World Health Organization
WTO	World Trade Organization

1 Einleitung

1.1 Hintergrund und Zielsetzung der Arbeit

Die Sicherheit von Nahrungsmitteln und die Sorge, innerhalb zunehmender internationaler Handelsverflechtungen nationale Freiheitsgrade im Verbraucherschutz zu verlieren, rückte nicht zuletzt durch die aktuelle BSE-Problematik verstärkt in den Mittelpunkt des öffentlichen Interesses.

Unterschiedliche Vorstellungen zum Verbraucherschutzniveau kollidieren durch unterschiedliche nationale Produktionsvorschriften im Handel an den Staatsgrenzen und führen zur Frage, wie mit Importen bei unterschiedlich strengen Vorschriften umzugehen ist.

Verschärfte Schwierigkeiten im Agrarsektor ergaben sich durch Änderungen der internationalen politischen Rahmenbedingungen:

- Die seit den Uruguay-Vereinbarungen auch für landwirtschaftliche Produkte bestehende stärkere handelspolitische Koordination auf Ebene der WTO führte tendenziell zur Öffnung der Märkte. Hiermit stieg zunächst der Austausch von gehandelten Nahrungsmitteln an sich, und damit auch der Austausch potenziell belastender Produkte.
- Aus politischer Sicht führte der vereinbarte Abbau traditioneller agrarprotektionistischer Eingriffe auch zur Motivation, Formen des Binnenschutzes zu finden, die eine eindeutige Einordnung als Wettbewerbsverzerrung erschweren.

Die dadurch gestiegene Sensibilität gegenüber einer drohenden, neuen Protektionswelle unter dem Vorwand des Verbraucherschutzes macht auch für die anstehenden weiteren WTO-Verhandlungen eine transparente Systematisierung der Wechselwirkungen zwischen Handel und Verbraucherschutz erforderlich.

Ziel der vorliegenden Arbeit ist es daher, diese Wechselwirkungen von Handel und Verbraucherschutz auf der Grundlage von ökonomischen Ansätzen zu systematisieren und politische Empfehlungen für die WTO als bestehende Institution für handelspolitische Regelungen abzuleiten.

Als besonderes Problem bei der Analyse von Verbraucherschutzaspekten erweisen sich schwer objektivierbare Einflussfaktoren, wie traditionelle und kulturelle Unterschiede der Verbraucher in der Wahrnehmung einer potenziellen Gefährdung durch Lebensmittel.

Risikoschätzungsverfahren zur Erfassung der Gesundheitsgefährdung unterschiedlicher Verbraucherschutzvorschriften kommen deshalb eine besondere Rolle in dieser Arbeit zu. Diese haben innerhalb der WTO-Streitverfahren zur Rechtfertigung für nationale Schutzvorschriften eine entscheidende Bedeutung und bildeten die Entscheidungsgrundlage auch für den konkreten Anwendungsfall, den aktuellen WTO-Streit zwischen den USA und der EU zum "Hormonfleisch".

Im Zentrum des Falls „EC Measures Concerning Meat and Meat Products (Hormones)"[1] stehen unterschiedliche nationale Regelungen zum Einsatz von drei natürlichen[2] und drei künstlichen[3] Hormonen in der Rindermast, die in der EU verboten und in einigen Ländern wie den USA, Kanada, Australien und Neuseeland dagegen weit verbreitet sind.[4]

Die Anfänge einer kritischen Diskussion von Hormonen in der Tierproduktion auf Ebene der EU gehen zurück auf die 70er Jahre,[5] als Europäische Verbraucherorganisationen zum Boykott von Kalbfleisch aufriefen.[6] Die Initiative gründete sich auf festgestellte Rückstände des bereits damals verbotenen Hormons Diethylstiliböstrol (DES) in französischem Kalbfleisch und italienischer Säuglingsnahrung. Berichterstattungen und wissenschaftliche Studien über mögliche karzinogene Wirkungen für den Menschen folgten. Den vorläufigen Höhepunkt in der Auseinandersetzung um den Hormoneinsatz in der Mast markierte schließlich der Mord an einem belgischen Tierarzt, der sich dem umfassenden kriminellen Vetriebsnetz von Hormonen öffentlich widersetzte.[7]

---

1 Vgl. WTO (1997): EC Measures Concerning Meat and Meat Products (Hormones), Complaint by the United States, Report of the Panel, WT/DS26/R/USA, 18. August 1997. Im Weiteren vereinfachend als „Hormonfleisch-Fall" oder „Hormonfleisch-Streit" bezeichnet.

2 17ß-Östradiol, Testosteron, Progesteron.

3 *Zeranol* mit Wirkung entsprechend 17ß-Östradiol, *Trenbolonacetat* mit Wirkung entsprechend Testosteron und *Melengestrolacetat* ("MGA") mit Wirkung entsprechend Progesteron.

4 Vgl. BROUWER, F. ET AL. (2000): Comparison of environmental and health-related standards influencing the relative competitiveness of EU agriculture vis-a-vis main competitors in the world market, Report 5.00.07, Agriculture Economics Research Institute (LEI), The Hague, S. 49 und 113.

5 Vgl. zum Hintergrund des „Hormonfleisch-Konflikts" und des Streitverfahrens PEREZ, O. (1998): Reconstructuring Science: the Hormone Conflict Between the EU and United States, in: European Foreign Affairs Review, Vol. 3, S.565 sowie die Einleitung des Panel-Berichts zum Streitverfahren WTO (1997): EC Measures Concerning Meat and Meat Products (Hormones), Complaint by the United States, Report of the Panel ..., a.a.O., Abs. 8-12.

6 Vgl. zur Geschichte von Vebraucherschutzskandalen in der EU EUROPÄISCHER VERBRAUCHERVERBAND BEUC (2000): Handling of cross-border consumer disputes, Final report for the Commission of the European Communities, Brüssel, S. 9 ff.

7 Dies führte zum geflügelten Wort „Belgische Hormonmafia" zur Kennzeichnung belgischer Rindermäster und Tierärzte, deren starke Beteiligung am kriminellen Vertrieb von Hormonen damals aufgedeckt wurde. Vgl. MCNELIS, N. (2001): The role of the judge in the EU and WTO. Lessons from the BSE and hormones cases, in: International Journal of Economic Law, Vol. 4 (1), S. 192.

In verschiedenen Etappen wurde der in der EU bis Ende der 80er Jahre noch stark verbreitete Einsatz von Masthormonen im Zeitablauf zunehmend strikter geregelt.[8] Die bis heute gültige Regelung beinhaltet ein Totalverbot für sowohl natürliche als auch künstliche Hormone in der Mast und Ausnahmen ausschließlich für natürliche Hormone zu therapeutischen und züchterischen Zwecken. Auslöser des Streits mit den USA war die Übertragung dieser internen Bestimmungen auf Fleischimporte in die EU, indem lediglich "hormonfrei" zertifiziertes Fleisch eingeführt wurde und für nicht-zertifiziertes Rindfleisch ein Importverbot galt. Diesen Regelungen widersetzten sich die USA bereits früh auf GATT-Ebene. In weiteren begonnenen, aber nicht abgeschlossenen Streitverfahren klagte auch die EU gegen die Einführung von ersten Strafzöllen der USA. Phasen verschärfter Importbeschränkungen wechselten mit gemäßigten Phasen – abhängig vom aktuellen Stand nachgewiesener Kennzeichnungsmängel oder reformierter Programme für hormonfreies Rindfleisch in den USA. Eine Vielzahl an Kompromissversuchen, die Änderungen der Kennzeichnungsvorschriften oder der Kontrollverfahren an der Grenze zum Inhalt hatten, blieb ohne Erfolg.

Im Sommer 1999 kam der mittlerweile innerhalb des WTO-Streitverfahrens behandelte Disput, auf dessen Klägerseite neben der USA nun auch Kanada stand, zu einem vorläufigen Ende: Das Importverbot wurde verurteilt, da die Notwendigkeit einer solchen Maßnahme zur Sicherung des Verbraucherschutzes nicht wissenschaftlich nachgewiesen werden konnte. Weil die EU einen solchen Nachweis auch nachträglich nicht erbringen konnte und das Importverbot jedoch weiterhin aufrechterhielt, wurden den klagenden Parteien schließlich Sanktionsmaßnahmen zugestanden.

---

8 Teilweise gegen starken Widerstand aus einigen Mitgliedsländern: Großbritannien, Irland und Belgien sprachen sich für einen weiteren Einsatz natürlicher Hormone aus. Großbritannien und Irland forderten zusätzlich auch eine weitere Verwendungserlaubnis auch von synthetischen Hormone. Vgl. WTO (1997): EC Measures Concerning Meat and Meat Products (Hormones), Complaint by the United States, Report of the Panel ..., a.a.O., Abs. 27. Die erste EU-Richtlinie mit umfassenden Einsatzverboten trat 1989 in Kraft. Vgl. RICHTLINIE (EWG) 88/146 des Rates vom 7. März 1988 zum Verbot des Gebrauchs von bestimmten Stoffen mit hormonaler Wirkung im Tierbereich, ABl. L 070 vom 16.3.1988 und ABl. L 087 vom 2.4.1992 als berichtigte Fassung.

Die derzeitige Situation des Rindfleischhandels zwischen der EU und den Klageparteien ist nach der Urteilsfindung gekennzeichnet durch

- die weiterhin beschränkte Einfuhr von ausschließlich "hormonfrei" zertifiziertem Rindfleisch innerhalb einer begrenzten Zollquote,
- das weiterhin bestehende Importverbot für nicht-zertifiziertes Rindfleisch, und durch
- Vergeltungszölle auf europäische Produkte.

Ausgehend von einer wohlfahrtstheoretischen Bewertung der eingesetzten Regelungen gegenüber Importen der EU, der anschließenden Klage der USA und des Urteils der WTO in diesem Anwendungsfall werden in der vorliegenden Arbeit generelle Aussagen für den Umgang mit nationalen Verbraucherschutzpolitiken auf Ebene der WTO abgeleitet.

1.2 Aufbau der Arbeit

Im Mittelpunkt des gesamten **Kapitel 2** zur Ökonomischen Analyse steht die Identifizierung vorliegender Gründe zur Regulierung des internationalen Handels für den konkreten Anwendungsfall, um das WTO-Urteil zum europäischen Importverbot von Rindfleisch aus Mastverfahren mit hormonellen Wachstumsförderern bewerten zu können. Hierzu wird zunächst der Verbraucherschutz in die traditionelle Analyse von Wechselwirkungen zwischen Handel und Umwelt eingeordnet. Im Zentrum steht die Frage, wann diese Wirkungen internationales Marktversagen aufgrund von Externalitäten oder von asymmetrischer Information bedingen. Erst mit Identifizierung eines internationalen Marktversagens lassen sich Eingriffsregelungen einer übergeordneten Ebene wie der WTO nach neoklassischem Verständnis überhaupt rechtfertigen. Die Wohlfahrtsanalyse basiert in **Kapitel 2.2** zunächst auf dem innerhalb der Literatur vorherrschenden Ansatz, Umweltwirkungen als Externalität zu charakterisieren. Im Mittelpunkt dieses traditionellen Ansatzes steht dabei das sogenannte „Öko-Dumping“ als handelsstrategische Politik zur Verbesserung der eigenen internationalen Wettbewerbsposition. Es werden relevante Anreizeffekte für ein solches Verhalten, sowie die Wirkungen und möglichen handelspolitischen Gegenmaßnahmen für den betroffenen Handelspartner dargestellt und bewertet. Die Einordnung des konkreten Anwendungsfalls „Potenzielle Verbraucherbelastung durch den Konsum von Hormonfleisch“ kennzeichnet, inwieweit das umweltökonomisch dominierte Grundmodell von "Dumping" sich auf Verbraucherschutzprobleme anwenden lässt. Weiterhin werden auch grenzüberschreitende Effekte von nicht-strategischen Unterschieden nationaler Verbraucherschutzpolitik analysiert, die aufgrund unterschiedlicher nationaler Bedingungen zu unterschiedlich strengen Vorschriften führen. In **Kapitel 2.3** wird die Analyse von internationalem Marktversagen um den Grund vorliegender asymmetrischer Information über

Produktqualitäten erweitert. Dafür werden zunächst Verbraucherschutzaspekte eingeordnet in die Systematik der Informationseigenschaften von Gütermerkmalen. Als Maßnahmen zur Lösung der resultierenden Marktineffizienzen werden dieselben Instrumente bewertet, wie sie auch im Externalitätenansatz behandelt wurden. Zusätzlich wird als besonders relevante Maßnahme bei dieser Form des Marktversagens die Kennzeichnung unterschiedlicher Produktqualitäten analysiert. **Kapitel 2.4** bietet dazu eine Einführung in grundsätzliche Konzepte des Labelling, in Probleme der Betrugsanreize und fehlender Glaubwürdigkeit von Labels und eine Übersicht von den in der Wohlfahrtsanalyse zu berücksichtigenden Nutzen und Kosten einer Kennzeichnung. In **Kapitel 2.5** werden die Wohlfahrtswirkungen der im Anwendungsfall implementierten Maßnahmen, das Importverbot und das "Labelling" von Produktionsverfahren, gegenübergestellt.

Kapitel 3 dient zur Kennzeichnung des verbraucherschutzrelevanten WTO-Regelwerks als institutioneller Rahmen für den Umgang mit Wechselwirkungen zwischen Handel und Verbraucherschutz. Zusätzlich zu den allgemeinen Prinzipen im GATT-Vertrag in **Kapitel 3.1** werden die wesentlichen Sonderabkommen des GATT und das TRIPS-Abkommen in **Kapitel 3.2** dargestellt. **Kapitel 3.3** gibt eine Übersicht über die Entscheidungsfindung und den Prozess der Streitverfahren auf WTO-Ebene, die in **Kapitel 3.4** auf die konkrete Urteilsfindung im Anwendungsfall des "Hormonfleisch-Streits" angewendet werden. Dieser Abschnitt mündet **in Kapitel 3.5** in eine Systematisierung von verbraucherschutzrelevanten Konfliktpotenzialen, die nicht nur aus der Urteilsfindung im konkreten Anwendungsfall sondern auch aus der Analyse aller vorliegenden verbraucherschutzrelevanten Streitfälle identifiziert werden.

Kapitel 4 führt die Aussagen der ökonomischen Analyse mit den gekennzeichneten faktischen institutionellen Grenzen und Spielräume in den WTO-Regelungen zusammen. Auf Grundlage der generellen Aussagen aus der Theorie werden für die abgeleiteten Konfliktpotenziale im WTO-Regelwerk Lösungspotenziale für den Anwendungsfall des "Hormonfleisch-Streits" im Speziellen und für Verbraucherschutzpolitiken generell gekennzeichnet.

Einen zentralen Kernbereich stellt die Interpretation der Produktgleichheit in **Kapitel 4.1** dar, die zur Unterscheidung von Produkt- und Prozessstandards überleitet. Neben der Darstellung der grundsätzlich unterschiedlichen Behandlung dieser Standardtypen auf WTO-Ebene werden auch Spielräume für das Labelling dieser Standardtypen abgeleitet. Weiterhin wird in **Kapitel 4.2** die Gewährung nationaler Souveränität zur Durchsetzung eines eigenständigen Verbraucherschutzniveaus behandelt. Hierbei werden als Maßnahmen innerhalb der WTO-Verträge die Harmonisierung bzw. das Äquivalenzprinzip zur wechselseitigen Anerkennung von Standards und auch von Labels diskutiert. **Kapitel 4.3** bietet die Analyse des Umgangs mit nationalen Unterschieden der Risikowahrnehmung von Lebensmittelbelastungen und der Berücksichtigung des Vorsorgeprinzips auf

WTO-Ebene. Risikoschätzungsverfahren und das Vorsorgeprinzip standen im Mittelpunkt der Entscheidungsfindung im "Hormonfleisch-Streit" und bieten im internationalen Konsens die Grundlage, eigene strenge Verbraucherschutzniveaus zu rechtfertigen. Mit dem Konfliktbereich des Geltungsbereichs nationaler Schutzziele wird in **Kapitel 4.4** das Problem untersucht, inwieweit Verbraucherschutz als öffentliches Gut mit internationaler Reichweite aufzufassen ist, dessen Bereitstellung eine übergeordnete Regelungsebene wie die WTO verlangt.

In **Kapitel 5** werden Schlussfolgerungen aus der theoretischen Analyse der verbraucherschutzrelevanten Umweltwirkungen im internationalen Handel und der dargestellten Lösungspotenziale im bestehenden Regelwerk gezogen. Im Mittelpunkt steht die Anwendung der Ergebnisse dieser Arbeit für die Ableitung einer geeigneten Regelungsebene, die für den Umgang mit verbraucherschutzrelevanten Effekten im Handel Vorteile einer nationalen souveränen Verbraucherschutzpolitik mit denen einer multinationalen Ebene verbindet. Weiterhin wird der verbleibende Forschungsbedarf innerhalb der erst jungen theoretischen Auseinandersetzung in diesem Feld gekennzeichnet.

Kapitel 6 fasst schließlich die Ergebnisse der Arbeit zusammen.

2 Neoklassische Analyse nationaler Verbraucherschutzpolitik im Rahmen des internationalen Handels

Die Beurteilung der WTO-Entscheidung zum europäischen Importverbot von Rindfleisch aus der Hormonmast erfolgt auf Grundlage der Identifikation von Marktversagen. Hiernach sind Eingriffe in den freien Handel ökonomisch dann gerechtfertigt, wenn sie bestehendes Marktversagen beheben, so dass Wohlfahrtsgewinne aus politischen Regelungen resultieren.

Stellt das europäische Importverbot von Rindfleisch aus der Hormonmast eine Maßnahme zur Lösung von Marktversagen dar, resultieren somit Wohlfahrtssteigerungen. Entspricht diese Wohlfahrtssteigerung zusätzlich Pareto-Optimalität i.S. maximal erzielbarer Wohlfahrt für alle Handelspartner, lässt sich die Verurteilung des Importverbots durch die WTO auf Grundlage der neoklassischen Theorie nicht nachvollziehen.

Das üblicherweise in der Theorie des Marktversagens verwendete Referenzsystem zur Beurteilung von Eingriffen ist die Situation des Freihandels. Gerade auf den Agrarmärkten aber ist durch die Vielzahl politischer Eingriffe diese Situation nicht gegeben.

Die Übertragung dieses Referenzsystems für die nachfolgende Analyse erfolgt unter Berücksichtigung der agrarpolitischen Perspektiven auf WTO-Ebene:

1. Zur praxisrelevanten Beurteilung von Eingriffen in die Agrarmärkte ist den Uruguay-Vereinbarungen zur begonnenen Liberalisierung (vgl. zu Details Kapitel 3.2.2.2) Rechnung zu tragen. Die nachfolgende Analyse von Maßnahmen zur Aufhebung von Marktineffizienzen ist dabei zu verstehen als Identifizierung von verbleibenden, gerechtfertigten Eingriffen auf dem Weg in Richtung eines freien Marktes.
2. Die Systematisierung der Interdependenzen von Handel und Umwelt- bzw. Verbraucherschutz leistet einen Beitrag zur Transparenz auch für weitere WTO-Verhandlungen. Gerade durch die Uruguay-Vereinbarungen erhält die Substitution traditioneller agrarpolitischer Handelshemmnisse durch Maßnahmen, die mit umwelt- und verbraucherschutzbezogener Argumentation gerechtfertigt werden, eine besondere Relevanz.[9]

---

9 Vgl. BUREAU, J.-C., MARETTE, S. (1999): Accounting for consumers' preferences in trade rules, in: National Research Council Conference on Incorporating Science, Economics, Politics and Culture in Sanitary-Phytosanitary and International Trade on January 25-27, 1999 in Irvine, California, S. 1.

Vor dem Hintergrund der agrarpolitischen Rahmenbedingungen besteht durch die Systematisierung die Möglichkeit, die Zielkonformität der Maßnahmen zum Umwelt- und Verbraucherschutz zu beurteilen und das Risiko neuer Handelsverzerrungen zu identifizieren.

Die Analyse von Marktversagen im internationalen Handel ist in der Literatur dominiert von der Erfassung der Wechselwirkungen zwischen Handel und Umwelt. Explizite theoretische Diskussionen zu den Wirkungen von Verbraucherschutzmaßnahmen innerhalb des Handels gibt es dagegen erst in jüngster Zeit und konkrete Anwendungen auf ein spezifisches Beispiel fehlen weitgehend. Zur Darstellung von Marktversagen und zur Beurteilung von Markteingriffen werden daher zunächst die umweltspezifischen Ansätze verwendet. Anschließend erfolgt eine Überprüfung der Übertragbarkeit auf den Verbraucherschutz, um Ergänzungsnotwendigkeiten der bestehenden Ansätze zu kennzeichnen.

Schwerpunkt dieser traditionell umweltbezogenen Analysen bildet Marktversagen durch das Vorliegen von **Externalitäten** (Analyseschritt I). Im Mittelpunkt dabei steht die Untersuchung von "Öko-Dumping" i.S. handelsstrategischer Gestaltung nationaler Umweltpolitik zur Verbesserung der eigenen internationalen Wettbewerbsfähigkeit. Unter welchen Voraussetzungen Anreize zu Dumping vorliegen und welche Effekte für Handelspartner entstehen, wird im vorliegenden Kapitel systematisch erfasst und anschließend spezifisch auf verbraucherschutzrelevante Aspekte und insbesondere auf den konkreten Anwendungsfall übertragen. In Ausrichtung auf den Anwendungsfall werden schließlich mögliche Schutzmaßnahmen gegenüber handelsstrategischer Verbraucherschutzpolitik bewertet.

Daneben werden auch solche Unterschiede der nationalen Verbraucherschutzpolitiken gekennzeichnet, die durch unterschiedliche nationale Bedingungen zu optimalen unterschiedlichen Schutzniveaus führen und damit nicht handelsstrategisch motiviert sind. Die dennoch auftretenden, grenzüberschreitenden Effekte werden ebenfalls analysiert, da der Umgang mit diesen Unterschieden auf politischer Ebene der WTO eine große Rolle spielt, auch wenn diese nicht strategisch motiviert sind.

Weiterhin wird der traditionelle Ansatz, der Marktversagen aufgrund von Externalitäten untersucht, erweitert um die Analyse von Marktversagen aufgrund **asymmetrischer Information** über verbraucherschutzrelevante Produktmerkmale. Zum Vergleich mit den Aussagen aus der Externalitätenanalyse werden die dort bewerteten Maßnahmen zum Schutz vor Dumping auch als Instrumente zur Lösung asymmetrischer Information analysiert. Als neue Maßnahmen wird zusätzlich das Labelling eingeführt, das insbesondere für Verbraucherschutzaspekte eine große Bedeutung hat (Analyseschritt II).

Schließlich werden für den Anwendungsfall „Potenzielle Verbraucherbelastungen durch den Konsum von Hormonfleisch" die Ergebnisse für beide Marktversagenstypen gegenübergestellt. Die jeweiligen Wohlfahrtseffekte aus der Einführung des Importverbots als Maßnahme zur Aufhebung des Marktversagens werden gekennzeichnet, um eine Bewertung der WTO-Entscheidung im konkreten Streitfall vornehmen zu können (Analyseschritt III).

2.1 Systematisierung der Gründe für internationales Marktversagen im umweltökonomischen Grundmodell

Im Rahmen der **orthodoxen Außenhandelstheorie**[10] resultiert die internationale Arbeitsteilung

- auf der **Angebotsseite** durch (relative) Unterschiede der nationalen Produktionsbedingungen. Diese verursachen (relative)[11] Kosten- und damit auch relative Preisunterschiede[12] der handelbaren Güter im Staatenvergleich. „Umwelt" lässt sich in diesen Ansätzen als Produktionsfaktor einordnen, der relative Kostenunterschiede zur Folge hat.
- auf der **Nachfrageseite** durch (relative) nationale Präferenzunterschiede. Hierzu zählen auch nationale Unterschiede der Präferenzen für Umwelt bzw. für umweltentlastende Güter, die unterschiedliche Preisrelationen[13] bedingen.

---

10 Orthodox erfasst sowohl die klassischen Theorieansätze nach ADAM SMITH, DAVID RICARDO und JOHN S. MILL als auch neoklassische Ansätze zur Integration von weiteren Faktoren wie bspw. innerhalb des HECKSCHER-OHLIN-Ansatzes die Faktorausstattung. Weitere berücksichtigte Faktoren sind die Technologie und der Nachfrageeinfluss. Vgl. zur Abgrenzung der Theorieansätze GANDOLFO, G. (1998): International Trade Theory and Policy, Berlin. Vgl. zu einer knappen Übersicht der klassischen Ansätze BERG, H. (1975): Internationale Wirtschaftspolitik, Essen, S. 41-47.

11 Nach SMITH sind absolute Kostenunterschiede notwendig für die internationale Spezialisierung. RICARDO dagegen leitete die Bedingung relativer Kostenunterschiede bezogen auf verschiedene Produktionsbereiche als hinreichende Bedingung ab. Vgl. GANDOLFO, G. (1998): International Trade Theory ..., a.a.O., S. 9-12.

12 Unter der Annahme vollständiger Konkurrenz ergibt sich durch Optimierung der Produktionsentscheidung die Ableitung der Preise aus den Grenzkosten. Vgl. SIEBERT, H. (1994): Außenwirtschaft, 6. Auflage, Stuttgart, S. 40 ff.

13 Vgl. SOLBACH, D. (1998): Integrierter Umweltschutz, internationale Wettbewerbsfähigkeit und Standortqualität, Diss., Volkswirtschaftliche Schriften, Bd. 12, Kaiserslautern, S. 39.

Nach diesen Ansätzen existieren lediglich wenige Ausnahmen von der sogenannten Freihandelsdoktrin.[14] Hiernach ist Freihandel grundsätzlich paretooptimal und somit ist die Liberalisierung für jeden nationalen Akteur die rationale handelspolitische Strategie, um die eigene Wohlfahrtsmaximierung zu realisieren.[15] Grundsätzlich besteht damit auch keine Notwendigkeit für eine internationale Instanz, die Liberalisierung sicherzustellen.[16]

In Abweichung von der Freihandelsdoktrin innerhalb der orthodoxen Ansätze können Handelsmaßnahmen für ein betrachtetes Land dann wohlfahrtssteigernd sein, wenn[17]

- Produktsteuern im importierenden Inland höher sind als im Exportland, was eine Importbesteuerung an der Grenze rechtfertigen kann, oder[18]
- bei großen Ländern die Beeinflussung der Terms of Trade zu eigenen Gunsten durch Optimalzölle zu erreichen ist.[19] Diese einseitige Wohlfahrtsverbesserung basiert allerdings auf einer statischen Betrachtung und abstrahiert von möglichen reaktiven Vergeltungsmaßnahmen der betroffenen Länder, durch die – entsprechend der Situation eines Gefangenendilemmas - der gesamte Handel zum Erliegen kommen kann.

---

14 Entsprechend eines liberalen Marktsystems auf der nationalen Ebene innerhalb der Wettbewerbstheorie. Eine Trennung in Ansätze der Außenhandelstheorie und der (internationalen) Wettbewerbstheorie erscheint demnach nicht notwendig. Vgl. KÖSTERS, W. (1998): Handelspolitik, in: KLEMMER, P. (Hrsg.): Handbuch Europäische Wirtschaftspolitik, München, S. 809.

15 Demgegenüber lassen sich Verluste aus der Protektion unterscheiden in statische und dynamische Verluste. *Statische Aspekte* umfassen dabei Terms of Trade- Verluste oder auch Wachstumsverluste. Als *dynamische Effekte* erscheinen Innovationsverluste durch sinkende Anreize für technologische Verbesserungen und Kriminalisierungseffekte durch steigende Schmuggelaktivitäten. Vgl. zur Einteilung ebd., S. 813.

16 Unter der Annahme der „natürlichen Harmonie der Interessen“ wird mit individueller Rationalität simultan auch kollektive Rationalität i.S. der Maximierung der Weltwohlfahrt realisiert. Vgl. BERG, H. (1975): Internationale Wirtschaftspolitik..., a.a.O., S. 44. Selbst eine einseitige Abkehr von Außenhandelsprotektion kann pareto-verbessernd sein. Vgl. KÖSTERS, W. (1998): Handelspolitik ..., a.a.O., S. 810.

17 Neben weiteren Gründen wie der Schutz junger Industrien („Infant Industry-Argument“) durch den Erziehungszoll nach Friedrich List oder die Versorgungssicherung insbesondere in Bezug auf Primärsektoren. Vgl. zur Übersicht SIEBERT, H. (1994): Außenwirtschaft ... a.a.O., S. 168 ff.

18 Entsprechend dem Prinzip der Gleichbehandlung nach GATT-Artikel III. Vgl. Kapitel 3.1.3.

19 Vgl. auch zur Gesamtübersicht der Gründe KULESSA, M. (1995): Umweltpolitik in einer offenen Volkswirtschaft, Zum Spannungsverhältnis von Freihandel und Umweltschutz, Monografien der List-Gesellschaft e.V., N.F. Bd. 16, Mainz, S. 35-41.

Diese Ausnahmen können demnach auch nach orthodoxer Theorie eine übergeordnete Regelungsebene zur Gewährung eines freien Handels erforderlich machen.[20]

Die traditionelle Grundvorstellungen der prinzipiellen Überlegenheit des Freihandels fand bereits auch früh Eingang in handelspolitische Verträge, indem Vorgaben zum Abbau von Außenschutzmaßnahmen international vereinbart wurden,[21] und stellte auch einen Grundpfeiler für die Unterzeichnung des GATT-Vertrags dar (vgl. Kapitel 3.1.1).

Die einseitig wohlfahrtssteigernde Optimalzollstrategie leitet über **zu den modernen Ansätzen**, indem durch die Aufgabe der Annahme vollständiger Konkurrenz die Möglichkeit der wechselseitigen Beeinflussung staatlicher Akteure eingeräumt wird.[22] Diese agieren damit nicht mehr als Preisnehmer. Hierdurch besteht Spielraum für strategische Handelspolitik, mit Hilfe derer ein Land Monopolrenten durch Verdrängung anderer Akteure vom heimischen Markt erzielen kann.[23] Auch die Ausgestaltung nationaler Umweltpolitik kann in Form von Öko-Dumping handelsstrategisch motiviert zur Verbesserung der eigenen Wohlfahrt erfolgen. Nach diesen Ansätzen ist die Sicherung des globalen Wettbewerbs i.S. eines öffentlichen Guts durch eine übergeordnete Instanz zu begründen mit dem Kooperationsargument für die Lösung des Gefangenendilemmas.[24]

Die Beziehung von Handel und Umwelt lässt sich als reziprok charakterisieren, da sich beide Komponenten wechselseitig beeinflussen.[25] Abhängig von der Unmittelbarkeit der Wirkung kann man diese Beziehung auch differenzieren in direkte und indirekte Effekte:

---

20 Vgl. ebd.

21 Vor dem I. Weltkrieg v.a. auf Initiative Großbritanniens. Vgl. zur politischen Relevanz und dem Niederschlag in (welt-)handelspolitischen Vereinbarungen im Laufe der Geschichte BERG, H. (1975): Internationale Wirtschaftspolitik ..., a.a.O., S. 48-57.

22 Vgl. zur Abgrenzung von orthodoxen Ansätzen sowie zur Problematik uneinheitlicher Konzepte der sogenannten modernen Theorie GANDOLFO, G. (1998): International Trade Theory ..., a.a.O., S. 227.

23 Vgl. KÖSTERS, W. (1998): Handelspolitik ..., a.a.O., S. 817.

24 Als „quasi-öffentliches“ Gut definiert bei LAASER, C.-F., STEHN, J. (1996): Marktwirtschaft und Subsidiarität: Die föderative Arbeitsteilung auf dem Prüfstand, in: Zeitschrift für Wirtschaftspolitik, Jg. 45, S.70 und HILPOLD, P. (1999): Die EU im GATT/WTO-System: Aspekte einer Beziehung „sui generis“, Europäische Hochschulschriften, Reihe 2, Rechtswissenschaft, Bd. 2559, Frankfurt am Main, S. 232.

25 Vgl. ERVIN, D.E. (1998): Agricultural Trade and The Environment: Issues, Trends and Approaches for European Union Countries, Report prepared for the European Commission, DG VI Agriculture, Economic Analysis and Overall Approach, Brüssel, S. 3.

- *Direkte Effekte* erfassen unmittelbare Beeinflussungen der Umwelt bzw. des Handels durch spezifische handels- und umweltrelevante Parameter oder bestehende politische Eingriffe (vgl. Übersicht 1).
- *Indirekte Effekte* kennzeichnen die Auswirkungen politischer Eingriffe als Reaktion auf diese direkten Effekte.[26]

Nachfolgende Übersicht gibt die Wechselwirkungen von Handel und Umwelt innerhalb der internationalen Arbeitsteilung wieder.

Übersicht 1: Wechselwirkungen zwischen Handel und Umwelt

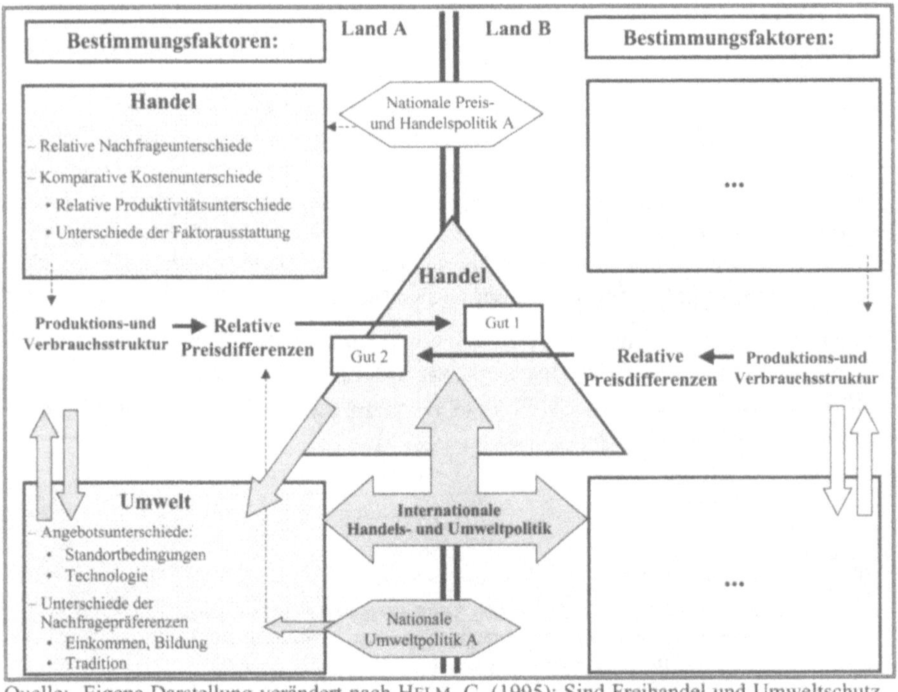

Quelle: Eigene Darstellung verändert nach HELM, C. (1995): Sind Freihandel und Umweltschutz vereinbar?: Ökologischer Reformbedarf des GATT/WTO-Regimes, Berlin, S. 22.

26 Vgl. OECD (1994): The Environmental Effects of Trade, Paris, sowie BREMER, R. (1996): Handel und Umwelt: Statische Wohlfahrtsaspekte und nachhaltige Entwicklung, Europäische Hochschulschriften, Reihe V, Bd. 1967, München, S. 86 und BROUWER, F. ET AL. (2000): Comparison of environmental ..., a.a.O., S. 29.

Die Bestimmungsfaktoren des Handels für zwei Länder A und B sind als spiegelbildlich angenommen, so dass die differenzierte Darstellung nur für Land A erfolgt. Die handels- und umweltspezifischen Parameter sind zur Verdeutlichung getrennt erfasst.[27] Dargestellt ist Land A als Exporteur von Gut 1 und Importeur von Gut 2, bedingt durch die relative geringe Preisrelation von Gut 1 zu Gut 2 im Vergleich zu Land B.

Umweltparameter bestimmen hiernach über die Wirkung auf die nationalen Preisrelationen, die Spezialisierung und die Handelsstruktur der betrachteten Länder (*direkter* Effekt der Umwelt auf den Handel).[28] Über die Aufnahme des Handels wird die internationale Produktions- und Verbrauchsallokation von Gütern beeinflusst. Die im Vergleich zur Autarkie induzierte Spezialisierung auf Gut 1 für das Land A verändert die nationale Produktions- und Verbrauchsstruktur gegenüber der Autarkiesituation und damit auch die damit verbundenen Umweltbelastungen (*direkter* Effekt des Handels auf die Umwelt).

Die **politische Beeinflussung** der Umwelt- und Handelsparameter führt ebenfalls zur Änderung der internen Verbrauchs- und Produktionsstrukturen und damit zu Effekten für die Umwelt und den Handel (*direkte* Effekte der Handels- oder Umwelt*politik*).[29]

- Die nationale Umweltpolitik beeinflusst über die Umweltparameter, wie z.B. die Umweltknappheit, die Produktionskosten und die Nachfragepräferenzen. Die hierdurch hervorgerufene Änderung der relativen Preisunterschiede zwischen den Ländern hat Rückwirkungen auf die Handelsstruktur.
- Nationale Preis- und Handelspolitiken wirken auf die allgemeinen Handelsparameter und beeinflussen über die internen Verbrauchs- und Produktionsstrukturen sowohl den Ressourcenverbrauch als auch die Handelsstrukturen.

---

27 Die „Umweltkomponenten" lassen sich auch direkt zuordnen zu Nachfrage- oder Kostenunterschieden bei den allgemeinen Bestimmungsfaktoren für den Handel. Vgl. zu Integrationsmöglichkeiten SIEBERT H. (1994): Außenwirtschaft ..., a.a.O., S. 49 ff.

28 Umfassend zur Standorttheorie SOLBACH, D. (1998): Integrierter Umweltschutz..., a.a.O., S. 19-45.

29 Die indirekten Effekte erfassen bei der reagierenden Umweltpolitik zur Lösung von Umweltproblemen die damit verbundene Beeinflussung der Handelsstruktur (*indirekter* Effekt der Umwelt*politik*). Eine reaktive Handelsmaßnahme zur Verbesserung der Handelsposition kann wiederum über die veränderten internen Strukturen Auswirkungen auf die Umweltparameter haben (*indirekter* Effekt der Handels*politik* auf die Umwelt). Vgl. ERVIN, D.E. (1998): Agricultural Trade and The Environment ..., a.a.O., S. 3.

- Internationale Handels- und Umweltpolitik wirkt auf beide Länder und beeinflusst entweder unmittelbar den Austausch von Gütern oder gibt Vorgaben für die nationale Umweltpolitik. Als Folgewirkung werden wiederum die internen Verbrauchs- und Produktionsstrukturen beeinflusst.

Aus dieser wechselseitigen Beeinflussung der Komponenten Handel, Umwelt, Handels- und Umweltpolitik lassen sich die in Übersicht 2 dargestellten grundsätzlichen Umwelteffekte herausfiltern.

Übersicht 2: Direkte Umwelteffekte im Handel

Teilaspekt	Effekte	Beispiel	Resultierender Umwelteinfluss
Unmittelbarer Austausch beim Handel	Transporteffekt	Transport	Umweltbelastungen
	Austauscheffekt (Analyseschritt II)	Austausch belastender Güter	Internationale Allokation von Umweltbelastungen
Änderung interner Produktions- und Verbrauchsstruktur	**Struktureffekt** (Analyseschritt I)	Änderung der heimischen Produktions- und Verbrauchsstruktur	Internationale Allokation von Umweltbelastungen
	Regulationseffekt (Analyseschritt I)	Politische Beeinflussung der Produktions- und Verbrauchsstrukturen	Internationale Allokation von Umweltbelastungen
	Skaleneffekt	Kostendegression durch Erhöhung des Absatzmarktes	Umweltschonende Ressourcennutzung
	Technologieeffekt	Zugang zu umweltentlastendem Know-How bzw. Technologien	Umweltschonende Ressourcennutzung
	Wachstumseffekt	• Steigendes Produktionsvolumen • Steigendes Einkommen	• Steigende Umweltbelastung • Sinkende Umweltbelastung

Legende:
graue Felder: im Weiteren behandelte Aspekte. Vgl. zur Kennzeichnung der Analyseschritte I und II auch Übersicht 4.

Quelle: Vgl. ERVIN, D.E. (1998): Agricultural Trade and The Environment ..., a.a.O.

Für die weitere Analyse sind als Effekte insbesondere von Bedeutung:

- Der unmittelbare **Austauscheffekt** durch den Im- und Export von Produkten mit umweltbeeinflussenden Merkmalen.
- Der **Struktureffekt,** der die Veränderung heimischer Produktions- und Verbrauchsstrukturen durch die Spezialisierung als Anpassung an die Aufnahme von Handel kennzeichnet.
- Der **Regulationseffekt**, der die Auswirkungen politischer Beeinflussung über nationale und internationale Handels- und Umweltpolitik beinhaltet. Diese können Einfluss sowohl auf den nationalen Verbrauch und die nationale Produktion haben und über Rückwirkungen damit verbundene Umweltbelastungen auslösen.

Als weitere neoklassische Annahme wird in modernen Ansätzen neben der Aufgabe vollständiger Konkurrenz auch die Annahme homogener Güter aufgelöst.[30] Heterogenität bzw. die Differenzierung von Produkten verbindet die moderne Außenhandelstheorie mit Regulierungsgründen der **Wettbewerbstheorie**. Asymmetrische Information über Produktunterschiede bei differenzierten Produkten steht neben externen Effekten im Mittelpunkt der Wettbewerbstheorie zur Begründung von Marktversagen.[31]

Die ökonomische Rechtfertigung einer übergeordneten multinationalen Regelungsinstanz für den Handel wie die WTO verlangt darüber hinaus, dass dieses Marktversagen grenzüberschreitende Ausmaße hat. Demnach sind zur Beurteilung internationaler Regulierung die grundsätzlichen Gründe für Marktversagen auf ihre internationale Wirkung hin zu prüfen.

Nachfolgende Übersicht 3 fasst die unterschiedlichen Marktversagensgründe zusammen, die teilweise der Wettbewerbstheorie (Externe Effekte, asymmetrische Information) und teilweise der Außenhandelstheorie (handelsstrategische Umweltpolitik = "Öko-Dumping") entstammen.[32]

---

30 Vgl. zur Übersicht der Annahmen GANDOLFO, G. (1998): International Trade Theory ..., a.a.O., S. 229.

31 Neben Monopoltendenzen und Anpassungshemmnissen. Vgl. EWERS, H.-J., WEIN, TH., FRITSCH, M. (1999): Marktversagen und Wirtschaftspolitik, 3. Auflage, München, S. 85. Weiterhin existieren auch eher paternalistische Argumente für öffentliche Eingriffe wie das Vorliegen meritorischer Güter oder verzerrter Präferenzen, die im Weiteren aber nicht zur Beurteilung herangezogen werden. Zur Bedeutung dieser Argumente, zur Problematisierung als „Einmischung in individuelle Präferenzen" bzw. zum Risiko von Staatsversagen vgl. BRÜMMERHOFF, D. (1990): Finanzwissenschaft, 5. Auflage, Oldenburg, S. 97 und S. 201-208.

32 In der Literatur werden diese wettbewerbs- und außenhandelstheoretischen Gründe für Handelsregelungen oftmals zusammengefasst. Vgl. etwa KULESSA, M. (1995):

Übersicht 3: Gründe für internationales Marktversagen

Gründe für Marktversagen	Internationalität der Wirkung
Externalität	
• Umweltexternalitäten bzw. Umweltschutz als öffentliches Gut	• Internationale Betroffenheit durch - Grenzüberschreitende Schutzgüter - Übertragungseigenschaften der Belastungsstoffe - Wirkungsübertragung durch Handel
• Unterlassene Internalisierung: handelsstrategische Umweltpolitik	• Terms of Trade- Verlust und Umweltexternalität für den Handelspartner
Asymmetrische Information	
• Asymmetrische Information über umweltbezogene Produktqualitäten	• Wohlfahrtsverluste für alle Handelspartner bei Import und Export von nicht unterscheidbaren Produktqualitäten

Quelle: Vgl. MAHÉ, L. (1997): Environment and quality standards in the WTO: New Protectionism in agricultural trade? A European perspective, in: European Review of Agricultural Economics 24 (3-4), S. 484 und EWERS, H.-J., WEIN, TH., FRITSCH, M. (1999): Marktversagen und Wirtschaftspolitik ..., a.a.O., S. 85.

Ausgehend von der in Übersicht 1 dargestellten Handelssituation erfolgt in Übersicht 4 eine Einordnung des Marktversagens durch Externalitäten und durch asymmetrische Information im Rahmen der internationalen Arbeitsteilung und unter Berücksichtigung der grenzüberschreitenden Wirkung.

Umweltpolitik in einer offenen Volkswirtschaft ..., a.a.O., S. 35-41. Zur grundsätzlich identischen Argumentationslinie für die Ableitung von Eingriffen in der Außenhandelstheorie und der (internationalen) Wettbewerbstheorie vgl. KÖSTERS, W. (1998): Handelspolitik ..., a.a.O., S. 809.

Übersicht 4: Ansatzstellen für internationales Marktversagen im Rahmen der Wechselwirkungen zwischen Handel und Umwelt

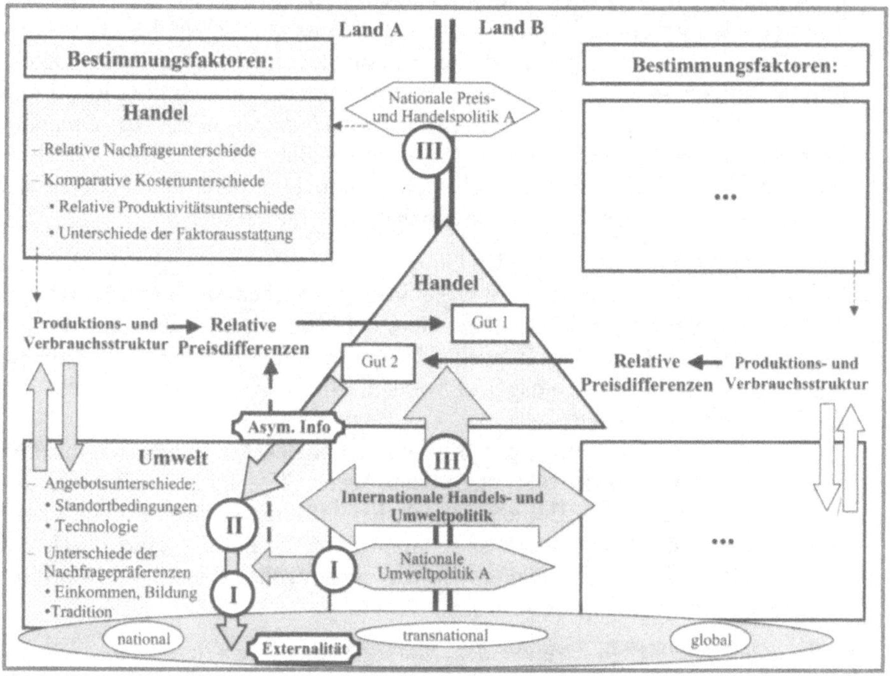

Legende:

Analyseschritte I-III: Im Weiteren behandelte Aspekte zur Kennzeichnung und Beurteilung von verbraucherschutzrelevanten Regulierungsbedarfen des freien Handels.

Quelle: Eigene Darstellung verändert nach HELM, C. (1995): Sind Freihandel und Umweltschutz vereinbar? ..., a.a.O., S. 22.

Die zuvor in Übersicht 3 charakterisierten Gründe für internationales Marktversagen, internationale Externalitäten und asymmetrische Information, können im Prozess der internationalen Arbeitsteilung an zwei Ansatzstellen auftreten und nachfolgende Effekte bewirken:

1. Einfluss auf Umweltparameter durch **Veränderung der internen Produktions- und Verbrauchsstruktur:**
   Der durch die Spezialisierung induzierte *Struktureffekt* im Land A kann Externalitäten verursachen (*Analyseschritt I*), die - abhängig von der Raumwirkung der beeinflussten Umweltmedien und Eigenschaften der beteiligten Belastungsstoffe - grenzüberschreitend sein können. Unter dieser Bedingung wird auch auf die Produktion und den Verbrauch im anderen Land B Einfluss genommen. Dieser Zusammenhang ist im unteren Teil der Übersicht 4 abgebildet, in dem die Räumlichkeit der Externalitäten gekennzeichnet ist.

Als Auswirkung der nationalen Umweltpolitik beschreibt der *Regulationseffekt* eine mögliche Internalisierung der Externalitäten. Hierdurch können die Umweltkosten vollständig in die relativen Preisdifferenzen eingehen. Der resultierende Gütertausch spiegelt dann die nationalen Knappheiten wieder. Abhängig vom Ausbreitungsgrad der Externalität und von der Möglichkeit, Einfluss auf Weltmarktpreise zu nehmen, bestimmt sich jedoch die Motivation, nationale Internalisierung zu unterlassen. *Handelsstrategisches Öko-Dumping* kann neben Wohlfahrtsverlusten für den Handelspartner auch wiederum steigende Umweltbelastungen nach sich ziehen und wird im Weiteren als Unterpunkt des Externalitätenansatzes behandelt (*Analyseschritt I*).

2. **Austausch** von umweltbelastenden Gütern:
   Der *Austauscheffekt* kann Umweltwirkungen verursachen, die durch Importe in die Partnerländer transferiert werden. Über den Konsum oder auch die Weiterverarbeitung der Güter im Importland können dabei wiederum grenzüberschreitende Externalitäten ausgelöst werden. Dieser Aspekt wird deshalb im *Analyseschritt I* behandelt.
   Zum zweiten Bestimmungsfaktor für internationales Marktversagen werden diese produktimmanenten Merkmale dann, wenn diese nicht im Produkt unmittelbar erkennbar sind. Bei asymmetrischer Information über Produktmerkmale von inländisch erzeugten und importierten Produkten kann durch die resultierenden Verbraucherreaktionen der ungeregelte Handel zu Marktineffizienzen führen (*Analyseschritt II*).

Für die unterschiedlichen Gründe des Marktversagens innerhalb der Analyseschritte I und II werden mögliche politische Maßnahmen auf nationaler und internationaler Ebene zur Begrenzung auftretender Ineffizienzen bewertet (*Analyseschritt III*), um vor diesem Hintergrund das Urteil der WTO zum konkreten "Hormonfleisch –Streitfall" zu beurteilen.

Als prinzipielle handelspolitische Maßnahmen[33] lassen sich dabei sogenannte tarifäre Maßnahmen, wie Zölle oder Grenzabgaben, von nicht-tarifären Maßnahmen abgrenzen, zu denen neben Mengenbegrenzungen und internen Subventionen auch die Einhaltung von Produktnormen und -vorschriften zählen.[34]

Innerhalb der nachfolgenden Wohlfahrtsanalyse werden als tarifäres Instrument ein Öko-Ausgleichszoll und als nicht-tarifäre Maßnahmen Importverbote, Mindeststandards und das Labelling[35] betrachtet.[36]

---

33 Vgl. zur Integration einzelner Maßnahmen im WTO-Vertragswerk Kapitel 3.2.
34 Vgl. BERG, H. (1975): Internationale Wirtschaftspolitik ..., a.a.O., S. 468-470.
35 Vgl. zur Einordnung des Labelling als nicht-tarifäre Maßnahme Kapitel 4.1.2.

2.2 Analyse von Marktversagen aufgrund von verbraucherschutzrelevanten Externalitäten

2.2.1 Grenzüberschreitende Effekte aufgrund von handelsstrategischer Verbraucherschutzpolitik

2.2.1.1 Systematisierung von Externalitäten im umweltökonomischen Grundmodell

In der zunehmenden Diskussion von Wechselwirkungen zwischen Umwelt und Handel steht die Analyse von Umweltwirkungen i.S. von Externalitäten im Mittelpunkt.[37]

- In diesem Rahmen werden Wirkungen des Handels auf die Umwelt i.S. einer damit verbundenen Änderung des externen Effektes dargestellt.
- Umgekehrt werden Wirkungen nationaler Umweltpolitik auf den Handel hierbei anhand der Wirkung erfolgter oder unterlassener nationaler Internalisierung auf den Gütertausch betrachtet.

Entscheidend für die Ableitung von Marktversagen aufgrund von Externalitäten ist die Wirkung außerhalb des Preismechanismus. Hiernach werden die externen Effekte von eigenen Wirtschaftsaktivitäten, die auf Nutzen oder Gewinne anderer Akteure wirken, nicht innerhalb der individuellen Entscheidung zur Nutzen- und Gewinnmaximierung berücksichtigt. Im Ergebnis kommt es zu gesamtwirtschaftlich suboptimalen Umfängen der Externalitäten verursachenden Wirtschaftsaktivitäten.[38]

Im Folgenden wird ein Überblick über die generelle Systematisierung von Externalitäten gegeben und anschließend erfolgt die Kennzeichnung der internationalen Raumwirkung, um internationales Marktversagen erfassen zu können.

---

36 Im Unterschied hierzu werden als umweltpolitische Maßnahmen innerhalb des Analyseschrittes I keine konkreten Instrumente betrachtet, sondern lediglich das Ausmaß nationaler Umweltpolitik an sich (unterlassene versus durchgeführte Internalisierung).

37 Vgl. etwa HELM, C. (1995): Sind Freihandel und Umweltschutz vereinbar? ..., a.a.O., BREMER, R. (1996): Handel und Umwelt ..., a.a.O., GRAY, D., KRISSOFF, B. (1994): Agricultural Trade and the Environment: Some Basic Economic Principles, in: SULLIVAN, J. (Hrsg.): Environmental Policies, Implications for Agricultural Trade, United States Department of Agriculture, Washington D.C., S. 48-58 oder SOLBACH, D. (1998): Integrierter Umweltschutz ..., a.a.O.

38 Vgl. EWERS, H.-J., WEIN, Th., FRITSCH, M. (1999): Marktversagen und Wirtschaftspolitik ..., a.a.O., S. 92-96.

Externalitäten werden in der Literatur uneinheitlich systematisiert, was zu Abgrenzungsproblemen führen kann.[39]

Hinsichtlich der **Beeinflussungsursache** werden Externalitäten nach der Wettbewerbstheorie unterschieden in[40]

- technologische Externalitäten,[41] die den realen Verzehr an Produktions- oder Verbrauchsgütern erfassen[42] und
- psychologische Externalitäten, die auch eine nicht-physische Beeinflussung der Gewinn- und Nutzenfunktionen erfassen. [43]

Zur besseren Übersichtlichkeit werden nachfolgend unabhängig vom physischen oder psychologischen Auslöser generell solche Effekte als Externalitäten behandelt, die durch eine Beeinflussung dritter Akteure außerhalb des Preismechanismus Marktversagen bedingen.[44]

Auch die Unterscheidung in **Konsum- oder Produktionsexternalität** erfolgt in der Literatur uneinheitlich.[45] Als Kriterien sind dabei möglich

- die Ansatzstelle der Externalität i.S. der **Verursachungsaktivität**, nach der die Externalität während des Konsum oder der Produktion entsteht,
- die Wirkungsstelle der Externalität i.S. der **beeinflussten** Aktivität, nach der die Externalität durch Beeinflussung der Nutzen auf den Konsum oder durch Gewinnbeeinflussung auf die Produktion wirken kann.

Hinsichtlich der **Wirkungsrichtung** führt eine unentgeltliche Erhöhung der Nutzen und Gewinne zu positiven Externalitäten. Eine nicht kompensierte Ver-

---

39 Vgl. zur Übersicht ebd. oder FEESS, E. (1998): Umweltökonomie und Umweltpolitik, München, S. 41-44.

40 Vgl. TEGNER, H. (1996): Zur (Ir)Relevanz pekuniärer externer Effekte, Volkswirtschaftliche Diskussionsbeiträge der WWU Nr. 237, Institut für Verkehrswissenschaft der Universität Münster.

41 Pekuniäre Externalitäten dagegen sind über Preise vermittelte Anpassungsreaktionen innerhalb des Marktmechanismus. Pekuniäre Externalitäten erfassen somit monetäre Transfers im Unterschied zu nicht-monetären. Vgl. FRITSCH, B. (1966): Zur Theorie und Systematik der volkswirtschaftlichen Kosten, in: GÄFGEN, G. (Hrsg.): Grundlagen der Wirtschaftspolitik, Köln, S. 180.
Die Unterscheidung technologischer und pekuniärer externer Effekte geht zurück auf SCITOVSKY. Vgl. LINDE, R. (1992): Einführung in die Mikroökonomie, 2. Auflage, Stuttgart, S. 231.

42 Vgl. FRITSCH, B. (1966): Zur Theorie und Systematik der volkswirtschaftlichen Kosten ..., a.a.O., S. 180.

43 Vgl. TEGNER, H. (1996): Zur (Ir)Relevanz pekuniärer externer Effekte ..., a.a.O.

44 Vgl. ebd.

45 Vgl. FEESS, E. (1998): Umweltökonomie und Umweltpolitik ..., a.a.O., S. 41-44.

ringerung der Nutzen und Gewinne beschreibt negative Externalitäten.[46] Nachfolgende Übersicht 5 systematisiert die genannten Abgrenzungskriterien für Externalitäten.

Übersicht 5: Systematisierung von Produktions- und Konsumexternalitäten

Verursachung	Wirkungs-richtung	Auswirkung	
		Produktion	Konsum
Produktion	-	...	...
	+	...	...
Konsum	-	...	...
	+	...	...

Quelle: EWERS, H.-J., WEIN, TH., FRITSCH, M. (1999): Marktversagen und Wirtschaftspolitik ..., a.a.O., S. 95.

Eine Konsumexternalität, die nach der Verursachungsaktivität kategorisiert ist, erfasst damit sowohl Auswirkungen auf die Produktion als auch den Konsum. Umgekehrt kann eine Konsumexternalität i.S. der Auswirkungen sowohl durch den Konsum als auch durch Produktionsaktivitäten verursacht sein.[47]

Im Mittelpunkt der theoretischen Auseinandersetzung mit Umweltexternalitäten stehen Produktionsexternalitäten nach dem Kriterium der Verursachungsaktivität.[48] Im Kontext des internationalen Handels begründet BREMER diese Dominanz mit dem unmittelbaren Zusammenhang der verursachenden Produktionsaktivität auf komparative Kosten bzw. die internationale Wettbewerbsposition im Handel.[49] Nachfolgend werden demgegenüber auch explizit Konsumexternalitäten i.S. der Verursachungsaktivität betrachtet, da gerade diese für grenzüberschreitende Wirkungen aus dem Handel mit umweltbelastenden Produkten relevant sind (vgl. *Analyseschritt II* in Übersicht 4).[50]

---

46 Die Abgrenzung von positiven und negativen Externalitäten kann auch abhängig vom Referenzwert und damit von der vorliegenden ursprünglichen Zuweisung der Property Rights ohne Internalisierung erfolgen. Vgl. SCHUMANN, J., MEYER, U., STRÖBELE, W. (1999): Grundzüge der mikroökonomischen Theorie, 7. Auflage, Berlin, S. 494.

47 Keine eindeutige Systematik möglich nach FEESS, E. (1998): Umweltökonomie und Umweltpolitik ..., a.a.O., S. 41-44.

48 Vgl. zur Einführung in die Theorie externer Effekte Lehrbücher zur Umweltökonomie, wie z.B. WEIMANN, J. (1994): Umweltökonomik, Eine theorieorientierte Einführung, 3. Auflage, Berlin-Heidelberg-New York oder ENDRES, A. (1994): Umweltökonomie, Eine Einführung, Darmstadt oder CANSIER, D. (1993): Umweltökonomie, Stuttgart.

49 Vgl. BREMER, R. (1996): Handel und Umwelt ..., a.a.O., S. 43.

50 Ebenfalls explizit werden Konsumexternalitäten behandelt bei MANKIW, N.G. (1999): Grundzüge der Volkwirtschaftslehre, Stuttgart, S. 226 f.

Für die Erfassung der Internationalität bestehender Externalitäten bildet die **Raumwirkung** des zugrunde liegenden physischen Umwelteffektes die Grundlage. Diese hängt ab von der räumlichen Ausbreitung der beteiligten Umweltmedien oder Schutzgüter, deren Assimilationskapazität sowie von den Diffusionseigenschaften beteiligter Belastungsstoffe.[51] Der physische Ausbreitungskreis von Umwelteffekten bestimmt damit die potenzielle Raumwirkung einer davon ausgelösten Externalität, welche die bewerteten Wirkungen des Umwelteffekts auf Gewinn- oder Nutzenfunktionen erfasst.[52]

Nachfolgende Darstellung beschreibt die physische Raumwirkung von potenziellen Umweltwirkungen landwirtschaftlicher Aktivitäten. Diese bestimmt sich durch die über landwirtschaftliche Aktivitäten (Zeilen) beeinflussten Schutzgüter (Spalten).

Im Bereich der Tierhaltung (Zeile 4) sind z.B. nationale und internationale Wirkungen (dunkle Felder) dann möglich, wenn Austräge in grenzüberschreitende Oberflächengewässer oder in die Atmosphäre erfolgen. Im Bereich der Humantoxizität (vorletzte Spalte) ergeben sich eher regionale und damit national begrenzte Effekte, die in der Abbildung zunächst die unmittelbaren Gesundheitseffekte der landwirtschaftlichen Akteure während einzelner Aktivitäten erfassen.

---

51 Vgl. SOLBACH, D. (1998): Integrierter Umweltschutz ..., a.a.O., S. 49 ff. Zur genauen Ableitung der Räumlichkeit für einzelne agrarspezifische Umweltwirkungen vgl. RUDLOFF, B., URFEI, G. (2000): Agrarumweltpolitik nach dem Subsidiaritätsprinzip, Kategorisierung von Umwelteffekten und Evaluierung geltender Politikmaßnahmen, Koblenz, S. 51 ff.

52 Vgl. ebd., S. 27-28.

Übersicht 6: Räumlicher Wirkungskreis potenzieller Umweltwirkungen der Landwirtschaft

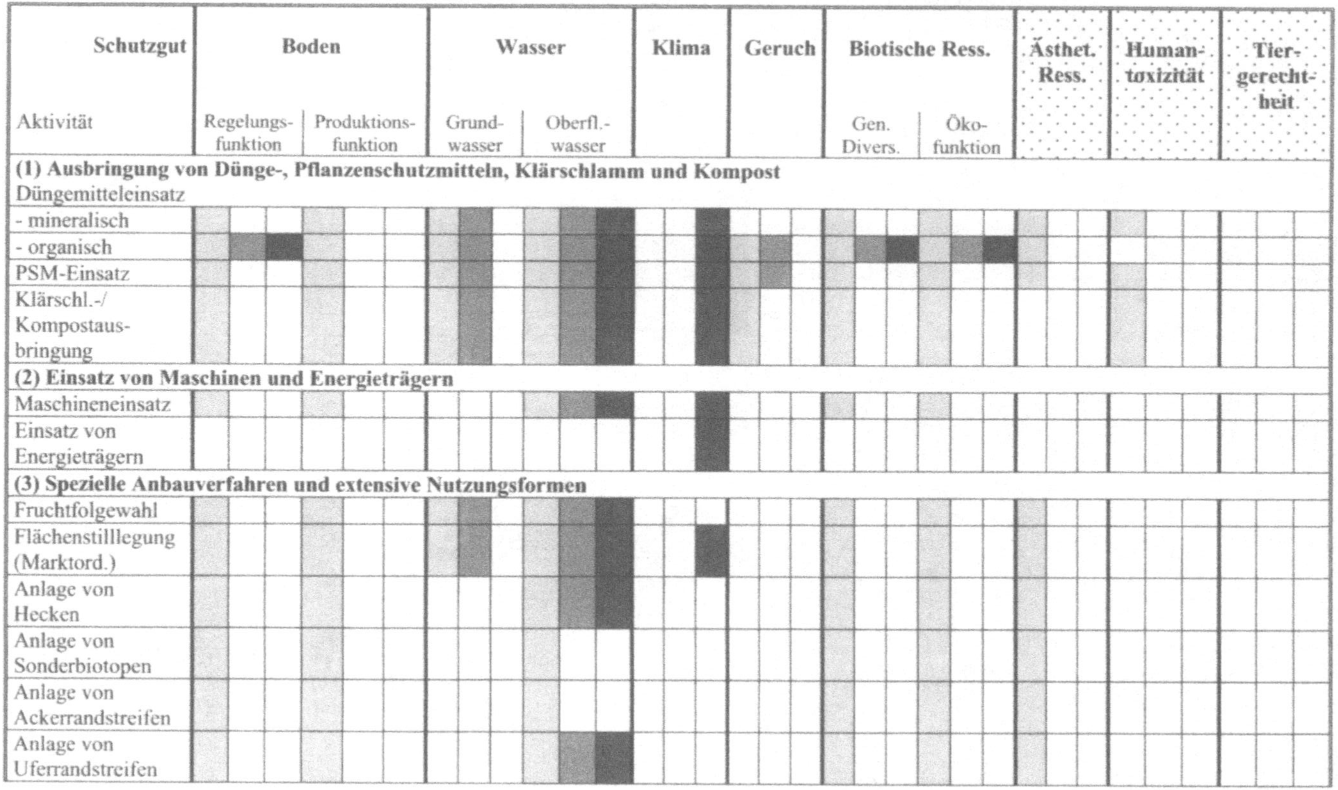

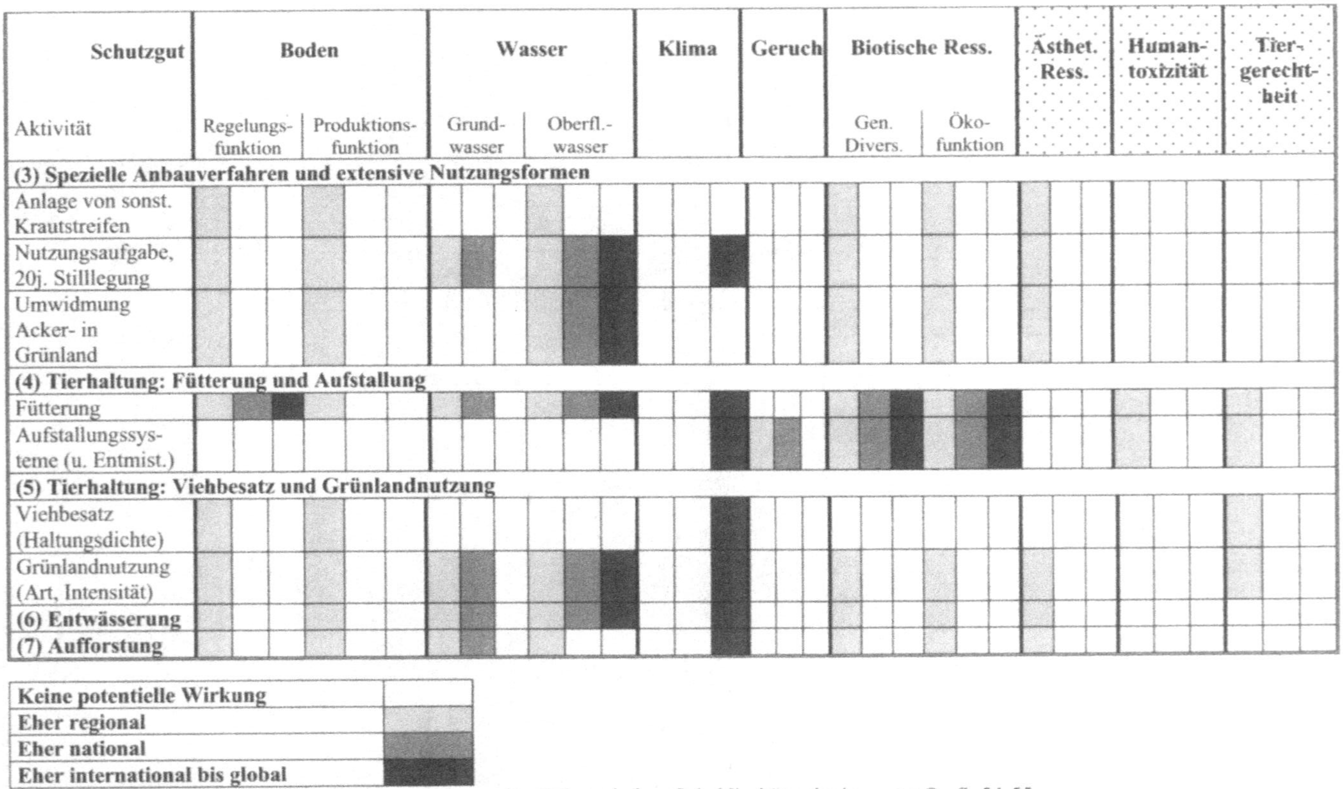

Quelle: Vgl. Rudloff, B., Urfei, G. (2000): Agrarumweltpolitik nach dem Subsidiaritätsprinzip ..., a.a.O., S. 54-55.

Die Ausbreitung der Externalität kann von derjenigen des Umwelteffekts abweichen, wenn dieser sich nicht auf Nutzen- oder Gewinnfunktionen auswirkt. Z.B. muss der physische Effekt einer absoluten Dezimierung einer Tierart durch Naturkatastrophen nicht notwendigerweise auch eine Externalität nach sich ziehen, wenn die Gesamtpopulation der Art ungefährdet ist und somit keine Nutzenverluste durch die Artengefährdung bewirkt.[53]

Abhängig von der **Erfassungsmethodik**[54] zur Bestimmung der Ausbreitung von Externalitäten bzw. des Nutzerkreises öffentlicher Güter resultieren unterschiedliche Raumwirkungen:

- Der unmittelbare Nutzerkreis wird durch „User Values"[55] erfasst.
- Der mittelbare Nutzerkreis wird über „Non User Values"[56] bestimmt und kann von der Raumwirkung den unmittelbaren Nutzerkreis übersteigen. Der unmittelbare Nutzerkreis eines öffentlichen Gutes, wie z.B. ein Waldstück, kann nach dem „User Value" z.B. kleinräumig sein. Mittels „Non User Values" lassen sich dagegen auch internationale Nutzenänderungen bei Rodung des Waldstücks feststellen, hinsichtlich des Klimaeffektes oder der Artenvielfalt.

Relevant ist diese Unterscheidung für die Identifizierung von internationalem Marktversagen, indem durch Zugrunde legen der „Non User Values" tendenziell eher eine internationale Ausdehnung auftritt als bei Verwendung von „User Values" zur Erfassung der Externalität.

---

53 Vgl. zur Ableitung der Externalität im Unterschied zum physischen Umwelteffekt ebd. und zur Gesamtproblematik der Bestimmung von Externalitäten HAMPICKE, U. (1991): Naturschutz-Ökonomie, Stuttgart, S. 118.

54 Vgl. ebd.

55 Nutzungs*abhängiger* Wert aus dem unmittelbaren Gebrauch des öffentlichen Guts. Vgl. MARGGRAF, R., STREB, S. (1997): Ökonomische Bewertung der natürlichen Umwelt, Theorie, politische Bedeutung, ethische Diskussion, Spektrum Akademischer Verlag, Heidelberg, S. 185.

56 Nutzungs*unabhängiger* Wert ohne unmittelbaren Gebrauch des öffentlichen Guts. Es lassen sich hierbei Options- und Existenzwerte unterscheiden, je nachdem, ob eine optionale Nutzung des betrachteten Guts berücksichtigt wird oder auch dann ein Nutzen feststellbar ist, selbst wenn die Möglichkeit einer Nutzung ausgeschlossen wird. Auch Vermächtniswerte gehören zu den „Non User Values". Sie umschreiben einen intergenerativen Aspekt, indem Nutzen aus der Sicherstellung von zukünftiger Nutzung gezogen wird. Vgl. zur Definition und der Schwierigkeit der Abgrenzung HAMPICKE, U. (1991): Naturschutz-Ökonomie ..., a.a.O., S. 118. MARGGRAF und STREB erfassen ausdrücklich nur Vermächtnis- und Existenzwerte bei den „Non User Values", der Optionswert dagegen wird als Wertmaß unter Unsicherheit den „User Values" zugerechnet. Vgl. MARGGRAF, R., STREB, S. (1997): Ökonomische Bewertung der natürlichen Umwelt ..., a.a.O., S. 185.

Zur Wohlfahrtsbewertung der Wirkung von Externalitäten und eingesetzten Schutzmaßnahmen ist die zugrunde liegende Klassifizierung des Externalitätentyps entscheidend. Die nachfolgende Analyse gründet sich auf folgende **Annahmen** bei der Abbildung der **Externalitäten**:

- Die Abgrenzung von Konsum- und Produktionsexternalität erfolgt aufgrund der Verursachung.
- Die Wirkung wird summiert erfasst, so dass alle Auswirkungen sowohl auf die Produktion als auch den Konsum in der Summe den externen Effekt der verursachenden Aktivität bilden.
- Die gesamte Externalität entsteht aus der Summe aller zugrunde liegenden individuellen Aktivitäten.
- Der Staat fungiert als individueller Akteur mit der Zielsetzung der nationalen Wohlfahrtsmaximierung.
- Die Darstellung erfolgt als negative Externalität i.S. einer Verringerung der Nutzen- bzw. Gewinnfunktionen.
- Das optimale Umweltniveau wird nach neoklassischer Vorstellung verstanden als Eliminierung lediglich des pareto-relevanten Teils der Externalität.[57]

Die Bewertung der betrachteten **umwelt- und handelspolitischen Schutzmaßnahmen** basiert weiterhin auf

- den Annahmen der orthodoxen Ansätze der Außenhandelstheorie, wie vollkommener Wettbewerb, Homogenität der Güter und konstante Skalenerträge,[58]
- der Betrachtung von 2-Güter-2-Länder-Modellen,
- einem komparativ-statischen Ansatz, so dass dynamische Anpassungsreaktionen nicht betrachtet werden,
- einer Wohlfahrtsbewertung mittels des Rentenansatzes auf Grundlage des sozialen Überschusses,[59]

---

57 Innerhalb der traditionellen Wohlfahrtstheorie liegt der Anreiz zur Umweltentlastung in der Zielsetzung der Wohlfahrtsmaximierung, so dass lediglich pareto-relevante im Gegensatz zu pareto-irrelevanten externen Effekten zu internalisieren sind und damit im Wohlfahrtsmaximum weiterhin noch externe Effekte bestehen. Dazu auch kritisch KNORRING, E. von (1995): Das Umweltproblem als Externalität - ökonomische Ökologie oder ökologische Ökonomie?, in: Zeitschrift für Umweltpolitik und Umweltrecht, Nr. 4, S. 543 f.

58 Vgl. GANDOLFO, G. (1998): International Trade Theory ..., a.a.O., insbesondere S. 227 und 233 ff.

59 Eine Übersicht über Alternativen zu diesem traditionellen Bewertungskonzept bietet HENSON, S., TRAILL, B. (2000): Measuring Perceived Performance of the Food System and Consumer Food-Related Welfare, in: Journal of Agricultural Economics, Vol. 51, No. 3, S.

- der Immobilität der Produktionsfaktoren, so dass alle Anpassungen innerhalb der vorgegebenen nationalen Produktionsmöglichkeiten erfolgen,
- der Abstraktion vom Wechselkursmechanismus,[60]
- der Quantifizierung der betrachteten Externalitäten, so dass diese bei der Bewertung der Gesamtwohlfahrt einzelner Maßnahmen berücksichtigt werden können.

Zur besseren Übersichtlichkeit und Nachvollziehbarkeit auch rein umweltpolitisch motivierter Argumente werden bei der Bewertung einzelner Maßnahmen zusätzlich zur Gesamtwohlfahrt die Änderungen der Umweltbe- bzw. -entlastungen isoliert abgebildet.[61]

2.2.1.2 Anreize für Öko-Dumping und resultierende Wohlfahrtswirkungen im umweltökonomischen Grundmodell

Die umweltökonomische Definition von Dumping ist von der üblichen Begriffsverwendung im Rahmen der Außenhandelstheorie abzugrenzen (vgl. Kapitel 2.2.2.1)[62] und erfasst unterschiedliche Dosierungen von umweltpolitischen Maßnahmen im internationalen Vergleich. Vom Problem des Öko-Dumpings werden dabei diejenigen unterschiedlichen Umweltschutzniveaus abgegrenzt, die aufgrund spezifischer Standortbedingungen entstehen (vgl. Übersicht 4) und damit auch bei vollständiger Internalisierung zu unterschiedlichen Umweltniveaus führen können.[63] Unter Dumping werden demnach nur die Fälle erfasst, bei denen Unterschiede nationaler Umweltpolitik durch mangelhafte Internalisierung ent-

---

388-405. Hierbei steht die Anwendung von multi-dimensionalen Skalierungsverfahren zur Erfassung von Politikparametern im Mittelpunkt, um insbesondere die Vielzahl auch nicht-preiswirksamer Aspekte von Verbraucherschutzpolitiken berücksichtigen zu können. Solche innovativen Ansätze stehen allerdings erst am Anfang und ermöglichen noch keine Bewertung von unterschiedlichen Politikszenarios. Vgl. ebd. S. 400.

60 Betrachtung innerhalb der sogenannten „reinen" Außenhandelstheorie, in deren Mittelpunkt relative Preisrelationen stehen, im Unterschied zur „monetären" Außenhandelstheorie, die absolute Preisunterschiede diskutiert. Vgl. zur Abgrenzung z.B. SIEBERT, H. (1994): Außenwirtschaft ..., a.a.O, S. 217 ff.

61 In Anlehnung an die Darstellung von BREMER, R. (1996): Handel und Umwelt ..., a.a.O.

62 Vgl. zur Übersicht unterschiedlicher Definitionen RAUSCHER, M. (1992): On Ecological Dumping, Discussion Paper 523, Kieler Institut für Weltwirtschaft, Kiel.

63 Anders wird der Begriff dagegen im Umgang mit „Sozialdumping" bereits seit der Weltwirtschaftskonferenz 1927 verwendet, indem grundsätzlich alle vorliegenden Unterschiede der nationalen Gesetzgebung gemeint sind. Vgl. CHARNOVITZ, S. (1992): The Environmental and Labour Standards in Trade, The World Economy 15, S. 342. Zitiert in: BREMER, R. (1996): Handel und Umwelt ..., a.a.O., S. 27, Fn. 7.

stehen.[64] Wegen des Problems, Öko-Dumping bei vorliegenden unterschiedlichen Umweltschutzniveaus nachzuweisen, nennt RAUSCHER[65] neben der fehlenden Internalisierung als weiteren Bestimmungsfaktor auch den Unterschied von Umweltstandards, die in exportorientierten oder in binnenmarktorientierten Sektoren gültig sind.[66]

Die nachfolgende Bewertung orientiert sich an der üblichen Darstellung von Öko-Dumping i.S. einer vollständig unterlassenen Internalisierung. Danach sind soziale Umweltkosten und -nutzen nicht nur in zu geringem Maße sondern überhaupt nicht im Güterpreis enthalten. Die Allgemeingültigkeit der Wirkungsanalysen wird dadurch nicht eingeschränkt.[67]

Die Analyse der Effekte von Öko-Dumping erfolgt dabei in folgenden Schritten:

1. Systematisierung der Anreizfaktoren, nach denen handelsstrategische Umweltpolitik rational i.S. der eigenen Wohlfahrtsmaximierung ist.[68]
2. Bewertung der Effekte für den Handelspartner, um nachzuweisen, ob der vielfach vorgebrachte Vorwurf, unter Öko-Dumping zu leiden, gerechtfertigt ist.[69]
3. Übertragung der allgemeinen Anreizfaktoren für Umweltexternalitäten auf Besonderheiten internationaler Externalitäten im Verbraucherschutz.
4. Analyse handelspolitischer Schutzmaßnahmen gegenüber strategischer Verbraucherschutzpolitik und deren Beitrag zur Wohlfahrtssteigerung.

Die **Systematisierung der Anreizfaktoren** für Öko-Dumping wird innerhalb unterschiedlicher Szenarien vollzogen, die durch folgende Parameter charakterisiert sind:

- Die Analyse wird differenziert für Konsum- und Produktionsexternalitäten nach der **Verursachungsaktivität** vorgenommen.

---

64 Zur Abgrenzung der Unterscheidung „politischer" und „ökonomischer" Definitionen vgl. KARL, H., RANNÉ, O. (1997): Öko-Dumping, Ein stichhaltiges Argument für ökologische Ausgleichszölle?, in: Wirtschaftswissenschaftliches Studium WiSt, Nr. 26, S. 284.

65 Vgl. ebd.

66 Diese Definition nähert sich an das WTO-Verständnis von Dumping an, beinhaltet jedoch nach wie vor den Staat als Akteur (vgl. Kap. 2.2.2.1). RAUSCHER unterscheidet als mögliche Definitionen insgesamt drei Ansätze: das Auftreten von unterschiedlicher Umweltpolitik an sich, Unterschiede aufgrund fehlender Internalisierung sowie Divergenz der Umweltpolitik in binnen- und exportorientierten Bereichen. Vgl. RAUSCHER, M. (1992): On Ecological Dumping ..., a.a.O.

67 Vgl. BREMER, R. (1996): Handel und Umwelt ..., a.a.O.

68 Die Grundlage dieses Ansatzes bietet die Arbeit von ebd.

69 In Ergänzung zu ebd.

- Der **räumliche Wirkungskreis** der betrachteten Externalität erfasst im Unterschied zur groben Raumeinteilung der Übersicht 6 spezifischer
  - **nationale Wirkungen**, die vollständig im Land der Entstehung verbleiben, wie z.B. das Problem der Bodenverdichtung.
  - **transnationale Wirkungen**, die vollständig zwischen den Handelspartnern übertragen werden, wie z.B. die Gewässerbelastung an Flussläufen. Bei sogenannten **„Oberen Anrainerstaaten“** (OA) erfolgt hierbei ein vollkommener Transfer eigener Externalitäten auf die „Unteren Anrainer“, während die **„Unteren Anrainerstaaten“** (UA) sowohl vollständig von diesem übertragenen Effekt als auch von einer selbstverursachten Externalität betroffen sind.[70]
  - **regionale Wirkungen,** welche einen abgegrenzten Kreis von beteiligten Staaten gleichermaßen betreffen, wie z.B. das Problem des sauren Regens, und
  - **globale Wirkungen**, die sich auf alle Länder beziehen, wie z.B. der Klimaeffekt und das Ozonloch.
- Für die **Handelsposition** werden die Import- und Exportsituation abhängig von der Möglichkeit, die Terms of Trade zu beeinflussen, in „kleine und große Länder“ unterschieden.

Nachfolgende Übersicht 7 gibt die möglichen Kombinationen unterschiedlicher Externalitäten sowie Ländertypen wieder.

---

70 Die Begriffe entstammen aus der Vorstellung einer Flusswasserbelastung, die mehrere Anrainerstaaten betrifft. Abhängig von physikalischen Eigenschaften wie Strömungsverhältnisse, Löslichkeiten belastender Stoffe o.ä. erfolgt die Belastung für die Staaten unterschiedlich. Der sich am oberen Flusslauf befindende Staat ist am geringsten betroffen durch unmittelbaren Abfluss der Belastung, der Staat am unteren Flusslauf dagegen ist am schwersten betroffen durch Akkumulation der Belastung aller oberen Staaten in seinem Territorium. Auch für andere Umweltbelastungen mit regional ungleichmäßiger Streuung ergeben sich diese Effekte. Bei der Übertragung einer Belastung durch die Atmosphäre erfolgen entsprechend die Bezeichnungen als „Upwind“- bzw. „Downwind-Land“. Vgl. SIEBERT, H. (1991): Environmental Scarcity - The International Dimension, Institut für Weltwirtschaft an der Universität Kiel, S.8.

Übersicht 7: Szenarien zur Analyse der Anreize für Öko- Dumping

Externalität										
Räumlichkeit	national		transnational				regional		global	
Ansatzstelle	K	P	K		P		K	P	K	P
			OA	UA	OA	UA				
Handelsposition										
Kleines Land										
Importeur										
Exporteur										
Großes Land										
Importeur										
Exporteur										

Legende:

K: Konsumexternalität　　P: Produktionsexternalität
OA: Oberer Anrainer　　UA: Unterer Anrainer

Quelle: Eigene Darstellung auf Grundlage von BREMER, R. (1996): Handel und Umwelt ..., a.a.O.

Die Analyse der Anreizeffekte für Öko-Dumping erfolgt dabei aus folgenden Gründen umfassend für alle abgebildeten Szenarien:

- Die Einordnung des konkreten „Hormonfleisch-Falls" prüft die Anwendbarkeit des umweltökonomischen Grundmodells für verbraucherschutzrelevante Probleme.
- Die Ableitung von Aussagen für Verbraucherschutz-Externalitäten generell verlangt die mögliche Berücksichtigung spezifischer Szenariobedingungen, die von denen im „Hormonfleisch-Fall" abweichen können.

Zunächst wird die Darstellungsweise anhand der Situation eines "kleinen Importeurs" und einer national begrenzten Konsumexternalität in Übersicht 8 vorgestellt.

Abgebildet ist die Situation der Aufnahme von Handel für das belastende Gut 1 im Vergleich zur Autarkie. Die Nachfrage N^p kennzeichnet die Situation, in der lediglich die privaten Nutzen aus dem Gut betrachtet werden. Die Nachfrage N^{soz} erfasst dagegen die sozialen Nutzen, die bei einer negativen Konsumexternalität geringer als die privaten Nutzen sind (N^{soz} = private Nutzen - externe Nutzenverluste). Jede Konsumeinheit führt über die Beeinträchtigung des Nutzen oder des Gewinns anderer Akteure (Summe der Wirkungen auf Konsum und Produktion) zu einem geringeren Nutzenniveau, als es sich in der privaten marginalen Zahlungsbereitschaft ausdrückt.[71] Im privaten Marktgleichgewicht, orientiert an der privaten Zahlungsbereitschaft, wird bei P_0 in Autarkie und bei P^W im Handel eine suboptimale, zu hohe Verbrauchsmenge realisiert ($N^A > N^A_{int}$, bzw. $N^{FH} > N^{FH}_{int}$).

Die Internalisierung erfolgt im betrachteten Beispiel über die Einführung einer Pigou-Steuer, die den Belastungsumfang optimiert und in diesem Fall als Verbrauchsteuer gestaltet ist (T^A bei Autarkie und T^{FH} bei Handel).[72]

---

71 Vgl. zur Darstellungsweise der negativen Konsumexternalität MANKIW, N.G. (1999): Grundzüge der Volkswirtschaftslehre ..., a.a.O., S. 226 f. Entgegen BARTEL, der mittels der Nachfragefunktion explizit nur positive Externalitäten darstellt, die als „sozialer Nutzen" abgebildet sind. Vgl. BARTEL, R., HECKL, F. (1994): Einführung in die Umweltpolitik, WiSo-Kurzlehrbücher, Reihe Volkswirtschaftslehre, München, S. 10.

72 Die Steuer steigt entsprechend der unterstellten Steigerung der Externalität mit steigendem Konsum. Einer solchen Externalität liegt die Vorstellung zugrunde, dass Belastungen sich mit zunehmendem Niveau akkumulieren oder Assimilationsgrenzen der Umwelt erreicht werden, die die Regenerierungsfähigkeit schwächen. Vgl. zum Verlauf der Schadensfunktion CANSIER, D. (1993): Umweltökonomie ..., a.a.O, S. 15 f.

Übersicht 8: Wohlfahrtseffekte des Handels bei vorliegender Konsumexternalität für einen „kleinen Importeur“

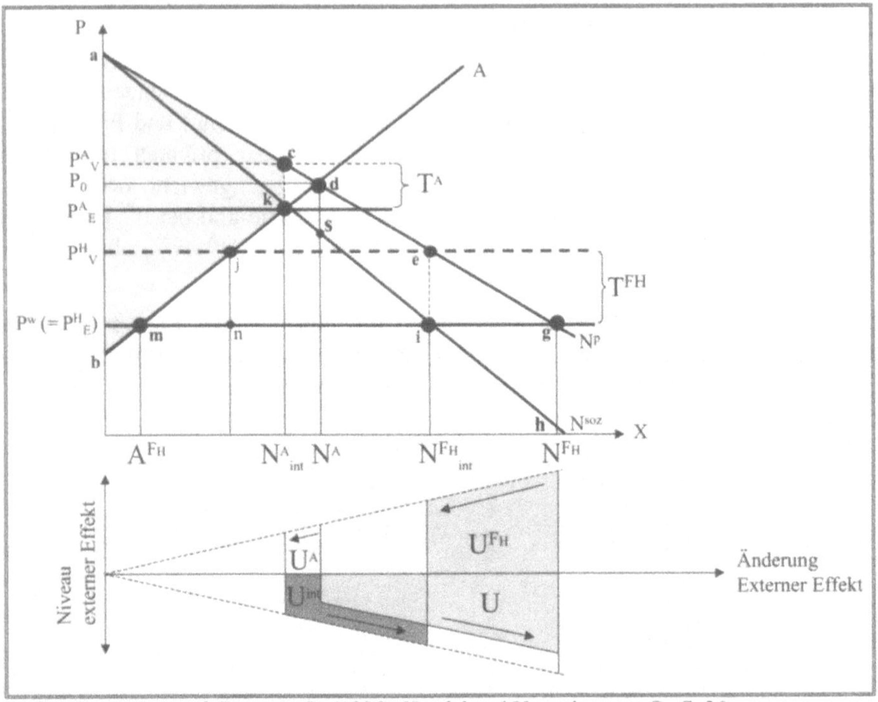

Quelle: Verändert nach BREMER, R. (1996): Handel und Umwelt ..., a.a.O., S. 26.

Im unteren Teil der Grafik sind die Effekte für den Umweltzustand bei steigendem Konsum (= Veränderung der externen Nutzenverluste) gesondert abgetragen unter der vereinfachenden Annahme, dass der Zusammenhang zwischen Verbrauchs- und Belastungshöhe bekannt ist.[73] Diese explizit abgetragenen Umwelteffekte (U) geben das Ausmaß des veränderten externen Effektes wieder und entsprechen damit der veränderten Differenzen zwischen privatem und sozialem Nutzen im oberen Teil der Grafik.[74] Die optimalen Umweltbelastungen, die auch bei Internalisierung bestehen, kennzeichnen dabei pareto-irrelevante externe Effekte, die auch im Wohlfahrtsmaximum verbleiben.

---

73 Im Fall einer Konsumexternalität "Verbraucherbelastung durch Lebensmittel" kann das bspw. über die Erfassung der Belastungen des Gesundheitswesens erfolgen.

74 Somit entsprechen die Vierecke im unteren Teil den Differenzen zwischen privatem und sozialem Nutzen im oberen Teil bei bestimmten Mengenänderungen von X. Damit entspricht z.B. die Fläche U^A der Fläche cdsk.

Durch Internalisierung reduziert sich die Umweltexternalität (U^{FH}, U^{A}). Bei Aufnahme von Handel steigt die Umweltbelastung im Vergleich zur Autarkie durch Anpassung des Verbrauchs an das geringe Weltmarktpreisniveau, mit Internalisierung jedoch in geringerem Umfang als ohne ($U^{int} < U$).[75]

Die Wohlfahrtseffekte werden im Weiteren anhand des sozialen Überschusses (SÜ) bewertet, der die Summe aus Konsumentenrente (KR), Produzentenrente (PR) und eventuellen staatlichen Einnahmen (ST) erfasst. Tabelle 1 zeigt die Herleitung des SÜ bei Internalisierung. Die Staatseinnahmen resultieren dabei aus den Verbrauchssteuern T^{A} bzw. T^{FH}.[76]

Tabelle 1: Die Erfassung des „Sozialen Überschusses" zur Bewertung von Handels- und Umwelteffekten bei Internalisierung

SÜ	Autarkie	Handel
KR + PR + ST	KR: acP^{A}_{V}	KR: aeP^{H}_{V}
	PR: P^{A}_{E} kb	PR: P^{H}_{E} mb
	ST: P^{A}_{V} c k P^{A}_{E}	ST: P^{H}_{V} e i P^{H}_{E}
	SÜ: ackb	SÜ: aeimb

Quelle: Eigene Erfassung auf Grundlage von Übersicht 8.

Im Vergleich der Situationen mit und ohne Internalisierung ergeben sich nachfolgende Wohlfahrtseffekte (W), wobei die jeweils entstehenden Umweltkosten (UK) *getrennt* erfasst werden.

---

75 Diese Aussage gilt nur für den vorgestellten *Import-Fall* und bei Konsumexternalitäten: Bei Produktionsexternalitäten ergibt sich dagegen bei einem Importeur eine Belastungsverringerung durch Handel, da über den relativ zum Autarkiepreis geringen Weltmarktpreis die eigene Produktion und die damit verbundenen Externalitäten abnehmen.
Im *Export-Fall* ergibt sich bei Konsumexternalitäten aus dem relativ hohen Weltmarktpreis ein Belastungsrückgang durch Handel, bei Produktionsexternalitäten dagegen eine Belastungszunahme.

76 Für die Bewertung des sozialen Überschusses in der Autarkiesituation bei Internalisierung durch eine Verbrauchssteuer im Vergleich zu unterlassener Internalisierung ist relevant, dass die Steuerinzidenz die Aufteilung der Steuerbelastung auf den Verbraucher (Preisanstieg von P_0 auf P^{A}_{V}) und den Produzenten bewirkt (Preisrückgang auf P^{A}_{E}). Die Verringerung der jeweiligen Renten wird nur z.T. über die Staatseinnahmen in Höhe der Fläche P^{A}_{V} c k P^{A}_{E} kompensiert. Der verbleibende Verlust an Renten in Höhe der Fläche cdk stellt den "deadweight loss" der Steuer dar, der in diesem Fall jedoch durch Verringerung der externen Kosten im Ausmaß von cdks überkompensiert wird. Diese Effekte lassen sich auf die Situation des Handels übertragen: wegen der vollkommen elastischen Weltmarkts-Angebotsfunktion erfolgt hier allerdings keine Aufteilung der Steuerbelastung ($P^{W} = P^{H}_{E}$), vielmehr trägt der Verbraucher diese alleine. Der Steuerverlust bei Handel entspricht der Fläche egi. Vgl. zur Steuerinzidenz und zu Steuerverlusten allgemein VARIAN, H. (1984): Microeconomic Analysis, 2. Edition, New York, S. 268.

Tabelle 2: **Kosten und Nutzen aus Öko-Dumping bei vorliegender Konsumexternalität für einen „kleinen Importeur"**

	Autarkie	Handel
Mit Internalisierung	SÜ: ackb UK: - ack W: akb	SÜ: aeimb UK: - aei **W: aimb (= akb + kim)**
Ohne Internalisierung = **Öko-Dumping in der Handelssituation**	SÜ: adb UK: - ads W: akb – ksd	SÜ: agmb UK: - agh W: aimb – igh (= akb + kim – igh)

Quelle: Eigene Erfassung auf Grundlage von Übersicht 8.

Die traditionellen Wohlfahrtsgewinne aus dem Handel kompensieren in der dargestellten Situation auch ohne Internalisierung die Kosten durch steigende Umweltbelastung (kim> igh).[77]

Internalisierung ist sowohl bei Autarkie als auch bei Freihandel wohlfahrtssteigernd gegenüber unterlassener Umweltpolitik [akb> (akb – ksd) und aimb > (aimb – igh)]. Die wohlfahrtsmaximierende Lösung ist damit die Internalisierung bei Handel.

Zusammenfassend erscheint für einen kleinen Importeur eines Gutes, das eine Konsumexternalität verursacht, sowohl in Autarkie als auch bei Freihandel die Internalisierung überlegen. Auch aus Sicht eines kleinen Exporteurs und für Produktionsexternalitäten bei Importeuren und Exporteuren ergibt sich, dass die national begrenzten externen Kosten im betrachteten Land selbst anfallen und bei Vernachlässigung die Wohlfahrt reduzieren.[78] Somit existiert **für kleine Länder bei nationalen Externalitäten** kein rationales Motiv für die Strategie des Öko-Dumpings unter der Annahme, dass Rationalität i.S. der Wohlfahrtsmaximierung vorliegt und die Umweltkosten innerhalb der Wohlfahrtsbewertung berücksichtigt werden.

Nachfolgend ist dargestellt, wie sich die Situation ändert, wenn

- Umweltbelastungen grenzüberschreitend wirken, und
- bei großen Ländern eine Beeinflussung der ToT möglich ist.

77 Die Vorteilhaftigkeit hängt vom Niveau des Weltmarktpreises (die Überlegenheit des Freihandels steigt mit sinkendem Weltmarktpreis) und dem Ausmaß der Externalität (die Überlegenheit des Freihandels steigt mit sinkender Externalität) ab.

78 Vgl. zur Herleitung BREMER, R. (1996): Handel und Umwelt ..., a.a.O., S. 62-64.

Betrachtet wird in Übersicht 9 der Anreiz zu Öko-Dumping aus Sicht des Inlands, das Ausland betreibt dagegen im Folgenden in allen Szenarien Internalisierung durch eine Pigou-Verbrauchssteuer.

Weiter wird angenommen, dass die Verursachungsaktivität der Externalität in beiden Ländern identisch ist, so dass im dargestellten Beispiel in beiden Ländern Konsumexternalitäten anfallen.

Übersicht 9: Wohlfahrtseffekte und Anreize zu Öko-Dumping bei vorliegender Konsumexternalität für einen „großen Exporteur"

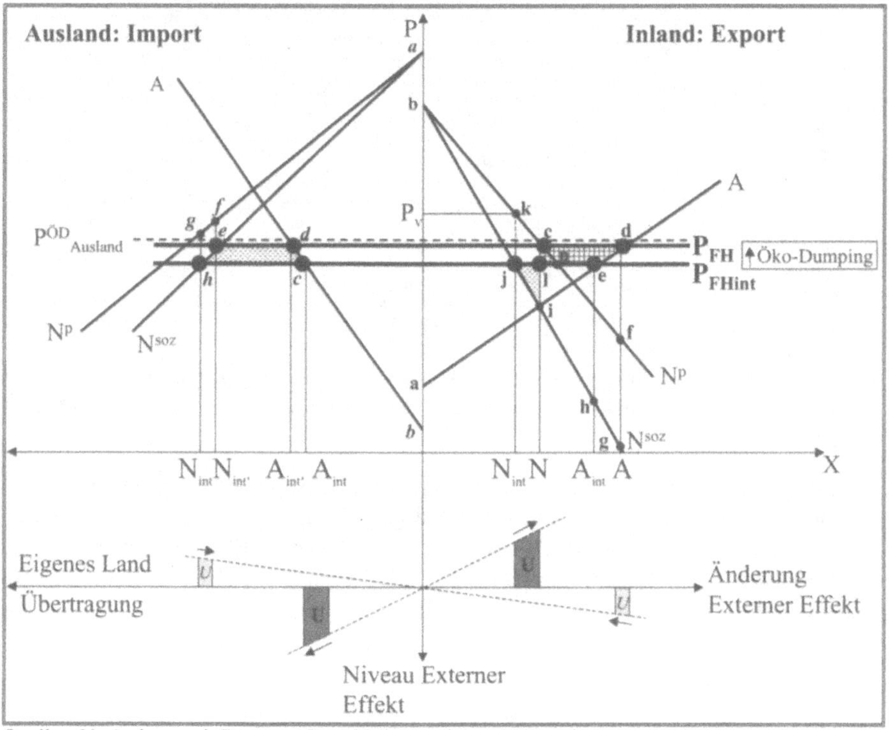

Quelle: Verändert nach BREMER, R. (1996): Handel und Umwelt ..., a.a.O., S. 30.

Die Ausgangssituation stellt die Internalisierung im Inland dar, die zum Freihandelspreis P_{FHint} führt. Unterlassene Umweltpolitik durch Wegfall der Verbrauchssteuer führt dagegen zum Anstieg des Gleichgewichtspreises auf P_{FH}, was aus Sicht der Verbraucher allerdings einen Preisrückgang des Verbraucherpreises im Vergleich zum Ausgangsniveau Pv bedeutet. Hierdurch steigt der inländische Konsum, so dass bei nationalen Externalitäten ein Anstieg der Externalitäten um –U entsteht.

Im Ausland dagegen entsteht als Struktureffekt (vgl. Übersicht 2) durch den gestiegenen Gleichgewichtspreis eine Reduzierung der Umweltbelastung um *+U*, da der Verbrauch zurückgeht.[79]

Insgesamt ergeben sich für die gesamte Wohlfahrt inklusive der Belastungsänderung folgende Effekte:[80]

Tabelle 3: Kosten und Nutzen aus Öko-Dumping bei vorliegender Konsumexternalität für einen „großen Exporteur"

	Inland: Export (Öko-Dumping)	*Ausland: Import*
Mit Internalisierung im Inland	SÜ: bkjea UK: - bkj W: bjea (= bia + jei)	SÜ: *aghcb* UK: *- agh* W: *ahcb*
Öko-Dumping des Inlands	SÜ: bcda UK: - bci W: bia + cdi	SÜ: *afedb* UK: *- afe* W: *aedb*
Veränderung durch Öko-Dumping	**ΔW: + cdel – jli**	***ΔW: - dehc***

Quelle: Eigene Erfassung auf Grundlage von Übersicht 9.

In dieser Situation bedingen zwei Effekte den **Anreiz zu Öko-Dumping** für das Inland, aus dessen Sicht im Weiteren Anreize zu Öko-Dumping analysiert werden.[81]

1. **Der Terms of Trade-Effekt (ToT):** die Verringerung des Exportangebots bei unterlassener inländischer Internalisierung verbessert die Preisrelation zugunsten des Exportguts (Anstieg auf P_{FH}).[82] Dieser Effekt wirkt bereits bei nationalen Belastungen. Sobald der ToT-Gewinn (karierte Schraffur in Übersicht 9: cdel) die Verluste aus der steigenden Umweltbelastung (gestrichelte Schraffur in Übersicht 9: jli) übersteigt, ist Öko-Dumping rational.

---

79 Zur Unterscheidung werden nachfolgend die ausländischen Parameter *kursiv* geschrieben. Eine Unterscheidung von sinkender (steigender) Belastung erfolgt anhand des Vorzeichens + (-) zur Kennzeichnung der jeweiligen Wirkungsrichtung auf die Wohlfahrt.

80 Im Folgenden sind in der ersten Spalte jeweils die Effekte für denjenigen Akteur erfasst, der Dumping betreibt. Die Auswirkungen auf den Handelspartner sind in der zweiten Spalte jeweils *kursiv* dargestellt.

81 Der Akteur, für den im Weiteren der Anreiz untersucht wird, ist immer das „Inland", das „Ausland" ist damit immer der betroffene Akteur.

82 Der Effekt der politischen Beeinflussung der ToT zur Maximierung der eigenen Wohlfahrt entspricht den Effekten der Optimalzollstrategie. Vgl. Kapitel 2.1.

2. **Der Leakage-Effekt**: bei **grenzüberschreitenden Effekten** ist der Transfer der Umweltkosten und -nutzen zwischen den Ländern zu berücksichtigen (-U, +*U*), der als Leakage-Effekt bezeichnet wird.[83] Die veränderte Umweltbelastung im Ausland resultiert aus dem neuen Gleichgewichtspreis (Anstieg auf P^{FH} in Übersicht 9).

Für die Wohlfahrtsoptimierung folgt hieraus die Orientierung an einer anderen Nutzenfunktion: bei vollständiger Übertragung des Umwelteffektes ist die private Nutzenfunktion relevant, da keinerlei externe Kosten im eigenen Land verbleiben. Die Transferparameter zur Kennzeichnung der grenzüberschreitenden Emissionsübertragung werden nachfolgend mit α für das Inland und β für das Ausland bezeichnet.[84]
Es gilt:

α: Anteil der Belastung, die im Entstehungsland „Inland" verbleibt. Dieser entspricht dem *Regulierungseffekt* durch unterlassene Internalisierung.

β: Anteil der Belastung, die im Entstehungsland „Ausland" verbleibt. Dieser lässt sich als *Struktureffekt* durch Veränderung der internen Produktions- und Verbrauchsstrukturen interpretieren. [85]

- bei **transnationalen** Externalitäten bewirkt die Übertragung der Umweltbelastung zwischen den Ländern, dass nach Maßgabe der Parameter α und β entweder die steigende Belastung aus unterlassener Internalisierung im betrachteten Inland gar nicht wirksam wird (vgl. Belastungstransfer U vom Inland ins Ausland in Übersicht 9) und damit auch umgekehrt eine steigende Entlastung aus Internalisierung nicht anfällt. Zusätzlich ist die Belastungsänderung aus dem Struktureffekt, die durch Beeinflussung der ausländischen Marktsituation aus dem Handel entsteht, auch im Inland anzurechnen (vgl. Belastungstransfer *U* vom Ausland ins Inland in Übersicht 9).

  Für transnationale Externalitäten ist hierbei zu unterscheiden, ob es sich bezüglich der Belastung um einen „Oberen" oder einen „Unteren" Anrainerstaat handelt. Beim **Oberen Anrainerstaat** wird die selbstverursachte Belastung aus Öko-Dumping gar nicht wirksam, aller-

---

83 Vgl. BREMER, R. (1996): Handel und Umwelt ..., a.a.O., S. 29.

84 Der Transfer und damit die Höhe von α und β ist neben dem räumlichen Typus der Externalität auch abhängig von physischen Bedingungen der spezifischen Belastungsart, der beteiligten Umweltmedien, klimatischen Bedingungen u.ä. und kann damit zwischen den Ländern variieren.

85 (1-α) meint den Belastungstransfer von Inland ins Ausland und (1-β) den Anteil des Belastungstransfers vom Ausland ins Inland. Für nationale Externalitäten gilt somit: α = β = 1.

dings ist auch keine Entlastung im Unteren Anrainerstaats inländisch anzurechnen ($\alpha \cdot U = (1-\beta) \cdot U = 0$)[86]. Ist der Akteur dagegen ein **Unterer Anrainerstaat**, wird bei Dumping der eigene Belastungsanstieg vollständig wirksam und ist zusätzlich mit der im Oberen Anrainerstaat anfallenden Belastungsänderung zu verrechnen.

- bei **regionalen und globalen** Effekten sind lediglich Anteile der aus dem inländischen Öko-Dumping resultierenden Umweltentlastung im Ausland auch dem Inland anzurechnen und gleichzeitig entfällt auch nur ein Anteil der inländisch steigenden Belastung nunmehr im Ausland an ($\alpha>0$, $\beta<1$). Der resultierende Wohlfahrtsgewinn für das Inland ist wiederum abhängig vom Netto-Umwelteffekt.

Insgesamt führen grenzüberschreitende Umweltwirkungen trotz fehlender ToT-Effekte auch bei **kleinen Ländern** zum Anreiz zu Öko-Dumping. Bei transnationalen Effekten und kleinen Oberen Anrainern ist der Anreiz größer als bei regionalen und globalen Effekten, da der Übertragungsanteil ins Ausland größer ist. Eventuelle positive ausländische Entlastungen sind allerdings wegen der annahmegemäß fehlenden Auswirkung auf ausländische Produktions- und Verbrauchsstrukturen in kleinen Ländern nicht anzurechnen.

Für das aus Dumping **betroffene importierende Ausland** ergeben sich für die in Übersicht 9 gekennzeichnete Situation der Konsumexternalität folgende Effekte:

- Der steigende Gleichgewichtspreis (P_{FH}) bewirkt ToT-Verluste.
- Über den Struktureffekt durch Konsumeinschränkung fallen sinkende Umweltbelastungen im eigenen Land an ($+U$). Selbst einseitige Internalisierung ist für das Ausland vorteilhaft, da eine unterlassene eigene Internalisierung nicht nur zu höheren Umweltbelastungen, sondern auch zu einer weiteren Verschlechterung der ToT führen würde (vgl. gekennzeichneter $P^{ÖD}_{Ausland}$ in Übersicht 9).
- Bei allen grenzüberschreitenden Effekten sind die steigenden Belastungen aus Dumping im Inland z.T. negativ im Ausland anzurechnen bzw. eine mögliche induzierte Umweltentlastung ist nur teilweise im eigenen Land wirksam ($\Sigma U = +\beta U - (1-\alpha)U$). Damit wird die Situation des von Öko-Dumping betroffenen Auslands durch Leakage-Effekte verschlechtert. Lediglich bei betroffenen Oberen Anrainerstaaten entfällt der negative ausländische Belastungsbeitrag

86 Entgegen BREMER lässt sich dieser Fall nicht als eindeutiges Öko-Dumping definieren, da die Orientierung an der privaten Nutzenfunktion für diesen Fall die optimale Umweltpolitik darstellt, wenn inländisch keine Externalitäten anfallen. Die unterlassene Umweltpolitik führt dann zu einer optimalen Umweltbelastung von Null für den Oberen Anrainer. Vgl. zu einer anderen Interpretation BREMER, R. (1996): Handel und Umwelt ..., a.a.O., S. 31.

und gleichzeitig wird der eigene Belastungsanstieg vollständig exportiert (β=0, α=1). Hiermit werden negative ToT-Effekte zumindest nicht durch mögliche Leakage-Effekte verstärkt.

Betrachtet man im Unterschied zur Exportsituation bei einer **Konsumexternalität** Öko-Dumping für einen **großen Importeur**, dann ergibt sich kein Anreiz durch Beeinflussung der ToT:

- Gerade die Internalisierung führt zu einer Verbesserung der Preisrelation durch eine im Vergleich zu Dumping geringere Importnachfrage und einem damit verringerten Importpreis (vgl. gestrichelte Linie $P^{ÖD}{}_{Ausland}$ in Übersicht 9). Zusätzlich verstärkend für eine Internalisierung wirkt bei nationalen Externalitäten, dass der eigene Belastungsrückgang positiv zu berücksichtigen ist.
- Bei grenzüberschreitenden Externalitäten ist wiederum der Leakage-Effekt zu erfassen, der dem positiven ToT-Effekt der Internalisierung entgegenwirken kann.

Überträgt man die **Importsituation** auf **Produktionsexternalitäten,** so ergibt sich ein Anreiz zu Öko-Dumping, wie es nachfolgende Übersicht 10 kennzeichnet.

Übersicht 10: Wohlfahrtseffekte und Anreize zu Öko-Dumping bei vorliegender Produktionsexternalität für einen „großen Importeur"

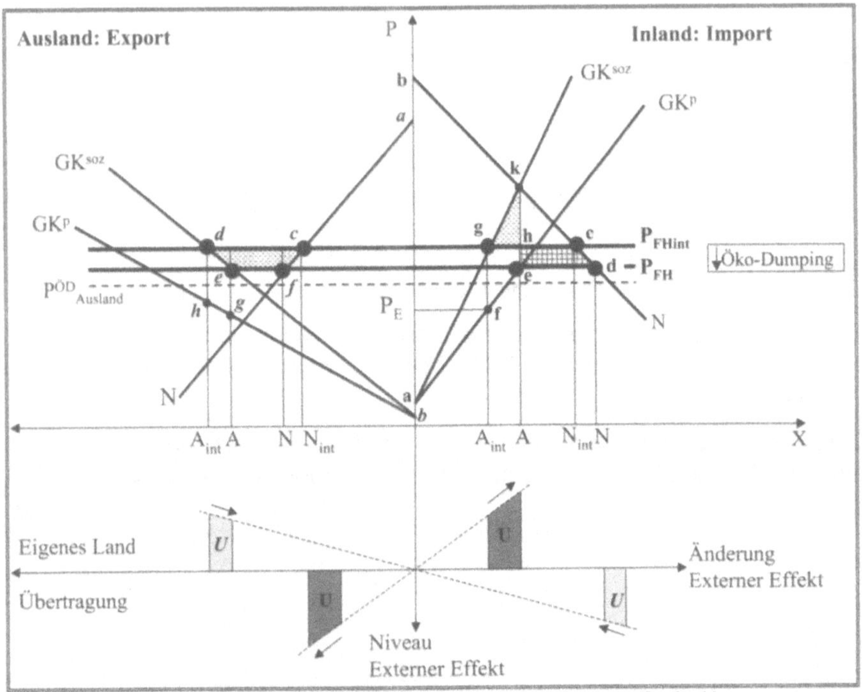

Quelle: Verändert nach BREMER, R. (1996): Handel und Umwelt ..., a.a.O., S. 64.

Bei Öko-Dumping sinkt der Handelspreis auf P_{FH}. Für den inländischen Erzeugerpreis stellt dies allerdings einen Anstieg im Vergleich zu dem durch eine Pigou-Produktionssteuer erzielten Erzeugerpreis dar. Die induzierte inländische Angebotsausdehnung führt bei nationalen Umweltwirkungen zu einem Belastungszuwachs in Höhe von -U.

Ist der ToT-Gewinn durch gesunkene Importpreise (karierte Schraffur in Übersicht 10: hcde) größer als der Belastungszuwachs (gestrichelte Schraffur in Übersicht 10: khg), ist Öko-Dumping rational, wie es nachfolgende Bewertung zusammenfasst:

Tabelle 4: Kosten und Nutzen aus Öko-Dumping bei vorliegender Produktionsexternalität für einen „großen Importeur“

	Inland: Import	*Ausland: Export*
Mit Internalisierung	SÜ: bcgfa UK: - afg W: bka + kcg	SÜ: *acdhb* UK: - *dhb* W: *acdb*
= Öko-Dumping im Inland	SÜ: bdea UK: - kea W: bka + kde	SÜ: *afegb* UK: - *egb* W: *afeb*
Veränderung durch Öko-Dumping	**ΔW: - khg + cdeh**	***ΔW: - cdef***

Quelle: Eigene Erfassung auf Grundlage von Übersicht 10.

Auch in dieser Situation verstärken **Leakage-Effekte** den Anreiz durch den Transfer inländischer steigender Umweltkosten -αU ins Ausland bzw. der Berücksichtigung der ausländischen Umweltenlastung +β*U*.

Für das **betroffene exportierende Ausland** ergeben sich Gesamtverluste (Fläche *–cdef* in Übersicht 10) durch ToT-Verluste aufgrund des gesunkenen Exportpreises. Der Struktureffekt führt über die sinkende Produktion zu geringeren produktionsbedingten Umweltbelastungen +*U*. Leakage-Effekte bei grenzüberschreitenden Externalitäten verschlechtern die Position, indem die eigene Umweltentlastung zumindest teilweise ins Partnerland abfließt, bzw. die steigende inländische Belastung -U im Ausland anzurechnen ist. Auch hier ist selbst einseitige Internalisierung rational, da andernfalls die ToT-Verluste noch ansteigen und zusätzliche Umweltbelastungen entstehen (vgl. gekennzeichneten Preis $P^{ÖD}_{Ausland}$ in Übersicht 10).

Betrachtet man bei **Produktionsexternalitäten die Exportsituation,** so ergibt sich kein Anreiz zu Öko-Dumping:

- Gerade die inländische Angebotsverknappung bei Internalisierung verbessert die ToT über steigende Exportpreise. Zusätzlich sinken die inländischen Umweltkosten.
- Leakage-Effekte durch wegfallende Anrechnung der eigenen Umweltentlastung bzw. die anzurechnende steigende Belastung im Ausland können allerdings ToT-Verluste aus Öko-Dumping kompensieren.

Insgesamt ergibt die Analyse, dass innerhalb der neoklassischen Ansätze nur für wenige Szenarien eindeutige Ergebnisse für den Anreiz, Öko-Dumping zu betreiben, abzuleiten sind:

1. Bei **nationalen Externalitäten** lässt sich für kleine Länder eindeutig ein rationales Interesse an Öko-Dumping ausschließen. Bei großen Ländern dagegen ist bei diesen Externalitäten das Verhältnis von steigender inländischer Umweltbelastung, deren Wirkung national begrenzt ist, zu potenziellen ToT-Gewinnen entscheidend.

   Solche ToT-Gewinne sind dabei abhängig von der Handelssituation und somit zu realisieren bei

   - Konsumexternalitäten im Exportland,
   - Produktionsexternalitäten im Importland.

2. Bei allen Typen **grenzüberschreitender Wirkungen** kann der Leakage-Effekt sowohl die positiven als auch die negativen ToT-Wirkungen auffangen bzw. verstärken.

   Auch für den betroffenen **Handelspartner** ergeben sich damit keine eindeutig zu identifizierenden Verluste aus der inländisch realisierten handelsstrategischen Umweltpolitik:

   - Bei **nationalen Externalitäten** treten ToT-Verluste auf, die allerdings begleitet werden können durch verringerte eigene Umweltbelastungen.
   - Bei allen Typen **grenzüberschreitender Externalitäten** dagegen ist auch für den betroffenen Handelspartner der entstehende ToT-Effekt mit dem Nettoeffekt der Umweltbelastung zu verrechnen. Unilaterale Internalisierung des Handelspartners ist trotz Öko-Dumpings des Inlands rational, da darüber die ToT-Verluste zumindest begrenzt werden und keine zusätzlichen Umweltbelastungen anfallen.

Übersicht 11 fasst entsprechend der untersuchten Szenariotypen (vgl. Übersicht 7) den Anreiz zum Öko-Dumping aus Sicht des Inlands und die Effekte für das Ausland als betroffener Handelspartner zusammen. Im oberen Teil der Übersicht sind die Anreizeffekte für Dumping für das Inland wiedergegeben. Der untere Teil enthält die entstehenden Wirkungen für das Ausland als betroffener Handelspartner.

Die Bezeichnung der angegebenen Handelssituationen 1 bis 4 basiert auf der Position des Inlands, das Ausland übernimmt die jeweilige Position des Handelspartners.

Übersicht 11: Szenariobedingte Anreize für Öko-Dumping und resultierende Wohlfahrtseffekte für den Handelspartner

Umwelt										
Raum	Nat		transnational				regional		global	
Ansatz	K	P	K		P		K	P	K	P
			OA	UA	OA	UA				
Anreize zu Öko-Dumping für das Inland										
Kleines Land										
1. M			+U		+U		$+(1-\alpha)U$	$+(1-\alpha)U$	$+(1-\alpha)U$	$+(1-\alpha)U$
2. X			+U		+U		$+(1-\alpha)U$	$+(1-\alpha)U$	$+(1-\alpha)U$	$+(1-\alpha)U$
Großes Land										
3. M		+T -U		-T -U+*U*	+T	+T -U+*U*	-T $+(1-\alpha)U-(1-\beta)U$	+T $+(1-\alpha)U-(1-\beta)U$	-T $+(1-\alpha)U-(1-\beta)U$	+T $+(1-\alpha)U-(1-\beta)U$
4. X	**+T -U**		+T	+T -U+*U*		-T -U+*U*	+T $+(1-\alpha)U-(1-\beta)U$	-T $+(1-\alpha)U-(1-\beta)U$	+T $+(1-\alpha)U-(1-\beta)U$	-T $+(1-\alpha)U-(1-\beta)U$
Effekte aus Öko-Dumping für das Ausland										
Kleines Land										
1. M				-U		-U	$-\alpha U$	$-\alpha U$	$-\alpha U$	$-\alpha U$
2. X				-U		-U	$-\alpha U$	$-\alpha U$	$-\alpha U$	$-\alpha U$
Großes Land										
3. M		-T +*U*	+T		-T	-T +*U*-U	+T $+\beta U-(1-\alpha)U$	-T $+\beta U-(1-\alpha)U$	+T $+\beta U-(1-\alpha)U$	-T $+\beta U-(1-\alpha)U$
4. X	**-T +*U***		-T	-T +*U*-U	+T		-T $+\beta U-(1-\alpha)U$	+T $+\beta U-(1-\alpha)U$	-T $+\beta U-(1-\alpha)U$	+T $+\beta U-(1-\alpha)U$

Legende:

K: Konsumexternalität P: Produktionsexternalität

OA: Oberer Anrainer UA: Unterer Anrainer

α: Anteil der Belastung, die im Entstehungsland „Inland" verbleibt, $1-\alpha$: Transfer vom Inland ins Ausland

β: Anteil der Belastung, die im Entstehungsland „Ausland" verbleibt, $1-\beta$: Transfer vom Ausland ins Inland

■: kein Anreiz für Öko-Dumping

□: Einordnung des Anwendungsfalls "Potenzielle Verbraucherbelastung durch Hormonfleisch" (vgl. Kapitel 2.2.1.3)

Quelle: Eigene Darstellung auf Grundlage von BREMER, R. (1996): Handel und Umwelt ..., a.a.O.

2.2.1.3 Einordnung von "Verbraucherschutz-Externalitäten" des "Hormonfleisch-Falls" in das umweltökonomische Grundmodell

Nach den vorgestellten Szenarien ist die Einordnung des Externalitätentyps entscheidend für die Beurteilung, ob überhaupt Anreize zum Öko-Dumping bestehen. Eine Übertragung der Aussagen für den Anwendungsfall setzt daher zunächst eine Identifizierung von möglichen, dem "Hormonfleisch-Fall" zugrunde liegenden Externalitäten voraus.

Die Wirkung hormoneller Substanzen stand im Mittelpunkt der WTO-Entscheidungsfindung im Streitfall (vgl. Kapitel 3.4) und wird im Hinblick sowohl auf die Umwelt, etwa die Biodiversität, als auch den Menschen auf wissenschaftlicher Ebene kontrovers diskutiert.[87]

Nachfolgende Beispiele für Externalitäten im Anwendungsfall sind nicht als naturwissenschaftlich eindeutige Ergebnisse, sondern vielmehr als potenzielle Effekte beim Einsatz von hormonellen Substanzen in der Rindermast zu interpretieren.[88]

Zur Klassifizierung werden die vorgestellten, grundsätzlichen Systematisierungskategorien für Externalitäten angewendet (vgl. Übersicht 5).

Ein entscheidendes Kriterium zur Identifizierung der Externalitäten im Anwendungsfall besteht in der nicht-kompensierten Wirkung von Wirtschaftsaktivitäten auf Nutzen- und Gewinnfunktionen anderer Akteure. Effekte dagegen, die ausgelöst durch eigene Produktions- oder Konsumaktivitäten auch auf die eigene Nutzen- oder Gewinnfunktion wirken, werden im Rahmen der Analyse asymmetrischer Information in Kapitel 2.3 erfasst.

---

87 Vgl. z.B. zu Studien in Bezug auf Ovulationshemmer UBA (1995): Endocrinically Active Chemicals in the Environment, Expert Round on 9. and 10. March 1995, UBA-Texte 3/96, Berlin.

88 Vgl. zur Wirkungen auf *Tierarten* BUWAL (1999): Stoffe mit endokriner Wirkung in der Umwelt, Schriftenreihe Umwelt Nr. 308. Zur Analyse der gesundheitlichen Effekte für den *Menschen* vgl. UBA (1995): Endocrinically Active Chemicals in the Environment ..., a.a.O. und KAVLOCK, R.J., DASTON, G.P., DEROSA, C. ET AL. (1996): Research Needs for the Risk Assessment of Health and Environmental Effects of Endocrine Disruptors: A Report of the U.S. EPA-sponsored Workshop on April 1995.

Übersicht 12: Identifizierung von Konsum- und Produktionsexternalitäten im „Hormonfleisch-Fall“

Verursachung	Einfluss-richtung	Auswirkung	
		Produktion	**Konsum**
Produktion	Negativ	Soziale Kosten der Trinkwasseraufbereitung bei Austrag von Belastungsstoffen ins Trinkwasser **während der Produktion** von Lebensmitteln → **Fertilitätsstörung beim Nutztier?**	Soziale Nutzenverluste durch Gesundheitsschäden bei Austrag von Belastungsstoffen ins Trinkwasser **während der Produktion** von Lebensmitteln → **Fertilitätswirkung** für den Menschen? → **Karzinogene Wirkung** für den Menschen? → Beeinträchtigung **Artenvielfalt/Ökosysteme?**
	Positiv	Verringerung der negativen Effekte	Verringerung der negativen Effekte
Konsum	Negativ	Soziale Kosten der Trinkwasseraufbereitung bei Austrag von Belastungsstoffen ins Trinkwasser **durch Konsum** von Lebensmitteln → **Fertilitätsstörung beim Nutztier?**	Soziale Nutzenverluste durch Gesundheitsschäden bei Austrag von Belastungsstoffen ins Trinkwasser **durch Konsum** von Lebensmitteln → **Fertilitätswirkung** für den Menschen? → **Karzinogene Wirkung** für den Menschen? → Beeinträchtigung **Artenvielfalt/Ökosysteme?**
	Positiv	Verringerung der negativen Effekte	Verringerung der negativen Effekte

Legende:
Grau hinterlegt: In der vorliegenden Arbeit analysierte potenzielle (negative) Externalitäten.

Quelle: Einordnung nach EWERS, H.-J., WEIN, TH., FRITSCH, M. (1999): Marktversagen und Wirtschaftspolitik ..., a.a.O., S. 41-43. Potenzielle Effekte aus UBA (1995): Endocrinically Active Chemicals ..., a.a.O., BUWAL (1999): Stoffe mit endokriner Wirkung ..., a.a.O. und KAVLOCK, R.J., DASTON, G. P., DEROSA, C. ET AL. (1996): Research Needs for the Risk Assessment ..., a.a.O.

Nach der Verursachungsaktivität lassen sich im Anwendungsfall sowohl Produktions- als auch Konsumexternalitäten ausmachen.

1. Potenzielle **Externalitäten,** die durch die **Produktion** verursacht werden, können im Anwendungsfall „Hormoneinsatz in der Mast“ durch unsachgemäße Anwendung, Lagerung oder Entsorgung von Masthormonen zum Austrag ins Grundwasser führen. Auch im Bereich der Weiterverarbeitung von Fleisch sind

solche Austräge denkbar. Diese Belastung des Trinkwassers mit hormonellen Substanzen erhöht die Kosten der Trinkwasseraufbereitung. Außerdem sind hinsichtlich der Wirkung auf die Produktion über die Aufnahme belasteten Wassers auch Fertilitätsstörungen bei Nutztieren denkbar, die zu Gewinneinbußen führen. Im Bereich der Nutzenbeeinflussung im Konsum können Fertilitätsstörungen beim Menschen oder karzinogene Effekte durch steigende Hormonkonzentration im Trinkwasser möglich sein.[89] Darüber hinaus ist auch eine Gefährdung des Artenbestands möglich.[90]

2. Betrachtet man als **Verursachungsaktivität den Konsum,** so können als Wirkungen bei einem durch Fleischkonsum verursachten Austrag von Hormonen über das Abwasser ins Grundwasser wiederum externe Nutzeneinbußen durch mögliche menschliche Fruchtbarkeitsstörungen oder Krebserkrankungen und durch Beeinflussung des Arterhalts die Folge sein (Wirkung auf den Konsum). Auf der anderen Seite können sich auch externe Kosten bei der Trinkwasseraufbereitung oder durch Gewinneinbußen aus tierischen Fertilitätsstörungen ergeben (Wirkung auf Produktion).

3. In Bezug auf die **Einflussrichtung** können positive Externalitäten abhängig vom Ausgangszustand als Verringerung von Hormonrückständen und damit verbundener externer Nutzen- oder Gewinneinbußen verstanden werden. Im Weiteren werden jedoch negative Externalitäten behandelt.

Für die Ableitung einer multinationalen Regulierung des Handels aufgrund vorliegender Externalitäten ist die **grenzüberschreitende Wirkung** der externen Effekte entscheidend. Als Ursachen für grenzüberschreitende Wirkungen kommen nach Kapitel 2.2. in Betracht

- **physische Ursachen**, die die Räumlichkeit der beteiligten Umweltmedien und die Diffusionseigenschaften der Hormonrückstände erfassen,
- **handelsbezogene Ursachen**, nach denen die grenzüberschreitende Übertragung durch den Handel von Produkten mit belastenden Eigenschaften erfolgt (*Austauscheffekt* in Übersicht 3).

---

89 Vgl. KAVLOCK, R.J., DASTON, G.P., DEROSA, C. ET AL. (1996): Research Needs for the Risk Assessment ..., a.a.O.

90 Vgl. BUWAL (1999): Stoffe mit endokriner Wirkung in der Umwelt ..., a.a.O.

Des weiteren ist die bewertete Raumwirkung der ausgelösten Externalität abhängig von der **Erfassungsmethodik** des Wirkungskreises:

- Die Externalität aus dem Konsum oder dem Produktionseinsatz von Hormonen in Bezug auf die Artenvielfalt kann bei Erfassung durch "User Values" kleiner sein als bei Erfassung mittels "Non User Values" (vgl. Kapitel 2.2.1.1).

Angewendet *auf Produktionsexternalitäten* i.S. der Verursachung ist der physisch bestimmte grenzüberschreitende Effekt für Nachbarstaaten nur bei grenzüberschreitenden Grundwasservorkommen zu erwarten. Eine Ausnahme stellt der Austauscheffekt durch Austräge bei der Verarbeitung von importiertem Fleisch dar, die im Importland zu Belastungen führen.

Insbesondere für *Konsumexternalitäten* i.S. der Verursachungsaktivität spielt der Austauscheffekt eine große Rolle, indem die potenzielle Beeinträchtigung im importierenden Land durch den Konsum des eingeführten Fleischs entsteht (*Analyseschritt II* der Übersicht 4). Ohne Handel verblieben national begrenzte Externalitäten, wie z.B. Fruchtbarkeitsstörung, durch Austräge im Land der Produktion.[91]

In **Anwendung auf den "Hormonfleisch-Streit"** werden im Weiteren nur Konsumexternalitäten i.S. der Verursachungsstelle diskutiert. Die grenzüberschreitende Wirkung resultiert dabei insbesondere aus dem Handel von Rindfleisch.

Der Ausschluss potenzieller Produktionsexternalitäten für den Anwendungsfall basiert dabei auf

- dem Ausschluss einer physischen Ursache der grenzüberschreitenden Wirkung, da grenzüberschreitende Grundwasservorkommen bei den Ländern im betrachteten Anwendungsfall nicht bestehen,
- der Annahme, dass auch Austräge bei der Weiterverarbeitung von importiertem Fleisch als gering anzusehen sind

Als weiteres Ausschlussargument dient die politische Argumentation, die sich schwerpunktmäßig auf die Belastung durch den *Konsum* von "Hormonfleisch" stützt (vgl. Kapitel 3.4).

---

91 Konsumexternalitäten werden generell durch national begrenzte Raumwirkung definiert bei OECD (1997): Processes and Production Methods (PPMs): Conceptual Framework and Considerations on use of PPM-based Trade Measures, OECD Documents OCDE/GD(97)137, Paris, S.13 und SAUERNHEIMER, K., KÖDDING, G. (1995): Internationale Aspekte der Umweltökonomie, in: JUNKERNHEINRICH, M., KLEMMER, P., WAGNER, G. (Hrsg.): Handbuch zur Umweltökonomie, Berlin, S. 73.

Bei Übertragung der Anreizszenarien für **Öko-Dumping auf den Anwendungsfall** (schwarzer Rahmen in Übersicht 11) ergibt sich demnach für Konsumexternalitäten ein positiver ToT-Effekt für

- große Exporteure unter der Bedingung, dass die ToT-Gewinne ausreichend groß für die Kompensation der entstehenden national begrenzten Externalität sind.

Werden die USA als großer Exporteur von Rindfleisch in die EU verstanden, wäre demnach eine handelsstrategische unterlassene Internalisierung der Belastungen aus dem Einsatz von Masthormonen in der Rindfleischproduktion national rational.

Resultierende Nachteile für die EU als Importeur von Fleisch aus diesen Mastverfahren ergeben sich aus dem Nettoeffekt sinkender ToT und der verringerten nationalen Konsumexternalität.

Zwar stellt die EU derzeit auch einen Nettoexporteur dar, im Weiteren wird jedoch nur der Teil der Handelsströme betrachtet, der den Export von US-Fleisch in die EU betrifft.

2.2.1.4 Beurteilung von Schutzmaßnahmen gegenüber handelsstrategischer Verbraucherschutzpolitik

Unilaterale Internalisierung stellt eine Möglichkeit für den betroffenen Handelspartner dar, die eigenen ToT-Verluste zu begrenzen.

Nachfolgend werden weitere Maßnahmen zur Begrenzung der Wohlfahrtsverluste betrachtet:

- Ein Ausgleichszoll als Beispiel für tarifäre Handelsmaßnahmen.
- Ein Importverbot als Beispiel für eine nicht-tarifäre Maßnahme, wie es auch für den konkreten WTO-Streitfall relevant ist.

2.2.1.4.1 Wohlfahrtswirkung eines "Dumping"-Ausgleichszolls als Schutzmaßnahme

Im Weiteren wird in Ausrichtung auf den Anwendungsfall unter „Verbraucherschutz-Dumping" die unterlassene Internalisierung verbraucherschutzrelevanter Externalitäten verstanden. Daher ist nachfolgend anstatt von Umweltkosten (UK) von "Verbraucherschutzkosten" (VK) die Rede.

Die betrachtete Situation entspricht der Ausgangslage in Übersicht 9 bei durchgeführtem Dumping (P_{FH} als Ausgangsniveau). Als Ausgleich der resultierenden Verluste führt das betroffene Ausland einen Zoll ein.

Übersicht 13: Wohlfahrtseffekte eines Ausgleichszolls als Schutz gegen „Verbraucherschutz-Dumping“

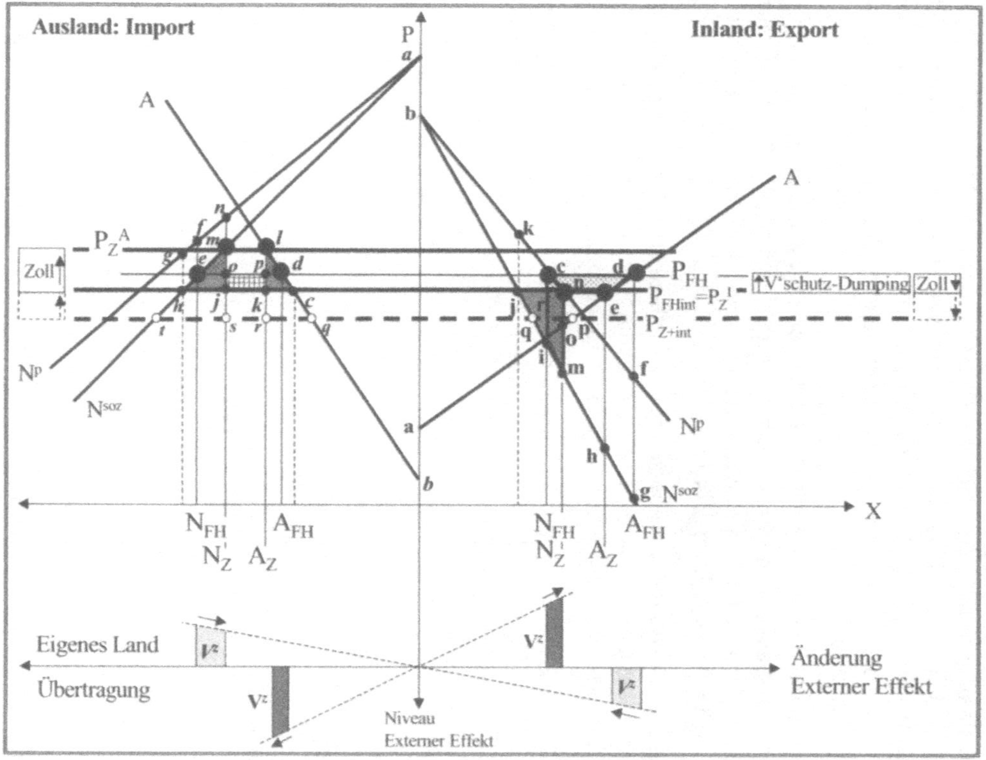

Quelle: Eigene Darstellung nach Helm, C. (1995): Sind Freihandel und Umweltschutz vereinbar? ..., a.a.O., S.42.

Da das betroffene **Ausland** ein großer Importeur ist, sinkt durch den Zoll der Weltmarktpreis durch Rückgang der Importnachfrage auf P_Z^I bei Anstieg des inländischen Preises auf P_Z^A. Daraus ergeben sich für das Ausland Handels- und Spezialisierungsverluste (gestrichelte Flächen in Übersicht 13: *moe*, *ldp*), die allerdings durch ToT-Gewinne aufgefangen werden können (karierte Fläche in Übersicht 13: *opkj*). Außerdem sinken die isoliert betrachteten Verbraucherbelastungen bei nationalen Externalitäten durch das gestiegene inländische Preisniveau um $+V^z$.

Für das **Inland** dagegen resultieren ToT-Verluste (gestrichelte Fläche in Übersicht 13: cden) und außerdem steigt durch das reduzierte inländische Preisniveau der Verbrauch und damit die verbundenen Verbraucherbelastungen um $-V^z$ (gestrichelte Fläche in Übersicht 13: cnmi).

Der möglichen Wohlfahrtsverbesserung im Ausland durch den verbraucherschutzpolitisch motivierten Ausgleichszoll steht eine Verschlechterung für das Inland gegenüber (gestrichelte Fläche in Übersicht 13: cdenmi).

Tabelle 5: Kosten und Nutzen eines Ausgleichszolls als Schutz gegen „Verbraucherschutz-Dumping"

	Inland: Export ("Verbraucherschutz-Dumping")	*Ausland: Import*
Ohne Ausgleichszoll des Auslands	SÜ: bcda VK: - bci W: bia + cdi	SÜ: *afedb* VK: - *afe* W: *aedb*
Mit Ausgleichszoll des Auslands	SÜ: bnea VK: - bnm W: bia + neo – omi	SÜ: *anmlb + mlkj* VK: - anm W: *amjklb*
Gewinne gegenüber fehlendem Ausgleichszoll	**ΔW: - cden – cnmi**	***ΔW: - moe – ldp + opkj***

Quelle: Eigene Erfassung auf Grundlage von Übersicht 13.

Außerdem führt die Einführung des Zolls dazu, dass sich das Inland sogar schlechter stellt, als wenn es Internalisierung betreiben würde. Die Gewinne für die Rückkehr zur Internalisierung bestehen für das Inland aus jnm (graue Fläche in Übersicht 13) und für das Ausland aus *mjh* + *lck* (graue Flächen in Übersicht 13).

Die Möglichkeit, Strafzölle bei erfolgtem Dumping einzurichten, kann demnach als Anreizmechanismus verstanden werden, um Internalisierung durchzusetzen. Solche handelspolitischen Instrumente sind in einigen bestehenden "Multilateralen Umweltabkommen" bereits integriert (vgl. Kapitel 4.4).

Tabelle 6: Kosten und Nutzen aus der Rückkehr zur Internalisierung von „Verbraucherschutz-Externalitäten“ durch die Anreizwirkung eines Ausgleichszolls

	Inland: Export	*Ausland: Import*
Rückkehr zur Internalisierung im Inland	SÜ: bkjea VK: - bkj W: bjea	SÜ: *aghcb* VK: *- agh* W: ahcb
Gewinne gegenüber Dumping	**ΔW: + jnm**	***ΔW: + mjh + lck***

Quelle: Eigene Erfassung auf Grundlage von Übersicht 13.

Behält das Ausland den Zoll trotz erfolgter Internalisierung bei, so kann es abhängig von den realisierbaren ToT-Gewinnen weiterhin Wohlfahrtsgewinne erzielen. Das Inland dagegen verliert gegenüber der Situation einer unterlassenen Internalisierung.

Tabelle 7: Glaubwürdigkeit des Ausgleichszolls als Anreizinstrument zur Internalisierung von „Verbraucherschutz-Externalitäten“

	Inland: Export	*Ausland: Import*
Rückkehr zur Internalisierung im Inland bei Beibehaltung des Ausgleichszolls	W: bqpa	*W: amsrlb*
Gewinne gegenüber Aufhebung des Ausgleichszolls	**ΔW: - jepq**	***ΔW: - mjh – lck + jksr***

Quelle: Eigene Erfassung auf Grundlage von Übersicht 13.

Somit können bindende Verträge i.S. einklagbarer und durchsetzbarer Vereinbarungen nötig sein, da fehlendes Vertrauen in die Aufhebung des Zolls die Anreizeffizienz für die Internalisierung verringern kann.

In diesem Zusammenhang können die institutionalisierten Streitverfahren auf WTO-Ebene als Gewährleistung bindender Verträge interpretiert werden (vgl. Kapitel 3.3).

2.2.1.4.2 Wohlfahrtswirkung eines Importverbots als Schutzmaßnahme

Als nicht-tarifäres Instrument wird nachfolgend ein Importverbot analysiert, wie es auch als Schutzmaßnahme im konkreten WTO-Streitfall seitens der EU realisiert wurde.

Übersicht 14: Wohlfahrtseffekte eines Importverbots als Schutz gegen „Verbraucherschutz-Dumping“

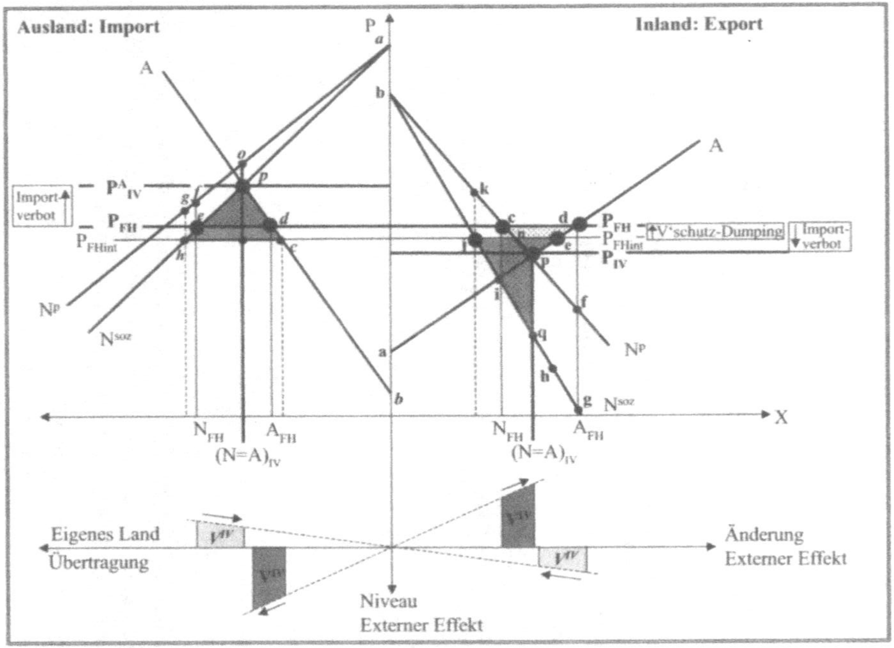

Quelle: Eigene Darstellung.

Für das bestrafte Inland ergeben sich durch den totalen Handelsstopp größere Verluste als beim Zoll (gestrichelte Flächen in Übersicht 14: - cdp- cpqi).

Das Importverbot ist nicht nur für den betroffenen Importeur die unterlegene Lösung, sondern - anders als beim Ausgleichszoll - auch für das Ausland selbst. Gegenüber "Verbraucherschutz-Dumping" fällt beim Importverbot im Ausland ein Verlust an Handels- und Spezialisierungsgewinnen an, ohne dass aber ein ToT-Gewinn wie beim Zoll möglich ist.[92]

Tabelle 8: Kosten und Nutzen eines Importverbots als Schutz gegen „Verbraucherschutz-Dumping"

	Inland: Export	*Ausland: Import*
Internalisierung im Inland und Importverbot	SÜ: bpa VK: - bpq W: bia – pqi	*SÜ: aopb* *VK: - aop* *W: apb*
Verluste gegenüber Dumping	**ΔW: - cdi - pqi**	***ΔW: - pde***
Rückkehr zur Internalisierung im Inland und Aufhebung des Importverbots	**ΔW: + jepq**	***ΔW: + pch***

Quelle: Eigene Erfassung auf Grundlage von Übersicht 14.

Die höheren Verluste auch im Inland führen im Vergleich zum Schutzzoll gleichzeitig auch zu größeren Anreizen, auf eine handelsstrategische Verbraucherschutzpolitik zu verzichten.

Das Beibehalten des Importverbots nach Aufgabe des inländischen Dumpings bedeutet im Unterschied zum Ausgleichszoll auch für das betroffene Ausland große Verluste.

Die Glaubwürdigkeit eines Importverbots als ein Anreizinstrument zur vorrangigen Durchsetzung verbraucherschutzpolitischer und nicht protektionistischer Ziele ist demnach größer als beim Ausgleichszoll.

---

92 Bei nicht national verbleibenden Effekten ist der Nettoeffekt der Umweltkosten zu berücksichtigen: im Inland steigen die externen Effekte stärker beim Importverbot als beim Zoll ($U^{IV} > U^{z}$), die aber teilweise ins Ausland übertragen werden.

Tabelle 9: **Glaubwürdigkeit des Importverbots als Anreizinstrument zur Internalisierung von „Verbraucherschutz-Externalitäten“**

	Inland: Export	*Ausland: Import*
Rückkehr zur Internalisierung im Inland bei Beibehaltung des Importverbot	W: bia	W: apb
Verluste gegenüber Aufhebung des Importverbots und Internalisierung	**ΔW: - jei**	***ΔW: - phc***

Quelle: Eigene Erfassung auf Grundlage von Übersicht 14.

2.2.2 Grenzüberschreitende Effekte aufgrund von nicht-handelsstrategischer Verbraucherschutzpolitik

2.2.2.1 Anwendungsgrenzen des Dumping-Konzepts

Die verwendeten Ansätze aus der Umweltökonomie zu handelsstrategischer Umwelt- und Verbraucherschutzpolitik zeigen methodische und praktische Schwächen bei der Übertragung auf konkrete Streitfälle.

Als **methodische** Probleme des umweltökonomisch ausgerichteten Dumping-Begriffs lassen sich nach KULESSA zusammenfassen:[93]

1. Schwierigkeiten in der Quantifizierung des Schadens aus Öko- bzw. “Verbraucherschutz-Dumping” und damit der Ableitung des Schadensniveaus: Die Bemessungsschwierigkeiten ergeben sich bei allen Formen von wettbewerbsverzerrender handelsstrategischer Politik. Bei Externalitäten kommen methodische Probleme der Quantifizierung hinzu und aufgrund von subjektiven Aspekten ist eine Bewertung von verbraucherschutzspezifischen Externalitäten mit besonderen Schwierigkeiten verbunden (vgl. zur Wahrnehmung von Verbraucherschutzrisiken Kap. 4.3).[94]

---

93 Vgl. KULESSA, M. (1995): Umweltpolitik in einer offenen Volkswirtschaft ..., a.a.O., S. 106.

94 Vgl. zu den Schwierigkeiten und verschiedenen Lösungsansätzen MARGGRAF, R., STREB, S. (1997): Ökonomische Bewertung der natürlichen Umwelt ..., a.a.O.

2. Fehlende eindeutige Definition von Dumping innerhalb unterschiedlicher Theorieansätze:

   - Innerhalb der **Außenhandelstheorie** meint Dumping die Preisdiskriminierung von inländischen Güterpreisen im Vergleich zu denen des Exportmarkts. Ausgangspunkt dieser Preisdifferenzierung sind einzelne Unternehmen im Unterschied zur staatlichen Beeinflussung.[95]
   - Die **umweltökonomische Theorie** behandelt Öko-Dumping dagegen als *staatliche* im Unterschied zur unternehmerischen Beeinflussung von Preisen, indem eine Internalisierung unterlassen wird.[96] Die resultierenden Effekte entsprechen damit der Gewährung einer Subvention der externalitätenverursachenden Aktivität.[97]

Praktische Probleme ergeben sich durch die fehlende Integrationsmöglichkeit in das bestehende WTO-Regelwerk, was die faktische Relevanz zur Ableitung von Gegenmaßnahmen bei vermutetem Öko-Dumping begrenzt:[98]

- Die Integration von Dumping innerhalb der Theorie und auf Ebene der WTO ist unterschiedlich. Anders als in der umweltökonomisch ausgerichteten Diskussion ist Dumping nach WTO-Verständnis keine Subvention i.S. des „Abkommens über Subventionen und Ausgleichsmaßnahmen“, das ausschließlich faktisch geleistete Transfers regelt.[99] Die innerhalb der umweltökonomischen Theorie behandelte Subventionswirkung des Dumpings erfolgt aber aufgrund einer nicht-realisierten Politik und damit nicht mittels haushaltsrelevanter öffentlicher Ausgaben.[100]

---

95 Vgl. GANDOLFO, G. (1998): International Trade Theory ..., a.a.O., S. 215.

96 Als „Official Dumping“ bei ebd., S. 219.

97 Je nach Verursachungsaktivität der Externalität resultiert daraus eine Angebots- oder Nachfragesubvention, so dass die entsprechende Aktivität bei fehlender Internalisierung in suboptimalem (zu hohem) Umfang realisiert wird. Vgl. FEESS, E. (1998): Umweltökonomie und Umweltpolitik ..., a.a.O., S. 237.

98 Vgl. HELM, C. (1995): Sind Freihandel und Umweltschutz vereinbar? ..., a.a.O., S. 115. Artikel 10 ff.

99 Vgl. WTO (1994): Übereinkommen über Subventionen und Ausgleichsmaßnahmen vom 15. April 1994, ABl. 1994 L 336/156, Teil V und HUDEC, R.E. (1996): The GATT/WTO Dispute Settlement Process: Can It Reconcile Trade Rules and Environmental Needs?, in: WOLFRUM, R. (Hrsg.): Enforcing Environmental Standards: Economic Mechanisms as viable Means?, Beiträge zum ausländischen öffentlichen Recht und Völkerrecht, Bd. 125, Berlin, S. 155.

100 Entsprechend der außenhandelstheoretischen Definition dagegen wird Dumping im gleichnamigen WTO-Abkommen zum GATT-Artikel VI erfasst. Vgl. WTO (1994): Übereinkommen zur Durchführung des Artikels VI des Allgemeinen Zoll- und Handelsabkommens 1994 vom 15. April 1994, ABl. 1994 L 336/103, Teil I Artikel 2.1.

- In konkreten WTO- Streitverfahren birgt jeder Vorwurf von Öko- und "Verbraucherschutz-Dumping" für den Ankläger die Schwierigkeit mit sich, den Nachweis des Dumpings bei mangelnder Information über verbraucherschutzrelevante Parameter in anderen Ländern zu erbringen. Im Verbraucherschutz verstärken schwer objektivierbare Bestimmungsfaktoren für optimale Niveaus an Verbraucherschutz diese Schwierigkeiten (vgl. Kapitel 4.3). Damit kann auch jeder Beklagte dem Vorwurf des Dumpings durch die Betonung begegnen, dass das realisierte Verbraucherschutzniveau den eigenen Bedingungen gerecht würde.

Zusammenfassend erscheint die Darstellung der Problematik von Öko-und "Verbraucherschutz-Dumping" für die Beurteilung vorliegender internationaler Konflikte nicht praktikabel.[101]

Zwar wird seitens einiger Staaten von der WTO eine breitere Definition des Dumpingbegriffs im WTO-Regelwerk verlangt,[102] aufgrund der Nachweisprobleme ist damit jedoch das Risiko verbunden, Dumping-Vorwürfe auch zur Rechtfertigung von strategischem Protektionismus zu missbrauchen.

Nachfolgend werden daher auch die grenzüberschreitenden Effekte unterschiedlicher Verbraucherschutzpolitiken betrachtet, die auch bei – entweder tatsächlich vorliegenden oder mangels der erläuterten fehlenden Beweismöglichkeit anzunehmenden – optimalen *unterschiedlichen* Niveaus an Verbraucherschutz auftreten können.

2.2.2.2 Beurteilung von Schutzmaßnahmen gegenüber grenzüberschreitenden Effekten aus nicht-handelsstrategischer Verbraucherschutzpolitik

Wenn **„nicht-strategische"** Unterschiede der realisierten Verbraucherschutzniveaus in unterschiedlichen Ländern die dort vorliegenden verbraucherschutzbezogenen Knappheiten auf der Angebots- und Nachfrageseite wiedergeben, begründen diese kein Marktversagen.[103] Aufgrund unterschiedlicher Präferenzen oder unterschiedlicher Schadensbeseitigungskosten kann die Internalisierung pro-

---

101 Vgl. FEESS, E. (1998): Umweltökonomie und Umweltpolitik ..., a.a.O., S. 255 und KULESSA, M. (1995): Umweltpolitik in einer offenen Volkswirtschaft ..., a.a.O., S. 117 und KARL, H., RANNÉ, O. (1997): Öko-Dumping, Ein stichhaltiges ..., a.a.O., S. 289.

102 Zum Beispiel von den USA im Rahmen eines Konflikts mit Kanada über die Nachhaltigkeit der Holzproduktion, der schließlich bilateral gelöst werden konnte. Vgl. HUDEC, R.E. (1996): The GATT/WTO Dispute Settlement Process ..., a.a.O., S. 154.

103 Vgl. BROUWER, F. ET AL. (2000): Comparison of environmental ..., a.a.O., S. 29.

duktbezogener Externalitäten, wie z.B. Belastungen durch Nahrungsmittel, durch unterschiedlich strenge Verbraucherschutzpolitiken erfolgen.[104]

Dennoch können sich auch aus nicht-strategischen Unterschieden der Verbraucherschutzpolitiken handels- und verbraucherwirksame Beeinflussungen im Handel ergeben: Durch den Import der Produkte wird das importierende Land mit einer innerhalb der eigenen Optimierung in der Autarkiesituation nicht berücksichtigten Belastung konfrontiert.

Damit ist keine Wohlfahrtsverringerung verbunden, solange die interne Internalisierungspolitik an die Handelssituation angepasst wird.[105]

In Übersicht 15 ist die Situation dargestellt, in der in beiden betrachteten Ländern eine inländische Internalisierung der nationalen Konsumexternalitäten erfolgt.[106]

Das betrachtete Gut, dessen Konsum eine Konsumexternalität verursacht, wird im Inland mit höherer Qualität produziert. Dieser Qualitätsunterschied drückt sich aus Sicht des Inlands darin aus, dass der Konsum eigener Produkte mit geringeren Externalitäten verbunden ist als der Konsum importierter, ausländischer Produkte.[107]

Weiterhin wird angenommen, dass das ausländische Angebot geringerer Qualität auch durch geringere Produktionskosten gekennzeichnet ist ($GK^A < GK^I$).

104 Vgl. zur Ermittlung unterschiedlicher Präferenzen bei Lebensmittelbelastungen im Staatenvergleich ebd., S. 54.

105 Entsprechend der Unterschiede der Pigou-Steuer in der Autarkie- und der Freihandelssituation ($T^{FH} > T^A$) in Übersicht 8.

106 Bei BREMER innerhalb asymmetrischer Information im „Lemon Markt" dargestellt, für den in der vorliegenden Arbeit allerdings Externalitäten ausgeschlossen werden. Vgl. Kap. 2.3 und BREMER, R. (1996): Handel und Umwelt ..., a.a.O., S. 37.

107 In Übersicht 15 gilt somit $[N^{PI} - (N^{soz})^{Import}] > [N^{PI} - (N^{soz})^I]$.

Übersicht 15: Wohlfahrtseffekte bei grenzüberschreitenden Effekten trotz national optimaler Verbraucherschutzniveaus

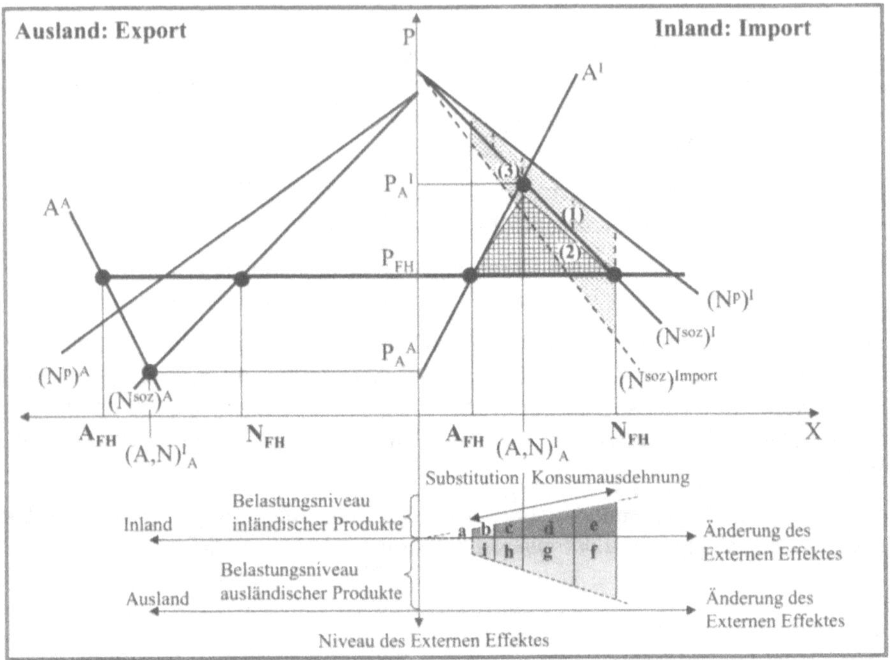

Quelle: Verändert nach BREMER, R. (1996): Handel und Umwelt ..., a.a.O., S. 37.

In der Autarkiesituation werden alle im Inland verbrauchten Produkte auch inländisch erzeugt $(A,N)^I{}_A$, so dass insgesamt eine optimale Belastung beim Konsum entsteht: $(N^p - N^{soz})$ im Marktgleichgewicht entspricht –(a +b+c).

Im unteren Teil der Übersicht 15 sind die resultierenden Effekte isoliert abgetragen. Diese Belastung stellt den im Wohlfahrtsmaximum verbleibenden pareto-irrelevanten Teil der Externalität dar.

Beim Übergang von Autarkie zum Handel ergibt sich durch relative Kosten- und Preisunterschiede ein Import des ausländischen Produkts ins Inland, wodurch die inländisch gestiegene Nachfrage (von $N^I{}_A$ auf N_{FH}) durch das belastendere ausländische Produkt gedeckt wird. Dieser **gestiegene Konsum** führt zu einem Belastungsanstieg entsprechend der inländischen Qualität um –(d+e)[108] und

108 Die Flächen d+e entsprechen der Fläche 1 im oberen Teil der Übersicht 15 als Differenz privater und sozialer inländischer Nutzen.

wegen der geringeren ausländischen Qualität zusätzlich um -(f+g).[109] Diese durch den Import verursachte Belastung lässt sich an der sozialen Nachfragefunktion bei Handel $(N^{soz})^{Import}$ ablesen, nach der die externen Nutzenverluste beim Konsum von Importen größer sind als beim Konsum inländischer Produkte.

Gleichzeitig geht wegen des geringeren Gleichgewichtspreises im Vergleich zum Autarkiepreis die inländische Produktion zurück (von A^I_A auf A_{FH}). Es erfolgt eine **Verdrängung** ehemals inländischer Produktmengen durch das ausländische Produkt (inländische Angebotslücke $A_{FH} - A^I_A$), das eine um (h+i)[110] höhere Belastung als das ehemals inländisch erzeugte Produkt (b+c) verursacht. Der Import ergibt insgesamt durch Verdrängung und Nachfrageerhöhung eine Belastungserhöhung gegenüber der inländischen Autarkie von -(d + e + f+ g+ h+i).

Dem gegenüberzustellen sind die Handelsgewinne durch die Aufnahme von Handel (karierte Fläche in Übersicht 15). Sind diese größer als die durch die Importe steigenden Belastungen, die innerhalb inländisch erfolgten Internalisierung nicht berücksichtigt wurden, ergeben sich insgesamt auch ohne inländische Anpassung der Internalisierung Gewinne.[111]

Sind die Verluste für das Inland durch importierte Produkte größer als dieser Handelsgewinn, so führen die Qualitätsunterschiede dagegen zu Wohlfahrtsverlusten.

Diese Verluste können durch Anpassung der nationalen Internalisierung reduziert werden, indem z.B. höhere Verbrauchsteuern durch Orientierung an $(N^{soz})^{Import}$ realisiert werden. Eine solche Anpassung verlangt aber eine ständige Neubewertung der sozialen Kosten im Handel und verursacht damit Transaktionskosten.

Als Alternative kommen bei bestehendem internationalen Konsens über ein zu gewährendes Niveau an Nahrungsmittelsicherheit[112] auch handelspolitische Maßnahmen wie z.B. ein Importverbot und die Durchsetzung von Mindeststandards in Frage.

---

109 Hiernach entsprechen die Flächen f+g der Fläche 2 im oberen Teil der Übersicht 15 als Differenz zwischen privatem inländischen und zusätzlichem sozialem Nutzenverlust bei Import.

110 Entsprechend der Fläche 3 im oberen Teil der Übersicht 15 als Differenz der privaten inländischen und dem zusätzlichen sozialen Nutzenverlust bei Import.

111 Für das Ausland ergeben sich Handelsgewinne als Differenz des Sozialen Überschusses bei Freihandel und bei Autarkie.

112 Entsprechend dem Argument der Föderalismustheorie zur Mindestversorgung, nachdem unterschiedliche Internalisierungsniveaus auch durch unterschiedliche Einkommensniveaus bedingt sind. Aus Gründen der Verteilungsgerechtigkeit lässt sich danach eine übergeordnete Ebene zur Vorgabe von Mindestniveaus öffentlicher Güter wie „Gesundheitsschutz" und begleitende Finanztransfers ableiten. Vgl. zur Argumentation RUDLOFF, B., URFEI, G. (2000): Agrarumweltpolitik nach dem Subsidiaritätsprinzip ..., a.a.O., S. 96.

2.2.2.2.1 Wohlfahrtswirkung eines Importverbots als Schutzmaßnahme

Ein inländisches Importverbot zum Schutz vor steigender Belastung führt zur Autarkiesituation, so dass spiegelbildliche Effekte im Vergleich zur zuvor dargestellten Aufnahme von Handel resultieren (vgl. Übersicht 15).

Übersicht 16: Wohlfahrtseffekte eines Importverbots bei unterschiedlichen Produktqualitäten

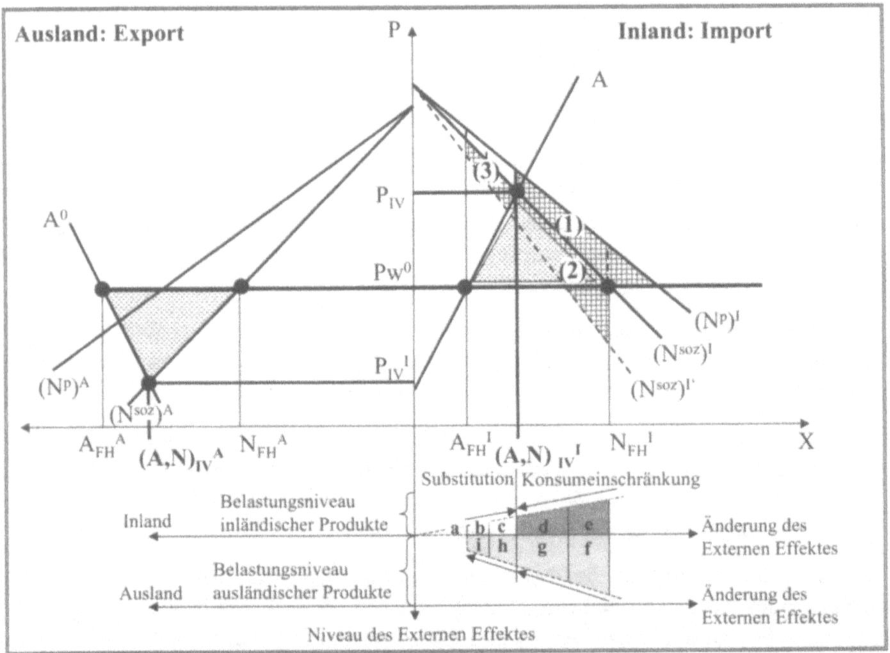

Quelle: Eigene Darstellung nach BREMER, R. (1996): Handel und Umwelt ..., a.a.O., S. 37.

Hierbei wird einerseits der inländische Konsum insgesamt eingeschränkt (N_{FH}^{I}- N_{IV}^{I}), so dass das damit zusammenhängende Belastungsniveau um (d+e+f+g)[113] sinkt. Außerdem erfolgt eine Verdrängung der Importe durch inländische Produktion (A_{IV}^{I} – A_{FH}^{I}), so dass die damit verbundene ehemalige ausländische Zusatzbelastung in Höhe von –(h+i)[114] entfällt und nur das geringere inländische Niveau an externen Effekt b+c verbleibt. Insgesamt sinkt die Belastung damit um (d+e+f+g+h+i), die verbleibende Belastung entspricht dem pareto-irrelevanten externen Effekt in Höhe von –(a+b+c), was der optimalen Belastungshöhe in der

113 Entsprechend der Flächen 1 und 2 aus dem oberen Teil der Übersicht 16.
114 Entsprechend der Fläche 3 im oberen Teil der Grafik Übersicht 16.

Autarkiesituation entspricht. Allerdings entstehen auch die üblichen Handelsverluste (schraffierte Fläche in Übersicht 16). Für das Ausland ergeben sich im Vergleich zur Aufnahme von Handel die umgekehrten Effekte.

2.2.2.2.2 Wohlfahrtswirkung von Mindeststandards als Schutzmaßnahme

Als alternative inländische Schutzmaßnahme wird nachfolgend die Einführung von Mindeststandards betrachtet (vgl. Übersicht 17), für die das höhere Qualitätsniveau des Inlands maßgeblich ist. Hierzu erfolgt eine ausländische Produktionsumstellung, was zu höheren Produktionskosten im Ausland führt (A^{St}).

Die resultierende Verknappung des ausländischen Exportangebots führt zu einer Erhöhung des Gleichgewichtspreises auf P^{St}.

Übersicht 17: Wohlfahrtseffekte von Mindeststandards bei unterschiedlichen Produktqualitäten

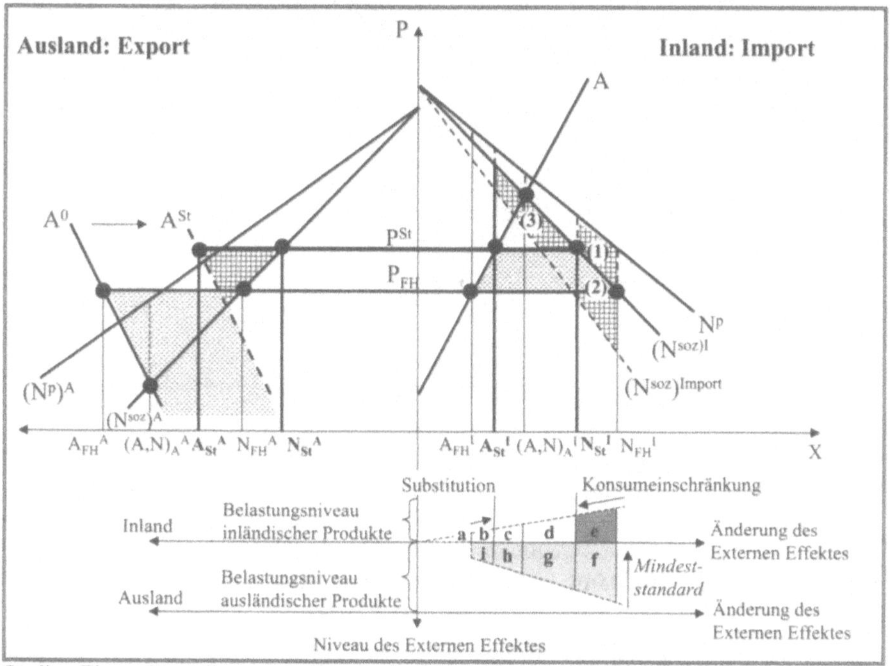

Quelle: Eigene Darstellung nach BREMER, R. (1996): Handel und Umwelt ..., a.a.O., S. 37.

Für das Inland ergibt sich bereits allein aus der Konsumeinschränkung (N_{FH}^{I} auf N_{St}^{I}) eine Belastungsverringerung in Höhe von e+f.[115] Die zusätzliche

115 Entsprechend der Flächen 1 + 2 im oberen Teil der Übersicht 17.

Belastungsverringerung in Höhe von g+h+i[116] erfolgt aufgrund des Standards, der die höhere ausländische Produktbelastung ausschließt. Gegenüber der Situation ohne Standard resultiert somit eine verminderte Gesamtbelastung von -(a+b+c+d).

Nachfolgende Tabelle stellt die Ergebnisse für die absoluten Belastungsniveaus der verschiedenen Szenarien zusammen.

Der pareto-irrelevante Anteil der externen Effekte fällt für das Inland in jedem Fall an (-a-b-c), Unterschiede ergeben sich für das Niveau an pareto-irrelevanten Effekten.

Tabelle 10: Kosten und Nutzen unterschiedlicher Schutzinstrumente gegenüber nicht-handelsstrategischer Verbraucherschutzpolitik im Vergleich

Szenario	Absolutes Belastungsniveau im Inland:
Autarkie	• pareto-irrelevant: - a–b-c
Handel ohne Mindeststandard	• pareto-irrelevant: - a-b-c • pareto-relevant: - d-e-f-g-h-i
Importverbot = Autarkie	• pareto-irrelevant: - a-b-c
Handel mit Mindeststandard	• pareto-irrelevant: - a-b-c • pareto-relevant: - d

Quelle: Eigene Erfassung auf Grundlage der Übersichten 15 bis 17.

Insgesamt ergeben sich nach der Wohlfahrtsbewertung der Mindeststandards im Vergleich zu derjenigen des Freihandels ohne Standards für das Inland Verluste an Spezialisierungs- und Handelsgewinnen, die aber geringer sind als beim Importverbot (gestrichelte Fläche in Übersicht 17). Die verbleibende Gesamtbelastung durch die Standards ist im Vergleich zum Importverbot nur geringfügig höher (um d).

Für das Ausland ergeben sich Verluste, die gegenüber dem Importverbot allerdings geringer sind, da nach der Produktionsumstellung zur Durchsetzung der Mindestniveaus nach wie vor Handelsgewinne möglich sind.

116 Entsprechend der Flächen 3 im oberen Teil Übersicht 17.

2.3 Analyse von Marktversagen aufgrund von verbraucherschutzrelevanten Informationsasymmetrien

Mögliche Belastungen durch den Verzehr von Lebensmitteln sind nur für einen geringen Teilaspekt als Externalität zu verstehen (vgl. zur Einordnung als Externalität Kapitel 2.2.1.3). Betrachtet wird nachfolgend Marktversagen aufgrund asymmetrischer Information über bestimmte Produkteigenschaften. Potenzielle Belastungen, die durch diese Eigenschaften verursacht werden, werden in nachfolgender Betrachtung als nur auf den Konsumierenden selbst bezogen angenommen. Entgegen dem Verständnis einer Konsumexternalität unterbleibt damit eine Wirkung auf dritter Akteure.[117]

2.3.1 Kennzeichnung asymmetrischer Information für Lebensmittel

Im Rahmen moderner Ansätze der Außenhandelstheorie lassen sich Produkte differenzieren hinsichtlich ihrer tatsächlichen Qualitäten[118] in hochwertige und weniger hochwertige Produkte, sowie hinsichtlich persönlich wahrgenommener Qualitäten, z.B. nach bestimmten Farben eines Produkts gleicher Qualität.[119] Auch diese persönlich wahrgenommenen Qualitätsunterschiede beziehen sich dabei weiterhin auf physisch nachweisbare Merkmale.

Für die am Markt wirksame Kaufentscheidung der Konsumenten können jedoch auch andere als physische Merkmale relevant sein. Neben dem Preis als dominanter Faktor bestimmt eine Vielzahl an Gütereigenschaften die Kaufentschei-

---

117 Mögliche resultierende Kosten für Krankenversicherungssysteme sind demgegenüber als Teilbereich der Externalitäten aufzufassen.

118 Sogenannte „Vertikale Differenzierung“. Die Nachfrage wird dabei ausschließlich über die Budgetrestriktion bestimmt, so dass mit steigendem Einkommen eine steigende Nachfrage nach höherwertiger Qualität unterstellt wird. Problematisch ist dabei die Voraussetzung einheitlicher Kriterien zur Abgrenzung und Bewertung von Qualitätsunterschieden seitens der Nachfrager. Vgl. GANDOLFO, G. (1998): International Trade Theory ..., a.a.O., S. 229 und BUREAU, J.-C., JONES, W. (2000): Issues in Demand for Quality and Trade. Paper for the Symposium „Global Food Trade and Consumer Demand for Quality“ of the International Agricultural Trade Research Consortium on June 26-27, 2000 in Montreal, S. 12.

119 Sogenannte „Horizontale Differenzierung“. Vgl. GANDOLFO, G. (1998): International Trade Theory ..., a.a.O., S. 230. Im Unterschied zur „vertikalen Differenzierung“, die sich abhängig vom Einkommen realisiert, ergibt sich horizontale Differenzierung aufgrund der Präferenzen. Vgl. auch OECD (1999): Food Safety and Quality Issues - Trade Considerations, OECD consultant's report by BUREAU, J.C. ET AL. published under the responsibility of the Secretary General, Paris, S. 20. Auch im Rahmen außenhandelstheoretischer Analysen werden differenzierte Produkte analysiert. Diese dienen als Erklärung für intra-industriellen Handel und für Wohlfahrtssteigerung durch Produktvielfalt. Vgl. GANDOLFO, G. (1998): International Trade Theory ..., a.a.O., S. 230.

dung des Verbrauchers,[120] die in nachfolgender Übersicht 18 für Lebensmittelprodukte gekennzeichnet sind.

Übersicht 18: Merkmalsbündel für Lebensmittelprodukte

1. Wertmerkmale - Preis - Reinheitsgrad - Größe - Aussehen - Geschmack - Zubereitungsfreundlichkeit
2. Ernährungsphysiologische Merkmale - Fettgehalt - Kalorien - Vitamine - Mineralien
3. Merkmale der Lebensmittelsicherheit - Krankheitserreger - Schwermetalle - Rückstände von Pestiziden - Lebensmittelzusätze - Rückstände veterinärer Medikamente ***→ Mögliche Einordnung des Mastverfahrens in der Rindfleischproduktion***
4. Prozessmerkmale - Tierschutz - Umweltbeeinflussung - Biotechnologie - Arbeitssicherheit ***→ Mögliche Einordnung des Mastverfahrens in der Rindfleischproduktion***
5. Verpackungsmerkmale - Verpackungsmaterial - Design

Quelle: Verändert nach OECD (1997): Uses of Food Labelling Regulations ..., a.a.O., S. 7.

Ein theoretischer Ansatz, der sich mit den Marktwirkungen der Produktdifferenzierung auf Grundlage des Eigenschaftsbündels befasst, gründet sich auf die Vertragstheorie.[121] Hiernach lassen sich Güter abhängig von der Möglichkeit

---

[120] Vgl. OECD (1997): Uses of Food Labelling Regulations, OECD Documents OCDE/GD(97) 150, Paris, S. 7.

[121] Vgl. RICHTER, R., FURUBOTN, E. (1996): Neue Institutionenökonomik, Eine Einführung und kritische Würdigung, 1. Auflage, Tübingen, S. 195 - 287.

und dem Zeitpunkt, an dem seitens des Verbrauchers Informationen über die produktimmanente Qualität einzuholen sind, einteilen in (vgl. Übersicht 19):[122]

1. **Such-Güter**, bei denen **vor** dem Konsum eine Qualitätscharakterisierung möglich ist. Eine Belastung der Nahrungsmittel durch Pilzbefall kann bspw. vor dem Kauf erkennbar sein.

2. **Erfahrungs-Güter**, bei denen **nach** dem Konsum eine Qualitätscharakterisierung möglich ist. Rückstände von Pflanzenschutzmitteln sind möglicherweise erst nach dem Konsum durch spätere Gesundheitsbeeinträchtigungen bemerkbar.

3. **Vertrauens-Güter**, bei denen die tatsächliche Qualität auch nach dem Kauf **nicht** erkennbar ist. Nicht-physische Merkmale - wie die Produktherkunft und die Vielzahl ethischer Werte oder kultureller Traditionen - bestimmen die Kategorie der Vertrauensgüter. Hierzu zählen Merkmale, die aus dem Produktionsprozess herrühren, wie z.B. tiergerechte Haltung. Eier aus der Legehennenhaltung lassen sich vom Konsumenten nicht von denen anderer Haltungsformen unterscheiden, und dennoch kann die Haltungsform ein kaufrelevantes Kriterium sein.[123]

---

122 Die englischen Termini sind „search", „experience" und „credence goods". Vgl. CASWELL, J.A., MJODUSKA, E.M. (1996): Using Informational Labelling to Influence the Market for Quality in Food Products, AAEA Meeting am 29. Juli in San Antonio.

123 Hierbei kann auch ein negativer Zusammenhang zwischen der Verbrauchereinschätzung bestimmter Haltungsformen und physisch nachweisbaren Merkmale bestehen: so kann die positiv bewertete Boden- oder Freilandhaltung eine erhöhte Keimbelastung der Eier verursachen. Vgl. BRADE, W. (2000): Haltungssysteme für Legehennen – Eiqualität und Kaufverhalten der Verbraucher, in: Berichte über Landwirtschaft Bd. 74 (4), Münster-Hiltrup, S. 564 - 594.

Übersicht 19: Lebensmittel im Rahmen der informationsökonomischen Typologie von Produkteigenschaften

Gütertyp	Informationslage für den Konsumenten	Einordnung Lebensmittelmerkmale	Beispiele	Marktergebnis
Such-	Produktqualität **vor dem Kauf** feststellbar	**Produktbezug:** • **Wert**merkmale • **Verpackungs**merkmale	• Farbe • Schimmelbildung	Effizienz
Erfahrungs-	Produktqualität **nach Kauf** und Nutzung feststellbar	**Produktbezug:** • **Sicherheits**merkmale • **Ernährungsphysiologische** Merkmale - Zusätzliche Besonderheit bei Lebensmittelmerkmalen: geringe Lernkosten	• Geschmack • Haltbarkeit • Toxine → ***Mögliche Einordnung des Mastverfahrens in der Rindfleischproduktion***	Mögliche Effizienz • abhängig von **Lernkosten**: - Kauffrequenz - Fehlerkosten
Vertrauens-	Produktqualität **weder vor noch nach Kauf** und Nutzung feststellbar	**Auch Prozessbezug:** • **Sicherheits**merkmale • **Ernährungsphysiologische** Merkmale	• Umwelteffekte von Produktionsverfahren • Ethische Effekte von Produktionsverfahren • Produktherkunft → ***Mögliche Einordnung des Mastverfahrens in der Rindfleischproduktion***	Wahrscheinliche Ineffizienz

- **Abnehmender Informationsgrad**
- **Zunehmendes Risiko der Ineffizienz**

Quelle: Eigene Darstellung nach OECD (1997): Uses of Food Labelling Regulations ..., a.a.O., S. 8.

Typenspezifische Markteffekte sind abhängig von den vorliegenden Eigenschaften prinzipiell wie folgt zu charakterisieren:

1. Da die Merkmale von Suchgütern v.a. physischen Produktbezug haben, sind diese unmittelbar am Produkt erkennbar (zu Produktstandards vgl. Kapitel 4.1.1). Hiermit bestehen keine Informationsasymmetrien zwischen den Marktakteuren, so dass der Marktmechanismus zur Effizienz führt.
2. Gerade bei Nahrungsmitteln führen die hohe Kauffrequenz und die vergleichsweise geringen Konsumausgaben zu geringen Kosten einer Fehlentscheidung. Hiermit sind die Kosten der eigenen Informationsgewinnung durch Erfahrung (Lernkosten) bei Erfahrungsmerkmalen generell eher gering. Allerdings gilt für Sicherheitsmerkmale von Nahrungsmitteln im Speziellen, dass Gesundheitsschäden hohe Fehlerkosten darstellen.
3. Vertrauens-Güter enthalten auch Merkmale ohne unmittelbaren, physischen Produktbezug (zu Prozessstandards vgl. Kapitel 4.1.1). Die fehlende eigene Erfahrungsmöglichkeit dieser Merkmale für den Verbraucher führt damit besonders bei diesen Eigenschaften zu Informationsasymmetrien und damit zu Marktineffizienzen.

Das Mastverfahren der Rindfleischproduktion lässt sich sowohl bei den Erfahrungs- als auch den Vertrauensgütern einordnen, da der Masteinsatz sich vom Verbraucher oftmals gar nicht oder bei potenziellen Gesundheitsschäden allenfalls mit großer Zeitverzögerung nach dem Konsum erkennen lässt (vgl. Übersichten 18 und 19).[124] Hiernach beinhaltet das Mastverfahren Eigenschaften, die asymmetrische Informationen bedingen.

Die resultierenden **Marktineffizienzen** lassen sich nach der Prinzipal-Agent-Theorie abhängig vom Zeitpunkt, an dem die Informationsasymmetrie zwischen den an der Markttransaktion beteiligten Akteuren auftritt, einteilen in[125]

- adverse Selektion, bei der die asymmetrische Information **vor** der Transaktion vorliegt, und
- moralisches Risiko, bei dem die asymmetrische Information **nach** der Transaktion vorliegt.

124 Vgl. zur Bestätigung der fehlenden physischen Nachweisbarkeit für den Anwendungsfall „Hormonfleisch“ das Urteil im entsprechenden Streitfall in Kapitel 3.4.

125 Vgl. RICHTER, R., FURUBOTN, E. (1996): Neue Institutionenökonomik ..., a.a.O., S. 196.

Für die Anwendung auf Lebensmittel ist das Anreizproblem der **adversen Selektion** entscheidend, bei der vor einer Transaktion wie z.B. einem Güterkauf lediglich auf Seite des Anbieters im Unterschied zum Nachfrager private Information vorliegt.[126]

Erstmals wurden Markteffekte asymmetrischer Information anhand des Gebrauchtwagenmarktes durch AKERLOF analysiert.[127] In diesem Ansatz beschreiben sogenannte "Lemons" im Unterschied zu „Peaches“ Güter schlechter Qualität,[128] wobei die vorliegende Qualitätsausprägung des Gutes ausschließlich dem Verkäufer bekannt ist.

Mit zunehmender Anzahl von Akteuren erhöht sich die Wahrscheinlichkeit für bestehende Informationsdefizite. Berücksichtigt man Akteure auf einzelnen Verarbeitungsstufen kann asymmetrische Information nicht nur beim Endnachfrager, sondern zusätzlich beim Produzenten als Nachfrager von Vorleistungen vorliegen. Bei der BSE-Problematik sind bspw. Informationsdefizite über die Qualität des eingesetzten Futters im Mastbetrieb möglich. Allerdings existieren bislang nur wenige Analysen zu den Effekten mehrdimensionaler Informationsasymmetrien.[129]

Die Marktwirkung im “Lemon Markt” von AKERLOF resultiert aus der Reaktion der Verbraucher auf unsichere Produktqualitäten:

- Liegen auf der Nachfrageseite unterschiedliche Zahlungsbereitschaften für hohe und niedrige Produktqualitäten vor, so orientiert sich die marktwirksame Nachfrage bei mangelnder Unterscheidbarkeit der Produkte am Erwartungswert der Qualitäten. Somit wird nur eine durchschnittliche Zahlungsbereitschaft wirksam.
- Abhängig vom Unterschied der Produktionskosten guter und schlechter Qualität kann der realisierte Gleichgewichtspreis für das als einheitlich wahrgenommene Produkt geringer sein als die langfristige Preisuntergrenze der Anbieter guter Qualität. Im Resultat wird das gute Produkt nicht mehr angeboten - die

---

126 Das im Markt resultierende rationale Verhalten der Besitzer privater Information wird als „precontractural opportunism“ bezeichnet bei MILGROM, P., ROBERTS, J. (1992): Economics, Organization and Management, New Jersey, S. 150.

127 AKERLOF, G.A. (1970): The Market for "Lemons": Quality Uncertainty and the Market Mechanism, in: Quarterly Journal of Economics 84, S. 488-500.

128 Vgl. VARIAN, H. (1995): Grundzüge der Mikroökonomik, 3. Auflage, München, S. 590, Fn. 2.

129 Vgl. zur Problematik und zu Ansätzen der Auflösung mehrstufiger asymmetrischer Information, die über die gesamte Produktionskette hinweg besteht, mittels vertikaler Integration HOFF, K. (1997): Wann scheitern Markenprogramme an der Vertragsmoral der Landwirte?, in: Berichte über Landwirtschaft 75, S. 206-223.

schlechte Qualität verdrängt die gute Qualität vom Markt.[130] Dieses Ergebnis ist dann suboptimal, wenn unterschiedliche Zahlungsbereitschaften vorliegen und damit die Wohlfahrt bei Produktdifferenzierung durch Ausschöpfung dieser qualitätsspezifischen Zahlungsbereitschaften steigen würde.

Nachfolgend wird zunächst das Grundmodell und die zugrunde liegenden Annahmen vorgestellt, auf denen die im Folgenden analysierten Szenarien basieren:[131]

I. Die **Angebotsseite** sei gekennzeichnet durch konstante Skalenerträge. Weiterhin werden für die Produktion guter Qualität höhere variable Kosten als für die Produktion der geringen Qualität angenommen: $c^{gQ} > c^{sQ}$. Das Angebot entspricht einer linearen Funktion der Form

$$A^{gQ} = \frac{p^{gQ}}{c^{gQ}} \quad und \quad A^{sQ} = \frac{p^{sQ}}{c^{sQ}} \tag{1}$$

Bei fehlender Produktunterscheidung und damit einheitlichem Gleichgewichtspreis gilt für das gesamte Marktangebot damit

$$\Sigma A^{i} = p \cdot \left(\frac{1}{c^{gQ}} + \frac{1}{c^{sQ}} \right) = p \cdot \left(\frac{c^{gQ} + c^{sQ}}{c^{gQ} \cdot c^{sQ}} \right) \tag{2}$$

Unter der Annahme vollständiger Konkurrenz teilt sich das gesamte Marktangebot bei einheitlichem Gleichgewichtspreis entsprechend der jeweiligen Produktionskosten nach (2) auf. Wegen der Kostenunterschiede ist bei jedem Preis der Anteil hoher Qualität geringer als der Anteil geringer Qualität.

---

130 Entsprechend dem „Gresham'schen Gesetz" in der Währungstheorie zur Verdrängung der guten (stabilen) durch die schlechte (instabile) Währung. Diese von AKERLOF selbst eingeführte Analogie wurde wiederum selbst kritisch relativiert bei AKERLOF, G.A. (1970): The Market for "Lemons" ..., a.a.O., S. 490.

131 Grundmodell übernommen nach BUREAU, J.-C., MARETTE, S., SCHIAVANA, S. (1998): Non-tariff trade barriers and consumers' information: The case of the EU-US trade dispute over beef, in: European Review of Agricultural Economics, 4/98, S. 441 ff. auf Grundlage von MASON, C., STERBENZ, F. (1994): Imperfect product testing and market size, in: International Economic Review 35, S. 61-86.

Liegen **verfahrensspezifische Preisuntergrenzen** vor, so ergeben sich als Angebotsfunktionen

$$(3) \qquad A^{iQ} = \left(p - H^{iQ}\right) \cdot \frac{1}{c^{iQ}}$$

mit

i: Qualitätsindex, mit g für gute und s für schlechte Qualität

H^{iQ}: verfahrensspezifische Preisuntergrenze mit $H^{gQ} > H^{sQ}$

c^{iQ}: verfahrensspezifische variable Kosten

Für das Marktangebot ergeben sich abhängig vom realisierten Marktpreis prinzipiell drei mögliche Ergebnisse:

(4)

1. $\mathbf{p > H^{gQ}}$ $(> H^{sQ})$:

$$A(p) = \Sigma A^{iQ} = (p - H^{sQ})\frac{1}{c^{sQ}} + (p - H^{gQ})\frac{1}{c^{gQ}} = \frac{p\left(c^{sQ} + c^{gQ}\right) - H^{sQ} \cdot c^{gQ} - H^{gQ} \cdot c^{sQ}}{c^{sQ} \cdot c^{gQ}}$$

2. $\mathbf{H^{sQ} < p < H^{gQ}}$:

$$A(p) = A^{sQ} = \left(p - H^{sQ}\right)\frac{1}{c^{sQ}}$$

3. $\mathbf{p < H^{sQ}}$ $(< H^{gQ})$:

$$A(p) = 0$$

Im ersten Fall liegt der Preis oberhalb beider Preisuntergrenzen, so dass abhängig von den jeweiligen Kosten auch beide Qualitäten angeboten werden. Im zweiten Fall erzielen nur die Produzenten schlechter Qualität noch Gewinne, so dass die gute Qualität aus dem Markt verdrängt wird. Im dritten Fall deckt der Preis nicht mehr die Untergrenze für die Produktion schlechter Qualität ab, so dass kein Angebot mehr erfolgt.

Der Preis, der abhängig von den Preisuntergrenzen und Produktionskosten die Mengen bestimmt, realisiert sich am Markt über die Nachfrage:

II. Die **Nachfrage** ergibt sich als Erwartungswert aus den wahrgenommenen Qualitätsunterschieden. Nur die jeweiligen Produktionskosten sind als „Common Knowledge" bekannt und damit auch die Anteile der Qualitäten am Gesamtangebot bei einem realisierten Preis. Die tatsächlich vorliegende Qualität einer konsumierten Einheit aus dem Gesamtangebot ist dagegen unbekannt, es lassen sich darüber lediglich Wahrscheinlichkeiten bestimmen.

Die vom Verbraucher wahrgenommen Qualitäten werden ausgedrückt durch k^{iQ},

mit

i: Qualitätsindex, mit g für gute und s für schlechte Qualität

Die Nachfragefunktion wird abgeleitet mit Hilfe des Parameters Φ, der die Indifferenz zwischen Kauf und Nichtkauf einer bestimmten Qualität k^{iQ} zum Preis p beschreibt:

$$(5) \quad \Phi \cdot k^{iQ} - p = 0 \Rightarrow \Phi = \frac{p}{k^{iQ}}$$

Damit gilt für $\Phi = 1$, dass $p = k^{i}$ und für $\Phi = 0$ gilt $p = 0$ (vgl. Übersicht 20).

Beim **Wissen um die Produktqualität** ergibt sich hieraus die lineare Nachfragefunktion:

$$(6) \quad N^{iQ}(p) = 1 - \Phi = 1 - \frac{p}{k^{iQ}}$$ [132]

Bei **fehlender Produktunterscheidung** dagegen erfolgt eine Orientierung am **Erwartungswert** $\overline{Q}$ über die im Markt angebotenen Anteile unterschiedlicher Qualität. Der Erwartungswert ergibt sich dabei aus den Wahrscheinlichkeiten für das Auftreten der Produktqualitäten (q, (1-q)) gewichtet mit den wahrgenommenen Qualitätsunterschieden k^{iQ}.

Diese Wahrscheinlichkeiten entsprechen den kostenabhängigen verfahrensspezifischen Anteilen am Gesamtangebot:

$$(7) \quad \begin{aligned} \overline{Q} &= q^{gQ} \cdot k^{gQ} + (1-q)^{qQ} \cdot k^{sQ} \\ &= \frac{A^{gQ}(p)}{A^{gQ}(p) + A^{sQ}(p)} \cdot k^{gQ} + \frac{A^{sQ}(p)}{A^{sQ}(p) + A^{gQ}(p)} \cdot k^{sQ} \\ &= \frac{c^{gQ} \cdot k^{sQ} + c^{sQ} \cdot k^{gQ}}{c^{gQ} + c^{sQ}} \end{aligned}$$

Ohne vorliegende Preisuntergrenzen,[133] ergibt sich bei fehlender Produktunterscheidung als Nachfragefunktion durch Integration des Erwartungswerts der Qualität $\overline{Q}$ als Qualitätsparameter in Gleichung 6:

$$(8) \quad N^{\overline{Q}}(p) = 1 - \frac{p}{\overline{Q}}$$

[132] Diese Funktion impliziert eine maximale Nachfragemenge von 1, so dass die jeweiligen Nachfragemengen als Anteile des Gesamtangebots zu interpretieren sind.

[133] Zu jedem Preis größer Null werden demnach immer beide Qualitäten zu kostenabhängigen Anteilen angeboten.

Liegen dagegen bekannte **verfahrensspezifische Preisuntergrenzen** vor, werden diese in der Erwartungsbildung der Nachfrage berücksichtigt, so dass abhängig vom realisierten Marktpreis nachfolgende Nachfragefunktionen gelten:[134]

1. $p > H^{gQ} (> H^{sQ})$:

$$N(\overline{Q})^{1} = 1 - \frac{p}{\overline{k}}$$

$$= 1 - p \cdot \left(\frac{p\left(c^{sQ} \cdot k^{gQ} + c^{gQ} \cdot k^{sQ}\right) - H^{gQ} \cdot c^{sQ} \cdot k^{gQ}}{p \cdot c^{sQ} + p \cdot c^{gQ} - H^{gQ} \cdot c^{sQ}} \right)^{-1}$$

(9)

2. $H^{sQ} < p < H^{gQ}$:

$$N(\overline{Q})^{2} = N^{sQ}$$

$$= 1 - \frac{p}{k^{sQ}}$$

Der realisierte Marktpreis dient dem Verbraucher als Signal für die Anteile guter Qualität am Marktangebot, da über die Preisuntergrenzen bestimmt wird,

- ob überhaupt gute Qualität angeboten wird (Situation 1): durch die Preisabhängigkeit der Qualitätseinschätzung $\overline{K}$ resultiert für diesen Nachfragefall eine quadratische Funktion; oder ob
- ausschließlich schlechte Qualität angeboten wird (Situation 2): hier wird die Nachfrage entsprechend Gleichung (6) nur durch den Qualitätsparameter k^{sQ} bestimmt.

Kreuzpreisbeziehungen zwischen den Produktqualitäten werden im Weiteren zunächst ausgeschlossen, so dass die Nachfrage nach einer Produktqualität unabhängig vom Preis für die andere Produktqualität ist.[135] Auch für das Angebot gilt zunächst, dass die realisierbare Gewinnerwartung keine Verfahrensumstellung bewirkt.

---

134 Die Orientierung am Erwartungswert der Qualität unterstellt Risikoneutralität der Nachfrage. Risikoaversion würde stärkere Nutzenverluste bei hohen Anteilen im Vergleich zu geringen Anteilen schlechter Qualität im Markt nach sich ziehen. Eine Berücksichtigung der Risikoeinstellung ließe sich im Rahmen der Erwartungsnutzentheorie nach NEUMANN und MORGENSTERN vornehmen. Vgl. FREEMAN, A.M (1994): Measurement of Environmental and Resource Values, Theory and Methods, Washington D.C., S. 219-272 und MARGGRAF, R., STREB, S. (1997): Ökonomische Bewertung der natürlichen Umwelt ..., a.a.O., S. 128-149.

135 Als nicht explizite Annahme auch im Modell von BUREAU, J.-C., MARETTE, S., SCHIAVANA, S. (1998): Non-tariff trade barriers and consumers' information ..., a.a.O., S. 437-462.

Die am Erwartungswert der Qualität orientierte Nachfrage kann zu multiplen Gleichgewichten führen, wie es nachfolgende Übersicht 20 wiedergibt.

Übersicht 20: Multiple Gleichgewichte im "Lemon Markt"

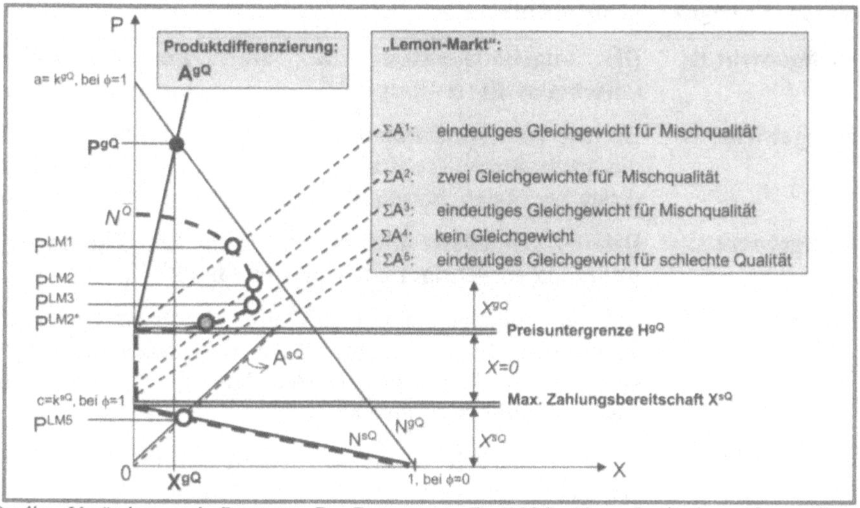

Quelle: Verändert nach RICHTER, R., FURUBOTN, E. (1996): Neue Institutionenökonomik ..., a.a.O., S. 238.

Die Funktionen A^{gQ} und N^{gQ} kennzeichnen den getrennten Markt für gute Qualität bei Produktdifferenzierung.

Tritt zusätzlich ein Angebot schlechter Qualität A^{sQ} im Markt auf und fehlt die Möglichkeit der Produktunterscheidung, sieht sich der Verbraucher einem nicht differenzierbaren Gesamtangebot ΣA^i gegenüber. In der Übersicht sind mögliche unterschiedliche Gesamtangebotsfunktionen ΣA^1 bis ΣA^5 abgebildet, wobei eine explizite Summierung nur im Fall ΣA^5 unmittelbar nachzuvollziehen ist, da die zugrunde liegende isolierte Angebotsfunktion A^{sQ} getrennt abgebildet ist. Alle anderen Fälle sind als exemplarische Gesamtangebotsfunktionen zu verstehen.

Die Erwartungswertnachfrage bei Unsicherheit über die Produktqualität $N^{\bar{Q}}$ (gestrichelte Funktion) steigt zunächst mit einem Preisrückgang. Der sinkende Preis signalisiert einen steigenden Anteil an schlechter Qualität im Gesamtangebot, wobei der damit induzierte sinkende Nutzen zunächst durch den reduzierten Preis kompensiert werden kann. Ab einem kritischen Wert wird die Nachfrage bei steigender Erwartung schlechter Qualitäten eingeschränkt (Wendepunkt $N^{\bar{Q}}$).

Bei Preisen unterhalb der Preisuntergrenze H^{gQ} wird keine gute Qualität angeboten und der Konsum der Nachfrager mit hohen Präferenzen für die gute Qualität wird eingestellt. Entsprechend dem Nutzen aus schlechter Qualität N^{sQ} wird unterhalb H^{gQ} ausschließlich schlechte Qualität angeboten und nachgefragt. Abhängig vom Gesamtangebot kann auch der Fall eintreten, dass kein Gleichgewicht existiert (Fall ΣA^4).[136]

Insgesamt sind in der dargestellten Situation des "Lemon Markt" folgende multiple Gleichgewichte möglich[137]

Gleichgewicht 1:	**Die Angebotsfunktion ΣA^1 führt zum eindeutigen Gleichgewicht im Preis P^{LM1}.**
Gleichgewichte 2:	Bei der Angebotsfunktion ΣA^2 dagegen resultieren durch die quadratische Nachfragefunktion zwei mögliche Gleichgewichte bei den Preisen P^{LM2} und P^{LM2*}.
Gleichgewicht 3:	**Bei der Angebotsfunktion ΣA^3 ergibt der Tangentialpunkt ein eindeutiges Gleichgewicht bei P^{LM3}.**
Gleichgewicht 4:	Bei der Angebotsfunktion ΣA^4 gibt es keinen Gleichgewichtspreis, der Nachfrage und Angebot zusammenbringt. Das Angebot übersteigt bei jedem Preis die Nachfrage, so dass der Markt zusammenbricht.
Gleichgewicht 5:	Bei der Angebotsfunktion ΣA^5 ergibt sich ein eindeutiges Gleichgewicht für ausschließlich schlechte Qualität beim Preis P^{LM5}.

Zur Vereinfachung wird im Weiteren ein linearer Verlauf der Erwartungsnachfrage unterstellt, so dass ausgehend von der Übersicht 20 nur der Funktionsabschnitt von N^Q oberhalb des Wendepunktes betrachtet wird, bei dem mit sinkendem Preis die Nachfrage steigt.

Für den Anwendungsfall des "Hormonfleisch-Streits" erscheint der damit im Fall des Angebots ΣA^2 verbundene Ausschluss des Gleichgewichtspreises P^{LM2*} (graue Schraffur in Übersicht 20) gerechtfertigt. Ist die Marktsituation wie im Anwendungsfall durch ein Importverbot für schlechte Qualität gekennzeichnet, liegt der entsprechende Referenzpreis bei P^{gQ}. Die Öffnung der Märkte führt durch die Erwartung von Importen schlechter Qualität zur Nachfrage N^Q. Durch das bei Import unterstellte steigende Angebot im inländischen Markt, z.B. auf ΣA^2, entsteht inländisch ein Preisdruck aus dem als gesunkener Gleichgewichtspreis zunächst P^{LM2} realisiert werden kann. Definitionsgemäß erfolgt keine Abweichung von einem realisierten Gleichgewicht, so dass der Ausschluss von P^{LM2*} in dieser Situation plausibel ist.

136 Vgl. RICHTER, R., FURUBOTN, E. (1996): Neue Institutionenökonomik ..., a.a.O., S. 236-242.

137 Abhängig von den spezifischen Verläufen der Funktionen sind auch andere Gleichgewichte denkbar.

Weiterhin wird für die marginale Zahlungsbereitschaft nach schlechter Qualität N^{sQ} unterstellt, dass diese mindestens der Preisuntergrenze H^{gQ} entspricht. Damit führen Preise unterhalb von H^{gQ} immer zu einem Gleichgewicht und ein vollständiger Marktzusammenbruch ist nicht möglich.

Insgesamt werden damit die vorgestellten potenziellen Gleichgewichte 2 und 4 ausgeschlossen.

Übersicht 21: Marktineffizienzen durch asymmetrische Information auf „Lemon Märkten“

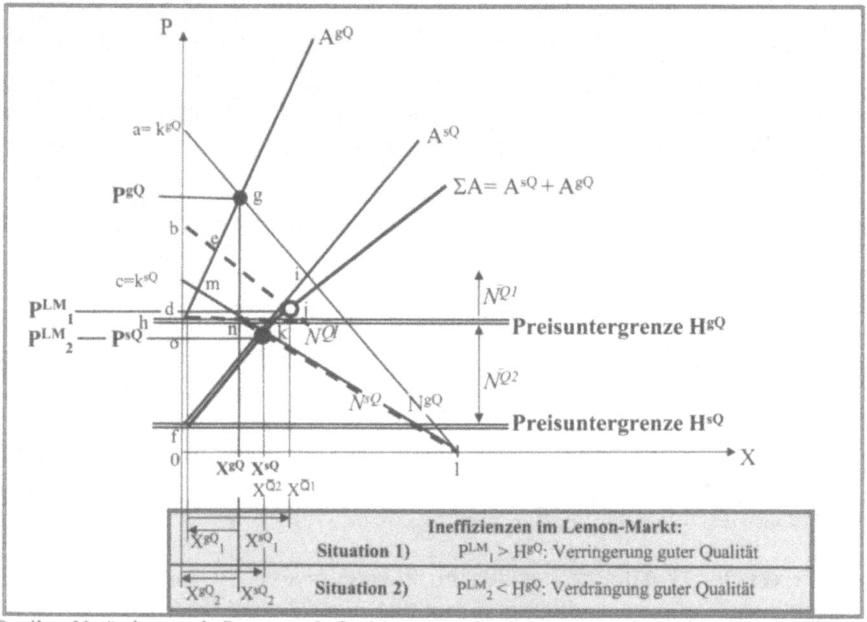

Quelle: Verändert nach BUREAU, J.-C., MARETTE, S., SCHIAVANA, S. (1998): Non-tariff trade barriers and consumers' information ..., a.a.O., S. 451.

Im vereinfachenden Ansatz resultieren folgende Marktreaktionen, die in der Übersicht 21 dargestellt sind:

1. Als Ausgangspunkt werden bei **vollständiger Unterscheidbarkeit der Produkte** guter und schlechter Qualität und somit kompletter Marktsegmentierung jeweils die Mengen X^{gQ} und X^{sQ} bei den entsprechenden Gleichgewichtspreisen P^{gQ} und P^{sQ} nachgefragt.

2. Bei **asymmetrischer Information** sind abhängig von der Preisbildung im Markt verschiedene Gleichgewichte möglich:

- *Situation 1*: Solange der Preis oberhalb der Preisuntergrenze für gute Qualität liegt ($P^{LM}_1 > H^{gQ}$), ist die Nachfrage $N^{\bar{Q}1}$ relevant. Die zugehörige Gleichgewichtsmenge ist $X^{\bar{Q}1}$ mit einem Anteil guter Qualität von X^{gQ}_1, was im Vergleich zur Menge X^{gQ} bei Segmentierung eine deutliche Verringerung der guten Qualität bedeutet.
- *Situation 2*: Sinkt der Preis unter die Preisuntergrenze für gute Qualität ($P^{LM}_2 < H^{gQ}$), so sind die Präferenzen der Nachfrage $N^{\bar{Q}2}$ maßgebend.[138] Das gesamte Marktangebot ist $X^{\bar{Q}2}$ und besteht lediglich aus schlechter Qualität ($X^{\bar{Q}2} = X^{sQ}$).

Die mit den möglichen Situationen verbundenen Wohlfahrtseffekte sind nachfolgend zusammengefasst und der Produktdifferenzierung, die zur Marktsegmentierung führt, gegenübergestellt.

Tabelle 11: Kosten und Nutzen durch asymmetrische Information in „Lemon Märkten"

Situation	Wohlfahrt	Veränderung gegenüber Marktsegmentierung
Marktsegmentierung	SÜ: agh + ckf	
Fehlende Produktunterscheidbarkeit		
Situation 1: Mischqualität	SÜ: bjf	ΔSÜ: - ageb - cmh + ejkm
Situation 2: Verdrängung guter Qualität	SÜ: ckf	ΔSÜ: - agh

Quelle: Eigene Erfassung auf Grundlage von Übersicht 21.

Das dargestellte Wohlfahrtsergebnis im "Lemon Markt" ist im Vergleich zur vollständigen Marktsegmentierung suboptimal, weil die Produktvielfalt bei vorliegender qualitätsabhängiger Vielfalt an Zahlungsbereitschaften zurückgeht und damit Wohlfahrtsverluste einhergehen können,[139] deren Niveau abhängig von den

---

138 Wegen vollständiger Information wird angenommen, dass der Verlauf dieser Nachfrage derjenigen bei vollständiger Segmentierung entspricht ($N^{\bar{Q}2} = N^{sQ}$). Lediglich zur besseren Darstellung sind diese Funktionen in der Grafik etwas versetzt dargestellt.

139 Für die Situation 1 im gewählten Beispiel treten abhängig vom Nettoeffekt aus dem Ausschöpfen der Zahlungsbereitschaft für gute Qualität bzw. der Produzentenrente Wohlfahrtsverluste oder -gewinne auf.

realisierten Situationen ist. Weiterhin besteht das Risiko multipler Gleichgewichte, da verschiedene Marktreaktionen eintreten können.[140]

Das Ausmaß der Wohlfahrtsverluste bestimmt sich dabei c.p. durch

- die Qualitätswahrnehmung der Verbraucher: stark wahrgenommene Unterschiede zwischen den Produktqualitäten führen zu hohen Verlusten durch nicht ausgeschöpfte Zahlungsbereitschaften für gute Qualität,[141]
- die Produktionskosten der jeweiligen Produktqualitäten, indem geringere Kosten zu höheren Marktmengen bei Segmentierung führen, und
- die Preisuntergrenzen, deren Höhe die Verdrängung der guten Qualität bestimmt.[142]

Im klassischen Beispiel von AKERLOF stehen Erfahrungsmerkmale im Mittelpunkt, bei denen Anreizmechanismen zur Realisierung des Wohlfahrtsoptimums einsetzbar sind.

Der prinzipielle Mechanismus dieser Anreize bei asymmetrischer Information besteht in der Informationsbereitstellung über die vorliegende Qualität, so dass privat vorliegende in öffentlich verfügbare Information überführt wird. Diese Informationsbereitstellung kann aufgrund privater Initiative erfolgen oder aber bei fehlenden Anreizen auch öffentlich gewährleistet werden (vgl. im Zusammenhang mit Labelling Kapitel 2.4).

- Beim **„Screening“** erfolgt die Informationsbeschaffung seitens des Akteurs, der über keine Information verfügt. Bei Such- und Erfahrungseigenschaften können dazu produktspezifische Informationsdienste herangezogen werden[143] oder Produktvergleiche während des Kaufprozesses erfolgen.[144]

  Bei Vertrauenseigenschaften ist Screening durch die fehlende eigene Überprüfbarkeit während oder nach dem Konsum problematisch.

---

140 Vgl. BUREAU, J.-C., MARETTE, S., SCHIAVANA, S. (1998): Non-tariff trade barriers and consumers‘ information ..., a.a.O., S. 441 ff. auf Grundlage von MASON, C., STERBENZ, F. (1994): Imperfect product testing and market size ..., a.a.O., S. 449 ff.

141 In der Grafik vorstellbar durch eine entsprechende Rechtsverschiebung der Nachfragefunktion N^{gQ}, was einer steigenden Differenz (N^{gQ} - N^{gQ}) gleichkommt.

142 In der Grafik vorstellbar durch entsprechende Verschiebung der Angebotsfunktionen.

143 Z.B. Stiftung Warentest.

144 Als weitere Lösungen sind die Selbstbindung oder der Aufbau von Reputation möglich, deren Wirksamkeit aber auf Erfahrungsgüter begrenzt ist. Vgl. BENNER, E. (2000): Zur effizienten Herkunftsangabe im europäischen Binnenmarkt, Konsequenzen für die regionale Absatzförderung, Arbeitsbericht Nr. 4, Institut für Agrarpolitik und Landwirtschaftliche Marktlehre, Giessen, S. 4.

- Beim **„Signalling“** hat der Anbieter guter Qualität einen Anreiz, Informationen über die Eigenschaften seines Produkts zu vermitteln.[145] Als Instrument kann z.B. eine Produktgarantie gewährt werden, die für den Anbieter schlechter Qualität zu Verlusten wegen ständiger Inanspruchnahme führen kann. Alleine die Etablierung von Garantien kann damit dem Verbraucher als Signal für ein hohes Qualitätsniveau dienen.

  Im Unterschied zu Erfahrungseigenschaften ist auch das "Signalling" bei Vertrauenseigenschaften mit besonderen Problemen verbunden,[146] da gute Produktqualität sich auch im Nachhinein vom Verbraucher nicht physisch erkennen lässt. Möglichkeiten für unterstützende Regelungen, bspw. durch unabhängige Kontrollinstitute, werden im Zusammenhang mit Labelling in Kapitel 2.4. betrachtet.

In der Literatur lässt sich eine Vermischung der unterschiedlichen Marktversagensgründe, vorliegende Externalitäten bzw. asymmetrische Information, finden, indem die im "Lemon Markt" entstehende Beeinflussung des Angebots guter Qualität durch die Anbieter schlechter Qualität auch als „Externalität“ bezeichnet wird. Hiernach beinhaltet die Produktionsentscheidung des Anbieters schlechter Qualität nicht die negative Wirkung für die dritten Akteure, die im "Lemon Markt" die Anbieter von guter Qualität und die Verbraucher sind.[147]

Unabhängig von der Kennzeichnung auch dieses Effekts als Externalität ergeben sich im Vergleich zur klassischen Externalitätenanalyse dennoch relevante Unterschiede für die Wohlfahrtswirkungen.

Nachfolgend werden zunächst die entstehenden Ineffizienzen aus asymmetrischer Information innerhalb der internationalen Arbeitsteilung gekennzeichnet, indem die bislang bestehende Autarkiesituation aufgehoben wird. Zur Auflösung der Marktineffizienzen werden als Maßnahmen ein Importverbot für Produkte der geringen Qualität sowie die Kennzeichnung unterschiedlicher Produktqualitäten untersucht.

Die Analyse wird ausgerichtet auf die Bestimmungsfaktoren, die dem konkreten "Hormonfleisch-Streit" auf WTO-Ebene zugrunde liegen.

---

145 Einführung der Problematik und des Begriffs durch SPENCE, A.M. (1974): Market Signalling: Information Transfer in Hiring and Related Screening Processes, Cambridge.

146 Im Unterschied zur Beurteilung bei GOLAN, E., KUCHLER, F., MITCHELL, L. (2000): Economics of Food Labelling, in: Economic Research Service, U.S. Department of Agriculture, Economic Report No. 793, Washington D.C., S. 8.

147 Vgl. VARIAN, H. (1995): Grundzüge der Mikroökonomik ..., a.a.O., S. 590 und BREMER, R. (1996): Handel und Umwelt ..., a.a.O., S. 37.

2.3.2 Grenzüberschreitende Effekte aufgrund von asymmetrischer Information über verbraucherschutzrelevante Produktmerkmale

2.3.2.1 Einordnung des Anwendungsfalls: asymmetrische Information über das Mastverfahren der Rindfleischproduktion

In Anwendung auf das Fallbeispiel "Hormonfleisch-Streit" werden die betrachteten Produktqualitäten nachfolgend in „Hormonfleisch (H)" und „Hormonfreies Fleisch (OH)" unterschieden.

Entsprechend dem vorliegenden WTO-Streitfall zum "Hormonfleisch" werden zwei Länder mit unterschiedlichen gesetzlichen Regelungen für den Einsatz von Leistungsförderern in der Rindermast betrachtet:

- im importierenden Inland ist der Hormoneinsatz in der Rindermast verboten (A^{OH}),
- im exportierenden Ausland dagegen erlaubt (A^{H}).

In Übertragung der Annahmen des vorgestellten Grundmodells sind die **Angebotsfunktionen** gekennzeichnet durch

- unterschiedliche variable Kosten der Mastverfahren, indem für die Hormonmast Kostenvorteile aufgrund einer verbesserten Futterverwertung gelten,[148]
- niedrigere Preisuntergrenzen für die Hormonmast im Vergleich zur hormonfreien Mast ($H^{H}<H^{OH}$).

Die **Nachfragefunktionen** sind charakterisiert durch folgende Annahmen:

- Es liegen unterschiedliche Zahlungsbereitschaften für Rindfleisch aus hormonfreier und hormonunterstützter Mast vor. Die marginale Zahlungsbereitschaft bzw. der marginale Nutzen für "hormonfreies Fleisch" ist höher als derjenige für Rindfleisch aus der Hormonmast ($N^{H}<N^{OH}$) angenommen.
- Es besteht eine höhere Zahlungsbereitschaft für sicher identifizierbares "hormonfreies Fleisch" als für Mischqualität. Diese kennzeichnet die Risikoeinschätzung der Verbraucher bezüglich des Belastungspotenzials von Fleisch aus der Hormonmast.[149] Als weiterer Einflussfaktor für die Zahlungsbereit-

---

[148] Aus der Steigerung der täglichen Gewichtszunahme folgt im Durchschnitt eine um 2-3 Wochen verkürzte Mastdauer, die in den USA zu Zusatzgewinnen gegenüber der hormonfreien Mast von bis zu 80$ pro Tier führt. Vgl. AGRICULTURE AND AGRI-FOOD CANADA (Hrsg.): Growth Hormones/ Antibiotics, verfügbar unter: http://atn-riae.agr.ca/public/htmldocs/e2833.htm, Stand Mai 2001.

[149] Vgl. zur Einschätzung der Risikowahrnehmung von hormonellen Leistungsförderern im Staatenvergleich Anhang 12.

schaft spielt die Höhe des Einkommens eine Rolle, indem höhere Einkommen zu höherer Zahlungsbereitschaft für das teurer zu erzeugende "hormonfreie Produkt" führen.

- Kreuzpreisbeziehung für die unterschiedlichen Produktqualitäten werden ausgeschlossen, so dass die unterschiedlichen Produktqualitäten für den Verbraucher keine Substitute darstellen.[150]

Folgende Szenarien werden hinsichtlich der Wohlfahrts- und Verteilungswirkungen in den jeweiligen Ländern sowie der Weltwohlfahrt als Summe der nationalen Wohlfahrten analysiert:

1. Einsatzverbot für Hormone in der Mast in der Autarkiesituation.
2. Freihandel zwischen Ländern mit unterschiedlichen internen Vorschriften zum Hormoneinsatz in der Mast.
3. Importverbot für Fleisch aus der Hormonmast.
4. Kennzeichnung der unterschiedlichen Mastverfahren.

Die Ergebnisse dieser Analyse werden zum Abschluss (vgl. Kapitel 2.5.) denen der Externalitätenanalyse (vgl. Kapitel 2.2.1.4) gegenübergestellt.

2.3.2.1.1 Einsatzverbot für Hormone in der Rindermast in der Autarkiesituation

In der Übersicht 22 ist die **Autarkiesituation** im Inland durch das Angebot von ausschließlich "hormonfreiem" Fleisch (OH) gekennzeichnet, da für die Verwendung von Masthormonen ein inländisches Verbot besteht und damit kein hormonell erzeugtes Rindfleisch auf dem Binnenmarkt existiert (A^H=0).

Für die inländische Nachfrage wird dennoch eine Differenzierung der Zahlungsbereitschaft unterstellt. Trotz des inländischen Verbots besteht demnach auch eine Nachfrage für Rindfleisch aus der Hormonmast mit geringerer Zahlungsbereitschaft als im Vergleich zu "hormonfreiem" Rindfleisch.

In der Ausgangssituation ergibt sich im Marktgleichgewicht ein Preis P^{OH}, der die Zahlungsbereitschaft der potenziellen Nachfrager mit geringerer Zahlungsbereitschaft übersteigt (P^{OH}>ZB^H). Diese Verbraucher konsumieren daher kein Rindfleisch, und der durch das Einsatzverbot von Hormonen nicht auszuschöpfende Nutzen dieser Nachfragergruppe stellt einen Verzicht auf potenzielle Wohlfahrt dar.

150 Somit ist die Kreuzpreiselastizität der Nachfrage = 0.

Übersicht 22: Autarkiesituation bei inländischem Verwendungsverbot von Hormonen in der Rindermast

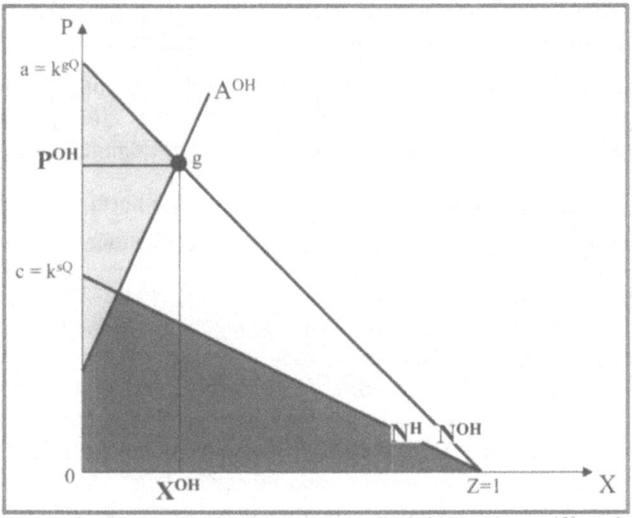

Quelle: BUREAU, J.-C., MARETTE, S., SCHIAVANA, S. (1998): Non-tariff trade barriers and consumers' information ...a.a.O., S. 444.

Der Verzicht auf potenzielle Wohlfahrt entspricht dabei im Extremfall der Höhe der maximalen Zahlungsbereitschaft N^H (dunkelgraue Fläche cz0).

Als sozialer Überschuss in der Autarkiesituation ergeben sich demnach unterschiedliche Niveaus abhängig davon, ob der potenziell realisierbare Nutzen aus dem verdrängten Produkt berücksichtigt wird oder nicht:

Tabelle 12: Verzicht auf potenzielle Wohlfahrt durch ein Einsatzverbot für Masthormone in der Autarkiesituation

Hormonverbot in der Mast mit Berücksichtigung potenzieller Nachfrage für "Hormonfleisch"	SÜ: agh Pot. SÜ: + max. cz0 W: **agh + max. cz0**
Hormonverbot in der Mast ohne Berücksichtigung potenzieller Nachfrage für "Hormonfleisch"	SÜ: **agh**

Quelle: Eigene Erfassung auf Grundlage von Übersicht 22.

Als Ergebnis aus diesem vereinfachenden Modell lässt sich erkennen, dass das Verbot eines Produktionsverfahrens wohlfahrtsmindernd sein kann. Diese Wohlfahrtsverluste resultieren aus der reduzierten Produktvielfalt trotz vorliegenden unterschiedlichen Zahlungsbereitschaften für verschiedene Produktqualitäten.[151]

Im Weiteren wird von einem bereits zur Ausgangssituation vorliegenden Verwendungsverbot ausgegangen. Der Verzicht auf die unausgeschöpfte Zahlungsbereitschaft N^H im Inland wird somit als gegeben angenommen.

2.3.2.1.2 Freihandel zwischen Ländern mit unterschiedlichen internen Vorschriften zum Hormoneinsatz in der Rindermast

Nachfolgend wird in einem Zwei-Länder-Ansatz vorgestellt, welche Effekte sich aus der Öffnung der Märkte für Handelspartner ergeben, in denen unterschiedliche interne Regelungen zur Rindfleischerzeugung bestehen. Im importierenden Inland gilt weiterhin das zuvor dargestellte Verwendungsverbot für Hormone, im exportierenden Ausland dagegen ist der Einsatz von Masthormonen gestattet. Da die Fleischerzeugung unter Einsatz von Hormonen mit geringeren Grenzkosten verbunden ist als ohne Einsatz von Masthormonen, gilt $A^H > A^{OH}$, andere Kostenvorteile zwischen In- und Ausland werden zunächst vernachlässigt. Hiernach erfolgt aufgrund der Annahme rationalen Verhaltens im Ausland ausschließlich die Mast unter Verwendung von Hormonen.[152]

Durch Öffnung der Märkte ergibt sich für den inländischen Markt, dass das Gesamtangebot sich sowohl aus hormonell unterstützter als auch hormonfreier Erzeugung zusammensetzt ($\Sigma A = A^H + A^{OH}$).

Bei fehlender Differenzierung zwischen den Produktqualitäten treten nunmehr die beschriebenen Probleme asymmetrischer Information über die Produktqualität auf. Die bestehenden Preisuntergrenzen bestimmen die Gültigkeit der preisabhängigen Nachfragefunktionen $N^{\bar{Q}1}$ als Erwartungswertnachfrage und $N^{\bar{Q}2}$, die der Nachfrage nach Fleisch aus der Hormonmast entspricht.

151 In Anlehnung an das föderalismustheoretische Dezentralisierungstheorem lassen sich diese als Präferenzkosten verstehen, indem fehlende Produktvielfalt vorliegende Präferenzunterschiede negiert. Vgl. OATES, W. (1972): Fiscal Federalism, New York, S. 35.

152 Vgl. zu den bestehenden Produktionsvorteilen Fn. 148.

Übersicht 23: Wohlfahrtseffekte bei Freihandel zwischen Staaten mit unterschiedlichen Vorschriften für die Rindermast

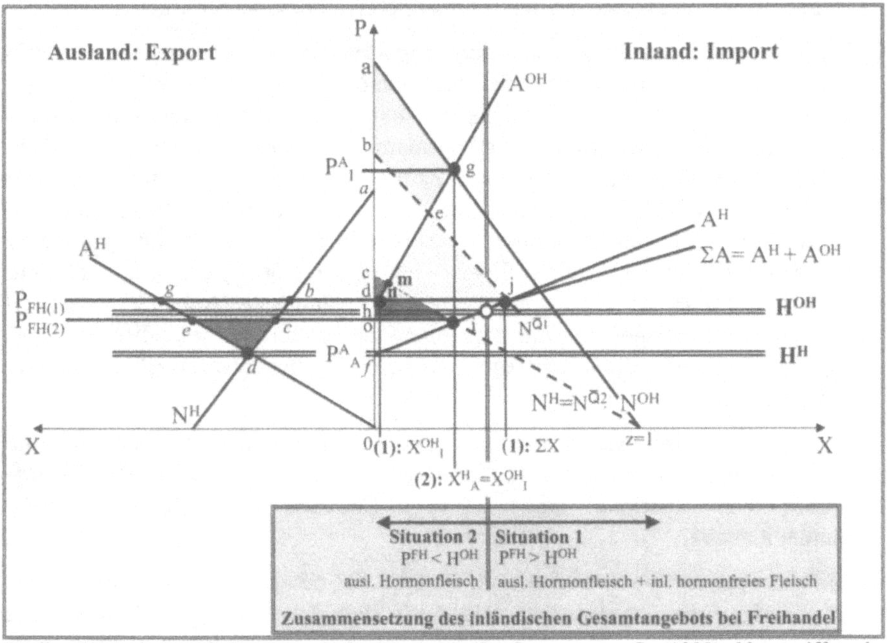

Quelle: Verändert nach BUREAU, J.-C., MARETTE, S., SCHIAVANA, S. (1998): Non-tariff trade barriers and consumers' information ..., a.a.O., S. 451.

Bei einem Preisniveau P_{FH} unterhalb von H^{OH} gilt, dass ausschließlich ausländisches und damit unter Hormoneinsatz produziertes Fleisch auf den inländischen Markt trifft (Situation 2). Höhere Preise führen zum Angebot beider Qualitäten - ausländisches "Hormonfleisch" und inländisches "hormonfreies Fleisch" (Situation 1).

Abhängig von den bei Freihandel realisierten Preisen ergeben sich dabei nachfolgende Wohlfahrtswirkungen:

1. In Situation 1 setzt sich das Gesamtangebot im Inland zusammen aus X^{OH}_I an inländisch hormonfrei produziertem Fleisch und der Importmenge "Hormonfleisch" in Höhe von $\Sigma X - X^{OH}_I$. Hieraus resultieren inländische Wohlfahrtsverluste gegenüber der Autarkiesituation aus der verminderten Ausschöpfung der inländischen Zahlungsbereitschaft für "hormonfreies Fleisch" (helle Fläche ageb). Andererseits lassen sich typische Handelsgewinne durch den Import des im Ausland günstiger produzierten Rindfleisches erzielen (mittelgraue Fläche ejn). Solange die Handelsgewinne die Nutzeneinbußen kompensieren, ergibt sich für das Inland eine Verbesserung gegenüber der Autarkiesituation. Diese Kompensation ist abhängig von der vorliegenden Ein-

schätzung der Qualitätsunterschiede k^{iQ} durch den Verbraucher. Steigt die wahrgenommene Qualitätsunterscheidung,[153] können die Nutzenverluste die Handelsgewinne übersteigen und es resultieren insgesamt Wohlfahrtsverluste.

2. In Situation 2 resultieren bei den Importen von $X^H{}_A$ dagegen eindeutig insgesamt Wohlfahrtsverluste für das Inland: Durch die Signalwirkung des geringen Preises $P^{FH}{}_{(2)}$ unterhalb der Preisuntergrenze für die hormonfreie Mast geht die Zahlungsbereitschaft für "hormonfreies Fleisch" vollständig zurück. Lediglich die Nachfrage mit geringer Zahlungsbereitschaft wird marktwirksam ($N^{\bar{Q}2} = N^H$). Da durch das inländische Verbot der Hormonmast ausschließlich ausländisches Fleisch konsumiert wird, besteht der Gesamtverlust gegenüber der Autarkie aus dem vollständigen Wegfall der Nutzen aus "hormonfreiem Fleisch" sowie der Produzentenrente für inländische Anbieter. Der verbleibende Handelsgewinn für das Inland entspricht der inländischen Konsumentenrente für die Nachfrager N^H beim Freihandelspreis $P^{FH}{}_{(2)}$ (dunkle Fläche cko).
3. Für das Ausland stellt sich in jeder Situation des Freihandels eine Verbesserung gegenüber der Autarkie ein, die aufgrund des höheren Exportvolumens in Situation 1 größer ist als in Situation 2 (mittelgraue Fläche > dunkle Fläche).
4. Ein Anstieg der Weltwohlfahrt als Summe der nationalen Wohlfahrtsniveaus ist abhängig von den negativen Inlandseffekten, die in Situation 2 größer sind als in Situation 1.

Nachfolgende Tabelle 13 fasst die Wohlfahrtsveränderungen im Vergleich zur Autarkiesituation zusammen:

Tabelle 13: Kosten und Nutzen bei Freihandel zwischen Staaten mit unterschiedlichen Vorschriften für die Rindermast

	Ausland: Export	Inland: Import	Δ Weltwohlfahrt
Situation 1	*SÜ: abg0* *ΔSÜ: + **bgd***	SÜ: bjnh ΔSÜ: - ageb + ejn	***+ bgd* + ejn - ageb**
Situation 2	*SÜ: ace0* *ΔSÜ: + **ced***	SÜ: cko ΔSÜ: - agh + cio	***+ ced* + cio - agh**

Quelle: Eigene Erfassung auf Grundlage von Übersicht 23.

153 Durch Linksverschiebung der $N^{\bar{Q}1}$ in Übersicht 23.

Auslöseschwelle für die Unterscheidung der zwei Gleichgewichte der Situationen 1 und 2 ist die Preisuntergrenze für das inländische Angebot H^{OH}. Durch Freihandel kann in Situation 2 aufgrund hoher inländischer Nutzenverluste bei gleichzeitig nur geringen ausländischen Handelsgewinnen die Weltwohlfahrt im Vergleich zur Autarkiesituation sinken (agh > ced + cio).

Das Ausmaß der Überlegenheit von Freihandel ist abhängig von den nationalen Bestimmungsfaktoren für relative Preisunterschiede der Autarkiesituation:

- Sinkende ausländische Produktionskosten führen zu einem steigendem Exportangebot. Hieraus ergibt sich ein größerer Handelsgewinn sowohl für das Ausland als auch das Inland.
- Steigt dagegen die inländische Risikoeinschätzung für Rindfleisch aus der Hormonmast im Vergleich zu "hormonfreiem Fleisch" ($N^{\bar{Q}1}\downarrow$), so sinken inländische Nutzen durch die Unsicherheit über die Produktqualität beim Import. Durch die Einschränkung der gesamt nachgefragten Menge sinken auch ausländische Handelsgewinne.

Als abschließendes Ergebnis ist festzuhalten, dass für das Ausland in jedem Fall die Freihandelssituation überlegen ist. Für das Inland ergeben sich unterschiedliche Ergebnisse abhängig vom resultierenden Freihandelspreis und der damit ausgelösten Nachfragereaktion.

Entgegen der orthodoxen außenhandelstheoretischen Freihandelsdoktrin (vgl. Kapitel 2.1) kann damit Freihandel unterlegen sein, wenn dieser zu einer Einschränkung der Produktvielfalt bei vorliegenden unterschiedlichen Zahlungsbereitschaften führt (Situation 2). Freihandel ist überlegen, wenn ein Anteil an "hormonfreiem Fleisch" im Angebot aus Sicht der qualitätsbewussten Verbraucher zumindest als wahrscheinlich eingeschätzt wird - selbst wenn dieses wegen der zugrunde liegenden Vertrauenseigenschaften physisch nicht überprüfbar ist (Situation 1).

2.3.2.2 Beurteilung von Schutzmaßnahmen gegenüber asymmetrischer Information über das Mastverfahren der Rindfleischproduktion

2.3.2.2.1 Wohlfahrtswirkung eines Importverbots für Rindfleisch aus der Hormonmast als Schutzmaßnahme

Nachfolgend wird der Fall betrachtet, in dem das Inland ein Importverbot für Rindfleisch einführt, das unter Einsatz von Hormonen produziert wird. Dieses Importverbot wird vereinfachend nur auf die betrachteten zwei Länder bezogen und stellt damit eine totale Abschottung des inländischen Binnenmarktes dar. Nicht berücksichtigt werden demnach Effekte für Importe aus Drittländern, indem Importe von "Hormonfleisch" durch "hormonfreies Fleisch" aus anderen Ländern ersetzt werden.

Zur Verdeutlichung der prinzipiellen Effekte werden im Vergleich zum konkreten Anwendungsfall die mengenmäßig begrenzten Importe von "hormonfrei" gekennzeichnetem Rindfleisch aus den USA in die EU ausgeschlossen (vgl. zu Details Kapitel 3.4).

Übersicht 24: Wohlfahrtseffekte eines inländischen Importverbots bei asymmetrischer Information über das Mastverfahren

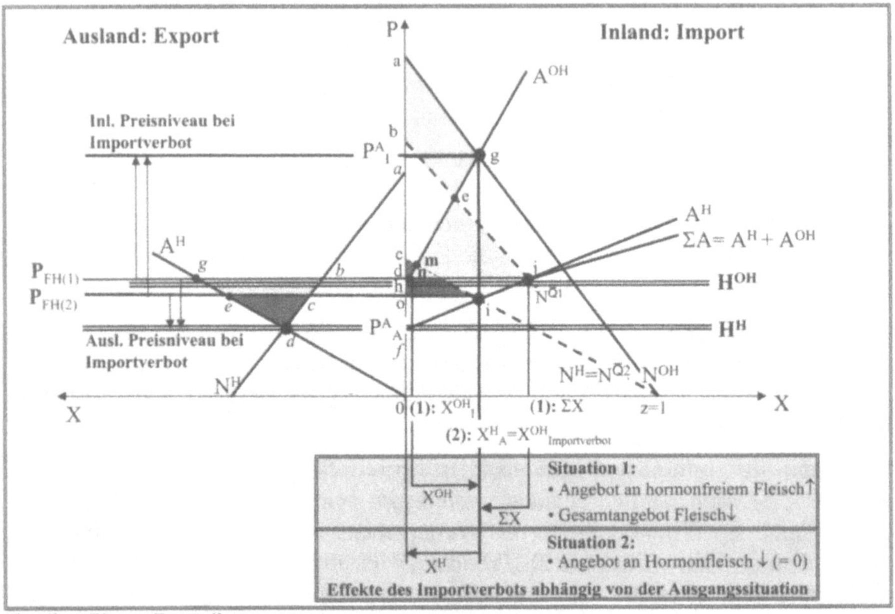

Quelle: Eigene Darstellung.

Als Referenzsituation zur Bewertung des Importverbots dienen die Situationen 1 und 2 als mögliche Gleichgewichte im Freihandel, so dass sich spiegelbildliche Wirkungen im Vergleich zur Übersicht 23 ergeben:

1. Ausgehend von Situation 1 bei Freihandel können sich damit Wohlfahrtsgewinne aus der Abschottung des Inlands durch ein Importverbot ergeben, wenn die Gewinne aus der zusätzlichen Konsumentenrente (helle Fläche) die Verluste an Handelsgewinne überwiegen (mittelgraue Fläche). Sinkt die Qualitätsunterscheidung seitens der Nachfrager jedoch (Rechtsverschiebung der Nachfragefunktion $N^{\bar{Q}1}$), so ergeben sich insgesamt Verluste.

2. Ausgehend von Situation 2 führt eine Abschottung im Inland nur zu einem geringfügigen Verzicht auf Nutzen aus "Hormonfleisch" (dunkle Fläche), der durch die vollständige Verdrängung des ausländischen "Hormonfleischs" entsteht.

Dafür steigt der Nutzen aus dem Konsum des inländischen “hormonfreien Fleisches”, die hierfür vorliegende hohe Zahlungsbereitschaft wurde aufgrund der Unsicherheit des Verbrauchers zuvor im Freihandel nicht realisiert.

Nachfolgende Tabelle 14 fasst die Wohlfahrtseffekte eines Importverbots im Vergleich zur Freihandelssituation zusammen.

Tabelle 14: Kosten und Nutzen eines inländischen Importverbots bei asymmetrischer Information über das Mastverfahren

Referenz: Freihandel	*Ausland: Export*	Inland: Import	Δ Weltwohlfahrt
Situation 1	*SÜ: ad0* *ΔSÜ: - **bgd***	SÜ: agh ΔSÜ: **+ ageb – ejd**	**+ ageb – ejd – *bgd***
Situation 2	*SÜ: ad0* *ΔSÜ: - **ced***	SÜ: agh ΔSÜ: **+ agh– cio**	**+ agh – cio - *ced***

Quelle: Eigene Erfassung auf Grundlage von Übersicht 24.

Äquivalent zur vorherigen Beurteilung des Freihandels ist hier die Einführung des Importverbots für das **Inland** in Situation 2 überlegen, in Situation 1 dagegen abhängig vom Nettoeffekt aus dem Verlust an Handelsgewinn und dem Gewinn durch ausgeschöpfte Zahlungsbereitschaft.

Für das **Ausland** ergeben sich immer Verluste durch Zusammenbruch des Handels. Allerdings können diese durch die inländischen Wohlfahrtsgewinne aufgefangen werden, was in Situation 2 wahrscheinlicher ist. Somit kann eine potenzielle Steigerung der Weltwohlfahrt als Summe der Länderwohlfahrten aus dem Importverbot resultieren.

Wegen der eindeutigen Verschlechterung der ausländischen Situation führt das Importverbot zwar zu keiner Pareto-Verbesserung,[154] die mögliche Kompensation des Auslands kann aber eine globale Überlegenheit des Importverbots gegenüber Freihandel nach dem Kaldor-Hicks-Kriterium begründen.

Gerade im WTO-Kontext kann die Anwendung des Kaldor-Hicks-Kriteriums zur Bewertung von Maßnahmen geeignet sein, da potenzielle Seitenzahlungen bei der Aushandlung von Zollzugeständnissen auf Grundlage des Prinzips der Reziprozität eine große Bedeutung innerhalb konkreter Streitfälle zukommen (vgl. zu Details Kapitel 3.3).

---

154 Vielmehr sind die Situation des Importverbots und des Freihandels pareto-unvergleichbar.

Lässt sich die prinzipielle Notwendigkeit einer Rahmeninstanz, die das Gefangenendilemma hinsichtlich weltweiter Liberalisierung vermeiden kann, mit Hilfe des Pareto-Kriteriums begründen (vgl. Kapitel 2.1), so lassen sich Verhandlungsspielräume und Kompromißlösungen bei gegenläufigen Staatsinteressen durch das Kaldor-Hicks-Kriterium beurteilen.

Insgesamt stellt diese zumindest potenzielle Steigerung der Weltwohlfahrt durch ein Importverbot einen entscheidenden Unterschied zur traditionellen Analyse von Dumping dar, nach der Importverbote zu Verlusten für beide Handelspartner führen.

2.3.2.2.2 Wohlfahrtswirkung einer Kennzeichnung der unterschiedlichen Mastverfahren in der Rindfleischproduktion als Schutzmaßnahme

Nachfolgend wird als "Signalling-Instrument" (vgl. Kapitel 2.3.1) zur Auflösung asymmetrischer Information die Kennzeichnung der Produktionsverfahren eingeführt.

Es gilt die Annahme, dass die Kennzeichnung glaubwürdig ist und damit zur vollständigen Identifizierung der Produkte durch den Verbraucher führt.[155] Weiterhin wird zunächst von Kosten der Kennzeichnung abstrahiert.

Somit resultiert aus der Produktkennzeichnung eine vollständige Marktsegmentierung, so dass jeweils zwei getrennte Märkte für die unterschiedlichen Produktqualitäten bestehen.[156]

---

155 Vgl. zur Problematisierung dieser Annahme Kapitel 2.4.

156 Die Segmentierung kann abhängig vom zugrunde liegenden Differenzierungseffekt entstehen: die „vertikale Differenzierung" ergibt sich abhängig vom Einkommenseffekt, wenn höherpreisige Eigenschaften nachgefragt werden können, die „horizontale Differenzierung" dagegen allein aufgrund der Präferenzen. Vgl. OECD (1999): Food Safety and Quality Issues-Trade Considerations ..., a.a.O., S.20.

Übersicht 25: Wohlfahrtseffekte bei Freihandel und Labelling der unterschiedlichen Mastverfahren

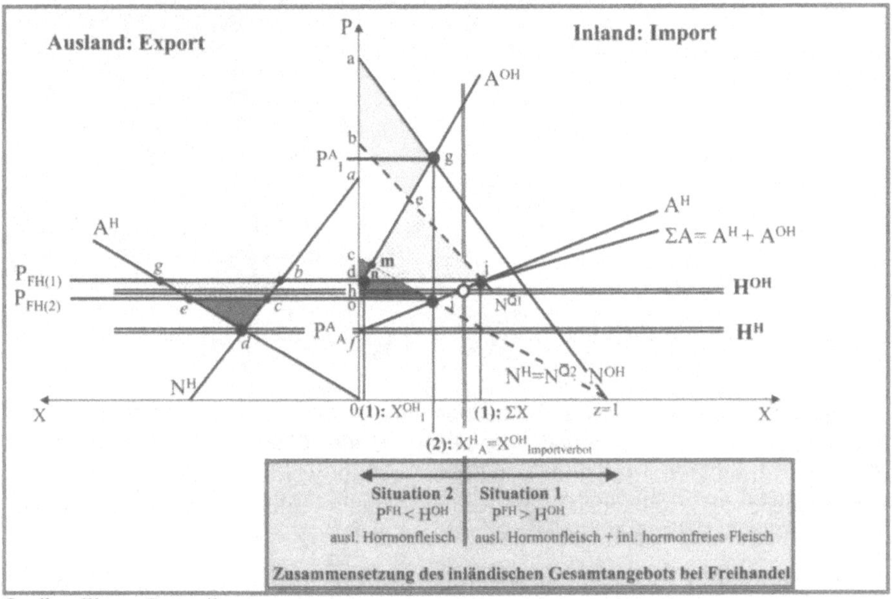

Quelle: Eigene Darstellung.

Insgesamt resultiert aus der Kennzeichnung eine Kombination aus den Effekten des Importverbots und des Freihandels ohne jegliche Regelung. Als Marktreaktionen ergeben sich **im Inland**

- für das unter Einsatz von *Hormonen erzeugte Rindfleisch* als importierte Menge X^{H}_{A}, die der Menge bei Freihandel in Situation 2 entspricht,
- für das *hormonfrei erzeugte Fleisch* Effekte entsprechend dem Importverbot bzw. der Autarkie, indem die inländische Produktion auf X^{OH}_{IV} steigt und importiertes Fleisch aus der Hormonmast verdrängt ($\Sigma X - X^{OH}_{IV}$).

Für das **Ausland** bedeutet diese Situation

- eine Verringerung der Exporte gegenüber der Freihandelssituation 1, im Vergleich zur Situation 2 ergibt sich keine Veränderung,
- im Vergleich zum Importverbot überhaupt erst die Realisierung von Exporten.

Die nachfolgende Tabelle 15 gibt jeweils den Wohlfahrtseffekt beim Übergang zum Labelling ausgehend vom Importverbot und von den möglichen Situationen bei Freihandel wieder.

Tabelle 15: Kosten und Nutzen aus Labelling der unterschiedlichen Mastverfahren

	Ausland: Export	Inland: Import	Δ Weltwohlfahrt
Labelling	*SÜ: ace0*	SÜ: agh + cio	SÜ: *ace0* + agh + cio
Referenz: Importverbot	*ΔSÜ: + ced*	ΔSÜ: + cio	ΔSÜ: + cio + *ced*
Referenz: gegenüber Freihandel			
Situation 1	*ΔSÜ: - bgec*	ΔSÜ: + ageb + cio - ejn	ΔSÜ: ageb + cio – ejn – *bgec*
Situation 2	*ΔSÜ: 0*	*ΔSÜ:* + agh	ΔSÜ: + agh

Quelle: Eigene Erfassung auf Grundlage der Übersichten 24 und 25.

Mangelndes Vertrauen in die Kennzeichnung, etwa durch Bekanntwerden von Missbrauch, lässt sich innerhalb des Ansatzes als Rückkehr zu Freihandel bei fehlender Produktunterscheidung abbilden. Somit werden Nachfragereaktionen entsprechend des Freihandels ohne Kennzeichnung realisiert, was zu den dargelegten Effekten der Situationen 1 und 2 führen kann.

1. Für das **Inland** ist Labelling durch die gestiegene Produktvielfalt die überlegene Lösung gegenüber dem Importverbot. Auch im Vergleich zu Situation 2 des Freihandels erhöht sich die Wohlfahrt durch die steigende Produktvielfalt und die damit verbundenen auszuschöpfenden Zahlungsbereitschaften. Gegenüber Situation 1 im Freihandel kann Kennzeichnung aber unterlegen sein, wenn mit sinkender Zahlungsbereitschaft für "hormonfreies Fleisch" die nur geringen Nutzengewinne aus dem Labelling den Verlust an Handelsgewinnen nicht kompensieren (ageb + cio < ejn). Berücksichtigt man jedoch das Risiko der multiplen Gleichgewichte beim Freihandel, so dass auch Situation 2 eintreten kann, ist eine Kennzeichnung insgesamt überlegen.[157]
2. Für **das Ausland** ergeben sich Verluste im Vergleich zum Freihandel ohne Labelling in Situation 1 durch sinkende Exporte und die damit verbundenen

157 Unter Berücksichtigung der multiplen Gleichgewichte im Grundmodell des „Lemon Markt“ (vgl. Übersicht 20) lässt sich das Importverbot auch als Anreizinstrument zur Durchsetzung höherer Zahlungsbereitschaften für hohe Produktqualitäten einsetzen, die somit durch das Importverbot zum hohen Ausgangspreis P^A_I führen. Ausgehend von diesem einmal durchgesetzten Preis führt eine Öffnung der Märkte bei Labelling damit zur Realisierung des Preises P^{LM2} in der Übersicht 20 für das gekennzeichnete Qualitätsproduktes und nicht zum geringen Preis P^{LM2*}. Diese Wirkung entspricht dem "Infant-Industry-Argument" der orthodoxen Außenhandelstheorie, nach dem junge Sektoren befristet durch Außenschutzprotektion vor Importen geschützt werden können. Vgl. Kapitel 2.1.

Handelsverluste. Gegenüber der unterlegenen Situation 2 des Freihandels entstehen dagegen keine Veränderungen aus der Kennzeichnungspflicht – es erfolgen identische Exporte von Rindfleisch aus der Hormonmast. Gegenüber dem inländischen Importverbot ist eindeutig die Kennzeichnung überlegen, die Handel überhaupt ermöglicht.

3. Auch hinsichtlich der **Weltwohlfahrt** ist Labelling dem Importverbot überlegen. Gegenüber Freihandel ergibt sich ein Anstieg der Weltwohlfahrt, solange auch in der kritischen Situation 1 die inländischen Gewinne die Verluste des Auslands aus der Abkehr vom Freihandel ohne Kennzeichnung kompensieren. Mögliche Seitenzahlungen des Inlands an das Ausland, mindestens in Höhe der Fläche bgec, ließen dann auch die ausländische Wohlfahrt steigen. Die Ausgestaltung dieser Seitenzahlungen kann im Rahmen der Regelungen zu Kompensation und Vergeltung auf WTO-Ebene unterschiedliche Formen annehmen (vgl. Kapitel 3.3 und 3.4), z.B. als Gewährung von Zugeständnissen.

In einem nächsten Schritt werden mögliche Anpassungsreaktionen des Auslands auf die Einführung eines Labels betrachtet, indem auch ausländische Produzenten auf hormonfreie Produktion umstellen. Induziert wird diese Umstellung durch erwartete höhere Produzentenrenten aufgrund höherer inländischer Zahlungsbereitschaften für hormonfrei erzeugtes Rindfleisch.

Es wird angenommen, dass auch bei diesem hormonfreien Mastverfahren ausländische Produzenten Produktionsvorteile haben ($A^{OH}{}_A > A^{OH}{}_I$).[158]

Weiterhin ist das ausländische Angebot durch das hohe Niveau der Zahlungsbereitschaft für "hormonfreies Rindfleisch" im Inland zunächst nur für den Export bestimmt. Diese Annahmen entsprechen der faktischen Situation verbleibender Exporte im konkreten Anwendungsfall im "Hormonfleisch-Streit", indem die amerikanischen hormonfreien Mastprogramme spezifisch für den Exportmarkt etabliert wurden (vgl. Kapitel 3.4).

Dargestellt sind die Effekte ausgehend von der vorherigen Situation, dem Labelling ohne ausländische Produktionsumstellung.

---

158 Aufgrund von Lernkosten durch längere Erfahrung der inländischen Produzenten lässt sich der umgekehrte Fall vorstellen, in dem Angebotsvorteile bei den inländischen Produzenten bestehen.

Übersicht 26: Wohlfahrtseffekte bei Produktionsumstellung aufgrund von Labelling der unterschiedlichen Mastverfahren

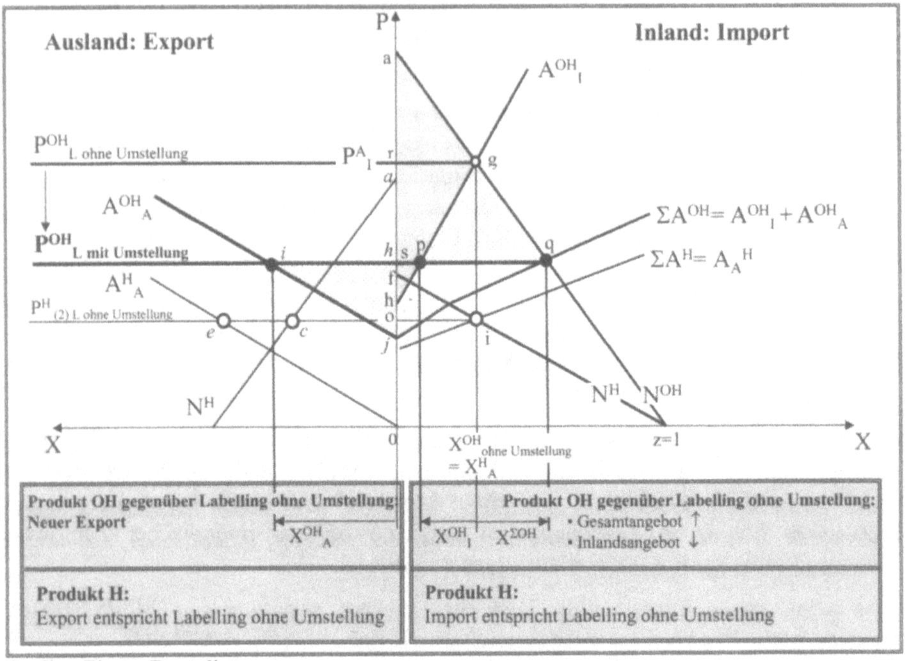

Quelle: Eigene Darstellung.

Aufgrund der unterstellten relativen Vorteilhaftigkeit der ausländischen Produktion wird das inländische Angebot zugunsten des ausländischen zurückgedrängt ($X^{\Sigma OH}$ - $X^{OH}{}_{I}$). Die inländischen Nachfrager von "hormonfreiem Fleisch" profitieren von dem gesunkenen Preisniveau ($P^{OH}{}_{L\ mit\ Umstellung} < P^{OH}{}_{L\ ohne\ Umstellung}$). Die inländischen Produzenten dagegen erfahren damit Verluste an Produzentenrente. Für das Ausland ergeben sich Gewinne an Produzentenrente aus dem zusätzlichen Export "hormonfreien Fleischs" (graue Fläche hij).

"Hormonfleisch" wird weiterhin ausschließlich im Ausland produziert, die im Inland abgesetzte Menge verleibt c.p. konstant. Die Wohlfahrtseffekte für dieses Marktsegment entsprechen damit denen aus der vorherigen Situation des Freihandels mit Labelling. Insgesamt ergeben sich im Vergleich zur Kennzeichnung ohne eine Umstellung der ausländischen Produktionsverfahren (vgl. Übersicht 25) die in nachfolgender Tabelle erfassten Effekte:

Tabelle 16: Kosten und Nutzen bei Produktionsumstellung aufgrund von Labelling der unterschiedlichen Mastverfahren

Marktsegment	*Ausland: Export*		Inland: Import	
"Hormonfleisch"	$KR^H + PR^H$:	*aco + oe0*	$KR^H + PR^H$:	oif + 0
"Hormonfreies Fleisch"	$KR^{OH} + PR^{OH}$:	*0 + hij*	$KR^{OH} + PR^{OH}$:	aqs + sph
	$SÜ_{ges}$:	*hij + ace0*	$SÜ_{ges}$:	aqph + oif
Veränderung gegenüber Situation ohne Umstellung	$\Delta KR^{OH} + \Delta PR^{OH}$:	*+ 0 + hij*	$\Delta KR^{OH} + \Delta PR^{OH}$:	+ rgqs – rgps
	ΔSÜ:	***+ hij***	**ΔSÜ:**	**+ gqp**

Quelle: Eigene Erfassung auf Grundlage von Übersicht 26.

In beiden Ländern sind zusätzliche Gewinne aus der Anpassung der ausländischen Produktion zu verzeichnen, begründet durch die bessere Ausnutzung der internationalen Spezialisierung.

Spiegelbildlich zum klassischen "Lemon Markt-Fall", in dem mangelnde Information zur Durchsetzung der schlechteren Qualität führt, lässt sich hier die Kennzeichnung als Auslöser für die Verbreitung der höherwertigen Qualität verstehen.

Bestimmungsfaktoren, welche die Autarkiesituation in den Ländern verändern, beeinflussen die Referenzsituation und damit die Wohlfahrtseffekte der Kennzeichnung:

- Die Wirkungen der ausländischen Produktionsumstellung auf Qualitätsproduktion hängt c.p. von den relativen Kostenunterschieden der hormonfreien Mast ab.
  - Sinkt die ausländische relative Vorteilhaftigkeit, bspw. durch geringere inländische Kosten,[159] dann verringern sich die Vorteile der Spezialisierung und die daraus resultierenden Handelsgewinne.
  - Bezogen auf die Verteilungswirkungen sind bei sinkender ausländischer Vorteilhaftigkeit zwar die Verluste auf der Produzentenseite geringer, die Gewinne an Konsumentenrente allerdings ebenfalls.

159 In der Übersicht 26 durch entsprechende Rechtsverschiebung der $A^{OH}{}_{I}$ bzw. der $A^{OH}{}_{A}$ vorstellbar.

- Führte ein langjährig bestehendes Verwendungsverbot von Masthormonen im Inland zu Lernkosten durch längere Produktionserfahrung, so kann dagegen auch das Inland Vorteile gegenüber der ausländischen hormonfreien Mast haben. Liegen auch im Ausland Zahlungsbereitschaften für "hormonfreies Fleisch" vor, so resultiert eine Handelsumkehr und das Inland wird zum Exporteur "hormonfreien Rindfleischs".

Nachfolgende Übersicht 27 zeigt die Gegenüberstellung der absoluten Niveaus an sozialem Überschuss aus allen behandelten Szenarien, für das Inland gilt dabei immer ein Einsatzverbot für Masthormone.

Übersicht 27: Synopse der Wohlfahrtswirkungen der unterschiedlichen Schutzmaßnahmen bei asymmetrischer Information über das Mastverfahren

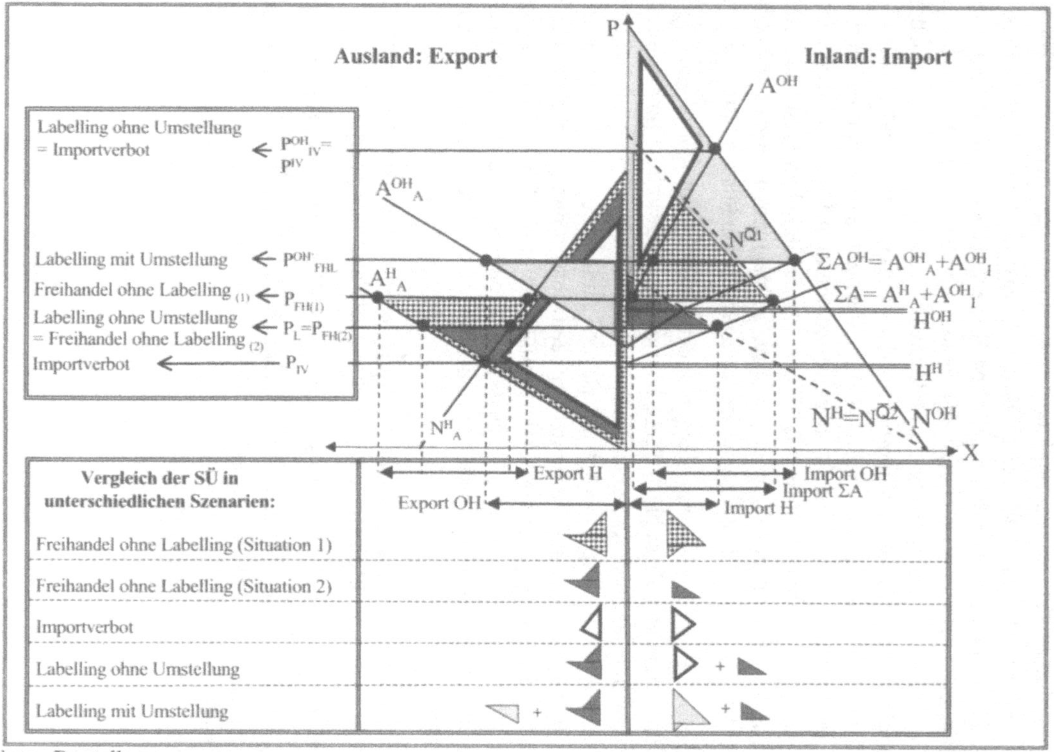

Quelle: Eigene Darstellung.

Freihandel ohne Kennzeichnung kann abhängig von der realisierten Situation für das Inland zu geringerer Wohlfahrt führen als das Importverbot (Situation 2). Für das Ausland dagegen ist Freihandel ohne Kennzeichnung immer dem Importverbot überlegen. Die Überlegenheit der Marktsegmentierung für das Inland zeigt sich bereits ohne ausländische Produktionsumstellung. Der soziale Überschuss entspricht dabei einer Kombination aus dem Importverbot und Freihandel ohne Labelling (Situation 2). Das Ausland verschlechtert sich zumindest nicht gegenüber der möglichen Situation 2 ohne Kennzeichnung.[160] Eine Umstellung auch des Auslands auf hormonfreie Mast führt zu zusätzlichen Gewinnen in beiden Ländern, welche mit zunehmenden relativen Kostenunterschieden zwischen den Ländern steigen – unabhängig von der realisierten Handelsposition.

Bei der bisherigen Bewertung einer Produktkennzeichung wurde von den Kosten der Kennzeichnung abstrahiert. Diese können die dargestellten potenziellen Wohlfahrtsgewinne kompensieren, so dass der Verzicht auf Kennzeichnung oder die Etablierung eines Importverbot überlegen sein kann. Die wahrgenommenen Qualitätsunterschiede des Verbrauchers beeinflussen den Nutzen aus der kostenintensiven Etablierung einer Kennzeichnung: steigt die Wertschätzung der guten Qualität, ergeben sich größere Verluste bei Orientierung an der Erwartungsqualität ohne Kennzeichnung. Damit steigt auch der Nutzen einer Kennzeichnung (vgl. Übersicht 25).

Dieser Einfluß der Qualitätswahrnehmung auf die Wohlfahrtseffekte einer Kennzeichnung ist in nachfolgender Übersicht exemplarisch wiedergegeben.

Übersicht 28: Zusammenhang zwischen Wohlfahrtsgewinn, Labellingkosten und Wahrnehmung der Qualitätsunterschiede

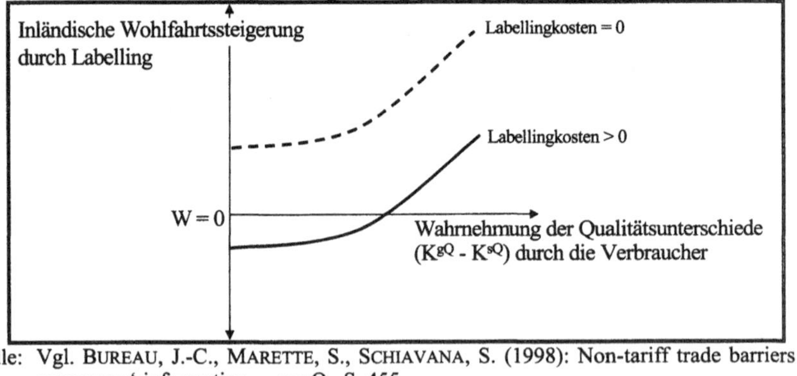

Quelle: Vgl. BUREAU, J.-C., MARETTE, S., SCHIAVANA, S. (1998): Non-tariff trade barriers and consumers' information ..., a.a.O., S. 455.

160 Noch deutlicher fällt der Vorteil des Labelling aus, wenn man die Möglichkeit des totalen Marktzusammenbruchs (Gleichgewicht 4 in Übersicht 20) berücksichtigt.

Als Schlussfolgerung aus der Berücksichtigung von Kosten bei der Einführung einer Kennzeichnung ergibt sich, dass mit Zunahme der wahrgenommen Qualitätsunterschiede die Kennzeichnungskosten kompensiert werden können.

Bei nur geringer verbraucherabhängiger Qualitätsunterscheidung dagegen kann insbesondere bei hohen Kennzeichnungskosten gerade der Verzicht auf Labelling wohlfahrtssteigernd sein. Bei Berücksichtigung von auftretenden Handelsverlusten kann in diesem Fall ein Importverbot zur Abschöpfung der geringfügig höheren Zahlungsbereitschaft für die gute Produktqualität überlegen sein.

Hiernach ist insgesamt die Wahl einer optimalen Verbraucherschutzmaßnahme abhängig von der korrekten Erfassung der möglicherweise national unterschiedlichen Qualitäts- oder Risikowahrnehmung hinsichtlich der Produktqualitäten und von der Erfassung der Labellingkosten.

Implizit wurde für die Kennzeichnung angenommen, dass diese zu einer vollständigen und eindeutigen Identifizierung der Produktqualitäten durch den Verbraucher führt. Mangelndes Vertrauen in die Kennzeichnung dagegen lässt sich als verminderter Nutzen der Kennzeichnung verstehen und bewirkt die Rückkehr zur Ausgangssituation mit fehlender Produktunterscheidung.

Detaillierte Bestimmungsfaktoren für eine Bewertung der Kosten und Nutzen unterschiedlich ausgestalteter Labels werden im nachfolgenden Kapitel gekennzeichnet.

2.4 Analyse von Labelling als marktkonforme Lösung von verbraucherschutzrelevantem Marktversagen

Als Vorteil des Labelling wird vielfach der marktgerechte Charakter dieser Maßnahme betont:[161] entsprechend der Konsumentensouveränität kann der Verbraucher die bereitgestellte Information zu einem Produkt in die rationale Entscheidungsfindung einbeziehen und nach eigenen Präferenzen reagieren, was innerhalb des Marktmechanismus angebotsbezogene Anpassungsreaktionen nach sich zieht. Über diese Reaktionen lässt sich Labelling sowohl zur Behebung von Marktversagen aufgrund asymmetrischer Information als auch zur Verringerung von externen Effekten einsetzen.[162]

---

161 Als weitere positive Aspekte des Instruments der Kennzeichnung werden genannt: die Realisierung des Verursacher- und des Vorsorgeprinzips und die im Vergleich zu anderen Instrumenten geringen Durchsetzungskosten. Vgl. zur Übersicht unterschiedlicher Beurteilung in der Literatur APPLETON, A.E. (1997): Environmental Labelling Programmes: International Trade Law Applications, Kluwer Law international, London, S. 13-15.

162 Vgl. zur getrennten Behandlung beider Einsatzfelder GOLAN, E., KUCHLER, F., MITCHELL, L. (2000): Economics of Food Labelling ..., a.a.O.

Eine umfassende Beurteilung der Wohlfahrtswirkungen muß eine genaue Betrachtung der möglichen Ausgestaltungsformen von Labels und der resultierenden spezifischen Kosten und Nutzen beinhalten.

Entsprechend der Analyse externer Effekte (Kap. 2.2.1.2) basieren auch die nachfolgenden Überlegungen zunächst auf Grundkonzepten für *Umwelt*label, da bislang nur wenige systematische Untersuchungen zu unterschiedlichen verbraucherschutzbezogenen Labels vorliegen.

2.4.1 Systematisierung von Labelling-Konzepten

Es existiert eine Vielzahl unterschiedlicher Konzepte zur Systematisierung von Labeltypen. Diese Vielfalt ist auf eine erst nachträglich erfolgte theoretische Diskussion zu einem Zeitpunkt zurückzuführen, an dem bereits eine große Zahl an Labels implementiert war.[163] Parallele Diskussionen in verschiedenen internationalen Organisationen begründeten unterschiedliche Ordnungskriterien je nach Schwerpunkt der jeweiligen Institution (vgl. Anhang 1).[164] Diese Vielfalt an Systematiken birgt die Schwierigkeit, etablierte Labels eindeutig zuzuordnen.[165]

Nach frühen Ansätzen der ISO[166] ergeben sich bspw. als Unterteilung die Labelling-Typen:

Typ 1: Kennzeichnung des gesamten Produktlebenszyklus[167]

Typ 2: Kennzeichnung eindimensionaler Merkmale[168]

Typ 3: Kennzeichnung mehrdimensionaler Merkmale[169]

---

163 Vgl. zur Übersicht von Labels in den USA bereits seit Beginn des 20. Jahrhunderts Anhang 2. Zur zahlenmäßigen Ausdehnung implementierter Labels vgl. DROEGE, S. (2001): Ecological Labelling and the World Trade Organization, in: Aussenwirtschaft, 56. Jg., Heft I, S. 99-122.

164 Vgl. zur geschichtlichen Entwicklung APPLETON, A.E. (1997): Environmental Labelling Programmes ..., a.a.O., S. 1-11 und MARKANDYA, A. (1997): Eco-Labelling: An Introduction and Review, in: ZARRILLI, S., JHA, V., VOSSENAAR, R. (Hrsg.): Eco-Labelling and International Trade, Papers from the United Nations Conference on Trade and Development on June 1994, Ipswich, S. 1-21.

165 Diese Vielfalt als „confused“ bezeichnet in APPLETON, A.E. (1997): Environmental Labelling Programmes ..., a.a.O., S. 7, Fn. 12.

166 Mit umweltbezogenem Labelling befasst sich die ISO-Reihe 14024. Vgl. z.B. ISO (1995): Environmental Labelling – Guiding Principles, Practices and Criteria for Multiple Criteria-Based Practioner Programmes – Guide for Certification Procedures, Working Draft - ISO/WD/ 14024.2, ISO/TC/ 207/CS 3/ WG1 N 43.

167 „Life-Cycle-Label“. Vgl. APPLETON, A.E. (1997): Environmental Labelling Programmes ..., a.a.O., S. 1-11.

168 „Single-Issue-Label“. Ebd.

169 „Multi-Issue-Label“. Ebd.

Basierend auf Vorschlägen der OECD und der UNCTAD in den neunziger Jahren[170] wird umweltschutzrelevantes Labelling weiterhin dahingehend begrifflich abgrenzt, dass "Umwelt-Labelling"[171] als allgemeiner Gattungsbegriff alle Kennzeichnungstypen 1-3 umfasst, wohingegen "Öko-Labelling"[172] im Speziellen nur die Kennzeichnung des Produktlebenszyklus und somit den Typ 1 erfasst.[173]

Diskussionen zu Kennzeichnungsmöglichkeiten von Produkten im Rahmen des internationalen Handels auf Ebene des GATT betonen stärker das Kriterium freiwilliger bzw. verpflichtend eingesetzter Labels.[174]

Die nachfolgende Analyse basiert auf den übergeordneten Abgrenzungskriterien, die allen Klassifizierungsansätzen zugrunde liegen:

1. **Öffentlichkeitsgrad**: privatwirtschaftliche oder öffentlich geregelte Kennzeichnung.
2. **Produkt- oder Prozessbezug**: Lebenszyklus umfassend oder nur einzelne Stufen erfasst.
3. **Art der Informationsemission**: Quantitative bzw. qualitative, ein- bzw. mehrdimensionale, positive bzw. negative Informationen.
4. **Herkunfts**- oder **Qualitäts**kennzeichnung.

Die Ausgestaltung dieser Kriterien beeinflusst neben der Glaubwürdigkeit und damit der Effektivität des Labelling auch die Kosten des Labelling und damit die Ergebnisse der Wohlfahrtsanalyse. Weiterhin beeinflussen diese Kriterien die Einbindung in den WTO-Kontext (vgl. Kapitel 4.1.2).

---

170 Vgl. OECD (1991): Environmental Labelling in OECD Countries, Paris und JHA, V. VOSSENNAAR, R., ZARRILLI, S. (1993): Ecolabelling and International Trade, UNCTAD Discussions Papers No. 70, UNCTAD/OSG/DP/70.

171 „Environmental Labelling". APPLETON, A.E. (1997): Environmental Labelling Programmes ..., a.a.O., S. 5.

172 „Eco-Labelling". Ebd.

173 Ebd. Einige Autoren bezeichnen zusätzlich ausschließlich freiwillige Formen als „Eco-Labels", da die bestehenden Kennzeichnungsformen des Produktlebenszyklus bislang freiwilliger Natur sind. Vgl. etwa RAVENSWAAY VAN, E.O. (1996): Emerging demands on our food and agricultural system: developments in environmental Labelling, Department of Agricultural Economics, Michigan State University, Michigan, S. 10 und APPLETON, A.E. (1997): Environmental Labelling Programmes ..., a.a.O., S. 8.

174 Vgl. GATT (1992): Packaging and Labelling Requirements, Note by the Secretariat, GATT Document TRE/W/3 (Sept. 29) und GATT (1993): Packaging and Labelling Requirements, Note by the Secretariat, GATT Document TRE/W/12 (June 14).

1. Der **Grad der öffentlichen Einflussnahme** kann mit unterschiedlicher Eingriffsintensität erfolgen

   - in Form von öffentlichen Anreizen zur freiwilligen Kennzeichnung bis hin zur Festlegung von detaillierten Kennzeichnungspflichten und öffentlicher Finanzierung.[175]
   - Die Notwendigkeit öffentlicher Eingriffe kann durch vorliegendes Marktversagen im Bereich privater Informationsbereitstellung ökonomisch gerechtfertigt sein.
   - Insgesamt ist ein Trend zugunsten verpflichtender Labels festzustellen.[176] Diese Entwicklung ist einerseits durch veränderte politische Rahmenbedingungen, die zum Ersatz traditioneller Eingriffsregelungen durch neue nicht-tarifäre Instrumente führen, und andererseits durch zunehmenden Erkenntnisstand über Umwelt- und Gesundheitsprobleme zu erklären (vgl. zu Einflussfaktoren der Risikoschätzung Kapitel 4.3). Beispiele der jüngsten Zeit sind die Kennzeichnungspflicht für genetisch veränderte Organismen in den USA und die notwendige Zertifizierung absolvierter BSE-Tests.[177]

2. Ursprünglich konzentrierten sich Labels lediglich auf einzelne Stufen des **Produktlebenszyklus**,[178] zumeist auf konsumbezogene Aspekte im Endprodukt.[179] Später wurde verstärkt auch der ganze Lebenszyklus in die Kennzeichnung integriert, so dass Vorleistungseinsatz, Produktion, Vertrieb, Gebrauch und Entsorgung erfasst sind.[180]

---

175 Vgl. APPLETON, A.E. (1997): Environmental Labelling Programmes ..., a.a.O., S. 6.

176 Vgl. zur steigenden Bedeutung DROEGE, S. (2001): Ecological Labelling ..., a.a.O., S. 119.

177 Vgl. ebd.

178 Vgl. GROTE, U., BASU, A.K., CHAU, N.H. (1999): The International Debate and Economic Consequences of Eco-Labelling, ZEF-Discussion Papers on Development Policy No. 18, Bonn, S. 6.

179 Vgl. RAVENSWAAY VAN, E.O. (1996): Emerging demands on our food and agricultural ..., a.a.O., S. 3. Vgl. auch die Entwicklung und der Regelungen zu EU- bzw. US-Labels in Anhang 2 und 3.

180 „Cradle-To-Grave-Ansatz“ bei APPLETON, A.E. (1997): Environmental Labelling Programmes ..., a.a.O., S. 5. Beispiele sind „Der blaue Engel“, der als eines der ältesten Umweltlabels überhaupt 1973 in Deutschland gegründet wurde, die „Euroblume“ und die Kennzeichnung des organischen Landbaus.

3. Die **Informationsgestaltung** ist für die Wirkung des Labelling auf das Verhalten der Verbraucher und damit für das Potenzial zur Behebung der bestehenden Ineffizienzen durch Marktversagen von großer Bedeutung.[181]

   - Ansätze aus der Konsumsoziologie befassen sich mit Wahrnehmungsprozessen des Verbrauchers,[182] die durch die konkrete Ausgestaltung der Kennzeichnung beeinflusst werden können:[183] So kann z.B. die Kennzeichnung des gesamten Lebenszyklus zwar komplexere Zusammenhänge berücksichtigen als eindimensionale Labels. Allerdings kann die vermittelte, komplexe Information für den Verbraucher auch schwerer nutzbar sein.[184]
   - Der Kennzeichnungstyp hat auch Einfluss auf konkurrierende Anbieter in Form von Strahlungseffekten der Information: z.B. kann die Deklaration eines einzigen Merkmals eine Kennzeichnung von zwei Merkmalen durch einen Konkurrenten initiieren, so dass Verbraucher automatisch auf die fehlende Eigenschaften beim erstgenannten Produkt schließen.[185]

---

181 Der Informationsgehalt der Kennzeichnung kann quantitative (Vitamingehalt) oder qualitative („umweltfreundliche Produktion“, „aus tiergechter Haltung“) erfassen und es können einzelne oder mehrere Informationen gleichzeitig vermittelt werden. Die Angabe kann außerdem als Positivangabe über die bestehenden Merkmale („mit natürlichem Vitamin C“) oder negativ durch Ausweisung nicht vorhandener Eigenschaften sein („ohne Zusatzstoffe“). Diese Interpretation positiver und negativer Kennzeichnung aufgrund des Ausschlusscharakters der Information entspricht RUNGE, C.F., JACKSON, L.A. (1999): Labelling, Trade and Genetically Modified Organisms (GMOs): A proposed solution, Center for international food and agricultural policy, University of Minnesota, St. Paul, S. 7-11. Andere Autoren verwenden sehr unterschiedliche Definitionen. Nach APPLETON z.B. meint negative Kennzeichnung die Übermittlung von negativen Merkmalen. Bei APPLETON, A.E. (1997): Environmental Labelling Programmes ..., a.a.O., S. 10.

182 Vgl. z.B. KRÖBER-RIEHL, W., WEINBERG, P. (1996): Konsumentenverhalten, 6. Auflage, München, S. 49 ff.

183 Vgl. STICH, A. (1997): Herkunftszeichen als Qualitätssignal, Eine Erklärung der Nutzung eines extrinsischen Produktmerkmals als Qualitätssignal durch Konsumenten am Beispiel von Herkunftszeichen, Diss., Augsburg, Lohmar, S. 40. In einigen empirischen Studien konnte nachgewiesen werden, dass unterschiedliche Kennzeichnungsdesigns unterschiedlich aufgenommen werden. Untersuchungen zum Vergleich des Vertrauens in unterschiedliche informationsübermittelnde Medien ergaben z.B., dass das Vertrauen in Sicherheitslabels größer ist als in Werbung. Vgl. BUZBY, J.C., READY, R.C (1996): Do consumers trust food-safety Information?, in: Food Review, January-April, S. 47.

184 Vgl. APPLETON, A.E. (1997): Environmental Labelling Programmes ..., a.a.O., S. 8, Fn. 33.

185 Als „Kennzeichnungswettbewerb“ für verschiedene Kennzeichungstypen analysiert bei IPPOLITO, P.M., MATHIOS, A.D. (1990): The Regulation of Science-Based Claims in Advertising, in: Journal of Consumer Policy Vol. 13, S. 413-445.

4. Im Unterschied zu Qualitätskennzeichen vermitteln **Herkunftszeichen** zunächst keine unmittelbaren Produktmerkmale, können aber abhängig von der Ausgestaltung und der Wahrnehmung des Verbrauchers durchaus als Signal für Produktmerkmale dienen.[186] Innerhalb bestehender rechtlicher Regelungen wird der zu kennzeichnende Herkunftsraum räumlich differenziert hinsichtlich eines Herkunftslandes („Ursprungsbezeichnung") oder einer kleineren Herkunftsregion („geografische Angabe"). Die „geografische Angabe" spielt insbesondere in der EU traditionell eine große Rolle und wurde auch auf internationaler Ebene übernommen.[187]

- REGER grenzt die reine Unterscheidungsfunktion von der Qualitäts- und Werbefunktion von Herkunftskennzeichen ab.[188] Abhängig von der Intensität einer möglichen Verknüpfung dieser Funktionen lassen sich weiter unterscheiden[189]

  - die *einfache geografische Angabe*, die sich ohne erkennbaren Qualitätszusammenhang ausschließlich auf die Herkunftsregion bezieht: z.B. „Fleisch aus Region X",

---

186 Allgemeine Regeln zu geografischen Angaben wurden in der EU eingeführt mit der Verordnung (EWG) 2081/92 des Rates vom 14. Juli 1992 zum Schutz von geographischen Angaben und Ursprungsbezeichnungen für Agrarerzeugnisse und Lebensmittel, ABl. L 208 vom 24.7.1992. Im Hinblick auf den Rechtsschutz solcher Angaben werden diese Kennzeichnungstypen auf internationaler Ebene unterschiedlich behandelt. Vgl. zur Unterscheidung REGER, G. (1999): Der internationale Schutz gegen unlauteren Wettbewerb und das TRIPS-Abkommen, Diss., Max-Planck-Institut für ausländisches und internationales Patent-, Urheber- und Wettbewerbsrecht, Schriftenreihe zum gewerblichen Rechtsschutz, Bd. 108, Köln-Berlin-Bonn, S. 99 ff.

187 Die Unterscheidungskriterien für die bestehenden Herkunftszeichen erscheinen dabei im Einzelnen als schwer nachvollziehbar. Vgl. VERORDNUNG (EWG) 2081/92 des Rates vom 14. Juli 1992 zum Schutz von geographischen Angaben ..., a.a.O. und VERORDNUNG (EWG) 2082/92 des Rates vom 14. Juli 1992 über Bescheinigungen besonderer Merkmale von Agrarerzeugnissen und Lebensmitteln, ABl. L 208 vom 24.7.1992 und BECKER, T. (2000): Rechtlicher Schutz und staatliche Absatzförderung für Agrarprodukte und Lebensmittel auf dem Prüfstand, in: Agrarwirtschaft Nr. 49 (12), S. 423. Auch innerhalb der EU bestanden traditionelle Unterschiede hinsichtlich der Bedeutung von Herkunftskennzeichen, indem v.a. die südlichen Länder regional begrenzte Kennzeichen unterstützen. Vgl. OECD (1998): International Co-operation in the regulation of Food Quality and Safety Attributes, paper presented to the OECD Workshop on Emerging Trade Issues in Agriculture, COM/AGR/CA/TD/TC/WS(98)102, 26. October 1998, Paris, S. 9, Abs. 37.

188 Vgl. REGER, G. (1999): Der internationale Schutz gegen unlauteren Wettbewerb ..., a.a.O., S. 96 ff.

189 Nach BECKER, T. (2000): Rechtlicher Schutz ..., a.a.O., S. 418-428.

- die *kombinierte geografische Angabe*, die eine explizite Verknüpfung mit Qualitätsmerkmalen beinhaltet: z.B. „Qualitätsfleisch aus Region X“,[190]
- die *qualifizierte geografische Angabe*, die einen ursächlichen und nachweisbaren Zusammenhang zwischen der Produktherkunft und der Produktqualität erfasst: z.B. „Allgäuer Vollmilchkalb“.

• Die **Wahrnehmung** des Verbrauchers und eine damit potenzielle Beeinflussung von Präferenzen durch eine Herkunftsaussage lässt sich einteilen in die Aspekte:[191]
  - affektive Komponente: Hierzu zählt die Bevorzugung heimischer Produkte im Vergleich zu ausländischen aufgrund emotionaler Identität mit der Herkunftsregion oder emotionaler Vorbehalte gegenüber anderen Regionen.[192]
  - normative Komponente: Diese meint die Bevorzugung heimischer Produkte im Vergleich zu ausländischen aufgrund sozialer Anreize oder Druckfaktoren aus der Gesellschaft.[193]
  - kognitive Komponente: Hierunter fällt die Bevorzugung heimischer Produkte im Vergleich zu ausländischen durch Rückschluss von der Herkunft auf die Qualität. Diese Qualitätsverknüpfung muss dabei keine objektive Grundlage besitzen, sondern kann wiederum rein affektiv bedingt sein.[194]

---

190 Zu einzelnen Gütezeichen der CMA gab es ein Streitverfahren vor dem EuGH aufgrund nicht nachvollziehbarer Qualitätskombination der Kennzeichnung deutscher Lebensmittel. Im Mittelpunkt der Urteilsfindung stand die diskriminierende Wirkung positiver qualitätsbezogener Kennzeichnung deutscher Erzeugnisse, die sich nicht auf faktische, innere Merkmale beziehen. Zu einer anderen Einschätzung dieses Urteils vgl. ALVENSLEBEN, R. von (2000): Zur Bedeutung von Emotionen bei der Bildung von Präferenzen für regionale Produkte, in: Agrarwirtschaft Nr. 49 (12), S. 399-403.

191 Vgl. STICH, A. (1997): Herkunftszeichen als Qualitätssignal ..., a.a.O.

192 Als „Verbraucher-Ethnozentrismus“ zur Bildung der sozialen Identität bei ALVENSLEBEN, R. von (2000): Zur Bedeutung von Emotionen bei ..., a.a.O., S. 401. Zum Beispiel deutscher Pkws in Israel vgl. STICH, A. (1997): Herkunftszeichen als Qualitätssignal ..., a.a.O., S. 40.

193 Japanische Pkws in Detroit, dem Zentrum der amerikanischen Automobilindustrie, als Beispiel bei ebd., S. 41.

194 Die Ausnutzung dieser Qualitätsassoziation erfolgt bereits seit der Antike, so ist im historischen Griechenland bspw. die Kennzeichnung von „Marmor aus Paros“ und seit Cäsar die geografische Kennzeichnung von Weinen bekannt. Vgl. REGER, G. (1999): Der internationale Schutz gegen unlauteren Wettbewerb ..., a.a.O., S. 98, Fn. 191.

- Nach ALVENSLEBEN gründen sich Präferenzen für Produkte aus dem eigenen Land eher auf kognitive als auf affektive Komponenten.[195] Hiernach wäre eine Kennzeichnung in Form der kombinierten Herkunftsangabe nach ALVENSLEBEN zur Kommunikation von Qualitätseigenschaften überflüssig, da der Verbraucher selbstständig von der Herkunft auf die Qualität schließt. Somit läßt sich bereits die einfache geografische Angabe als „extrinsisches Produktmerkmal“ [196] zum Transfer von Qualitätseigenschaften nutzen.

  Einige empirische Untersuchungen zur Marktwirkung von Herkunftszeichen bestätigen deren Bedeutung für die Kaufentscheidung.[197] Da aber auch Herkunftsangaben zu den Vertrauenseigenschaften im Merkmalsbündel von Gütern gehören (vgl. Übersicht 18),[198] besteht auch bei diesen Angaben durch fehlendes Vertrauen in die tatsächliche Herkunft seitens der Verbraucher das Risiko der Marktineffizienz.

- Selbst die reine Herkunftsangabe kann ohne jede explizite Qualitätskennzeichnung durch Assoziationen beim Verbraucher bewirken, dass im Extremfall die Herkunftsregion mit einer Marke gleichgesetzt wird.[199] Zur Abgrenzung von der ausschließlichen Qualitätskennzeichnung wird im Weiteren der neutrale Oberbegriff „Herkunftsangabe“ sowohl für Ursprungskennzeichnungen als auch für geografische Angaben verwendet.

---

195 Vgl. ebd.

196 STICH, A. (1997): Herkunftszeichen als Qualitätssignal ..., a.a.O., S. 41.

197 Vgl. zur Literaturübersicht ebd., S 78-103.

198 Vgl. BECKER, T. (2000): Rechtlicher Schutz ..., a.a.O., S. 427.

199 Als „Kollektivmarke“ bei ebd., S. 425. Stark ausgeprägt ist diese geografische Markenbildung bei Weinen und Spirituosen, deren Kennzeichnungsschutz sowohl in der EU als auch auf Ebene der WTO gesondert von anderen Lebensmittelprodukten behandelt wird (vgl. Kapitel 3.2.3). Als Beispiel hierfür kann der Schutz der ursprünglich geografischen Angabe „Champagner“ dienen. Andere Beispiele sind „Französisches Parfum“ und „Schweizer Uhren“. Vgl. STICH, A. (1997): Herkunftszeichen als Qualitätssignal ..., a.a.O., S. 42. Diese geografisch bedingte Markenerzeugung ist besonders bei Agrarprodukten relevant, da die Produktindividualität im Unterschied zu industriellen Gütern stark von regionalen natürlichen Standortfaktoren geprägt ist. Vgl. REGER, G. (1999): Der internationale Schutz gegen unlauteren Wettbewerb ..., a.a.O., S. 97. Bei Lebensmitteln kann die Markenerzeugung auch insbesondere durch Skandale verstärkt werden, wenn diese örtlich begrenzt auftreten, wie bspw. zu Beginn der BSE-Krise bei englischem Rindfleisch. BECKER, T. (2000): Rechtlicher Schutz ..., a.a.O., S. 426.

2.4.2 Analyse von Betrugsanreizen und fehlender Glaubwürdigkeit von Labels

In Kapitel 2.3. wurde bei der Darstellung der Wirkungen des Labelling für die Auflösung von asymmetrischer Information vom Zusammenhang zwischen der Glaubwürdigkeit der Kennzeichnung und den Kontrollkosten abstrahiert. Diese Zusammenhänge sollen im Folgenden näher beschrieben werden, um eine detailliertere Bewertung des Labelling vornehmen zu können.

Bestimmungsfaktor für die Motivation privater Informationsangebote ist der erzielbare Premiumpreis für die gekennzeichnete Produktqualität:[200] Wenn eine Kennzeichnung aus Sicht des Anbieters rational sein soll, müssen die privaten Kosten der Kennzeichnung über die mit der Kennzeichnung zu erzielenden Gewinne kompensiert werden.[201]

Das Ausmaß realisierbarer Premiumpreise für eine besondere Produktqualität hängt ab von

- der Zahlungsbereitschaft der Nachfrager für die zu kennzeichnende Produktqualität[202] und
- von der Glaubwürdigkeit der bereitgestellten Information zur Produktqualität.[203]

---

200 Vgl. GOLAN, E., KUCHLER, F., MITCHELL, L. (2000): Economics of Food Labelling ..., a.a.O., HUSSAIN, S.S. (2000): Green Consumerism and Ecolabelling: A Strategic Behavioural Model, in: Journal of Agricultural Economics, Vol. 51, No. 1, S. 77-89 und GROTE, U., BASU, A.K., CHAU, N.H. (1999): The International Debate ..., a.a.O.

201 In Bezug auf Werbungseffekte sind auch andere Anreizfaktoren möglich, wie z.B. eine mengenbezogene Absatzsicherung oder -steigerung, so dass Premiumpreise nicht nötig sind. Vgl. HOFF, K. (1998): Muß rentable Gemeinschaftswerbung zu einem Preisanstieg führen? in: Berichte über Landwirtschaft 76, S. 632.

202 Vgl. zu Schätzungen der Zahlungsbereitschaft für einzelne zu kennzeichnende Produkteigenschaften in Bezug auf ökologische Gütezeichen für Äpfel BLEND, J., RAVENSWAAY v., E. (1998): Consumer Demand for Eco-Labeled Apples: Survey Methods and Descriptive Results, Staff Paper 98-20, Department of Agricultural Economics, Michigan State University, Michigan. Vgl. zur allgemeinen Übersicht von Zahlungsbereitschaftsanalysen z.B. BROWNE, A.W. ET AL. (2000): Organic Production and ethical trade: definition, practice and links, in: Food Policy 25, S. 79 ff. Nur geringe Zahlungsbereitschaft im Bereich von sicheren Lebensmitteln angenommen bei HENSON, S. (1996): Consumer Willingness to pay for Reductions in the Risk of Food Poisoning in the UK, in: Journal of Agricultural Economics, Vol. 47, No. 3, S. 418.

203 Detaillierte Analysen zur Anreizwirkung müssen Überwälzungseffekte über alle Produktionsstufen hinweg berücksichtigen, um die letzlich beim Anbieter ankommende verbleibenden Preis- oder Mengenwirkungen zu erfassen. Im Weiteren wird implizit von der verlustfreien Überwälzung auf den Anbieter und somit einer konstanten Handels- und Verarbeitungsspanne ausgegangen.

Vor allem bei Vertrauenseigenschaften ist die Glaubwürdigkeit der Information eine Voraussetzung, um eine bestehende Zahlungsbereitschaft abschöpfen zu können. Da die zugesicherten Eigenschaften der Produkte vom Verbraucher selbst nicht überprüft werden können, ergeben sich Anreize für trügerische Praktiken, die sich mit steigenden Premiumpreisen erhöhen.[204] Wegen der Relevanz von Vertrauenseigenschaften bei Lebensmittelprodukten spielt das Risiko der Betrugsanreize gerade bei der Lebensmittelkennzeichnung eine große Rolle (vgl. Kapitel 2.3.1).

Übersicht 29: Betrugsanreize bei Labelling und Effekte für die Qualitätsproduktion

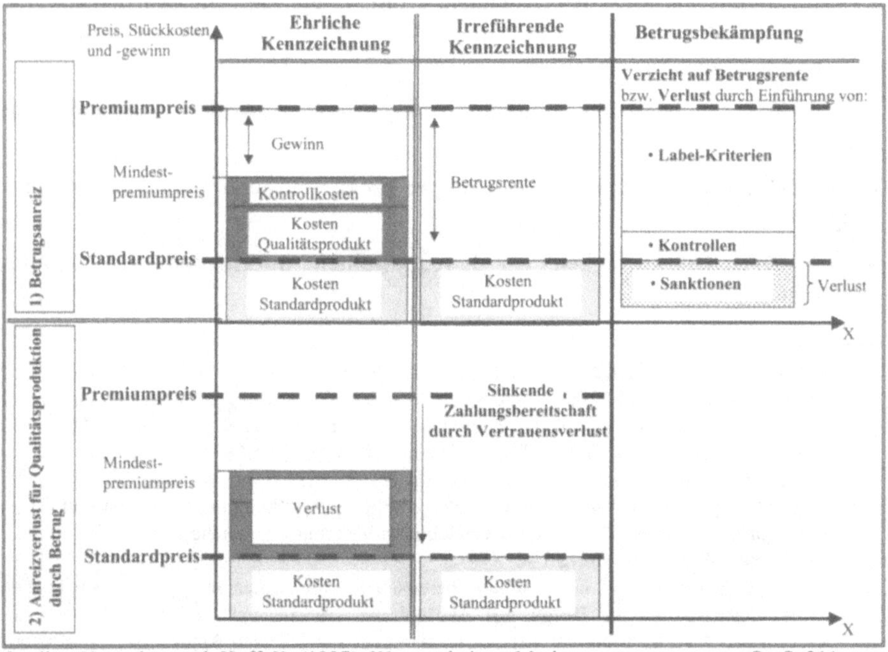

Quelle: Verändert nach Hoff, K. (1997): Wann scheitern Markenprogramme ..., a.a.O., S. 211.

In Übersicht 29 sind die Wirkungen für den einzelner Anbieter aus der Produktion und der Kennzeichnung von Qualitätsprodukten dargestellt. Qualitätsproduktion führt zu Kosten oberhalb der Produktionskosten für die Standardqualität. Als An-

Vgl. zur umfassenden Schätzung am Beispiel eines Herkunftszeichenprogrammes für Rindfleisch HOFF, K. (1998): Muss rentable Gemeinschaftswerbung ..., a.a.O., S. 643.

204 Relevant ist die Relation von Standardpreis zu Premiumpreis. Vgl. HUSSAIN, S.S. (2000): Green Consumerism ..., a.a.O., S. 83.

reiz zur ehrlichen Kennzeichnung auch tatsächlich angebotener Qualitätsprodukte muss somit gegenüber dem Standardpreis mindestens ein Preis zur Deckung der zusätzlichen Qualitätskosten realisierbar sein (Mindestpremiumpreis). Preise oberhalb dieses Niveaus, bspw. durch höhere bestehende Zahlungsbereitschaften induziert, führen zu Gewinnen.

Irreführende Kennzeichnung bewirkt Betrugsrenten, welche die Gewinne ehrlicher Kennzeichnung übersteigen, da die erzielbaren Umsätze keine Qualitäts- oder Kontrollkosten decken müssen (Situation 1 im oberen Teil der Übersicht).[205]

Wahrscheinliche oder bekanntwerdende Irreführung senkt das Vertrauen der Verbraucher in Labels, so dass sinkende Zahlungsbereitschaften einen Rückgang der erzielbaren Premiumpreise für „ehrliche" Kennzeichnung bewirken (Situation 2 im unteren Teil der Übersicht).[206] Fällt der realisierbare Marktpreis dadurch unter den Mindestpremiumpreis, so werden die Kosten der Qualitätsproduktion nicht mehr gedeckt und ehrliche Anbieter verlieren über Verluste den Anreiz zur Qualitätsproduktion. Für den betrügerischen Anbieter ergeben sich dagegen keine Verluste, er verzichtet lediglich auf die Betrugsrente. Im Ergebnis kommt es durch die Rückwirkungen aus dem Betrug für die Gewinnsituation ehrlicher Anbieter zur Einstellung der Qualitätsproduktion.[207] Diese Situation kann als "Gefangenendilemma" interpretiert werden: fehlende verbindliche und durchsetzbare Absprachen zur ehrlichen Kennzeichnung führen zur gesamtwirtschaftlich schlechtesten Lösung, indem keine Qualitätsproduktion mehr erfolgt. Die fehlende Glaubwürdigkeit der Kennzeichnung führt damit wiederum zur Ausgangssituation des "Lemon Markt" (vgl. Kapitel 2.3.1): gerade bei den in dieser Arbeit relevanten Vertrauensmerkmalen von Gütern kann asymmetrische Information sowohl hinsichtlich der Produktqualität als auch hinsichtlich deren wahr-

---

205 Diese „Außenseitereffekte" haben wiederum Einkommenseffekte für die im Markt verbleibenden „ehrlichen Kennzeichner" zur Folge, indem in der Qualitätsproduktion die Rentabilität des Labelling durch steigende Marktanteile der Außenseiter sinkt. Diese Effekte sind erwartungsgemäß umso größer, je höher der Marktanteil und die Preiselastizität des Angebots der Außenseiter sind. Vgl. HOFF, K. (1998): Muss rentable Gemeinschaftswerbung ..., a.a.O., S. 635.

206 Vgl. HOFF, K. (1997): Wann scheitern Markenprogramme ..., a.a.O., S. 206-223.

207 Vgl. zur Argumentation auch GOLAN, E., KUCHLER, F., MITCHELL, L. (2000): Economics of Food Labelling ..., a.a.O., S. 8 und MATTOO, A., SINGH, H. (1997): Eco-Labelling, the Environment and International Trade, in: ZARRILLI, S., JHA, V., VOSSENAAR, R. (Hrsg.): Eco-Labelling and International Trade, Papers from the United Nations Conference on Trade and Development on June 1994, Ipswich, S. 8 sowie HUSSAIN, S.S. (2000): Green Consumerism ..., a.a.O, S. 87.

heitsgemäßen Kennzeichnung zur Verdrängung der Qualitätsproduktion führen, da keine Überprüfbarkeit durch den Verbraucher selbst möglich ist.[208]

Zur Verringerung der Betrugsanreize sind deshalb Kontrollen und Sanktionsmaßnahmen notwendig, die den Anreiz einer unzutreffenden Kennzeichnung verringern (vgl. Übersicht 29 rechter Teil). Die Effizienz von Kontroll- und Sanktionsmechanismen wird durch Parameter wie Kontrolldichte, Entdeckungswahrscheinlichkeit und Strafmaß beeinflusst.[209] Die dadurch verursachten Kontrollkosten verringern die Rentabilität der Qualitätsproduktion und müssen als Kosten der Kennzeichnung berücksichtigt werden, sofern diese privatwirtschaftlich selbst zu tragen sind. Durch die gestützte Glaubwürdigkeit wird jedoch der Premiumpreis für den Anbieter der Qualitätsprodukte gesichert.[210] Öffentliche Regulierung von privater Kennzeichnung kann durch stärker institutionalisierte Verfahren und erhöhte Glaubwürdigkeit zu erhöhter Kontrolleffizienz im Vergleich zu privater Selbstkontrolle führen.

Öffentliche Kennzeichnungsregelungen können die Funktion verbindlicher Verträge zur Lösung des Gefangenendilemmas und damit der Betrugsanreize übernehmen. Daneben kommt öffentlicher Kennzeichnung auch eine Aufgabe bei Informationen mit Öffentlichem-Gut-Charakter zu: bezieht sich eine gekennzeichnete Eigenschaft nicht nur auf ein betroffenes Produkt sondern eine ganze Produktgattung, so profitieren alle Hersteller von Produkten dieser Gattung als Freifahrer von der bereitgestellten Information.[211] Hiermit sinkt entsprechend der individuelle Anreiz zur eigenen Kennzeichnung.

---

208 Vgl. KLEIN, B., LEFFLER, K.B. (1981): The Role of Market Forces in Assuring Contractural Performance, in: Journal of Political Economy, Vol. 89, S. 618 ff. und HUSSAIN, S.S. (2000): Green Consumerism ..., a.a.O, S. 87 und BECKER, T. (2000): Rechtlicher Schutz ..., a.a.O., S. 427.

209 Vgl. zu Bedingungen für eine glaubwürdige Drohung, bspw. von Sanktionen, im Rahmen wiederholter Spiele zum Gefangenendilemma HOLLER, M., ILLING, G. (1993): Einführung in die Spieltheorie, 2. Auflage, Berlin, S. 161 ff.

210 Bezogen auf Herkunftszeichen hat sich eine Änderung hinsichtlich der Erwartungshaltung an die Informationsgewinnung durch den Verbraucher ergeben. In Deutschland galt in der Rechtsprechung zum Schutz von Herkunftszeichen das Verständnis des „flüchtigen Verbrauchers“, aber mittlerweile wird wie auf Gemeinschaftsebene auch vom „informierten Verbraucher“ ausgegangen, so dass auch vom Verbraucher Informationspflichten verlangt werden. Vgl. BECKER, T. (2000): Rechtlicher Schutz ..., a.a.O., S. 425, Fn. 22.

211 Als Beispiel kann der Hinweis „Längere Haltbarkeit durch Ultrahocherhitzung“ bei H-Milch genannt werden, der Nutzen für alle Erzeuger und Vertreiber von H-Milch nach sich zieht, ohne die Kosten eigener Kennzeichnung übernehmen zu müssen. Vgl. zur Argumentation auch GOLAN, E., KUCHLER, F., MITCHELL, L. (2000): Economics of Food Labelling ..., a.a.O., S. 8.

Nach üblicher Terminologie gehören diese im Marktprozesses auftretenden Externalitäten zu pekuniären Externalitäten, die keinerlei Regulierung bedürfen (vgl. Kapitel 2.2.1.1). Allerdings können auch pekuniäre Externalitäten zu Marktversagen führen, wenn diese Anreize zur Informationsbereitstellung verhindern und dadurch Ineffizienzen asymmetrischer Information verursacht werden.[212]

Daher werden im Weiteren öffentliche Regelungen als Mittel zur generellen Effizienzsteigerung behandelt – unabhängig vom Typ der zugrunde liegenden Externalität.[213]

Als **Formen öffentlicher Eingriffe** lassen sich mit zunehmender Eingriffsintensität die Festlegung von Kennzeichnungskriterien und -regeln, die Kontrolle und Sanktionierung, sowie die Implementierung einer verpflichtenden Kennzeichnung unterscheiden.[214]

Der Agrarsektor ist auch im Bereich der Produktion besonderer Qualitäten und einer damit verbundenen Kennzeichnung geprägt durch intensive öffentliche Eingriffe (vgl. zu Regelungen in der EU und den USA Anhang 2 und 3):

- Verschiedene europäische Programme unterstützen und fördern den Ausbau von Qualitätsprogrammen landwirtschaftlicher Produkte.
- Darüber hinaus gibt es eine Vielzahl an eigenständigen Kennzeichnungssystemen in zahlreichen Mitgliedstaaten.[215]

---

212 Vgl. TEGNER, H. (1996): Zur (Ir)Relevanz pekuniärer externer Effekte ..., a.a.O., S. 18.

213 Die potenzielle Effizienzsteigerung als hinreichender Grund für öffentliche Eingriffe bei gleichzeitiger Beachtung des Risikos staatlicher Monopole der Kennzeichnung in BECKER, T. (2000): Rechtlicher Schutz ..., a.a.O., S. 424-425.

214 Vgl. BENNER, E. (2000): Zur effizienten Herkunftsangabe im europäischen Binnenmarkt ..., a.a.O., S. 6.

215 Die Fondswerbung der CMA über das Deutsche Absatzfondsgesetz oder auch britische und australische Marketing Boards greifen mit parafiskalischen Instrumenten in die Qualitätsproduktion und Kennzeichnung ein. Vgl. HOFF, K. (1996): Gemeinschaftswerbung auf Agrarmärkten, Eine Meta-Analyse, in: Berichte über Landwirtschaft 74, S. 340-357. Als Alternative zur Kennzeichnung setzt insbesondere Dänemark im Bereich der Schweinefleischerzeugung auf privatwirtschaftliche Konzepte der vertikalen Integration. Vgl. zur Bestimmungsfaktoren für die Realisierung von Qualitätsprogrammen generell BONGAERTS, R. (2000): Verbesserung der Schlachthofstruktur in der Bundesrepublik Deutschland, Unter besonderer Berücksichtigung eines Strukturkrisenkartells, Diss., Europäische Hochschulschriften, Reihe 5, Volks- und Betriebswirtschaft, Bd. 2750, Frankfurt am Main, S. 62.

Nachfolgend werden die öffentlichen Unterstützungsformen für die Lebensmittelkennzeichnung vorgestellt, die für die Beurteilung der Integrationsmöglichkeit in das WTO-Regelwerk bedeutend sind (vgl. Kapitel 4.1.2).[216]

Als gesundheitspolitische, öffentliche Maßnahme ist Labelling nur als ein mögliches Instrument innerhalb eines ganzen Bündels an möglichen Regelungen zu verstehen. Gerade in diesem Politikfeld überwiegt das Instrument der Auflage, die sich auf Grenzwerte im Produkt, auf zu verwendende bzw. zu vermeidende Inputs oder auch Vorschriften bei der Produktion beziehen kann und somit Produkt- und Prozessstandards formuliert (vgl. Kapitel 4.1.1).[217] Eine Kennzeichnung kann dann als ergänzendes Instrument zu einer Auflage eingesetzt werden, indem bspw. über eingehaltene Produktgrenzwerte informiert wird. Als spezifische Besonderheiten bei öffentlich geregelten Labels gelten die nachfolgenden Stufen bei der Labellingentwicklung[218]

- Vorgaben für Antragstellung und Nutzungsgebühr.
- Zertifizierung und Vergabe der Kennzeichnung.
- Eventuelle Subventionierung der Qualitätsproduktion.
- Kontrolle und Sanktion.
- Erfolgskontrolle hinsichtlich der verbraucherrelevanten Wirkung.

Eine entscheidende Rolle für die Vermeidung der dargestellten Anreizprobleme bei der privaten Informationsbereitstellung (vgl. Übersicht 29) spielt die Sicherung der **Glaubwürdigkeit der Kennzeichnung** mithilfe von öffentlichen Regelungen.[219] Hierzu kann eine kontrollierte Garantie der gekennzeichneten Vertrauenseigenschaften über öffentliche Institutionen realisiert werden.[220] Zum Schutz vor Irreführung dienen dabei Regelungen zu den anzugebenden Informationen sowie die Art der Vermittlung.[221]

---

216 Vgl. zu agrarspezifischen Details BECKER, T. (2000): Rechtlicher Schutz ..., a.a.O., S. 418 - 428 oder HOFF, K. (1996): Gemeinschaftswerbung auf Agrarmärkten ..., a.a.O., S. 340-357.

217 Wie z.B. Verbote für künstliche Zusatzstoffe oder Hygienevorschriften für Schlachtungen. Vgl. grundlegend OECD (1997): Uses of Food Labelling Regulations ..., a.a.O., S. 19.

218 Vgl. OECD (1997): Eco-Labelling: Actual effects of selected Programmes, OECD Documents OECD/GD (97)105, Paris, S. 11-15.

219 Vgl. HUSSAIN, S.S. (2000): Green Consumerism..., a.a.O, S. 86 f.

220 Vgl. KLEIN, B., LEFFLER, K.B. (1981): The Role of Market Forces ..., a.a.O, S. 618 ff.

221 Vgl. RICHTLINIE (EG) 2000/13 des Europäischen Parlaments und des Rates vom 20. März 2000 zur Angleichung der Rechtsvorschriften der Mitgliedstaaten über die Etikettierung und Aufmachung von Lebensmitteln sowie Werbung hierfür, ABl. L 109 vom 6.5.2000 sowie RICHTLINIE (EWG) 84/450 des Rates vom 10. September 1984 zur Angleichung der Rechts- und Verwaltungsvorschriften der Mitgliedstaaten über irreführende Werbung, ABl. Nr. L 250 vom 19.9.1984.

Die Zertifizierung und Vergabe bestimmter Kennzeichen erfolgt wie z.B. im Bereich des Organischen Landbaus dabei nach festgelegten Kriterien.[222] Die Antragstellung führt bei Nachweis der erfüllten Kriterien zu einem Vertrag über die Nutzung der Kennzeichnung, der zumeist auf einige Jahre begrenzt ist.[223] Teilweise wird auch eine Nutzungsgebühr erhoben.[224] Durch zusätzliche Kontrollen und Sanktionen können diese öffentlichen Regelungen die Glaubwürdigkeit und damit die Effizienz des Labels stützen (vgl. Übersicht 29). Die Erfolgskontrolle bezieht sich auf die anvisierte Zielrichtung für umwelt- und verbraucherschutzrelevante Aspekte. Hierbei können staatlich fixierte Zielvorgaben inflexibler sein als privatwirtschaftliche, da der Wettbewerb umwelt- und verbrauchergerechte Innovationen fördern kann.[225]

Ein hohes Maß öffentlicher Eingriffe besteht für die Kennzeichnung der Vertrauenseigenschaft **„Herkunft"**, die auf internationaler Ebene eine besondere Rolle spielt:

- Durch steigende Handelsverflechtungen nimmt die Bedeutung geografischer Kennzeichnungen als Werbemittel auf ausländischen Märkten zu.
- Eine Kennzeichnung dient auch als Instrument zur Durchsetzung und Sicherstellung WTO-relevanter Vereinbarungen, indem sich die Einhaltung vereinbarter Standards durch ein betreffendes Land mittels der Herkunftskennzeichnung des jeweiligen Produkts nachvollziehen lässt.[226]

---

222 Die Strenge der Kriterienfestlegung beeinflusst dabei das Marktvolumen der Qualitätsprodukte. Als problematisch kann dabei die induzierte Zerstörung des Marktes durch zu viele Qualitätsanbieter bei eher schwachen Kriterien, die nur gering von der Standardproduktion abweichen, beurteilt werden. Kritisch diskutiert werden die Auflagenunterschiede und damit zusammenhängenden Förderprämien momentan in Anwendung auf den organischen Landbau im Vergleich zur konventionellen Landwirtschaft. Vgl. o.V. (2001): Staatliche Förderung des ökologischen Landbaus ist gerechtfertigt, *Agra-Europe* Nr. 15, Länderberichte 20-21, 9. April 2001.

223 Vgl. GROTE, U., BASU, A.K., CHAU, N.H. (1999): The International Debate ..., a.a.O., S. 6.

224 So werden für das verfahrensbezogene Label „Euroblume" z.B. jährlich 0,15% des Jahresumsatzes des zu kennzeichnenden Produktes als Nutzungsgebühr erhoben. Die gesamte Nutzungsdauer wird abhängig von der jeweiligen Produktkategorie festgesetzt, wobei Lebens- und Arzneimittel explizit ausgeschlossen sind. Auch die der Einführung im Jahre 1992 zugrunde gelegten Kriterien sollen dabei in bestimmten Zeitabständen überprüft werden. Vgl. zu den Details EU-KOMMISSION (1998): Das Europäische Umweltzeichen im Überblick, Informationsbroschüre der Kommission DG XI, CR-16-98-409-DE-D.

225 Vgl. GOLAN, E., KUCHLER, F., MITCHELL, L. (2000): Economics of Food Labelling ..., a.a.O., S. 28.

226 Vgl. REGER, G. (1999): Der internationale Schutz gegen unlauteren Wettbewerb ..., a.a.O., S. 95 ff.

Weiterhin bestehen spezifische Vertrauensprobleme für diese Informationsgattung durch das Risiko einer Bedeutungstransformation von einer Herkunftskennzeichnung zu einer Gattungskennzeichnung:[227]

- Im Bereich der geografischen Angaben besteht eine Vielzahl an Möglichkeiten der konkreten Ausgestaltung, wie die Angabe tatsächlicher Regionen, die Verwendung von Phantasieregionen[228] oder auch eine ortsbezogene Verfahrenskennzeichnung,[229] was zu einem großen Spielraum möglicher Irreführung führt.
- Die fehlende gesetzliche Verpflichtung, über alle Verarbeitungsstufen hinweg Ortskennzeichnungen zu erbringen, verwehrt dem Verbraucher darüber hinaus, aus einer ausgezeichneten Ortsangabe Rückschlüsse auf die umfassende Produktherkunft zu ziehen.[230] In der EU bestehen für pflanzliche und tierische Produkte schärfere Regelungen zur Bestimmung des Warenursprungs, wenn mehr als zwei an Länder an der Erzeugung des Endproduktes beteiligt sind.[231] Besondere Vorgaben betreffen in der EU Kennzeichnungsvorschriften für die Rindfleischerzeugung. Durch die Europäische Verordnung zur Rindfleischetikettierung wird eine Verstärkung der umfassenden Kennzeichnung über alle am Verarbeitungsprozess beteiligten Länder hinweg angestrebt.[232]

---

227 Wie z.B. „Pilsener“ und „Champagner“. Vgl. STICH, A. (1997): Herkunftszeichen als Qualitätssignal ..., a.a.O., S. 42.

228 Der Phantasiecharakter kann dabei auch nur abhängig vom Informationsstand des Verbrauchers entstehen. So schützte ein BGH-Urteil von 1970 die wegen des Verwirrungsrisikos angeklagte Kennzeichnung „Plym-Gin“ mit der Begründung, deutsche Verbraucher hätten keine Orts-Assoziationen mit dem englischen Fluss „Plym“. Vgl. REGER, G. (1999): Der internationale Schutz gegen unlauteren Wettbewerb ..., a.a.O., S. 104, Fn. 217.

229 Z.B. „Methode Champenoise“ oder „Typ Mozzarella.“ Vgl. ebd., S. 105.

230 Vgl. für industrielle Produkte STICH, A. (1997): Herkunftszeichen als Qualitätssignal ..., a.a.O, S. 46-48.

231 Hiernach ist das Land als Ursprungsland zu kennzeichnen, indem „die letzte wesentliche [...] Verarbeitung stattgefunden hat, die [...] zur Herstellung eines neues Erzeugnisses geführt hat oder eine bedeutende Herstellungsstufe darstellt.“ VERORDNUNG (EWG) 802/68 des Rates vom 27. Juni 1968 über die gemeinsame Begriffsbestimmung für den Warenursprung, ABl. Nr. L 148 vom 28.6.1968, Artikel 5.

232 Vgl. VERORDNUNG (EG) 820/97 des Rates zur Einführung eines Systems zur Kennzeichnung und Registrierung von Rindern und über die Etikettierung von Rindfleisch und Rindfleischerzeugnissen, ABl. L 117 vom 7.5.1997.

2.4.3 Bewertung der Wirksamkeit von Labels zur Aufhebung unterschiedlicher Gründe von Marktversagen

Im Unterschied zur Aufhebung asymmetrischer Information wird Labelling als Instrument zur Internalisierung von Externalitäten in der Literatur kaum behandelt.[233]

Die wenig vorhandenen Analysen beurteilen die Kennzeichnung zumeist als problematische oder wenig erfolgreiche Internalisierungsmaßnahme aufgrund folgender Eigenschaften:[234]

- Geringes Potenzial zur tatsächlichen Verhaltensänderung.
- Berücksichtigung nur der relativen Umwelt- oder Gesundheitsqualität im Vergleich zu anderen Produkten einer Kategorie anstelle absoluter Qualität.[235]
- Risiko der negativen Nettowirkung bei komplexen Zielzusammenhängen, so dass eine Verbraucherreaktion zwar positive Wirkung bei einem Ziel, aber negative Wirkung bei einem anderen Ziel bewirken kann.[236]

In Ergänzung zu den bereits vorgestellten Maßnahmen zur Internalisierung von externen Effekten, dem Ausgleichszoll und dem Importverbot (vgl. Kapitel 2.2.1.4), wird nachfolgend die Wirkung einer Kennzeichnung von Merkmalen mit Externalitätencharakter betrachtet.[237]

---

233 Im Rahmen empirischer Analysen zum Kaufverhaltens bei z.B. RAVENSWAAY VAN, E.O. (1996): Emerging demands on our food and agricultural...a.a.O.

234 *Positiv* bei APPLETON, A.E. (1997): Environmental Labelling Programmes ..., a.a.O., S. 133ff und IPPOLITO, P.M., MATHIOS, A.D. (1995): The Case of Fat Consumption in the United States, in: American Economic Review, Vol. 85 (2), S. 91-95. *Kritisch* dagegen bei GOLAN, E., KUCHLER, F., MITCHELL, L. (2000): Economics of Food Labelling ..., a.a.O., S. 14 ff., MAGAT, W., VISCUSI, W.K. (1992): Informational Approaches to Regulation, Cambridge MIT Press, DROEGE, S. (2001): Ecological Labelling ..., a.a.O., S. 105 und MATTOO, A., SINGH, H.V. (1994): Eco-Labelling: Policy Considerations, in: KYKLOS, Vol. 47, S. 53-65.

235 Vgl. SCHOLZ, I., WIEMANN, J. (1993): Ökologische Anforderungen an Konsumgüter als neue Herausforderung für Entwicklungsländerexporte nach Deutschland, Deutsches Institut für Entwicklungspolitik, Berlin, S. 6.

236 Klimaentlastung kann durch Substitution von Einweg- durch Mehrwegflaschen aufgrund eines geringeren Ressourcenverbrauches kann durch steigende Transporte und zusätzliche Reinigung aufgefangen werden.

237 Basierend auf MATTOO, A., SINGH, H.V. (1994): Eco-Labelling: Policy Considerations ..., a.a.O.

Als Beispiel kann die Kennzeichnung „dolphin-safe“ aus dem entsprechenden WTO-Streitfall dienen (vgl. Anhang 10), die eine Vermeidung der negativen Produktionsexternalität[238] „Reduzierung der Delphinpopulation durch traditionelle Fangmethoden bei Thunfisch“ ausdrückt.[239]

---

238 Bezogen auf die Ansatzstelle. Nach der Wirkungsstelle entspricht der Effekt durch die ausgelöste Nutzenminderung bei den Konsumenten einer Konsumexternalität. Vgl. Kapitel 2.2.1.1.

239 Die Identifizierung der ausschließlichen Effekte des Labelling ist aufgrund des gleichzeitigen Importverbots im vorliegenden Fall problematisch. Vgl. zu Details des Falls Anhang 10.

Übersicht 30: Wirkung von Labelling als Instrument zur Begrenzung von Externalitäten

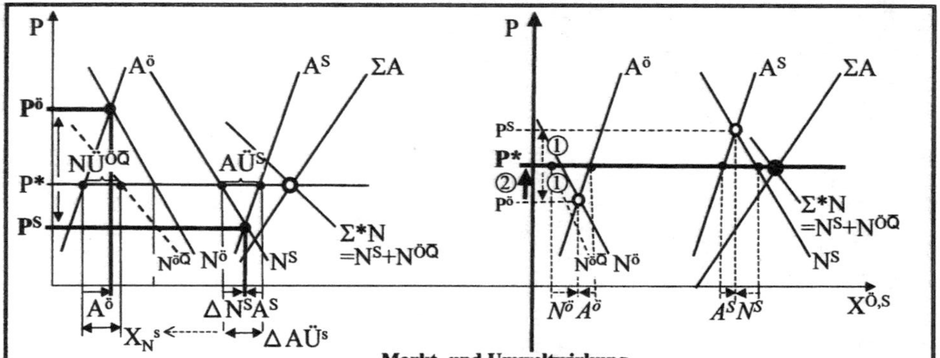

Markt- und Umweltwirkung

Fall 1: Hohes Marktpotenzial für Öko-Produkt	**Fall 2: Geringes Marktpotenzial für Öko-Produkt**
1. Öko-Produkt „Ö" • Preisanstieg - Produktionsanstieg - Substitution innerhalb Nachfragemenge: Ersatz $AÜ^{s}$ durch $A^{ö}$ 2. Standard-Produkt „S" • Preisrückgang - Produktionsrückgang: → Produktionsexternalität ↓ - Nachfrageanstieg, aber Subsitution durch $AÜ^{s}$: → Konsumexternalität ↓	① 1. Öko-Produkt „Ö" • Preisrückgang - Produktionsrückgang - Nachfrageanstieg 2. Standard-Produkt „S" • Preisanstieg - Produktionsanstieg - Nachfragerückgang ② Nachfrageabwanderung der N^{S} nach $X^{ö}$ • Preisangleichung bis **P*** = Ausgangssituation → keine Änderung der Externalität

Quelle: MATTOO, A., SINGH, H. (1997): Eco-Labelling, the Environment ..., a.a.O., S. 39.

Die Marktreaktionen werden unterschieden nach hohem Marktpotenzial (Fall 1) und geringem Marktpotenzial für ökologisch bzw. verbraucherschutzgerechte Produkte (Fall 2). In beiden Fällen der Übersicht 30 ist als Ausgangssituation die fehlende Produktunterscheidung mittels der aggregierten Angebots- und Nachfragefunktionen dargestellt (ΣA, Σ*N), so dass sich der Ausgangspreis P* realisiert.[240] Das Angebot $A^{ö}$ stellt das Angebot aus in der Ausgangssituation nicht gekennzeichneter, ökologischer Produktion dar. Das Angebot A^{S} kennzeichnet die Standardproduktion.[241] Die Nachfrage $N^{ö}$ und N^{S} kennzeichnet jeweils die Zahlungsbereitschaft ökologisch interessierter Nachfrager bzw. ökologisch uninteressierter Nachfrager.

Entsprechend der Analyse in Kapitel 2.3 beschreibt $N^{Ö\bar{Q}}$ die aufgrund von Unsicherheit über die angebotenen Produktqualität geringere Zahlungsbereitschaft im Vergleich zur Situation, in der eine glaubwürdige Kennzeichnung erfolgt ($N^{ÖQ} < N^{Ö}$).

Für die ökologisch orientierte Nachfrage gilt

$N^{ö} = N^{ö}(p^{Ö}, L)$, mit L = Labelling und $L \in \{0,1\}$

Die Nachfrage ist damit zusätzlich zum Preis durch die vertrauensvolle Kennzeichnung[242] bestimmt, wenn L=1 gilt. Ohne Kennzeichnung, bei L=0, ist nur der Preis nachfragebestimmend.[243]

---

240 Dieser Darstellung liegen basierend auf dem Grundmodell MATTOO und SINGH andere Annahmen zugrunde als denen der in dieser Arbeit in Kapitel 2.3 verwendeten Ansätze: Anders als in den bislang verwendeten Modellen zur asymmetrischen Information ist hier *gleichzeitig* eine Externalität mit der Produktions- oder Konsumaktivität verbunden. Der Übersichtlichkeit halber sind die negativen Externalitäten in Form sozialer Grenzkosten allerdings nicht explizit eingezeichnet. Die Veränderung der Externalität ist damit aus der Veränderung der Nachfrage bzw. des Angebots abzuleiten. Weiterhin ist im Unterschied zu der zuvor verwendeten Darstellung die Nachfrage der Verbraucher mit höherer Zahlungsbereitschaft für ökologische Produkte ($N^{ö}$) hier *keine* quadratische Erwartungswertnachfrage. Die Reaktion der ökologisch interessierten Nachfrager auf eine fehlende Produktunterscheidung wird vielmehr vereinfachend durch eine geringere Nachfrage und damit geringere Zahlungsbereitschaft ausgedrückt ($N^{Ö\bar{Q}} < N^{Ö}$).

241 Für die Ausgangssituation wird angenommen, dass trotz fehlender Premiumpreise bei P* dennoch Qualitätsproduktion erfolgt.

242 Das Problem irreführender Kennzeichnung ist somit ausgeschlossen. Als Erweiterung könnte aber L=O auch als nicht glaubwürdige Kennzeichnung aufgefasst werden.

243 Vgl. zum detaillierten Modell MATTOO, A., SINGH, H.V. (1994): Eco-Labelling: Policy Considerations ..., a.a.O.

Für die nicht-ökologisch orientierte Nachfrage nach Standardprodukten gilt dagegen

$$N^S = N^S(p^i)$$

mit i: Qualitätsparameter für schlechte und gute Qualität

Diese Nachfrage ist somit ausschließlich durch den Preis bestimmt und also unabhängig von Produktionsweise und Kennzeichnung.

Nach **Einführung eines Labels** ergeben sich durch die Reaktion der Verbraucher auf die nunmehr mögliche Produktunterscheidung die Preise $P^ö$ für das ökologische und P^S für das Standardprodukt.

1. Im **Fall 1** liegt ein relativ hohes Marktpotenzial für das ökologische Produkt im Vergleich zum Angebot vor. Eine Preisdifferenzierung zwischen den Segmenten durch Kennzeichnung führt für das ökologisch erzeugte und gekennzeichnete Produkt zur Ausschöpfung der vormals nicht realisierten hohen Zahlungsbereitschaft $N^Ö$. Durch den erzielbaren Premiumpreis $P^ö$ wird das Angebot $A^ö$ ausgedehnt. Für das Standardprodukt dagegen ergibt sich durch den Preisrückgang bis auf P^S ein Konsumanstieg bei den nicht-ökologisch eingestellten Verbrauchern und ein Angebotsrückgang für das nicht-ökologisch erzeugte Produkt.

- Handelt es sich wie beim Thunfisch-Delphin-Fall um eine **Produktionsexternalität,**[244] so führt Labelling im dargestellten Fall 1 dieses Ansatzes zu einer Verdrängung des nicht-ökologischen, delphinschädlichen Verfahrens A^S und somit zu einem Rückgang der damit ausgelösten Produktionsexternalität.
- Bei **Konsumexternalitäten**[245] steigt zwar der Konsum der nicht-ökologisch interessierten Verbraucher N^S und ebenfalls die damit ausgelöste Externalität. Gleichzeitig aber erfolgt eine Verdrängung desjenigen Anteils der schlechten Qualität, der zuvor durch einen Nachfrageüberhang beim Preis P* auch von ökologisch orientierten Verbrauchern konsumiert wurde ($AÜ^S = NÜ^{ÖQ}$).

244 Vgl. zur Anwendung auf diesen Fall ebd., S. 41. Faktisch kam es zu einer kompletten Verdrängung der Produkte nicht-ökologischen Fangmethode. Vgl. GOLAN, E., KUCHLER, F., MITCHELL, L. (2000): Economics of Food Labelling ..., a.a.O., S. 24-25.

245 In Ergänzung zum Grundansatz von MATTOO und SINGH, die den Fall einer Konsumexternalität nicht betrachten.

Da der gesamte Rückgang der verbrauchten Menge schlechter Qualität durch die qualitätsorientierten Nachfrager $N^{Ö}$ größer ist als der Konsumanstieg durch die nicht-ökologischen Verbraucher, sinkt insgesamt die Konsumexternalität ($\Delta AÜ^{S} > \Delta N^{S}$). Voraussetzung ist die Annahme geschlossener Märkte, die auch in der Ausgangssituation zur Markträumung führte.

2. Die Marktsituation im **Fall 2** ist charakterisiert durch ein relativ geringes Marktpotenzial für ökologische Produkte im Vergleich zum Angebot.[246] Eine Produktunterscheidung durch Labelling würde damit gegenläufig zum Fall 1 zu einem sinkenden Preis für das ökologische Produkt bis auf $P^{ö}$ führen.[247] Da aber die nicht-ökologischen Verbraucher sich ausschließlich am Preis unabhängig von der Qualität orientieren, fragen sie verstärkt die gekennzeichneten Produkte solange nach, bis es zur Preisangleichung zwischen den Segmenten kommt. Die dadurch fehlenden Premiumpreise und Produktionsanreize im ökologischen Segment führen zur Einschränkung des Qualitätsangebots und damit zur Rückkehr zur Ausgangssituation bei P*. Insgesamt kommt es in dieser Marktsituation somit zu keiner Veränderung der Externalität.

Zur Abschätzung der Wirksamkeit des Labelling für eine Reduzierung von Externalitäten ist daher die Erfassung der vorliegenden Marktpotenziale für ökologisch produzierte und gekennzeichnete Produkte, z.B. über Zahlungsbereitschaftanalysen, notwendig.[248] Eine damit geleistete Identifizierung des Falls 2 mit geringem Marktpotenzial kann bedeuten, dass eine Unterlassung der Kennzeichnung vorteilhaft ist, wenn bestehende Labelkosten bei fehlendem Nutzen durch eine Externalitätenreduktion die Gesamtwohlfahrt senken.

Insgesamt ist relevant, dass durch eine Kennzeichnung lediglich eine Reduzierung der Externalität möglich ist. Eine Internalisierung dagegen unterbleibt, da der

---

246 In der Grafik ausgedrückt durch den vorliegenden Angebotsüberhang im ökologischen Segment.

247 In der Grafik dargestellt im Zeitablauf durch zwei Reaktionsschritte, so dass die 2. Stufe das Endergebnis des Anpassungsprozesses darstellt.

248 Vgl. HENSON, S. (1996): Consumer Willingness to pay ..., a.a.O., S. 403-420, KWAN CHOI, E., JENSEN, H (1991): Modelling the Effect of Risk on Food Demand and the Implications for Regulations, in: CASWELL, J. (Hrsg.): Economics of Food Safety, New York und GOLAN, E., KUCHLER, F., MITCHELL, L. (2000): Economics of Food Labelling ..., a.a.O., S. 24. Eine der seltenen empirischen Anwendungen des Ansatzes auf den „Tuna-Dolphin-Fall" ergab auf der Basis von Schätzungen des Nachfragepotenzials, dass durch Einführung der Kennzeichnung bei der Produkte ein Preisanstieg in beiden Segmenten resultieren müsste. Vgl. MATTOO, A., SINGH, H. (1997): Eco-Labelling, the Environment ..., a.a.O., S. 41. Zu unterschiedlichen Ergebnissen Vgl. GOLAN, E., KUCHLER, F., MITCHELL, L. (2000): Economics of Food Labelling ..., a.a.O., S. 25.

nicht-ökologische Nachfrager sich auch bei Kennzeichnung ausschließlich am privaten Grenznutzen orientiert.

Weiterhin ist ausschließlich die Autarkiesituation dargestellt, so dass es immer zur Markträumung kommt und handelsrelevante Effekte ausgeschlossen sind.

Wendet man diesen Ansatz auf die potenziellen Konsumexternalitäten (vgl. Kapitel 2.2.1.3) im **"Hormonfleisch-Fall"** an, so resultieren aus den vorherigen Überlegungen nur bei hohem Nachfragepotenzial für "hormonfreies Fleisch" positive Effekte aus einer Kennzeichnung. Bei geringem Nachfragepotenzial dagegen käme es durch sinkende Anreize zur Produktionsumstellung zu keiner Veränderung der Ausgangssituation.[249] Ist die Etablierung der Kennzeichnung der Mastverfahren mit Kosten verbunden, kann ohne positive Effekte für die angestrebte Reduzierung von Externalitäten die Kennzeichnung sogar zu Wohlfahrtsverlusten führen.

Für die Etablierung einer Kennzeichnung von "Hormonfleisch" aus verbraucherschutzpolitischen Gründen ist daher eine genaue Abschätzung der Marktpotenziale für "hormonfreies Fleisch", bspw. durch Zahlungsbereitschaftsanalysen, erforderlich.

2.4.4 Systematisierung von Kosten und Nutzen des Labelling

Insgesamt sind zur wohlfahrtstheoretischen Beurteilung des Labelling die nachfolgenden Kosten- und Nutzenkomponenten relevant, von denen bislang bei der Einführung im Zusammenhang mit asymmetrischer Information in Kapitel 2.3. abstrahiert wurde.

Verschiedene Bewertungen implementierter Labels zeigen dabei deutliche Unterschiede bei der Wohlfahrtsbewertung abhängig von den erfassten Kosten-Nutzen Komponenten,[250] die in nachfolgender Übersicht 31 zusammengestellt sind.

Der obere Teil gibt dabei die grundsätzlichen Effekte wieder, die Labelling gegenüber der Situation ohne Kennzeichnung bzw. gegenüber alternativen Instrumenten

---

249 In diese Richtung weist eine Studie des Instituts für qualitative Markt- und Medienanalysen Rheingold, nach der sich auch durch vermehrte Informationsbereitstellung über den BSE-Skandal keine gravierenden Verhaltensänderungen für den Rindfleischkonsum ergeben. Vgl. O.V. (2000): Verbraucher sehen keine persönliche Gefährdung durch BSE, Pressemitteilung, *Rheingold/ Institut für qualitative Markt- und Medienanalysen*, 18. Dezember 2000 und O.V. (2001): Konsumenten fühlen sich mitschuldig, *Lebensmittelzeitung*, 5. Januar 2001, S. 26.

250 Vgl. GOLAN, E., KUCHLER, F., MITCHELL, L. (2000): Economics of Food Labelling ..., a.a.O., S. 1 und MATTOO, A., SINGH, H. (1997): Eco-Labelling, the Environment ..., a.a.O., S. 41 ff.

zur Verringerung von Marktineffizienzen bietet. Der untere Teil stellt die öffentlich unterstützte der privaten Kennzeichnung gegenüber.

Übersicht 31: Kosten- und Nutzenelemente bei der Realisierung von Labelling

	Kosten	Nutzen
Effekte gegenüber anderen Instrumenten	• Economies of Scale-Verluste durch Marktsegmentierung • Komplexe Wirkungsanalysen	• Ausschöpfen vorliegender Präferenzunterschiede durch Marktsegmentierung • Verringerung von Externalitäten abhängig vom Marktpotenzial • Synergetische Multi-Zielwirkung • Anreiz zu eigenen Technologieinnovationen im Produkt- und Prozessdesign • Relativ geringe Eingriffsintensität • Schnelle Akzeptanz und Implementierung
Öffentliche im Vergleich zu privaten Labels	• Sinkende Privatinitiative: - Qualitätserzeugung auf kleinstem gemeinsamen Nenner • Geringere Innovationsdynamik durch fehlenden Wettbewerb • Hohe Administrationskosten	• Steigende Glaubwürdigkeit der Kennzeichnung: - Transformation von Erfahrungs- und Glaubenseigenschaften in Sucheigenschaften - Sinkende Anreize zur trügerischen Kennzeichnung • Einsparung an Informationskosten auf Verbraucherseite
WTO-Relevanz	• Handelsverzerrung	• Steigende Transparenz des Wettbewerbs

Quelle: Zusammenstellung auf Grundlage von GOLAN, E., KUCHLER, F., MITCHELL, L. (2000): Economics of Food Labelling..., a.a.O., OECD (1997): Uses of Food Labelling Regulations ..., a.a.O. sowie APPLETON, A. E. (1997): Environmental Labelling Programmes..., a.a.O., MATTOO, A., SINGH, H. (1997): Eco-Labelling, the Environment...a.a.O. und DROEGE, S. (2001): Ecological Labelling..., a.a.O.

Die **grundsätzlichen Effekte** erfassen neben den Nutzen durch Ausschöpfen des Potenzials an Zahlungsbereitschaften auch Verluste aus der Marktsegmentierung, indem die Verkleinerung der nunmehr getrennten Absatzmärkte zu einer möglichen Verringerung von Economies of Scale führen kann.

Die mittels eines Labels anvisierten **Verbraucherschutzwirkungen** sind abhängig von bestehenden synergetischen oder widersprüchlichen Zielbezügen, den Marktpotenzialen bei Externalitäten und den Anreizmechanismen für Produktinnovationen. Die Eingriffsintensität dieses Instruments ist gering, was die Akzeptanz erhöht und eine schnelle Implementierung bedingen kann.

Eine Überprüfung der anvisierten **isolierten Wirkung des Labelling** kann wegen komplexer Wirkungszusammenhänge im Vergleich zu anderen Instrumenten (etwa Grenzwerte von Rückständen) problematisch sein.

Die Nachteile der **öffentlichen Kennzeichnung** gegenüber einer privaten betreffen die mögliche Reduktion **privater Initiative**, die im Wettbewerb zu Verbesserungen der Kennzeichnungen und steigender Verbraucherschutzeffizienz führen kann. Unternehmerische Anstrengungen zur Verbesserung der Qualität und eigenen Kennzeichnung über das vorgeschriebene Niveau hinaus können damit möglicherweise gehemmt werden. Weiterhin treten umfassende **Administrationskosten** auf, da eine Verpflichtung zum Labelling flächendeckend alle Anbieter der jeweiligen Produktkategorie trifft. Vorteile der öffentlichen Kennzeichnung betreffen die dargestellte Stützung der Glaubwürdigkeit des Labels und damit dessen Lösungspotenzial für vorliegendes Marktversagen. Damit verbunden ist die Reduktion der Informationskosten für die Verbraucher. Weiterhin führt dieses Instrument im Vergleich zu anderen verpflichtenden Maßnahmen, wie z.B. Auflagen, möglicherweise zu einer schnelleren Implementierung und damit auch größeren Akzeptanz. Insgesamt kann die Kennzeichnungspflicht als Anstoß dienen, im gesellschaftlichen Entscheidungsprozess zum Konsens über die berücksichtigten Probleme und möglichen Wirkungen führen und ein Initialschritt für weitere politische Maßnahmen sein.

Nicht zu vernachlässigen sind **Verteilungskosten,** die insbesondere bei öffentlich verpflichtenden Labels dadurch entstehen, dass es durch adverse „positive Selektion" zur Verdrängung der geringwertigen Standardprodukte kommen kann.[251] Äquivalent zur Analyse für die höherwertigen Produkte kann nunmehr die für diese Standardprodukte vorhandene geringere Zahlungsbereitschaft nicht mehr ausgeschöpft werden.

Hiervon können infolge eines allgemeinen Preisanstiegs durch kostenintensive Qualitätsproduktion Haushalte betroffen sein, die nur geringe Präferenzen für Qualitätsprodukte haben.[252] Die geringen Präferenzen können dabei bedingt sein

---

251 Wie für den Thunfisch-Delphin-Fall dargelegt, kann der Verdrängungseffekt aber auch aus einer privaten Lösung resultieren.

252 Vgl. ebd.

durch ein geringes Bildungsniveau[253] oder ein hohes Durchschnittsalter der Verbraucher. Diese Eigenschaften kennzeichnen insbesondere Haushalte oder, in Ausrichtung auf die internationale Ebene, Länder mit geringem Einkommen.[254]

Für die Beurteilung von Labels innerhalb der WTO-Regeln ist die **Handelswirkung** entscheidend, wobei der Grad der öffentlichen Subventionierung eine besondere Rolle spielt. Als handelsrelevanter Vorteil wird in der Literatur die durch Kennzeichnung erst ermöglichte Transparenz des Wettbewerbs durch Identifizierung der Produktvielfalt genannt (vgl. zu Details der Beurteilung aus Sicht der WTO-Regelungen Kapitel 4.1.2).

2.5 Politische Handlungsempfehlungen zum Umgang mit internationalem Marktversagen für den Anwendungsfall „Potenzielle Verbraucherbelastung durch Rindfleisch aus der Hormonmast"

Neben den dargestellten Problemen, eine eindeutige Klassifizierung möglicher Externalitätentypen vorzunehmen und diese auf konkrete Fallbeispiele anzuwenden (vgl. Kapitel 2.2.1.3), ergibt sich zusätzlich das Problem der Abgrenzung zwischen Externalitäten und dem alternativen Marktversagenstyp, das Vorliegen asymmetrischer Information (vgl. Kapitel 2.3). Weiterhin führen die unterschiedlichen Theorieansätze zu widersprüchlichen Ergebnissen hinsichtlich der Bewertung einzelner Politikmaßnahmen.

Nachfolgende Übersicht 32 fasst die wesentlichen Ergebnisse der neoklassischen Wohlfahrtsanalyse in Anwendung auf die im "Hormonfleisch-Fall" etablierten Maßnahmen zusammen.[255]

---

253 Vgl. BLEND, J., RAVENSWAAY v., E. (1998): Consumer Demand for Eco-Labeled Apples ..., a.a.O., S. 23. Andere Analysen ergaben dagegen eine *negative* Korrelation zwischen Zahlungsbereitschaft für Lebensmittelsicherheit und Bildung HENSON, S. (1996): Consumer Willingness to pay ..., a.a.O., S. 418.

254 Vgl. ebd.

255 Die zusätzliche Analyse von Mindeststandards und Ausgleichszöllen ist daher nicht abgebildet.

Übersicht 32: Synopse der Effekte für die Weltwohlfahrt von einzelnen Schutzmaßnahmen bei internationalem Marktversagen

Marktversagens-Typ	Potenzielle Ineffizienz	Bedeutung für den Anwendungsfall „Hormonfleisch“	Wohlfahrtseffekte von Schutzmaßnahmen	
			Importverbot	Labelling
I. Externalität				
• Produktionsexternalität	Öko-Dumping nur bei Netto-ToT-Gewinnen: Großer Importeur	Keine Bedeutung für Produktionsverfahren		
• Konsumexternalität	**Öko-Dumping nur bei Netto-ToT-Gewinnen: Großer Exporteur**	**Potenzielle Bedeutung für Konsum**	-	+/0 [1]
II. Asymmetrische Information				
• Erfahrungsmerkmal	Wohlfahrtsverluste abh. von Lernkosten	Keine Bedeutung für Produkteigenschaft		
• Vertrauensmerkmal				
Situation 1	Wohlfahrtsverluste abh. von Präferenzen und Handelsgewinnen	**Hohe Bedeutung für Produkteigenschaft**	+/- [2]	+/- [2]
Situation 2	Wohlfahrtsverluste abh. von Präferenzen und Handelsgewinnen		+	+

Widersprüchliche Effekte der Maßnahmen abhängig vom Marktversagens-Typ

Legende:

1) abh. vom Marktpotenzial für das gekennzeichnete Produkt.
2) Voraussetzung ist die Transformierung in Suchmerkmale, die durch Betrugsanreiz und Glaubwürdigkeit bestimmt wird.
Der Wohlfahrtseffekt ist der Nettoeffekt aus Zusatznutzen und Verlust an Handelsgewinn.

+: positiver Wohlfahrtseffekt
-: negativer Wohlfahrtseffekt
0: neutral, kein Wohlfahrtseffekt

Quelle: Eigene Darstellung.

Abhängig vom verwendeten Theorieansatz ergeben sich nachfolgende widersprüchliche Wohlfahrtseffekte:

1. Für die Behandlung potenzieller Gesundheitsbeeinträchtigungen i.S. einer **Externalität** wurden aufgrund der Klassifizierung mittels der Ansatzstelle Produktionsexternalitäten für den Anwendungsfall “Hormon-Streitfall” als irrelevant ausgeschlossen (vgl. Kapitel 2.2.1.3). Außerdem besteht bei Produktionsexternalitäten ein Anreiz zu „Verbraucherschutz-Dumping“ nur für große Importeure, so dass ein Importverbot als Schutzmaßnahme eines von

„Verbraucherschutz-Dumping" betroffenen Exporteurs ohnehin ungeeignet ist. Unter den getroffenen Annahmen[256] ergab sich auch bei einer **Konsumexternalität** nur dann für große Exporteure ein Anreiz für „Verbraucherschutz-Dumping", wenn die realisierbaren ToT-Gewinne die steigenden Gesundheitskosten kompensieren.

- Als mögliche Schutzmaßnahme des benachteiligten Handelspartners führte ein **Importverbot** zu einer Wohlfahrtsverringerung für beide Staaten. Die Anwendung dieses Instruments erscheint damit nur dann rational, wenn die unterstellte interne Anpassung nationaler Verbraucherschutzpolitik an die Importsituation (Austauscheffekt) aufgrund von Transaktionskosten ungeeignet ist.[257]Bedeutung kommt dem Importverbot als Anreizmaßnahme zu, indem hiermit die Aufgabe von „Verbraucherschutz-Dumping" motiviert wird. Die Glaubwürdigkeit dieses Anreizinstruments, dass zur Forcierung der Rückkehr zur Internalisierung eingesetzt wird, wird gerade durch die hohen Handelsverluste auch im Importland gestärkt.[258] Somit liegt die Funktion des Importverbots vor dem Hintergrund der neoklassischen Analyse eher in der Anreizwirkung zur Aufgabe handelsstrategischer Verbraucherschutzpolitik als in der Schutzwirkung gegen Dumping.

- Eine Reduzierung von Externalitäten durch **Labelling** von der gesundheitsbeeinträchtigende Wirkung wurde nur bei hohem Marktpotenzial für das entsprechende Produkt als möglich abgeleitet. Besteht dagegen nur ein geringes Marktpotenzial für das verbrauchergerechte Produkt im Vergleich zum Standardprodukt, beeinflusst das Label die Externalität nicht. Der Wohlfahrtseffekt in dieser Situation kann bei vorliegenden Labelkosten sogar negativ sein. Da eine Internalisierung i.S. der Optimierung der Verbraucherschutz-Externalität durch Labelling auch in der günstigen Marktsituation unterbleibt, ist das Instrument für diesen Marktversagenstyp nicht geeignet. Weiterer Forschungsbedarf besteht in der Anwendung dieses Ansatzes auf die unterschiedliche Szenarien mit spezifischen Handelsbedingungen.

---

256 Quantifizierung der Externalität, national begrenzter Wirkungskreis, einseitige Internalisierung des betrachteten Landes, vollständige Information und somit vorhandene Nachweismöglichkeit fehlender Internalisierung. Vgl. Kapitel 2.2.1.3.

257 Durch Anpassung der internen Internalisierung bspw. durch Verbrauchssteuern.

258 Anders etwa beim Ausgleichszoll, bei dem ToT-Gewinne auch nach Rücknahme des Öko-Dumpings Wohlfahrtsgewinne für den Importeur nach sich ziehen. Der Abbau des Anreizinstrumentes erscheint demnach aus Sicht des Exporteurs nicht glaubwürdig. Vgl. Kapitel 2.2.1.4.1.

2. Wegen methodischer Probleme, Dumping im Externalitätenansatz überhaupt nachweisen zu können, wurden die entsprechenden Instrumente auch für den Typ an Marktversagen betrachtet, der durch **asymmetrische Information** über die verbraucherschutzrelevante Gütereigenschaft verursacht wird. Die Effekte der Maßnahmen sind dabei abhängig von der jeweiligen Referenzsituation im "Lemon Markt":

- Ein **Importverbot** kann unter den getroffenen Annahmen[259] im Unterschied zum Externalitätenansatz für den Importeur Vorteile haben. Reicht der Vorteil aus, um die resultierenden Nachteile des Exporteurs aufzufangen, ist diese Maßnahme nach dem Kaldor-Hicks-Kriterium sogar für die Weltwohlfahrt überlegen. Unter Berücksichtigung des Risikos eines vollständigen Marktzusammenbruchs als Worst-Case-Referenz bei asymmetrischer Information kann das Importverbot entgegen der neoklassischen Freihandelsdoktrin sogar pareto-optimal sein – da sowohl beim Importverbot als auch beim Zusammenbruch des Absatzmarktes Handelsgewinne für den Exporteur unterbleiben. Mögliche Nachteile eines Importverbots ergeben sich lediglich gegenüber der Referenzsituation 1, wenn die zusätzlich ausgeschöpfte Zahlungsbereitschaft für das "hormonfreie Fleisch" den Verlust an Handelsgewinnen durch den Wegfall der Importe nicht kompensiert.
- **Labelling** aber kann die überlegene Lösung im Vergleich zu allen anderen Maßnahmen darstellen, solange eine vollständige Produktidentifizierung resultiert und der Nettoeffekt aus zusätzlich mobilisierter Zahlungsbereitschaft und Verlusten an Handelsgewinnen positiv ist. Abhängig von der Referenzsituation ergibt sich für Situation 2 ein positiver Effekt, da kein Verlust an Handelsgewinnen auftritt. Im Vergleich zur Situation 1 ohne Kennzeichnung können Labels zu Verlusten an Handelsgewinnen führen, die nicht durch zusätzliche Nutzen aus der Zahlungsbereitschaft für "hormonfreies Fleisch" kompensiert werden. Für eine abschließende Beurteilung sind die Kosten und Nutzen der Kennzeichnung zu erfassen, die abhängig von der spezifischen Labelausgestaltung variieren.

Die in der Literatur dominierenden neoklassischen Theorieansätze konzentrierten sich bislang eher auf umweltschutzrelevante Wirkungen des internationalen Handels. Bei Übertragung auf konkrete Verbraucherschutzeffekte zeigt sich, dass diese Ansätze zwar eine grundsätzliche Funktion zur abstrakten Abbildung grenz-

---

259 Höhere Produktionskosten des potenziell belastenden Verfahrens, bestehendes Nachfragepotenzial nach Qualitätsprodukten sowie vollständige Information über die Kostenverläufe. Vgl. Kapitel 2.3.

überschreitender Wirkungen erfüllen. Für die Bewertung eines spezifischen Problemaspekts jedoch bieten sie keine eindeutigen Ergebnisse. Die Beurteilung politischer Maßnahmen zur Lösung konkreter Probleme wie einer potenziellen Gesundheitsbelastung durch "Hormonfleisch" ist vielmehr abhängig von der Einordnung des Problems in einen Marktversagensgrund. Beim Externalitätenansatz ist darüber hinaus die Klassifizierung des Externalitätentyps relevant, um überhaupt Anreize zu handelsstrategischer Verbraucherschutzpolitik identifizieren zu können.

Wegen der besonderen Relevanz von Vertrauenseigenschaften bei Verbraucherschutzaspekten können außerdem beide Marktversagensgründe gleichzeitig vorliegen: der Austauscheffekt beim Import belastender Produkte kann sowohl Externalitäten im Importland als auch Marktineffizienzen aufgrund von fehlender Unterscheidung der insgesamt im Importmarkt angebotenen Produkte auslösen.

Vor diesem Hintergrund ist eine eindeutige politische Empfehlung für den Umgang mit nationalen Verbraucherschutzpolitiken nicht zu abzuleiten und die Beurteilung der WTO-Entscheidung im vorliegenden "Hormonfleisch-Fall" hängt damit davon ob, welcher Marktversagenstyps zugrunde gelegt wird.

Die WTO erscheint als Instanz zur Sicherung der Weltwohlfahrt in den Fällen relevant, in denen Konflikte zwischen der nationalen Souveränität und dem abgestimmten System der WTO zu erwarten sind, d.h. wenn nationale Interessen nicht mit denen der WTO-Staatengemeinschaft übereinstimmen. Demgegenüber besteht kein Konfliktpotenzial, wenn eine Interessensidentität zwischen nationaler und globaler Wohlfahrtsmaximierung vorliegt.

Vor diesem Hintergrund führt die auf der neoklassischen Theorie basierende Analyse zu folgenden Ergebnissen:

1. **Keine Konfliktpotenziale** bei gleichgerichteten Wohlfahrtseffekten

   - Bei **Konsumexternalitäten** führt ein Importverbot zu Wohlfahrtsverlusten für jeden der Handelspartner.
     Aus Sicht der EU stellt ein Importverbot somit nur als Anreiz für die Abkehr von vermuteten Gesundheitsdumpings der USA eine rationale Maßnahme dar, nicht aber als Schutzinstrument zum Auffangen resultierender Wohlfahrtsverluste. Im Vergleich zu anderen Instrumenten, wie bspw. einem Zoll, ist ein Importverbot durch höhere Glaubwürdigkeit für den Handelspartner USA charakterisiert.

2. **Nicht eindeutige Konfliktpotenziale** bei potenziell gegenläufigen Wohlfahrtseffekten

- **Bei asymmetrischer Information** ist die Wirkung eines Importverbots auf die Weltwohlfahrt in Abhängigkeit von der resultierenden Marktsituation bei Freihandel zu bewerten.

  - Das **Risiko eines Konfliktes** zwischen nationaler und globaler Wohlfahrt besteht in Situation 1. Hier kommt es nur zu einer teilweisen Verdrängung des "hormonfreien Fleisches" durch Importware. Abhängig vom Nettoeffekt der Zusatzgewinne durch vollständiges Ausschöpfen vorhandener Zahlungsbereitschaften und dem Verlust an Handelsgewinnen kann es zu einer nationalen Wohlfahrtssteigerung oder auch -senkung durch das Importverbot kommen. Aus Sicht des Handelspartners sinkt die Wohlfahrt.
  - **Kein Konflikt** besteht in Situation 2 bei vollkommener Verdrängung des "hormonfreien Fleisches" solange die auftretenden Verluste des Exporteurs kompensiert werden. Da ein Teil der Verbraucher im importierenden Land den Konsum von Rindfleisch in dieser Situation vollständig einstellt, kann der in der Zahlungsbereitschaft zum Ausdruck kommende Nutzen des durch ein Importverbot sicheren Konsums die Verluste des Exporteurs kompensieren. Bei erfolgenden Seitenzahlungen an den Exporteur bestünde demnach kein Konfliktpotenzial. Seitenzahlungen können auf WTO-Ebene in Form von Strafzöllen der durch ein Importverbot betroffenen Partei erfolgen.
  - **Eindeutig kein Konflikt** besteht im Worst-Case-Fall des vollständigen Marktzusammenbruchs für alle Produktqualitäten. Aus Sicht des Exporteurs entspricht die Wohlfahrt in der Referenzsituation des Freihandels derjenigen des Importverbots, da in beiden Fällen der Handel zum Erliegen kommt. Aus Sicht des Importeurs ergibt sich eine Wohlfahrtsverbesserung durch das Importverbot.

Die Identifizierung von Konfliktpotenzialen ist in der politischen Praxis mit Schwierigkeiten verbunden, da eine eindeutige Zuordnung der mit dem Handel verbundenen Effekte zu den unterschiedlichen Marktversagensgründen nicht möglich ist.

Um unabhängig von der Wahl des theoretischen Referenzrahmens dennoch Lösungspotenziale aufzuzeigen zu können, kennzeichnet das nachfolgende Kapitel den faktischen Umgang mit Verbraucherschutz sowie die vorhandenen Spielräume innerhalb des WTO-Regelwerks.

3 Identifizierung von verbraucherschutzrelevanten Konfliktpotenzialen im WTO-Regelwerk: der "Hormonfleisch-Streit" als Präzedenzfall

Im Rahmen der neoklassischen Theorie können bestehende Konfliktpotenziale zwischen nationalen und globalen Interessen gekennzeichnet werden, die eine übergeordnete Instanz, wie die WTO, zum Interessenausgleich notwendig machen können.

Nachfolgend wird zunächst dargelegt, welche generellen Möglichkeiten und Grenzen die WTO-Abkommen für national souveräne Verbraucherschutzpolitiken bei gleichzeitiger Berücksichtigung der Interessen der Staatengemeinschaft bieten. Dieser grundlegende institutionelle Rahmen wird auf den "Hormonfleisch-Fall" angewendet, um aus der spezifischen Urteilsfindung dieses Streitverfahrens i.S. eines Präzedenzfalls Reformspielräume für Verbraucherschutzziele im WTO-Regelwerk generell zu analysieren. Diese Analyse basiert auf einer systematischen Charakterisierung von verbraucherschutzrelevanten Konfliktpotenzialen der WTO-Abkommen, die sowohl aus dem spezifischen Streitfall als auch aus der Vielzahl bereits abgeschlossener Verfahren abgeleitet werden.

3.1 Allgemeine Grundsätze des WTO-Regelwerks

3.1.1 Geschichtlicher Hintergrund

Die unbedingte Gewährung uneingeschränkter nationaler Souveränität stand lange im Mittelpunkt des Völkerrechts und wurde erst im Zeitlauf abgelöst durch die Auslegung als relative Souveränität, nach der als Grenze eigener Hoheitsgewalt die Verletzung der Souveränität anderer Staaten definiert wird.[260] Der Schutz der relativen Souveränität ist in das WTO-Regelwerk als Kernprinzip eingegangen und bedingt durch national unterschiedliche Auslegung zahlreiche Konflikte (vgl. Anhang 4).[261]

Bereits das Grundanliegen einer Handelsorganisation lässt sich als Umsetzung einer relativen Souveränität in der Weise verstehen, dass nationale handels- und wirtschaftspolitische Eigenständigkeit zugunsten eines zwischenstaatlich abgestimmten Systems aufgegeben wird.[262] Auch die einzelnen Regelungen des

---

260 Vgl. Küng, M., Eckert, M. (1992): Repetitorium zum Völkerrecht, Bern, S. 108.

261 Vgl. Kulessa, M. (1995): Umweltpolitik in einer offenen Volkswirtschaft ..., a.a.O., S. 230.

262 Die realisierte Integrationsstufe der WTO ist im Unterschied zur EU ein handelspolitisch motiviertes Freihandelsabkommen, was auch durch die Heterogenität und die große Anzahl an Mitgliedsländern begründet ist. Vgl. McNelis, N. (2001): The role of the judge ..., a.a.O.,

WTO-Vertragswerks können als Differenzierungen dieses Kernprinzips aufgefasst werden.

Die ursprüngliche Motivation zur Gründung einer Welthandelsorganisation ist aus den Erfahrungen der Weltwirtschaftskrise sowie der zwei Weltkriege zu verstehen, welche zum kompletten Erliegen jeder handelspolitischen Koordination und nahezu zum Erliegen des internationalen Handels führte.[263] Ein Vorläufer bestand bereits im Jahre 1941 mit der "Atlantik-Charta", nach der erleichterte Handelsbedingungen allen Unterzeichnern besseren Zugang zu Rohstoffen ermöglichen sollten.[264] Die damalige Intention, die bereits bestehenden, stark institutionalisierten Bretton-Wood-Organisationen[265] um einen handelsbezogenen Pfeiler zu erweitern, vollzog sich allerdings in einem langwierigen Prozess:

Als Satzung der angestrebten Internationalen Handelsorganisation (International Trade Organization, ITO) wurde 1948 auf der UN-Konferenz für Handel und Beschäftigung (UNCTE) zunächst die sogenannte "Havanna Charta" unterzeichnet.[266]

S. 205 und SAUVE, P., ZAMPETTI, A.B. (2000): Subsidiarity Perspectives on the New Trade Agenda, in: Journal of International Economic Law, Vol. 3 (1), S. 84.

263 Vgl. KULESSA, M. (1995): Umweltpolitik in einer offenen Volkswirtschaft ..., a.a.O., S. 228.

264 Vgl. NEUSCHWANDER, T. (1995): GATT (Allgemeines Zoll- und Handelsabkommen)/WTO, in: WOYKE, W. (1995): Handwörterbuch Internationale Politik, 6. Auflage, Opladen, S. 120. Aus dem weitreichenden Interesse an multilateraler Koordination wurden 1945 als Nachfolgeinstitution des Völkerbundes auch die Vereinten Nationen (VN) mit zahlreichen Einzelorganisationen gegründet. Vgl. zur Entstehung der VN HÜFNER, K. (1995): GATT (Allgemeines Zoll- und Handelsabkommen)/WTO, in: WOYKE, W. (Hrsg.): Handwörterbuch Internationale Politik, 6. Auflage, Opladen, S. 430-438.

265 Nach dem gleichnamigen Tagungsort der Bretton-Woods-Konferenz 1944 bei New Hampshire, USA. Hier erfolgte die Grundsteinlegung für die Gründung des Internationalen Währungsfonds und der Weltbank, die im Unterschied auch zur heutigen WTO Sonderorganisationen der VN sind: die handelsspezifische Organisation der VN ist auch nach Gründung der WTO nach wie vor die UN Conference on Trade and Development (UNCTAD). Vgl. OPPERMANN, T. (1995): Die Europäische Gemeinschaft und Union in der Welthandelsorganisation (WTO), Vorträge und Berichte des Zentrums für Europäisches Wirtschaftsrecht, Nr. 54, Bonn, S. 14.

266 Auf Initiative der USA wurde im Vorfeld mit den "Proposals for Expansion of World Trade and Employment" ein Konzept vorgelegt. Dieser Vorschlag der USA gründete sich auf interne Reformen des nationalen Außenhandelsgesetzes: die zur Inflationsbekämpfung stark protektionistische Außenhandelspoltik im "Smoot Hawley Zollgesetz" wurde im „Hull Programm" umfassend liberalisiert und enthielt bereits einige der späteren GATT-Prinzipien wie Meistbegünstigung und Reziprozität. Vgl. KULESSA, M. (1995): Umweltpolitik in einer offenen Volkswirtschaft ..., a.a.O., S. 227.

Die geplante Gründung der umfassenden Organisation unterblieb wegen fehlender Ratifizierung durch alle Gründungsmitglieder jedoch bis in die jüngste Vergangenheit.[267]

Die isolierten, nur auf den Güterhandel bezogenen Abschnitte der Havanna-Charta allerdings wurden am 30.10.1947 als "General Agreement on Tariffs and Trade" (GATT) von 23 Staaten angenommen. Erst innerhalb der achten und jüngsten GATT-Verhandlung in Uruguay (1986-1994) erfolgte die Verwirklichung des zunächst gescheiterten Ziels, eine umfassende Welthandelsorganisation zu errichten:[268] mit Gründung der "World Trade Organization"[269] (WTO) wurde damit das Bretton-Woods-System der Nachkriegszeit auf der handelspolitischen Seite komplettiert.[270]

Die Bedeutung dieser Institution zur Sicherstellung von Spielregeln des internationalen Handels ist im Zeitablauf gestiegen. So zählt die WTO zum heutigen Zeitpunkt 142 Mitglieder, weitere 33 Staaten befinden sich im Beobachterstatus[271] oder haben einen Antrag auf Mitgliedschaft gestellt.[272]

Einen wesentlichen Ausgangspunkt bei der Vertragsgründung des GATT bot die neoklassische Vorstellung, durch eine umfassende Handelsliberalisierung für alle

---

267 Obwohl die USA als wesentliche Antriebskraft für die Entwicklung einer Handelsorganisation gilt, unterblieb eine Ratifizierung der USA durch eine verfehlte, notwendige Zustimmung innerhalb der internen Legislative. Vgl. zur Entstehungsgeschichte der WTO BENEDEK, W. (1998): Die Welthandelsorganisation (WTO) – alle Texte einschließlich GATT (1994), GATS und TRIPS, Beck'sche Textausgaben, München, S.1-2.

268 Das 1947 unterzeichnete GATT galt als Provisorium für die gescheiterte internationale Organisation. Bei ANDERSEN, U., WOYKE, W. (1995): Handwörterbuch Internationale Organisationen, Opladen, S. 18.

269 Unterzeichnung des Marrakesh Agreement Establishing the World Trade Organization, ABl. 1994 L 336/3, in Kraft getreten am 1. Januar 1995.

270 Vgl. zu unterschiedlicher Einschätzung der praktischen Relevanz der formalen Gründung einer Welthandelsorganisation im Vergleich zum vorherigen GATT-Vertragssystem OPPERMANN, T. (1995): Die Europäische Gemeinschaft und Union in der Welthandelsorganisation ..., a.a.O. und KULESSA, M. (1995): Umweltpolitik in einer offenen Volkswirtschaft ..., a.a.O., S. 227.

271 Das Recht auf einen Beobachterstatus wird auch einigen internationalen Organisationen gewährt, wie bspw. dem IWF, der Weltbank, der FAO und der UNCTAD. Dieser Status betrifft insbesondere den erleichterten Zugang zu WTO-Dokumenten. Weiterhin existiert formal die Möglichkeit, Nicht-Regierungsorganisationen (NGOs) in den Beobachter- oder auch Beratungsstatus zu erheben. Vgl. Artikel V.2 der Satzung der WTO.

272 WTO (Hrsg.): Members and Observers, verfügbar unter: http://www.wto.org/english/-thewto_e/whatis_e/tif_e/org6_e.htm, Stand August 2001. Hierin sind auch Wiedereintritte enthalten, wie bspw. im Fall China. Vgl. JOSLING, T. (2000): Issues in the WTO Agricultural Negotiations: An Overview, Paper prepared for the Conference on Global Agricultural Trade in the New Millenium on May 25-26, 2000 in New Orleans, S. 24.

beteiligten Staaten eine Wohlfahrtsverbesserung zu erzielen (vgl. Kapitel 2.1).[273] Die Vertragsinhalte des GATT sind daher geprägt von Bestimmungen für einen ungehinderten Handel. Auch die ersten Verhandlungsrunden hatten als sogenannte "Zollrunden" zunächst den grundsätzlichen Abbau des Außenhandelsschutzes zum Ziel.[274]

Nach und nach wurden spezifische Sektoren explizit in das Vertragswerk aufgenommen - eine umfassende Integration des Agrarsektors konnte bspw. erst innerhalb langwieriger Verhandlungen in der jüngsten GATT-Runde in Uruguay realisiert werden.[275]

Sukzessive wurden auch Handelseffekte interner Politiken zusätzlich zu den traditionellen Außenhandelsmaßnahmen im Vertragswerk berücksichtigt.[276]

Der ursprüngliche Umgang mit interner Verbraucherschutzpolitik auf GATT-Ebene verfolgte dabei das Anliegen, Handelswirkungen von Verbraucherschutzpolitiken zu minimieren. Zunächst wurden verbraucherschutzrelevante Wirkungen eher indirekt über bestehende allgemeine Grundsätze, z.B. zu Produkt- und Produktionsvorschriften, erfasst. Erst die Auseinandersetzung mit Umweltwirkungen im Handel stellte die Ausgangsbasis für weiterführende Regelungen dar: mit Gründung einer Arbeitsgruppe für "Umweltschutzmaßnahmen und internationalen Handel" wird das Thema Umwelt erstmals ausdrücklich auf GATT-Ebene erwähnt, wenn auch zunächst eher mit informellen Charakter i.S. eines Informationsforums.[277]

---

273 Als Pareto-Optimum, indem alle Staaten bei Beteiligung am Handelsabkommen besser gestellt werden bei KULESSA, M. (1995): Umweltpolitik in einer offenen Volkswirtschaft ..., a.a.O., S. 229.

274 Vgl. zu den spezifischen Zollsenkungen der einzelnen Zollrunden seit Gründungszeit SENTI, R. (1995): GATT – WTO, Die neue Welthandelsordnung nach der Uruguay-Runde, Zürich.

275 Eine eingeschränkte Berücksichtigung des Agrarsektors erfolgte bereits 1973 in der Tokio-Runde, allerdings lediglich bezogen auf geringfügigen Zollabbau. Entscheidend für den Abschluss eines eigenständigen Agrarabkommens war die bilaterale Einigung zwischen den USA und der EU über europäische Exporterstattungen für Getreide und Subventionen für Ölsaaten, die den US-Futtermittelimport in die EU beschränkten. Das sog. "Blair-House-Abkommen" als Resultat der Einigung von 1992 führte zum Fortgang der ins Stocken geratenen Verhandlungen. Vgl. MURPHY, S. (1999): Trade and Food Security. An Assessment of the Uruguay Round Agreement on Agriculture, Catholic Institute for International Relations, Discussion Paper, London, S. 11.

276 Z.B. über die Einführung des Standardkodex im Jahre 1979. Vgl. auch Kapitel 3.2.1.1.

277 Die Arbeitsgruppe entstand 1972 im Vorfeld der "Stockholmer Conference on the Human environment" zur Aufarbeitung der Zusammenhänge zwischen Umwelt und Handel. Vgl. SENTI, R. (1999): Handel und Umwelt in der neuen Welthandelsordnung der WTO, in: BERNAUER, T., RULOFF, D. (Hrsg.): Handel und Umwelt - Zur Frage der Kompatibilität internationaler Regime, Wiesbaden, S. 97.

Mit dem Dunkel-Bericht von 1991[278] wurden umweltrelevante Fragen auch faktisch bedeutsam und führten zur Änderung der Präambel des GATT-Vertrags, die nun die grundsätzliche Zielsetzung der Liberalisierung erweitert um die Aspekte ökologischer Nachhaltigkeit.

3.1.2 Das Vertragswerk der WTO im Überblick

Das Vertragswerk der WTO in seiner heutigen Ausgestaltung ist zu verstehen als das Ergebnis eines nunmehr über 50jährigen Entwicklungsprozesses. Mit der Unterzeichnung des GATT entstand somit kein geschlossenes System an Welthandelsregeln in einem Guss. Vielmehr wurden in dynamischer Weise sich im Zeitablauf ändernde Anforderungen, die auch durch eine veränderte Urteilsfindung in Streitverfahren flankiert wurden, in Zusatzabkommen zum GATT-Vertrag integriert.[279]

Im Folgenden wird in der Übersicht 33 zunächst ein Überblick über die gesamte Struktur des WTO-Regelwerks seit der letzten Uruguay-Vereinbarung 1994 gegeben.

---

278 GATT (1991): Dunkel Draft Final Act Embodying the Results of the Uruguay Round of Multilateral Trade Negotiations, Doc. MTN. TNC/W/FA.

279 Als "Flickenteppich" bezeichnet bei OPPERMANN, T. (1995): Die Europäische Gemeinschaft und Union in der Welthandelsorganisation ..., a.a.O., S. 18. Als „evolutionärer Charakter" aller GATT-Regelungen bezeichnet in INTERNATIONAL COURT OF JUSTICE (1971): Report - Advisory Opinion of Namibia (South West Africa), S. 31.

Übersicht 33: Gesamtübersicht über die WTO-Abkommen seit Uruguay 1994

Vertragsbereiche	Abkommen
Verfahrensrelevante Abkommen	
• Gründung der WTO und Implementierung des Single-Agreement Approach	- Das Rahmenübereinkommen zur Errichtung der WTO
• Streitschlichtung und Überwachung	- Vereinbarung über Regeln und Verfahren zur Beilegung von Streitigkeiten - Mechanismus zur Überprüfung der Handelspolitik
• Errichtung des Committee on Trade and Environment (CTE)	- Ministerentscheidung über Handel und Umwelt
Inhaltsrelevante Abkommen[280]	
Säule 1: Multilaterale Übereinkünfte im Bereich des Handels mit Gütern	
• Allgemeine Prinzipien	- Allgemeines Zoll- und Handelsabkommen (GATT): GATT '47 und Übernahmeabkommen '94
• Konkretisierung allgemeiner Prinzipien in Spezialabkommen	- Übereinkommen über technische Handelshemmnisse (TBT) - Übereinkommen über die Anwendung gesundheitspolizeilicher und pflanzenschutzrechtlicher Maßnahmen (SPS) - Übereinkommen über die Landwirtschaft (AoA) - Übereinkommen über Subventionen und Ausgleichsmaßnahmen (SCM)
Säule 2: Multilaterale Übereinkunft über den Handel mit Dienstleistungen	
• Ausgestaltung des Handels mit Dienstleistungen	- Allgemeines Übereinkommen über den Handel mit Dienstleistungen (GATS)
Säule 3: Multilaterale Übereinkunft über handelsbezogene Aspekte der Rechte des geistigen Eigentums	
• Allgemeine Prinzipien • Inhaltliche Bestimmungen zu: - Marken - Geografische Angaben	- Übereinkommen über handelsbezogene Aspekte der Rechte des geistigen Eigentums (TRIPS)

Quelle: Eigene Darstellung auf Grundlage von BENEDEK, W. (1998): Die Welthandelsorganisation (WTO) ..., a.a.O.

280 Nicht aufgelistet sind plurilaterale Abkommen, die nur Teilgruppen der WTO-Mitglieder betreffen. Das agrarrelevante "Internationale Milch-" und das "Internationale Rindfleischabkommen" sind 1997 ausgelaufen. Vgl. zu den Inhalten SENTI, R. (1995): GATT – WTO, Die neue Welthandelsordnung ..., a.a.O.

Die einzelnen Abkommen lassen sich differenzieren in verfahrens- und inhaltsrelevante Abkommen. Zu den verfahrensrelevanten Abkommen zählen:

- **Das Rahmenübereinkommen zur Errichtung der WTO.**[281] Die Errichtung der WTO beeinflusst die Beziehungen aller einzelnen Abkommen untereinander: Mit der Unterzeichnung der WTO-Mitgliedschaft akzeptieren die Mitglieder der Dachorganisation alle multilateralen Handelsabkommen einheitlich. Dieses Prinzip des Einheitsabkommens ("Single Agreement Approach" oder "Single Package Approach")[282] verhindert die ursprünglich mögliche selektive Akzeptanz.[283]
- **Die Vereinbarung über Regeln und Verfahren zur Beilegung von Streitigkeiten.**[284] Die Festlegung allgemeiner Regeln zu Streitverfahren verschärfte bestehende Vorläuferregelungen und folgt nunmehr ebenfalls dem „Single Agreement Approach", indem es über alle einzelnen Abkommen der WTO hinweg Gültigkeit hat (vgl. zur genauen Ausgestaltung Kapitel 3.3).
- **Der Mechanismus zur Überprüfung der Handelspolitik**[285] enthält Regeln zur Kontrolle nationaler Handelspolitiken, die per Stichproben in den Mitgliedstaaten erfolgen.[286]

---

281 WTO (1994): Das Rahmenübereinkommen der WTO. Übereinkommen zur Errichtung der Welthandelsorganisation (WTO) vom 15. April 1994, ABl. 1994 L 336/3.

282 Vgl. OPPERMANN, T. (1995): Die Europäische Gemeinschaft und Union in der Welthandelsorganisation ..., a.a.O., S. 18.

283 "GATT a la Carte" bei OPPERMANN, T. (1995): Die Europäische Gemeinschaft und Union in der Welthandelsorganisation ..., a.a.O., S. 18. Jetzt ist die selektive Akzeptanz lediglich im Bereich der verbliebenen plurilateralen Abkommen möglich. Vgl. ebd. und BENEDEK, W. (1998): Die Welthandelsorganisation (WTO) ..., a.a.O., S. 15.

284 WTO (1994): Vereinbarung über Regeln und Verfahren zur Beilegung von Streitigkeiten (DSU) vom 15. April 1994, ABl. 1994 L 336/234.

285 WTO (1994): Mechanismus zur Überprüfung der Handelspolitik vom 15. April 1994, ABl. 1994 L 336/251.

286 Die Kontrollhäufigkeit hängt von der wirtschaftlichen Größe des Mitgliedslands ab, indem „große Länder" häufiger kontrolliert werden.

- **Ministerentscheidung über Handel und Umwelt.**[287] Neben den dargelegten Abkommen existieren als Ministerentscheidungen noch Vereinbarungen ohne direkte Rechtsverbindlichkeit. Von Bedeutung ist der Beschluss zur Errichtung des Committee on Trade and Environment (CTE), das als Forum zur Untersuchung von Handelswirkungen aus Umweltmaßnahmen dient, um daraus Empfehlungen für Regelungen der WTO-Abkommen zu entwickeln.[288]

Die inhaltlichen Bestimmungen zur Gewährung eines freien Handels umfassen seit Uruguay die nachfolgenden drei Säulen:

- **Die Multilateralen Übereinkünfte im Bereich des Handels mit Gütern** (GATT und Spezialabkommen). Für die erste und traditionelle Säule der WTO, bildet der GATT-Vertrag selber die Grundlage i.S. einer "Allgemeinen Übereinkunft".[289] Hierin sind die Kernprinzipien des Welthandels verankert. In 12 Spezialabkommen werden die Kernprinzipien für einzelne Sektoren oder spezielle Problembereiche konkretisiert.[290] Mit Abschluss der Uruguay-Vereinbarungen wurden als neue Spezialabkommen dieser Säule das Agrarabkommen (AoA-Abkommen) sowie die Übereinkunft über die Anwendung gesundheitspolizeilicher und pflanzenschutzrechtlicher Maßnahmen (SPS-Abkommen) unterzeichnet.[291]

---

287 WTO (1994): Die Ministerentscheidung von Marrakesh über Handel und Umwelt vom 15. April 1994, verfügbar unter: http://www.wto.org/wto/english/tratop_e/envir_e/issu5_e.htm, Stand Juli 2001.

288 Vgl. WTO (Hrsg.): Decision on Trade and Environment, verfügbar unter: http://www.wto.org/wto/english/tratop_e/envir_e/issu5_e.htm. Stand Juli 2001.

289 Das neue "GATT 1994" wurde als Übernahmevertrag unterzeichnet und beinhaltet damit alle Vereinbarungen des alten "GATT 1947". Hiermit sind alle bestehenden Prinzipien und GATT-Abkommen sowie die insgesamt 12 multilateralen Spezialübereinkommen in den Annexen der Marrakesh-Schlussakte übernommen worden. Formal existieren beide Verträge nebeneinander - das "alte Gatt 1947" behält Gültigkeit für Unterzeichnerstaaten, die noch nicht als Mitglieder der WTO beigetreten sind. Vgl. OPPERMANN, T. (1995): Die Europäische Gemeinschaft und Union in der Welthandelsorganisation ..., a.a.O., S. 21.

290 Zu einzelnen GATT-Artikeln existieren auch aufbauende ergänzende Spezialabkommen, die im Prozess der verschiedenen Verhandlungsrunden zur Konkretisierung grundlegender Artikel entstanden. Z.B. das Übereinkommen über Subventionen und Ausgleichsmaßnahmen zum gleichnamigen GATT-Artikel XVI. Vgl. BENEDEK, W. (1998): Die Welthandelsorganisation (WTO) ..., a.a.O., S. 330 ff.

291 Zu dieser Säule zählen zusätzlich die Agreements "on Textiles and Clothing", "on Trade Related Investment Measures", "on Implementation of Article VI of the General Agreement on Tariffs and Trade", "on the Implementation of Article VII of the General Agreement on Tariffs and Trade", "on Preshipment Inspection", „on Import Liscensing Procedures" und "on Safeguards". Vgl. ALTEMÖLLER, F. (1997): Möglichkeiten und Grenzen der Berücksichtigung von Umweltschutzzielen in den Vertragstexten der Welthandelsorganisation, Die GATT/WTO-Spruchpraxis in umweltrelevanten Streitfällen, Bamberg, S. 29 ff.

- **Die Multilaterale Übereinkunft über den Handel mit Dienstleistungen** (GATS)[292]. Diese zweite Säule wurde auch erst in der Uruguay-Vereinbarung integriert und erfasst z.B. den Tourismussektor. Für den Handel mit Agrargütern und Lebensmitteln hat diese Übereinkunft keine Relevanz und ist an dieser Stelle der Vollständigkeit halber dennoch erfasst.
- **Die Multilaterale Übereinkunft über handelsbezogene Aspekte der Rechte des geistigen Eigentums** (TRIPS). Die dritte Säule der inhaltsrelevanten Abkommen enthält entsprechend dem GATT im Güterbereich allgemeine Prinzipien und zusätzlich spezifische Regelungen bezüglich der Rechte des geistigen Eigentums.[293] Als verbraucherschutzrelevante Elemente sind bspw. Bestimmungen zur Patentierbarkeit von Pflanzen und Pflanzensorten sowie Regelungen zur Herkunftsbezeichnung und zum Markenschutz enthalten.[294]

3.1.3 Die Kernprinzipien des GATT

Als wesentliche Kernprinzipien des GATT lassen sich folgende Regeln identifizieren:

- **Meistbegünstigung.** Nach **Artikel I** sind Produkte der Vertragsstaaten beim Import unabhängig vom Ursprungsland[295] gleichberechtigt zu behandeln hinsichtlich Zöllen und sonstigen Belastungen, sofern es sich um „gleiche Produkte" handelt.[296]
- **Gleichbehandlung.** Betrachtet die Meistbegünstigung die Gleichberechtigung von Importen unterschiedlicher Herkunft, so bezieht sich **Artikel III** auf die Gleichbehandlung aller Importe im Vergleich zu „gleichen" inländischen Produkten. Hiernach darf kein ausländisches Produkt gegenüber gleichen inländischen Produkten diskriminiert werden. Demnach können auf Importe die inländisch geltenden Bestimmungen zu Produktbelastungen angewendet

---

292 WTO (1994): Allgemeines Übereinkommen über den Handel mit Dienstleistungen (GATS) vom 15. April 1994, ABl. 1994 L 336/190.

293 Anders als in der Ersten Säule innerhalb des GATT sind die allgemeinen Grundsätze des TRIPS nicht in einem eigenständigen Abkommen, sondern im Teil I des Übereinkommens selbst geregelt. Vgl. WTO (1994): Übereinkommen über handelsbezogene Aspekte der Rechte des geistigen Eigentums (TRIPS) vom 15. April, ABl. 1994 L 336/213.

294 Vgl. zu Details Kapitel 3.2.3.

295 Ausnahmen vom Meistbegünstigungsprinzip bestehen für regionale Wirtschaftszonen wie die EU nach GATT Artikel XXIV. Vgl. OTT, A. (1997): GATT und WTO im Gemeinschaftsrecht, Greifswalder Rechtswissenschaftliche Reihe, Bd. 6, Köln - Berlin – Bonn, S. 25 ff.

296 Für die Gewährung von ausnahmebedingten Präferenzen für einzelne Staaten sind genaue Kriterien angegeben. Vgl. GATT-Artikel I, Abs. 2.

werden, solange diese weder direkt noch indirekt für Importe strenger sind.[297] Belastungen umfassen danach neben Abgaben und Steuern auch sonstige bestehende Regelungen, wie Vorschriften zum Ver- und Einkauf oder zu Beförderung und Vertrieb, die weder auf inländische noch auf ausländische Produkte mit dem Ziel des inländischen Produktionsschutzes anzuwenden sind.[298]

- **Reziprozität.** Dieses Kernprinzip in **Artikel XXVIII** beinhaltet, dass gewährten Vorteilen entsprechende Gegenleistungen des Begünstigten gegenüberstehen sollen. Die Umsetzung erweist sich durch Probleme der Bewertung von Vor- bzw. Nachteilen als schwierig.[299] Relevanz hat dieser Austausch von gegenseitigen Zugeständnissen auch für das Streitverfahren und dient als Basis für die Bestimmung der Vergeltungshöhe (vgl. Kapitel 3.3).

Im Mittelpunkt der Bestimmungen in Artikel I und III steht die Gleichheit oder Gleichartigkeit der betrachteten Produkte.[300] Die schwierige Konkretisierung dieses Kriteriums erfolgt fallweise im Rahmen von zahlreichen Streitverfahren und stellt eine der größten Herausforderungen für die WTO-Entscheidungsfindung dar (vgl. Kapitel 4.1 und Anhang 4).

Im Rahmen der GATT-Spezialabkommen werden Meistbegünstigung und Gleichbehandlung im Hinblick auf spezifische, auch verbraucherschutzrelevante Vorschriften konkretisiert, wie z.B. innerhalb des TBT- und des SPS-Abkommens (vgl. Kapitel 3.2).[301]

Neben den Kernprinzipen bestimmen weitere Gebote und vor allem Ausnahmebestimmungen das GATT:

- Für Ursprungsbezeichnungen nach Artikel IX soll entsprechend der Meistbegünstigung eine Ungleichbehandlung von Drittländern durch Kennzeichnungsregeln vermieden werden.[302] Auch Behinderungen des Handels und

---

297 Auch die Bestimmungen in der EU für die Behandlung national unterschiedlicher technischer oder steuerlicher Vorschriften bauen auf diesen GATT-Grundsätzen auf, sind aber durch zahlreiche EuGH-Urteile auch in Richtung strengerer Bestimmungen für Importe interpretiert worden. Vgl. zur Auslegung des Ursprungslandprinzips im "Dassonville-Urteil von 1974" und im "Cassis-de-Dijon-Urteil von 1978" ZIEGLER, A. (1999): Handel und Umwelt in der Europäischen Union, in: BERNAUER, T., RULOFF, D. (Hrsg.): Handel und Umwelt - Zur Frage der Kompatibilität internationaler Regime, Opladen, S. 81 ff.

298 Transportbedingte Preisunterschiede rechtfertigen dagegen keine Belastungen. Vgl. GATT-Artikel III, Abs. 1 und 2, sowie insbesondere 4.

299 Vgl. KULESSA, M. (1995): Umweltpolitik in einer offenen Volkswirtschaft ..., a.a.O., S. 230.

300 Gleichartig meint dabei unmittelbar konkurrierende oder zum gleichen Zweck geeignete Produkte. Vgl. GATT-Artikel III, Abs. 2, Anhang 1.

301 Vgl. JOSLING, T. (2000): Issues in the WTO Agricultural Negotiations ..., a.a.O., S. 17.

302 Vgl. GATT-Artikel IX, Abs. 1.

Irreführungen der Verbraucher sollen minimiert werden. Für die Einhaltung von Kennzeichnungsvorschriften ist weiterhin geboten, dass diese sich nur gering auf die Kosten der betreffenden Produkte auswirken und für die Nichtbeachtung keinerlei Strafe erhoben werden.[303] Im ergänzenden "Übereinkommen zu Herkunftsbezeichnungen" und insbesondere im TRIPS sind detaillierte, auch spezifisch verbraucherschutzrelevante Regelungen erfasst (vgl. Kapitel 3.2.3).

- Nach Artikel XI zur Allgemeinen Beseitigung von mengenmäßigen Beschränkungen sind außer Zöllen und Abgaben keine anderen Maßnahmen zur Regulierung des Handels sowohl bei der Einfuhr[304] als auch der Ausfuhr gestattet.[305] Sonderregelungen betreffen zeitlich begrenzte Ausfuhrverbote und -beschränkungen, um die innere Versorgung mit Nahrungsmitteln und Rohstoffen sicher zu stellen. Weitere Ausnahmen erfassen die Durchsetzung von Normen in Bezug auf Sortierung, Güteklassen und den Absatz von Waren.[306]

- Der Artikel XVI zu Subventionen kennzeichnet die grundsätzliche Verpflichtung zur Notifikation von Subventionen einschließlich Einkommens- oder Preisstützungen, die die Ausfuhr und Einfuhr beeinflussen.[307] Ausfuhrsubventionen sind generell zu vermeiden, insbesondere bei "Grundstoffen".[308] Das ergänzende "Übereinkommen zu Subventionen und Ausgleichsmaßnahmen" enthält eine differenzierte Systematik zu erlaubten und GATT-widrigen Subventionsformen (vgl. Kapitel 3.2.2.1).

- Die generelle Zielsetzung der WTO, die den Trend zu weiterer Handelsliberalisierung vorgibt, wird im Artikel XXVIII zu Zollverhandlungen betont.[309]

303 Vgl. GATT-Artikel IX, Abs. 4 und 5.

304 Besondere Ausnahmen gelten für landwirtschaftliche Einfuhrbeschränkungen, wenn diese festgelegte Maßnahmen zur Reduktion kurzfristiger inländischer Überschüsse begleiten, wie z.B. eine Unterstützung des kostenlosen inländischen Verbrauchs oder Preisnachlässe. Vgl. GATT (1947): Allgemeines Zoll- Handelsabkommen GATT 1947, vom 30. Oktober 1947 in der vom 1. März 1969 an geltenden Fassung, BGBl. 1951 II S. 173, Artikel XI, 2c.

305 Vgl. GATT-Artikel XI.

306 Vgl. GATT-Artikel XI, Abs. 2b.

307 Vgl. GATT-Artikel XVI, Abs. A zu Subventionen im Allgemeinen.

308 Vgl. GATT-Artikel XVI, Abs. 3. In Abs. 4 allerdings erfolgt eine Ergänzung um andere Waren als Grundstoffe.

309 Vgl. GATT-Artikel XXVIII, Abs. 3.

Zusammengefasst können aus den GATT-Prinzipien folgende Ziele identifiziert werden:

- die Deregulierung des Welthandels (Artikel XXVIII, XI) bei gleichzeitigem Schutz
- der nationalen Gleichberechtigung (Artikel I, III), die auch mit Hilfe einer Vielzahl von Ausnahmeregelungen gewährt wird (Artikel XI, XIII, XX, XXV).

3.2 Verbraucherschutzrelevante Bestimmungen in den WTO-Abkommen

Als verbraucherschutzrelevante Neuerung wurde mit der letzten Verhandlungsrunde die prinzipielle Zielrichtung des GATT, die Liberalisierung, um Umweltaspekte ergänzt.[310]

Benannte die **Präambel des GATT '47** als Mittel zur Wohlfahrtssteigerung noch

> "[...] *the full use* of the resources of the world",[311]

wurde mit **dem GATT '94** als Nebenbedingung der Wohlfahrtsmaximierung die Berücksichtigung der Umwelt integriert:

> "[...] the *optimal use* of the world's resources in accordance with the objective of sustainable development, seeking both *to protect and to preserve the environment* and to enhance the means for doing so in a manner consistent with their respective needs and concerns at a different level of economic development."[312]

Eine besondere Rolle für Umwelt- und Verbraucherschutzaspekte spielt die Vielzahl an **Ausnahmebestimmungen** im GATT.[313]

---

310 Vgl. HELM, C. (1995): Sind Freihandel und Umweltschutz vereinbar? ..., a.a.O., S. 77 ff.

311 UN PUBLICATIONS (1947): General Agreement on Tariffs and Trade, Final Act, New York. Hervorhebung hinzugefügt.

312 GATT (1994): The Results of the Uruguay Round of Multilateral Trade Negotiations, The Legal Texts, Geneva. Vgl. zum deutschen Text die Präambel des Vertrags in GATT (1947): Allgemeines Zoll- Handelsabkommen GATT 1947 ..., a.a.O. Hervorhebung hinzugefügt.

313 Wesentliche Ausnahmen zielen auch auf die Behandlung von Entwicklungsländern ab, denen besondere Vergünstigungen zugestanden werden können. Vgl. GATT-Artikel XVIII.

Der **Artikel XX** beinhaltet „allgemeine Ausnahmen" für GATT-widrige Maßnahmen, wie bspw. für Importverbote nach Artikel XI. Zur Rechtfertigung einer ausnahmsweise gestatten Etablierung dieser Maßnahmen, die ausdrücklich nicht zu einer willkürlichen und ungerechtfertigten Diskriminierung führen sollen, gelten als u.a. als Gründe[314]

- der Schutz des Lebens und der Gesundheit von Menschen, Tieren und Pflanzen (b),
- die Erhaltung erschöpfbarer natürlicher Ressourcen (g).

Entscheidend für die WTO-Konformität der Ausnahmemaßnahmen unter Artikel XX ist der Nachweis, dass diese zur Zielerreichung notwendig sind oder zumindest eindeutig in Bezug zu den aufgeführten Schutzzielen stehen.[315] Als besonders problematisch gilt die Verpflichtung anderer Staaten zur Verfolgung eines national begründeten Schutzziels (vgl. Kapitel 4.4).[316]

Auch die Ausnahmeregelungen für den Bereich der „Allgemeinen Beseitigung von mengenmäßigen Beschränkungen" nach **Artikel XI** lassen Spielraum für die Integration von Verbraucherschutzzielen. Voraussetzung für die Anwendung dieser Ausnahmebestimmungen ist das nachzuweisende Ziel, die innere Versorgung mit Nahrungsmitteln und Rohstoffen zu sichern. Neben diesen Produkten können aber auch "other products essential to the exporting contracting party" berücksichtigt werden.[317] Weitere verbraucherschutzrelevante Ausnahmen betreffen Einfuhr- und Ausfuhrbeschränkungen zur Durchsetzung von Normen und Vorschriften über die Sortierung und Einteilung in Güteklassen für land- und fischereiwirtschaftliche Erzeugnisse.[318]

---

314 Zusätzlich erfasst sind der Schutz der öffentlichen Sittlichkeit, der Schutz des nationalen Kulturgutes von künstlerischem, geschichtlichem oder archäologischem Wert, sowie Maßnahmen zur Durchführung von Verpflichtungen im Rahmen eines zwischenstaatlichen Grundstoffabkommens. Vgl. GATT-Artikel XX, Abs. a-j.

315 Sogenannte "Necessity-Anforderung" für Abs. (b) im Unterschied zur schwächeren "Relating-to"-Forderung im Abs. (g). Vgl. BENEDEK, W. (1998): Die Welthandelsorganisation (WTO) ..., a.a.O., Fn. S. 99 und ALTEMÖLLER, F. (1997): Möglichkeiten und Grenzen ..., a.a.O., S. 78.

316 Als grundsätzliches Problem im internationalen Recht. Vgl. APPLETON, A.E. (1997): Environmental Labelling Programmes ..., a.a.O., S. 41 ff.

317 Vgl. GATT-Artikel XI Abs. 2 (a). Dieser Artikel begründete zwar noch keinen Streitfall, wurde aber von den USA im "U.S. Forest and Resource Conservation and Shortage Relief Act" von 1990 zur eigenen Rechtfertigung eines Exportverbots für Nutzholz aus öffentlichen Waldbeständen herangezogen. Vgl. HELM, C. (1995): Sind Freihandel und Umweltschutz vereinbar? ..., a.a.O., S. 78.

318 Sofern diese Beschränkungen durch nachzuweisende Maßnahmen der Überschußbeseitigung begleitet werden. Vgl. GATT-Artikel XI, Abs. 2 b und c i-ii.

Im Unterschied zu den grundsätzlichen Ausnahmen regeln "**Waiver**" nach Artikel XXV spezifische Ausnahmen zur Befreiung einzelner Länder von vereinbarten Verpflichtungen.[319] Die Gewährung erfolgt hierbei durch individuelle Beschlüsse der Vertragsstaaten und nicht auf Grundlage eines definierten allgemeinen Ziels.[320] "Waiver" spielen eine besondere Rolle in der Diskussion um den möglichen Umgang mit Wechselwirkungen zwischen den handelspolitischen Abkommen der WTO und multinationalen Umweltabkommen (MEA). In einigen Umweltabkommen sind handelspolitische (Straf-) Maßnahmen zur Umsetzung von Verpflichtungen integriert, was WTO-Grundsätzen widersprechen kann.[321] Bislang liegen allerdings keine Streitverfahren hierzu vor, was sich als implizite Duldung dieser Maßnahmen auslegen lässt.

Der GATT-Artikel XX stellte vor der Uruguay-Runde die meistverwendete Grundlage für umweltrelevante Streitverfahren im GATT dar. Daher und wegen der geringen Konkretisierung wird er in der Literatur als "most subjective to abuse of all Gatt exceptions"[322] bezeichnet. Mit Anstieg der Anzahl von Spezialabkommen jedoch wurden auch die Verfahrensgrundlagen für potenzielle Streitverfahren erweitert, was der Dominanz des Artikel XX als Basis für umweltrelevante Streitverfahren entgegenwirkte (vgl. zur Entwicklung der herangezogenen Vertragsgrundlagen Anhang 4).

Nachfolgend werden als Abkommen mit Relevanz für den Verbraucherschutz betrachtet:

- das Übereinkommen über technische Handelshemnisse (TBT),
- das Abkommens über gesundheitspolizeiliche und pflanzenschutzrechtliche Maßnahmen (SPS),
- das Übereinkommen über Subventionen und Ausgleichsmaßnahmen (SCM),
- das Übereinkommen über die Landwirtschaft (AoA), sowie
- das Übereinkommen über handelsbezogene Rechte des geistigen Eigentums (TRIPS).

---

319 Vgl. GATT-Artikel XXV, Abs. 5.

320 WTO-Mitglieder können jedoch prinzipielle Kriterien vorschlagen, nach denen eine Befreiung von Verpflichtungen zu rechtfertigen ist. Vgl. GATT-Artikel XXV, Abs. 5 i.

321 Z.B. im Washingtoner Artenschutzabkommen; im Montrealer Protokoll über Stoffe, die zu einem Abbau der Ozonschicht führen oder im Cartagena Protokoll zur Biologischen Sicherheit. Vgl. UNEP (2000): Environment and Trade – A Handbook, Kanada, S. 12-17.

322 HELM, C. (1995): Sind Freihandel und Umweltschutz vereinbar? ..., a.a.O., S. 113.

Dem Anwendungsbeispiel des „Hormon-Streitfalls“ liegt zwar lediglich das SPS-Abkommen zugrunde, zur Ableitung von Empfehlungen für Verbraucherschutzpolitiken generell ist jedoch auch die Darstellung der anderen Abkommen relevant.

Die Darstellung ist entsprechend der in Kapitel 2 durchgeführten Wohlfahrtsanalyse systematisiert: zu Lösung von Marktversagen aufgrund von Externalitäten oder asymmetrischer Produktinformation im Handel werden nachfolgende Möglichkeiten innerhalb der WTO-Regelungen analysiert:

- die Übertragung von Produktvorschriften auf Importe, die eventuell von handelspolitischen Maßnahmen flankiert werden,
- die nationale Internalisierung durch gewährte Subventionen,
- die Behebung von Informationsasymmetrien durch Kennzeichnung.

3.2.1 Anwendung nationaler Vorschriften auf Importe

3.2.1.1 Das Übereinkommen über technische Handelshemmnisse

Das seit der Uruguay-Runde bestehende Übereinkommen über technische Handelshemmnisse (TBT)[323] konkretisiert die GATT-Artikel I und III für den spezifischen Anwendungsbereich einer Übertragung inländischer technischer Vorschriften und Normen auf Importe.[324]

Unter technischer Vorschrift wird ein verbindliches Regelwerk zu Merkmalen eines Produkts und zu Produktionsmethoden verstanden, dessen Einhaltung in den betrachteten Einfuhrländern *zwingend* vorgeschrieben ist.[325] Hierzu zählen Verpackungs-, Kennzeichnungs- und Beschriftungserfordernisse für ein Produkt oder eine Produktionsmethode.[326]

Eine Norm meint dagegen *freiwillige* Regelungen zum Produkt oder zu Produktionsmethoden.[327]

---

323 Als Vorläuferregelung wurde der „Standardkodex“ auf unverbindlicher Basis im Rahmen der Tokio-Verhandlungsrunde von 1973-1979 unterzeichnet. Unterzeichnerstaaten waren damals vorrangig Entwicklungsländer. Vgl. DROEGE, S. (2001): Ecological Labelling ..., a.a.O., 105. Und APPLETON, A.E. (1997): Environmental Labelling Programmes ..., a.a.O., S. 91.

324 Unter den Geltungsbereich fallen alle Waren, einschließlich landwirtschaftlicher Produkte. Ausgenommen sind die Maßnahmen, die im SPS-Abkommen erfasst sind. Vgl. WTO (1994): Übereinkommen über technische Handelshemmnisse vom 15. April 1994, ABl. 1994 L336/86, Artikel 1.3.

325 Vgl. ebd., Artikel 2.1, Anhang 1 Abs. 1.

326 Vgl. ebd., Anhang 1: Begriffe und Definitionen für die Zwecke dieses Übereinkommens.

327 Vgl. ebd., Annex 1.2. Vgl. DROEGE, S. (2001): Ecological Labelling ..., a.a.O., S. 105.

Grundsätzliche Ziele des Abkommen sind[328]

- die Gleichbehandlung von Importen und inländischen Produkten hinsichtlich der technischen Vorschriften und Normen (Gleichbehandlung nach Artikel III),[329]
- die gleichberechtigte Anwendung von technischen Vorschriften und Normen auf Importe aus unterschiedlichen Staaten (Meistbegünstigung nach Artikel I),[330]
- der Abbau von Handelshemmnissen durch nationale Vorschriften,
- die Harmonisierung von Vorschriften bzw. alternativ die wechselseitige Anerkennung von unterschiedlichen Vorschriften mit gleicher Wirkung.[331]

Unter der Voraussetzung, dass unterschiedliche nationale technische Regelungen für ein berechtigtes Schutzziel notwendig sind,[332] werden mögliche resultierende Handelshemmnisse akzeptiert.[333]

Als berechtigte Schutzziele nennt das TBT in Anlehnung an Artikel XX:[334]

- die Bewahrung nationaler Sicherheit,
- den Schutz menschlicher Gesundheit oder Sicherheit und den Schutz des tierischen oder pflanzlichen Lebens bzw. der Umwelt, sowie
- die Verhinderung trügerischer Praktiken.[335]
- Zur Vermeidung willkürlicher Schutzmaßnahmen gelten als weitere Bestimmungen:
- Die Harmonisierung und Anwendung international anerkannter technischer Vorschriften oder Normen wird forciert, wie z.B. Standards der International Organization for Standardization (ISO).[336]

---

328 Vgl. WTO (1994): Übereinkommen über technische Handelshemmnisse ..., a.a.O., Artikel 2, einzelne Absätze.

329 Vgl. ebd., Artikel 2.1.

330 Vgl. ebd.

331 Innerhalb vorgegebener Konformitätsverfahren. Vgl. ebd., Artikel 5.

332 Entsprechend der "Necessity-Anforderung" des GATT-Artikel XX. Vgl. ebd., Artikel 2.2.

333 Im Unterschied zum GATT-Artikel III wird eine mögliche Handelsbeschränkung somit eingeräumt. Vgl. ALTEMÖLLER, F. (1997): Möglichkeiten und Grenzen ..., a.a.O., S. 36.

334 Vgl. DROEGE, S. (2001): Ecological Labelling ..., a.a.O..

335 Vgl. WTO (1994): Übereinkommen über technische Handelshemmnisse ..., a.a.O., Artikel 2.2.

336 Im Anhang des Übereinkommens findet sich ein Verhaltenskodex für die Ausarbeitung, Annahme und Anwendung von Normen und die Errichtung von gemeinsamen Normen innerhalb einer zuständigen Organisation eines WTO-Mitgliedlands. Ausnahmen der Harmoni-

- Nach dem Äquivalenzprinzip ist die Gleichwertigkeit abweichender ausländischer Vorschriften anzuerkennen, sofern damit das gleiche Schutzniveau erzielt wird (vgl. Kapitel 4.2).[337]
- Die Notwendigkeit resultierender Handelshemmnisse muß durch einen wissenschaftlichen Nachweis belegt werden, der das Risiko kennzeichnen muss, das bei Verfehlung der Schutzziele eintritt.[338]

Bestehen die berechtigten Schutzziele nicht mehr oder sind durch weniger handelsbeschränkende Maßnahmen zu erreichen, verlieren die hierzu zugelassenen technischen Standards ihre Gültigkeit.[339]

Prinzipiell läßt sich durch die Schutzziele nach dem TBT-Abkommen somit die Verpflichtung anderer Staaten zur Übernahme eigener - auch verbraucherschutzrelevanter - Regelungen begründen, die gegebenenfalls auch durch rigide Importbeschränkungen eingefordert werden kann.

Konflikte bei der Anwendung des TBT-Abkommens bestehen vor allem in

- den Auslegungsgrenzen für verfahrensbezogene Vorschriften, die sich nicht physisch auf das Produkt auswirken (vgl. Kapitel 4.1), und
- der Akzeptanz oder Zurückweisung von zugrunde liegenden Kriterien der Risikoschätzung (vgl. Kapitel 4.3).

3.2.1.2 Das Übereinkommen über die Anwendung gesundheitspolizeilicher und pflanzenschutzrechtlicher Maßnahmen

Das ebenfalls in Uruguay vereinbarte Übereinkommen über die Anwendung gesundheitspolizeilicher und pflanzenschutzrechtlicher Maßnahmen (SPS) spezifiziert die GATT-Artikel I und III in Bezug auf sanitäre und phytosanitäre Vorschriften.

---

sierung bestehen aufgrund spezifischer Gegebenheiten (klimatisch, geografisch). Vgl. ebd., Anhang 3.

337 Vgl. ebd., Artikel 2.7. Dieses Prinzip hat auch innerhalb der EU eine Verankerung. Vgl. zur Gleichwertigkeit einzelstaatlicher rechtlicher Vorschriften in der EU Artikel 110b EGV. Vgl. VERTRAG VON AMSTERDAM 1999, Texte des EU-Vertrages und des EG-Vertrages mit den deutschen Begleittexten, Presse- und Informationsamt der Bundesregierung, 3. Auflage, Bonn.

338 Die Empfehlungen zu Verfahren der Risikoschätzung beziehen sich auf die Nutzung aller wissenschaftlichen Informationen oder den Vergleich mit verwandten Produktionstechnologien. Vgl. WTO (1994): Übereinkommen über technische Handelshemmnisse ..., a.a.O., Artikel 2.2 und 2.4.

339 Vgl. ebd., Artikel 2.3.

Entsprechend dem TBT-Abkommen steht die Vermeidung einer "verschleierten Beschränkung des internationalen Handels"[340] durch das Verbot willkürlicher und ungerechtfertigter Vorschriften auf Importe im Zentrum.

Die Schutzziele, die potenzielle Handelshemmnisse aus der Durchsetzung nationaler Vorschriften rechtfertigen, gründen auch im SPS-Abkommen auf den Zielen des GATT-Artikel XX und erfassen[341]

- den Schutz des Lebens oder der Gesundheit von Tieren oder Pflanzen im Gebiet des Mitgliedstaates.

Die spezifisch durch sanitäre und phytosanitäre Vorschriften zu vermeidenden Risiken entstehen hiernach durch

- "Einschleppung, das Auftreten oder die Verbreitung von Schädlingen, Krankheiten, krankheitsübertragenden oder krankheitsverursachenden Organismen [...],
- Zusätze, Verunreinigungen, Toxine oder krankheitsverursachende Organismen in Nahrungsmitteln, Getränken oder Futtermitteln [...],
- von Tieren, Pflanzen oder Waren übertragene Krankheiten oder durch die Einschleppung, das Auftreten oder die Verbreitung von Schädlingen."[342]

Berechtigte Schutzmaßnahmen werden dabei auch auf "Gesundheitsrisiken, denen sich Personen freiwillig aussetzen,"[343] ausgeweitet.

Wie im TBT-Abkommen soll das anvisierte Schutzniveau angemessen sein und lediglich minimale Handelsbeschränkungen nach sich ziehen.[344] Die etablierten Schutzmaßnahmen sollen nicht diskriminierender als notwendig sein.[345]

---

340 WTO (1994): Übereinkommen über die Anwendung gesundheitspolizeilicher und pflanzenschutzrechtlicher Maßnahmen vom 15. April 1994, ABl. 1996 L336/ 40, Artikel 2.3.

341 Vgl. JOSLING, T. (2000): Issues in the WTO Agricultural Negotiations ..., a.a.O., S. 17.

342 WTO (1994): Übereinkommen über die Anwendung gesundheitspolizeilicher ..., a.a.O., Präambel des Anhangs A - Definitionen.

343 Ebd., Artikel 5.5.

344 Vgl. ebd., Artikel 5.4.

345 "Necessity-Forderung" entsprechend GATT-Artikel XX. Vgl. ebd., Artikel 5.6.

Zur Vermeidung willkürlich festgesetzter Schutzniveaus wird auch im SPS-Abkommen eine Harmonisierung durch Anwendung international anerkannter Standards angestrebt.[346] Insbesondere sollen Regelungen, die in nachfolgenden Organisationen entwickelt wurden, Anwendung finden:[347]

- für den Bereich der **Nahrungsmittelsicherheit** die Normen und Regelungen der Kommission des Codex Alimentarius zu Zusätzen, Rückständen von Tierarzneimitteln und Pestiziden, Verunreinigungen, Analyse- und Probenahmemethoden, sowie Verhaltenskodizes und Richtlinien,
- für den Bereich der **Tiergesundheit** die Normen und Regelungen des Internationalen Tierseuchenamtes,
- für den Bereich der **Pflanzengesundheit** die Regelungen der Internationalen Pflanzenschutzkommission.[348]

Eine nationale Anwendung dieser international entwickelten Normen und deren Übertragung auf Importe, die auch Handelsbeschränkungen zur Durchsetzung nach sich ziehen kann, gilt dabei als GATT-konform.

Zur Beteiligung am Prozess der Standardsetzung wird die Mitgliedschaft an bestehenden internationalen Organisationen empfohlen (vgl. zur Relevanz der internationalen Normsetzung für den Anwendungsfall "Hormonfleisch" Kapitel 3.4).[349]

National strengere als die international entwickelten Regeln werden dann anerkannt, wenn deren Notwendigkeit für die Erreichung eines Schutzziels nachgewiesen wird,[350] was wiederum eine Risikoschätzung verlangt.[351]

Diese geforderten Risikobewertungsverfahren werden anders als im TBT-Abkommen stärker konkretisiert durch

- einen Katalog zu berücksichtigender Faktoren, wie bspw. die Nutzung aller wissenschaftlichen Informationen, aller üblichen Prüfverfahren, aller Informationen über Krankheitsvorkommen und Quarantänefälle,

---

346 Vgl. ebd., Artikel 3.1.

347 Vgl. WTO (1994): Übereinkommen über die Anwendung gesundheitspolizeilicher ..., a.a.O., Artikel 3.4 und Anhang A - Definitionen, Artikel 3.

348 Die "Three Sisters" der internationalen Standardsetzung. Vgl. WTO (2000): Guidelines to further the practical Implementation of Article 5.5., Committee on Sanitary and Phytosanitary Measures, 18 July 2000, G/SPS/15, S. 2.

349 Vgl. ebd., Artikel 3.4.

350 Vgl. ebd., Artikel 3.3. Regionale Freiheiten bei strengeren Normen werden bei der Definition von krankheitsfreien Gebieten unter Einbeziehung regionaler Aspekte, wie geografische Lage oder Vorkommen von Ökosystemen, gestattet. Vgl. ebd., Artikel 3.2. und 6.

351 Vgl. ebd., Artikel 5.1-3.

- die Einbeziehung ökonomischer Elemente wie Absatzeinbußen bei Schädlingsbefall oder Vermeidungskosten bei der Schädlingsausrottung.[352]

Im Jahr 2000 wurden Möglichkeiten zur Verschärfung der in den Risikoschätzungsverfahren verlangten Kriterien geprüft, ohne dass es zu wesentlichen Änderungen kam.[353] Eine entscheidende Neuerung für das WTO-Regelwerk fand dagegen mit der erstmaligen Integration einer Art modifiziertem **Vorsorgeprinzips** statt.[354] Hiernach besteht bei nationaler Abweichung von den internationalen Standards im SPS-Abkommen die Möglichkeit, vorläufige Schutzmaßnahmen zu realisieren, wenn eine wissenschaftliche Rechtfertigung nachgereicht wird.[355]

Auch das Äquivalenzprinzip, somit die Anerkennung unterschiedlicher Regelungen bei Einhaltung des gleichen Schutzniveaus, ist im SPS-Abkommen integriert.[356] Im Unterschied zum TBT-Abkommen allerdings liegt die Nachweispflicht ausdrücklich beim Ausfuhrland, das dem Einfuhrland unter Zugang zu eigenen Kontroll- oder Prüfverfahren die Gleichwertigkeit der Vorschriften nachzuweisen hat.[357]

Die detaillierte Auslegung einzelner SPS-Artikel erfolgt fallspezifisch anhand des "Hormonfleisch-Falls" in Kapitel 3.4.

Prinzipielle Konflikte, die innerhalb von Streitverfahren fallweise zu klären sind, entstehen ähnlich wie im TBT-Abkommen aus der fehlenden Integration rein verfahrensbezogener Vorschriften ohne Produktbezug und aus der Anerkennung vorgelegter Risikoschätzungsverfahren (vgl. zur fallweisen Klärung Anhang 4).

---

352 Vgl. ebd., Artikel 5.2-.3 im Unterschied zu WTO (1994): Übereinkommen über technische Handelshemmnisse ..., a.a.O., Artikel 2.2.

353 Vgl. WTO (2000): Summary Report on the SPS Risk Analysis Workshop 19-20 June, Committee on Sanitary and Phytosanitary Measures, G/SPS/GEN/209 und JOSLING, T. (2000): Issues in the WTO Agricultural Negotiations ..., a.a.O., S. 18.

354 In Deutschland ist dieses Prinzip bereits im Umweltprogramm 1971 verankert. Vgl. zur kontroversen Diskussion um die politische Bedeutung dieses Prinzips KLOEPFER, M. (1989): Umweltrecht, 1. Auflage, München, S. 74 ff.

355 Vgl. WTO (1994): Übereinkommen über die Anwendung gesundheitspolizeilicher ..., a.a.O., Artikel 5.7.

356 Entwicklungsländern werden Sonderkonditionen eingeräumt, indem zur Anwendung von Maßnahmen technische Unterstützung gewährt wird. Vgl. ebd., Artikel 9 und 10.

357 Vgl. ebd., Artikel 4.1.

3.2.2 Ausgestaltung nationaler Subventionen

Das Übereinkommen über Subventionen und Ausgleichsmaßnahmen (SCM) regelt die Zulässigkeit von nationalen Subventionen im Hinblick auf handelsverzerrende Wirkungen sowie die Ausgestaltung von möglichen Gegenmaßnahmen bei unzulässigen Subventionen.

Das Agrarabkommen der Uruguay-Runde (AoA) ist in diesem Zusammenhang als eine sektorspezifische Ausnahmevereinbarung von den strengen allgemeinen Bestimmungen zur Gestattung von nationalen Subventionen nach dem SCM einzuordnen. Die Beziehung dieser weitgefassten Ausnahmeregelungen zum SCM wird innerhalb der "Friedensklausel" für verschiedene Subventionstypen geregelt (vgl. Übersicht 34).

Die Darstellung beider Abkommen dient der Identifizierung von Grenzen und Möglichkeiten für verbraucherschutzpolitische Subventionen auf Ebene der WTO im Zusammenspiel agrarpolitischer und allgemeiner Subventionsregelungen.

3.2.2.1 Das Übereinkommen über Subventionen und Ausgleichsmaßnahmen

Als eigenständiges Abkommen selber wurde das SCM erst in der jüngsten Uruguay-Runde beschlossen und regelt den Umgang mit Wettbewerbswirkungen aufgrund von Subventionen.[358]

Im Rahmen der Wohlfahrtsanalyse verbraucherschutzrelevanter Externalitäten wird die Wirkung von "Verbraucherschutz-Dumping" i.S. unterlassener Internalisierung betrachtet. Die resultierenden Effekte können als äquivalent zu denen einer Subvention verstanden werden: eine fehlende Internalisierung externer Verbraucherschutzkosten aufgrund unterlassener politischer Regelungen bewirkt geringere private Produktionskosten und damit eine Förderung der belastenden Aktivität.

Im Unterschied zu diesem neoklassischen Verständnis von "Verbraucherschutz-Dumping" als unterlassene Politik, befasst sich das SCM-Abkommen dagegen ausschließlich mit den Handelswirkungen faktisch geleisteter öffentlicher Zahlungen.[359]

---

358 Vorläufer des Übereinkommen über Subventionen und Ausgleichsmaßnahmen ist der „Subventionskodex", der bereits auf der Tokio-Verhandlungsrunde 1979 unterzeichnet wurde. Vgl. zur Geschichte KULESSA, M. (1995): Umweltpolitik in einer offenen Volkswirtschaft ..., a.a.O., S. 235, WTO (1994): Übereinkommen über Subventionen und Ausgleichsmaßnahmen ..., a.a.O., Artikel 1.

359 Vgl. HELM, C. (1995): Sind Freihandel und Umweltschutz vereinbar? ..., a.a.O., S. 115.

Unter Subvention wird nach dem Abkommen ein umfassender Satz von Leistungen zur Unterstützung inländischer Erzeuger verstanden, der alle Formen der Einkommens- und Preisstützung wie z.B. Kredite und direkte Interventionsmaßnahmen erfaßt.[360]

Abhängig von ihrer potenziellen Wettbewerbsverzerrung werden Subventionen hiernach eingeteilt in verbotene, anfechtbare und nicht-anfechtbare Typen. Je nach Subventionstyp sind Gegenmaßnahmen in Form von Ausgleichszöllen gestattet.[361]

- **Verbotene Subventionen** sind alle Formen von Exporterstattungen,[362] die ohne weitere Bedingungen Ausgleichszölle rechtfertigen.
- **Anfechtbare Subventionen** sind spezifische Subventionen, welche exklusiv für bestimmte Unternehmen - einzelne Unternehmen, Unternehmenstypen oder Branchen - geleistet werden.[363] Diese Subventionen sind widrig und berechtigen Ausgleichszölle unter der Voraussetzung, dass ein benachteiligter Staat eine ernsthafte Schädigung nachweisen kann.[364] Der Schadensnachweis ist mittels eines vorgegebenen Katalogs an Kriterien zu vollziehen.[365] Gestattete Ausgleichszölle gegenüber anfechtbaren Subventionen werden innerhalb eines festgelegten Verfahrens gewährt.[366]

---

360 Vgl. WTO (1994): Übereinkommen über Subventionen und Ausgleichsmaßnahmen ..., a.a.O., Artikel 1.

361 Die Zölle sind in maximaler Höhe des widrigen Subventionsvolumens zu errichten und gelten nur bis zur Rücknahme der widrigen Subvention, längstens jedoch fünf Jahre. Weitere Untersuchungen können dann längere Ausgleichsmaßnahmen rechtfertigen. Vgl. ebd., Artikel 19.1 und 21.1 und 21.3.

362 Diese umfassen sowohl direkte Zahlungen abhängig von der Exportleistung als auch sämtliche indirekten Formen, wie bspw. beeinflusste Transportgebühren oder eine Vorteilsgewährung bei ausfuhrbedingten Steuern. Entscheidend ist die Feststellung, dass die Gewährung dieser Unterstützung von der tatsächlichen oder erwarteten Ausfuhr abhängig ist. Vgl. ebd., Artikel 3, Anhang I.

363 Vgl. ebd., Teil I, Artikel 2.

364 Vgl. ebd., Artikel 1.2.

365 Hierzu zählen der Umfang der widrigen Subvention bezogen auf den Warenwert, die erfolgte Deckung von Betriebsverlusten, die Nutzung für direkte Schuldenerlasse, die Verdrängung von Importen eines anderen Staates im subventionierenden Land oder von Exporten auf einem Drittlandmarkt, die Auslösung von Preisunterschieden im Vergleich zu gleichwertigen unsubventionierten Produkten oder die Steigerung der relativen Weltmarktanteile des subventionierten Produkts. Außerdem sind alle sonstigen, den betreffenden Wirtschaftszweig beeinflussenden Faktoren zu berücksichtigen, um die Subvention als Ursache der Schädigung identifizieren zu können. Vgl. ebd., Artikel 15, Abs. 15.4.

366 Hierzu ist ein Antrag auf Untersuchung zu stellen, der Beweise sowohl für die Existenz verbotener bzw. anfechtbarer Subventionen als auch für die ernsthafte Schädigung enthalten muss. Innerhalb des Abkommens ist ein eigenes Verfahren integriert, das die Gewährung von

- **Nicht-anfechtbare** und damit erlaubte Subventionen sind alle nicht-spezifischen Subventionen,[367] die grundsätzlich allen Unternehmen und Sektoren zugänglich sind.[368] Hierzu zählen i.S. des Abkommens auch Beihilfen für die Anpassung an neue Umweltvorschriften.[369] Erlaubte Subventionen sind zu notifizieren, so dass alle Staaten die Übereinstimmung mit den genannten Kriterien überprüfen können.[370]

Unterlassene Umweltpolitik ist nicht Gegenstand dieses Abkommens. Eine Rechtfertigung für Schutzmaßnahmen gegen die Benachteiligung durch unterlassene Internalisierung - wie die in Kapitel 2.2.1.4 untersuchten Ausgleichszölle oder Importverbote - ist daher im Kontext des SCM-Abkommens nicht möglich.

3.2.2.2 Das Übereinkommen über die Landwirtschaft

Das in der Uruguay-Runde unterzeichnete Übereinkommen über die Landwirtschaft betrifft sowohl außenhandelspolitische als auch inländische Protektionsmaßnahmen.

Im Bereich des **Außenhandels** sind v.a. die zulässigen Aufwendungen für Exporterstattungen und das subventionierte Exportvolumen begrenzt und gegenüber einer Referenzperiode zu reduzieren.[371] Weiterhin wurde eine Tarifizierung der Außenschutzmaßnahmen und gleichzeitig ein Abbau der Zollsätze vereinbart, der über unterschiedliche Zollsenkungen in definierten Produktkategorien realisiert wird.[372] Zusätzlich wird eine mengenmäßige Erhöhung des Marktzugangs über

---

Ausgleichsmaßnahmen prüft und den Grundsätzen nach dem Allgemeinen Streitverfahren entspricht. Zusätzlich kann auch das Allgemeine Streitverfahren (vgl. Kapitel 3.3) zur Lösung genutzt werden. Vgl. ebd., Teil II Artikel 4 und Teil V, Artikel 10 ff.

367 Vgl. ebd., Teil IV Artikel 8.1.

368 Der Nachweis erfolgt über das Vorliegen von ordnungsrechtlichen Bestimmungen zu objektiven Vergabekriterien, die zu einer Querschnittsanwendung führen. Zur Regelung der Umsetzungspraxis sind zusätzlich empirische Untersuchungen zur tatsächlichen Inanspruchnahme bei nicht-spezifischen Subventionen möglich. Hiermit wird ermittelt, inwieweit lediglich bestimmte Unternehmen die als nicht-anfechtbar ausgegebenen Subventionen erhalten. Vgl. ebd., Artikel 2 a-c.

369 Diese Unterstützung darf lediglich in Höhe der Anpassungskosten geleistet werden. Vgl. ebd., Artikel 8.2 c. Weiterhin gehören die Unterstützung von Forschungstätigkeiten oder auch bestimmte Beihilfen für benachteiligte Regionen zu nicht-anfechtbaren Subventionen. Die Gewährung erfolgt auf Grundlage genau zu definierender objektiver Vergabekriterien, wie z.B. ein unterdurchschnittliches regionales Pro-Kopf-Einkommen. Vgl. ebd., Artikel 8.2 b (iii).

370 Vgl. ebd., Artikel 8.3.

371 Dem Wert nach um 36%, dem mengenbezogenen Volumen nach um 21%. Vgl. WTO (1994): Übereinkommen über die Landwirtschaft vom 15. April 1994, ABl. 1994 L 336/22, Artikel 9.

372 Die durchschnittliche Zollsenkung über alle erfassten Produkte wurde dabei mit 36%, die Mindestzollsenkung pro einzelnes Produkt mit 15% beschlossen. Für die verschiedenen

produktspezifische Zollquoten (Tariff Quota Rates, TRQs) realisiert. Für die pro Jahr festgelegten Mengen gelten gegenüber den generellen Zöllen verminderte Zollsätze.[373]

Während Exporterstattungen nach dem SCM-Abkommen als verbotene Subventionen einzuordnen sind, die ohne weitere Bedingungen Ausgleichszölle rechtfertigen, bestehen Ausnahmen für den Agrarsektor, indem auch bei diesen Subvention Gegenmaßnahmen zu begründen sind (vgl. Übersicht 34).[374]

Die Maßnahmen der **internen Stützung** sind für den Agrarbereich abhängig von ihrer potenziellen Handelsverzerrung nach WTO-Verständnis wie folgt eingeteilt:[375]

- Produktionsverzerrende Maßnahmen, die einer Abbauverpflichtung unterliegen („Amber Box").
- Maßnahmen mit geringer produktionsverzerrender Wirkung sind unter bestimmten Bedingungen[376] zunächst bis zum Jahre 2003 von der Abbauverpflichtung ausgenommen („Blue Box").
- Maßnahmen, die i.S. des WTO-Verständnisses keine Produktionsverzerrung bewirken, sind gestattete Agrarsubventionen („Green Box").

Kategorien bei Rindfleischprodukten liegen die spezifisch vereinbarten Zölle für das Jahr 2001 zwischen 1.414 ECU/t und 3.034 ECU/t, jeweils zuzüglich eines 12,8%igen Wertzolls. Vgl. zur Übersicht der generellen Zollsätze aller Produktkategorien USDA (Hrsg.): Schedule CXL – European Communities, Part I-Most-Favoured-Nation Tariff, Section I: Agricultural Productions/Section I-A Tariffs, verfügbar unter: http://www.fas.usda.gov/wto/eu, Stand Dezember 2000. Die besondere Schutzklausel des Agrarabkommens gewährt Ausnahmen für grundsätzlich untersagte Zollerhöhungen. Vgl. WTO (1994): Übereinkommen über die Landwirtschaft ..., a.a.O., Artikel 5a und b. Um die beschlossene Vereinbarung über einen Anstieg des Marktzugangs von 3% auf 5% im Durchführungszeitraum 1995- 2001 zu realisieren, werden die Mengen jährlich erhöht. Ebd.

373 Vgl. für die EU z.B. Schedule CXL- European Communities, Part I-Most-Favoured-Nation Tariff, Section I: Agricultural Productions/Section I-A Tariffs, vgl. USDA (Hrsg.): Schedule CXL – European Communities ..., a.a.O.

374 Vgl. WTO (1994): Übereinkommen über die Landwirtschaft ..., a.a.O., Artikel 13, Abs. c.

375 Die Einteilung der internen Protektionsmaßnahmen erfolgt in Kategorien entsprechend den Ampelfarben, wobei die "Red Box" grundsätzlich verbotene Maßnahmen meint, die definitionsgemäß zum Zeitpunkt des Abkommens nicht vorlagen. Alle bestehenden verzerrenden Maßnahmen wurden somit der "Amber Box" zugewiesen. Die "Blue Box" stellt den Bereich zwischen "Amber-" und "Green Box" dar, deren Maßnahmen nur bedingt erlaubt sind. Vgl. ebd., Artikel 13, Abs. a , Artikel 6.1 sowie Anhang 2.

376 Diese Subventionen sind durch Maßnahmen zur Produktionsbegrenzung zu flankieren.

Im Mittelpunkt für die Bewertung zukünftiger verbraucherschutzpolitischer Subventionen stehen die erlaubten Subventionen der "Green Box" aus dem Bereich interner Stützung.[377]

Spezifische Kriterien für die Anerkennung dieser Subventionen sind:[378]

- die Finanzierung innerhalb staatlich definierter Programme,
- die Vermeidung von Verbrauchertransfers und
- die Vermeidung allokationswirksamer Effekte entsprechend einer Preisstützung.

Für Umweltprogramme der "Green Box"[379] im Speziellen gilt außerdem eine Begrenzung der Subvention auf[380]

- die Höhe der erforderlichen Zusatzaufwendung zur Erfüllung der Umweltleistung bzw.
- die Höhe der Einkommensverluste in Folge der Teilnahme am Umweltprogramm (Opportunitätskostenansatz).

Diese Kriterien widersprechen denen der erlaubten Subventionen nach dem SCM-Abkommen, da sie

- spezifisch für den Agrarsektor gelten und nach dem SCM daher prinzipiell anfechtbar sind, und[381]
- über die im SCM-Abkommen erlaubte Unterstützung ausschließlich zur Anpassung an neue Umweltvorschriften hinausgehen.

---

377 Verschiedene Ausnahmeregelungen betreffen Entwicklungsländer hinsichtlich der Umsetzungsfristen, dem Ausmaß der Reduktion von internen Subventionen und hinsichtlich mengenmäßiger Ausfuhrbeschränkungen. Daneben besteht das Gebot für die Industrieländer zur besonderen Berücksichtigung negativer Effekte für diese Länder. Vgl. ebd., Artikel 15, 6.4.b und 12.2 und Artikel 16.1.

378 Vgl. ebd., Anhang 2, Artikel 1.

379 Neben den Umweltprogrammen zählen bspw. auch öffentlich finanzierte Beratungsleistungen oder Regionalförderungen zu Green Box-Maßnahmen. Vgl. ebd., Anhang 2, Artikel 2 und 13.

380 Vgl. ebd., Anhang 2, Artikel 12 a) und b).

381 Im Bereich der Regionalförderung für benachteiligte Gebiete stellen diese Subventionen nach dem SCM sogar verbotene Subventionen dar. Vgl. zu den Kriterien bei WTO (1994): Übereinkommen über Subventionen und Ausgleichsmaßnahmen ..., a.a.O., Artikel 8 b.

Das Verhältnis von SCM-Abkommen und den Maßnahmen interner Protektion des Agrarabkommens wird im Rahmen der sogenannten "Friedensklausel" des Artikels 13 über die "Angemessene Zurückhaltung" geregelt. Hiernach sind die bestehenden, nicht abzubauenden Agrarsubventionen vor Gegenmaßnahmen anderer Staaten bis 2003 geschützt.[382]

Dieser Schutz agrarpolitischer Subventionen erfolgt bei allen internen Subventionen sowie den Exporterstattungen. Der Grad des Schutzes ist allerdings abhängig von der Subventionsklassifizierung nach dem SCM, indem verbotene Exporterstattungen geringer geschützt sind als lediglich anfechtbare Subventionen (vgl. Übersicht 34).

Der Ablauf der Friedensklausel und damit des besonderen Schutzes der Agrarsubventionen verursacht Zeitdruck für Neuvereinbarungen, da andernfalls zeitaufwendige Streitverfahren oder wohlfahrtsmindernde Ausgleichsmaßnahmen drohen.[383]

---

382 Vgl. WTO (1994): Übereinkommen über die Landwirtschaft ..., a.a.O., Artikel 13.1 f.

383 Die Wiederaufnahme der Verhandlungen wurde vor Ablauf des Durchführungszeitraums von 1995-2000 festgesetzt. Das Scheitern der 3. Ministerkonferenz im Dezember 1999 gründete auf der verfehlten Einigung über die allgemeine Verhandlungsagenda (Prinzip des „Single Undertaking“), die vorgeschrieben ist, um weitere Beschlüsse zu erzielen. Daher wurden im Folgeprozess zunächst nur getrennte Einzelverhandlungen über spezielle Abkommen geführt, im Agrarbereich seit 2000 z.B. im WTO-Ausschuss für Landwirtschaft in Genf. Auf der 4. Ministerkonferenz im November 2001 in Doha konnten die Agrarverhandlungen als Teil des Single Undertakings angenommen werden. Eine kritische Phase wird mit dem Anlauf der 5. Ministerkonferenz in Mexiko 2003 eingeleitet: bis Ende März 2003 sind die quantifizierten Länderpositionen wie z.B. zum weiteren Abbau der Zollsätze als Ausgangspunkt für die Schlussverhandlungen bei der WTO einzureichen. Der Abschluss der Gesamtverhandlungen zum Agrarabkommen ist für Januar 2005 geplant.

Übersicht 34: Schutz der Agrarsubventionen vor Anwendung des SCM im Rahmen der Friedensklausel

Subventionstyp nach AoA	**Klassifizierung nach SCM**	**Schutzmaßnahme nach SCM**	**Friedensklausel nach AoA**
Exporterstattung	• Verbotene Subvention	• **Ausgleichszoll** - ohne Schadensnachweis	• **Ausgleichszoll** - mit Schadensnachweis - mit angemessener Zurückhaltung
Amber Box	• Anfechtbare Subventionen, da 1. spezifisch und 2. bei Nachweis von - Anstieg des Weltmarktanteils des subv. Produkts - Preiswirkung - Einfluss auf Importe oder auf Drittlandexporte anderer Staaten	• **Ausgleichszoll** - mit Schadensnachweis	• **Ausgleichszoll** - Bei Verletzung der Reduktionsverpflichtungen und - mit Schadensnachweis - mit angemessener Zurückhaltung
Blue Box			**Irrelevante** Subvention, wenn subventionsbedingter Wert < 5 % des Produktionswerts, sonst • **Ausgleichszoll** - Bei Verletzung der Kriterien und - mit Schadensnachweis - mit angemessener Zurückhaltung
Green Box	• Anfechtbare Subvention, da 1. Spezifisch, 2. Nicht beschränkt auf strenge Ausnahmeregelungen (für Umwelt z.B. ausschließlich Umstellungskosten)	• **Ausgleichszoll** - mit Schadensnachweis	• **Kein Ausgleichszoll**

Zunehmender Schutz von Agrarsubventionen

Quelle: Eigene Zusammenstellung auf Grundlage von WTO (1994): Übereinkommen über die Landwirtschaft ...a.a.O., Artikel 13, Abs. a zu Green Box-Maßnahmen, Abs. b zu Blue Box- und Amber Box-Maßnahmen und Abs. c zu Exporterstattungen.

Als weitere relevante Bestimmung des Agrarabkommens gilt Artikel 14, in dem das SPS-Abkommen integriert ist und sich die Staaten zur Einhaltung der dort getroffenen Vereinbarungen verpflichten. Das SPS-Abkommen bestimmt damit auch bei Agrarprodukten den Rahmen für die nationale Verbraucherschutzpolitik.

Die Perspektiven der weiteren Verhandlungen sind im Artikel 20 AoA gekennzeichnet:[384]

- Das langfristige Ziel besteht in der grundsätzlichen Weiterverfolgung der Liberalisierung durch eine "wesentliche Senkung von Stützungs- und Schutzmaßnahmen".
- Der Handlungsspielraum für die Einbeziehung von Verbraucherschutzaspekten kann vergrößert werden. Dies ist aus der Berücksichtigung der sogenannten nicht-handelsbezogenen Anliegen ("non-trade concerns") aus der Präambel abzuleiten.

Vor allem die EU verteidigt den Bereich der nicht-handelsbezogenen Anliegen unter dem Schlagwort der "Multifunktionalität der Landwirtschaft" und ordnet darunter auch die Bereitstellung hochwertiger Nahrungsmittel ein.[385]

Wegen der Unspezifizität des WTO-Wortlauts zu nicht-handelsbezogenen Anliegen ist für die politische Argumentation im Vorbereitungsprozess der Verhandlungen eine stärkere Konkretisierung notwendig. Eine Subventionierung von Verbraucherschutzanliegen in der Lebensmittelproduktion lässt sich im Rahmen der unkritischen „Green Box" nur rechtfertigen, wenn hier Bereiche zu identifizieren sind, die Merkmale öffentlicher Güter tragen. Eine Entlohnung von bereitgestelltem Verbraucherschutz auf dieser Basis hat weiterhin den spezifischen Bedingungen der „Green Box" gerecht zu werden.

---

384 Vgl. ebd., Teil XII Artikel 20.

385 Weitere Vertreter sind Norwegen und Japan. Eine eindeutige Begriffsabgrenzung existiert nicht, teilweise werden alle Leistungen des Agrarsektors erfasst, teilweise als spezifische Leistungen nachfolgende genannt: Umweltleistungen, der Erhalt an Landschaft, die Bereitstellung qualitativ hochwertiger Produkte, der Einsatz tiergerechter Produktionsverfahren. Für die EU wird eine besondere Bedeutung aus der europäischen Besiedlungsdichte, der Vielfalt traditioneller Produktionsweisen und der ausgeprägten Präferenz der Verbraucher für Umwelt und Gesundheit abgeleitet. Vgl. zu Details CAHILL, C. (2001): The Multifunctionality of Agriculture: What Does it Mean?, EuroChoices (1), S. 36-41 und OECD (2001): Multifunctionality – Towards an Analytical Framework, Paris.

3.2.3 Bestimmungen zur nationalen Kennzeichnung: Das Übereinkommen über handelsbezogene Aspekte des geistigen Eigentums (TRIPS)

Das Übereinkommen über handelsbezogene Aspekte des geistigen Eigentums (TRIPS) ergänzt die ausschließlich herkunftsbezogenen Kennzeichnungsregeln des GATT-Abkommens. Nach GATT-Artikel IX darf eine Herkunftskennzeichnung entsprechend den Kernprinzipien keine Diskriminierung zwischen Staaten bewirken. Des weiteren enthält der Artikel einen Schutz vor Missbrauch sowie die vereinfachende Vorgabe, dass eine Kennzeichnung erst bei Einfuhr relevant wird. Hiermit erfolgen Kontrollen nicht im Land der Produktion sondern erst an der Grenze.[386] Darüber hinaus wird eine Kooperation zur Abstimmung zwischen nationalen Vorschriften angeraten.[387]

Differenziertere Regelungen zur Kennzeichnung enthält das TRIPS. Neben der Wiederaufnahme der grundlegenden Kernprinzipien des GATT auch innerhalb dieser dritten Säule der WTO-Abkommen (vgl. Übersicht 33).[388] betreffen verbraucherschutzrelevante inhaltliche Bestimmungen den Schutz von Marken und geografischen Angaben:[389]

- Für Marken werden Verwendungsrechte und Verfahren zur Vermeidung von Verwechslungsrisiken geregelt.
- Mit dem Schutz der geographischen Angaben werden Kennzeichnungstypen erfaßt, die

> „[...] eine Ware als aus einem Hoheitsgebiet eines Mitglieds oder aus einer Gegend oder aus einem Ort in diesem Gebiet stammend kennzeichnen, wenn eine bestimmte Qualität, der Ruf oder eine sonstige Eigenschaft der Ware *im wesentlichen auf ihrer geographischen Herkunft* beruht.“[390]

---

386 Anders geregelt bspw. bei Kontrollen zur Überprüfung der Äquivalenz von Vorschriften nach Artikel 4.1. im SPS-Abkommen. Vgl. Kapitel 3.2.1.2.

387 Vgl. GATT (1947): Allgemeines Zoll- Handelsabkommen GATT 1947 ..., a.a.O., Artikel IX Abs. 1-3 und 6.

388 Anders als im Güterbereich werden diese allgemeinen Grundsätze nicht in einem gesonderten Abkommen geregelt, sondern innerhalb Teil I des TRIPS. Inhaltliche Bestimmungen sind im Teil II des Übereinkommens erfasst. Vgl. WTO (1994): Übereinkommen über handelsbezogene Aspekte ..., a.a.O.

389 Vgl. ebd., Teil II, Abschnitt 2 und 3. Des weiteren bestehen noch Regelungen zu Patenten. Hierzu gehört der Grundsatz, dass für Zucht- und Diagnoseverfahren bei Menschen, Tieren und Pflanzen eine Patentierbarkeit zu gewährleisten ist. Ausnahmeregelungen sind für Ziele nach GATT-Artikel XX möglich. Vgl. ebd., Abschnitt 5.

390 Ebd., Abschnitt 3, Artikel 22.

Damit entspricht die im TRIPS erfasste und geschützte Kennzeichnung der Kategorie der „qualifizierten geografischen Angabe“ entsprechend dem EU-Rechtsverständnis (vgl. Kapitel 2.4.1).[391]

Im Unterschied zum **Übereinkommen über Ursprungsregeln** als Spezialabkommen des GATT[392] kann im TRIPS nicht nur das gesamte Ursprungsland gekennzeichnet werden, sondern auch einzelne Regionen. Diese regionale Kennzeichnung spielt insbesondere für Weine und Spirituosen eine große Rolle, für die spezifische Regelungen gelten.[393]

Auch Imagekomponenten eines Produktes können nach TRIPS-Verständnis durch eine qualifizierten geographische Angabe als Produkteigenschaft deklariert werden.[394]

Bei der konkreten Anwendung des Schutzes einer nationalen Kennzeichnung auf Grundlage der TRIPS-Bestimmungen ergeben sich allerdings folgende Problembereiche:

- Die traditionell unterschiedliche Ausgestaltung von herkunftsbezogener Kennzeichnung in den Mitgliedstaaten[395] (vgl. zu Kennzeichnungstypen Kapitel 2.4.1) und deren rechtliche Verankerung.[396]
- die fehlende Spezifizierung für eine prozessbezogene Kennzeichnung (vgl. Kapitel 4.1.2).

Der allgemeine GATT-Artikel IX, das ergänzende Spezialabkommen über Ursprungsregeln und die Regelungen im TRIPS behandeln schwerpunktmäßig *herkunfts*bezogene Labels. Für die Beurteilung WTO-konformer *qualitäts*bezogener Kennzeichnung sind ergänzend die Vorschriften des GATT-Artikel XI, des TBT- und des SPS-Abkommens heranzuziehen (vgl. Kapitel 4.1.2).[397]

---

391 Vgl. REGER, G. (1999): Der internationale Schutz gegen unlauteren Wettbewerb ..., a.a.O., S. 161.

392 Vgl. WTO (1994): Übereinkommen über Ursprungsregeln vom 15. April 1994, ABl. 1994 L 336/144.

393 Vgl. WTO (1994): Übereinkommen über handelsbezogene Aspekte der Rechte ..., a.a.O., Abschnitt 3, Artikel 23.

394 Vgl. ebd., Abschnitt 3, Artikel 22, Abs. 1.

395 Auch bedingt durch unterschiedliche Sprachregelungen auf Ebene der Mitgliedstaaten. Vgl. zur Übersicht REGER, G. (1999): Der internationale Schutz gegen unlauteren Wettbewerb ..., a.a.O., S. 163 ff.

396 Vgl. BUREAU, J.-C., JONES, W. (2000): Issues in Demand for Quality and Trade ..., a.a.O., S. 10 f.

397 Vgl. DROEGE, S. (2001): Ecological Labelling ..., a.a.O., S. 105 und 108.

3.3 Kennzeichnung des Ablaufs von Streitverfahren auf WTO-Ebene

Dem Streitverfahren kommt als eigenständig geregelter Entscheidungsprozess zur Lösung von Konflikten zwischen souveränen Staaten eine zentrale Bedeutung innerhalb des institutionellen Rahmens der WTO zu.

- Die Prinzipien des Streitverfahrens sind an traditionelle völkerrechtliche Prinzipien angelehnt: Völkerrechtliche Verbrechen erfassen Verletzungen von solchen Pflichten, die "zum Schutze der wesentlichen Interessen der ganzen Staatengemeinschaft" bestehen.[398] Wegen einer fehlenden übergeordneten weltweiten Zwangsgewalt besteht im Völkerrecht der Grundsatz zur Konfliktlösung in der Gewährung des "Rechts zur Selbsthilfe".[399] Danach werden auf Verletzungen von völkerrechtlichen Normen verhältnismäßige, an sich eigentlich ebenfalls völkerrechtswidrige Maßnahmen den betroffenen Staaten durch die Staatengemeinschaft zugestanden.[400] Diese sogenannte Repressalie funktioniert als Anreiz, um den beschuldigten Staat zur Aufgabe des widerrechtlichen Verhaltens oder aber zur Wiedergutmachung zu motivieren.[401] Als ökonomische Formen der Wiedergutmachung gelten die Naturalrestitution, der Schadensersatz und der Ersatz entgangener Gewinne.[402] Die GATT-Mechanismen zur Entschädigung oder Vergeltung innerhalb der Streitverfahren bauen auf diesen völkerrechtlichen Grundsätzen auf.
- Seit Gründung des GATT ist die Möglichkeit verankert, bei Streitigkeiten Empfehlungen oder Weisungen anderer Vertragsstaaten einzuholen.[403] Dies ergibt sich aus den GATT-Artikeln XXII und XXIII über "Konsultationen" bzw. den "Schutz der Zugeständnisse und sonstigen Vorteile".[404] Im Rahmen der Tokio-Runde wurde diese zunächst eher informelle Praxis, im Ad-Hoc-Verfahren eine unabhängige dritte Partei einzubeziehen, stärker institutionalisiert.[405]

---

398 Hierzu zählen auch Verletzungen der Selbstbestimmung oder Umweltverschmutzungen. KÜNG, M., ECKERT, M. (1992): Repetitorium zum Völkerrecht ..., a.a.O., S. 100.

399 Ebd., S. 235.

400 Vgl. ebd., S. 236.

401 Im Unterschied dazu gilt die Maßnahme der "Retorsion" als weichere Antwort auf eine Völkerrechtsverletzung, indem diese selbst gegen keine völkerechtliche Norm verstößt. Hierunter fallen bspw. die Auflösung diplomatischer Beziehungen. Vgl. KÜNG, M., ECKERT, M. (1992): Repetitorium zum Völkerrecht ..., a.a.O., S. 237.

402 Neben den formalen Formen bei immateriellen Schäden wie z.B. offizielle Entschuldigungen. Vgl. ebd., S. 28 und 108.

403 Vgl. SENTI, R. (1995): GATT – WTO, Die neue Welthandelsordnung ..., a.a.O., S. 33-37.

404 Vgl. GATT-Artikel XXII und XXIII, jeweils Abs. 2.

405 Vgl. GARRET, G., SMITH, J.M. (1999): The Politics of WTO Dispute Settlement, Paper presented at the annual meeting of the American Political Science Association im September 1999 in Atlanta, S. 1 und HUDEC, R.E. (1998): Does the Agreement on Agriculture work?

- Seit Gründung der WTO 1994 ist das Streitschlichtungsverfahren nach dem "Single Agreement Approach" für alle Abkommen einheitlich gültig.[406] Ausgeschlossen wird aber eine Verknüpfung von Streitigkeiten über unterschiedliche Sachverhalte in einem gemeinsamen Streitfall.[407] Weitere wesentliche Neuerungen des Verfahrens betreffen eine stärkere Institutionalisierung und "Automatisierung des Ablaufs".[408] Dies umfasst die Gründung des Dispute Settlement Body und des Appellate Body, die Festlegung zeitlicher Fristen für einzelne Verfahrensschritte und die Straffung der Abstimmungsverfahren.

In das Streitverfahren sind folgende Organe eingebunden:

1. Der **Dispute Settlement Body** (DSB) stellt das zentrale Organ des Streitverfahrens dar und entspricht in seiner Zusammensetzung dem Allgemeinen Rat (vgl. zur Organisationsstruktur der WTO Anhang 6).[409] Hiermit können alle Mitgliedstaaten im DSB vertreten sein, der über Panel- und Berufungs-Berichte in Form von Akzeptanz oder Ablehnung entscheidet. Weiterhin bestimmt er über Lösungsmaßnahmen bzw. die Gewährung von Sanktionsmechanismen[410] und die Zusammensetzung des Appellate Body (AB) als Berufungsgremium.[411]

Agricultural disputes after the Uruguay Round, Working Paper No. 2, University of Minnesota Law Schools, S. 35.

406 Vor 1994 wurde für jedes einzelne Abkommen ein spezifisches Streitverfahren eingeleitet, das nicht zur Entscheidungsbegründung anderer Verfahren genutzt werden konnte. Vgl. OPPERMANN, T. (1995): Die Europäische Gemeinschaft und Union in der Welthandelsorganisation ..., a.a.O., S. 26-33. Für einige Bereiche existieren eigene spezifische Besonderheiten des Verfahrens, wie z.B. im SCM-Abkommen. Hiernach ist dem eigentlichen Streitverfahren eine Untersuchung über das Vorliegen GATT-widriger Subventionen vorweggestellt. Vgl. zum Zusammenhang der SCM-Verfahren und der allgemeinen Streitverfahren GARRET, G., SMITH, J.M. (1999): The Politics of WTO Dispute Settlement ..., a.a.O.

407 Vgl. WTO (1994): Vereinbarung über Regeln und Verfahren zur Beilegung von Streitigkeiten ..., a.a.O., Artikel 3, Abs. 10.

408 Als "Verrechtlichung der gesamten Strukturen" bei OTT, A. (1997): GATT und WTO im Gemeinschaftsrecht ..., a.a.O., S. 23. Vgl. auch HUDEC, R. E. (1998): Does the Agreement on Agriculture work ..., a.a.O., S. 38 ff.

409 Der allgemeine Rat ist die wesentliche Instanz für laufende Entscheidungen zu WTO-Bestimmungen.

410 Vgl. WTO (1994): Vereinbarung über Regeln und Verfahren zur Beilegung von Streitigkeiten ..., a.a.O., Artikel 19 und 22.

411 Vgl. ebd., Artikel 17, Abs. 2.

2. Das **Experten-Panel** erarbeitet die Berichte zu den jeweiligen Konflikten. Die Mitglieder der Panels werden vom WTO-Sekretariat[412] ernannt und setzen sich aus drei bis maximal fünf Experten unterschiedlicher Herkunftsländer zusammen.[413] Als Neuerung der Streitverfahren nach Gründung der WTO gilt die explizite Möglichkeit, neben den traditionell vorherrschenden Handelsexperten auch Umweltexperten stärker zu integrieren.[414] Auch interessierte Drittländer und neuerdings NGOs können vom Panel angehört werden.[415]

3. Dem **Appellate Body** (AB) obliegt die Urteilsfindung im mit Gründung der WTO neu errichteten Berufungsverfahren. Ihm gehören sechs Rechts- und Handelsexperten an, von denen je drei mit einem Fall betraut sind.[416]

Der Ablauf einzelner Verfahrensschritte im Streitverfahren basiert auf dem Montrealer Zwischenbericht von 1988 und wurde durch die Gründung der WTO hinsichtlich zeitlicher Fristen verschärft.[417]

Der **Prozess des Streitverfahrens** und die vorgegebenen Terminfristen für die einzelnen Verfahrensschritte sind in Übersicht 35 skizziert.

---

412 Das Sekretariat der WTO ist das Hauptverwaltungsorgan der WTO und wird von der Ministerkonferenz, der obersten Entscheidungsinstanz für die WTO-Verhandlungsrunden (vgl. Anhang 6), ernannt. Die internationalen Beamten des Sekretariats unterstehen der Leitung eines Generaldirektors und unterliegen formal keiner Weisung der nationalen Regierung ihrer Heimatländer. Vgl. OPPERMANN, T. (1995): Die Europäische Gemeinschaft und Union in der Welthandelsorganisation ..., a.a.O., S. 30, BENEDEK, W. (1998): Die Welthandelsorganisation (WTO) ..., a.a.O., S. 21.

413 Im Normfall besteht das Panel aus drei Experten, es sei denn, die Streitparteien beantragen ein größeres Panel. Bei Befangenheitsvorwürfen aus Reihen der Streitparteien wird innerhalb von 60 Tagen ein neues Panel errichtet. Kommt es zu keiner Einigung, wird das Panel durch den Generaldirektor des Sekretariats eingesetzt, allerdings soll eine Ablehnung des Vorschlags nur aus zwingenden Gründen erfolgen. Vgl. ebd., Artikel 8.

414 Vgl. WTO (1994): Vereinbarung über Regeln und Verfahren zur Beilegung von Streitigkeiten ..., a.a.O., Artikel 10.

415 Vgl. ebd., Artikel 10 und 13. Die Berücksichtigung von Stellungnahmen aus Nicht-Unterzeichnerstaaten, bspw. von NGOs, ist formal im Übereinkommen verankert, erfolgt jedoch ausschließlich auf Anfrage des Panel.

416 Vgl. ebd., Artikel 17, Abs. 3.

417 "The Uruguay Round Understanding on Rules and Procedures Governing the Settlement of Disputes". Die nachfolgenden Vertragsquellen für ablaufbezogene Bestimmungen beziehen sich aber auf das WTO-Abkommen. Vgl. WTO (1994): Vereinbarung über Regeln und Verfahren zur Beilegung von Streitigkeiten ..., a.a.O.

Übersicht 35: Ablauf der WTO-Streitschlichtung und Fristen für die einzelnen Verfahrensstufen

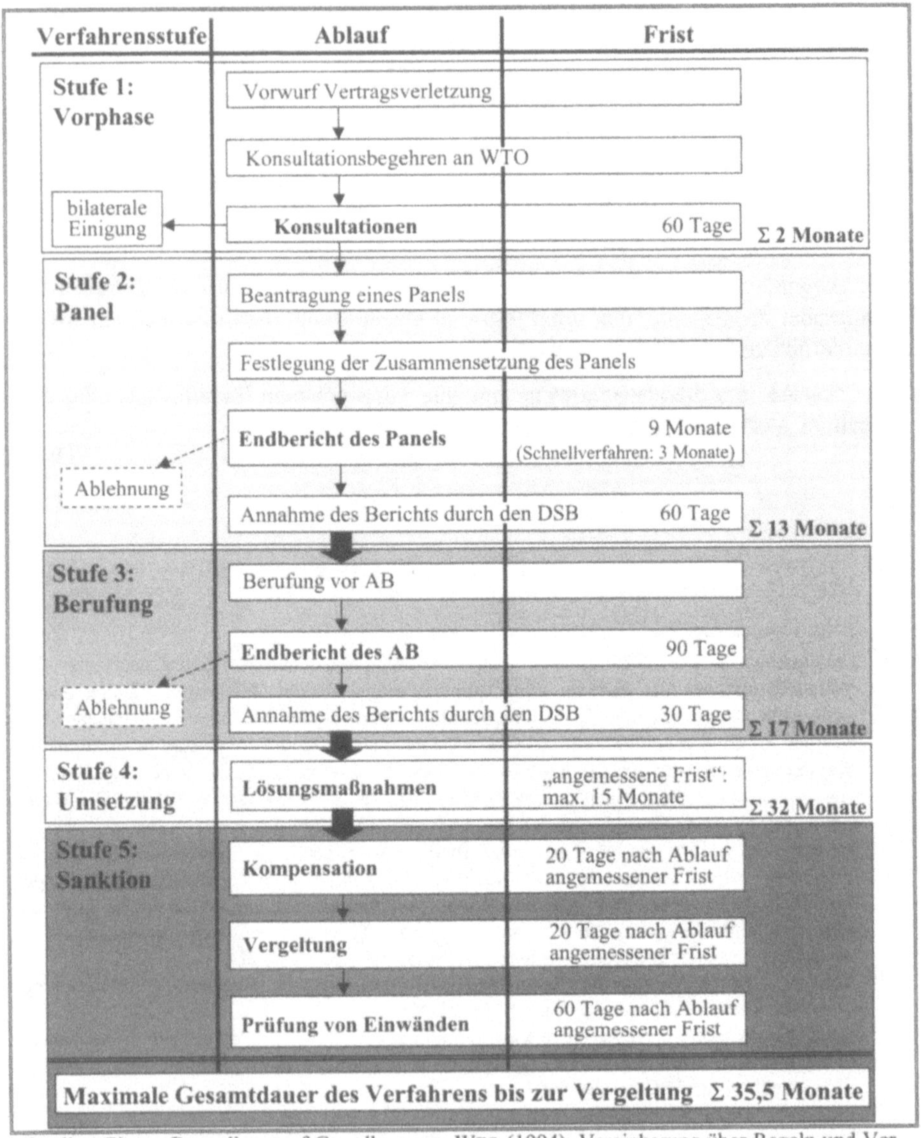

Quelle: Eigene Darstellung auf Grundlage von WTO (1994): Vereinbarung über Regeln und Verfahren zur Beilegung von Streitigkeiten..., a.a.O.

Formal beginnen Auseinandersetzungen mit der Notifikation der Beschwerde an den DSB (Stufe 1).

- Hierzu wird ein Antrag vom Kläger dem Beklagten, dem DSB und den zuständigen WTO-Ausschüssen (vgl. Anhang 6) unter Angabe der strittigen Maßnahmen und zugrunde liegenden Rechtsbereiche vorgelegt. Der Beklagte hat hierzu Stellung zu nehmen und den Nachweis der Widerlegung zu erbringen. Wird die Stellungnahme unterlassen oder kommt es in der festgelegten Frist zu keiner Einigung, so kann der Kläger die Errichtung eines Panel beantragen.[418] Sind jedoch bilaterale Verhandlungen erfolgreich, die auf den Vorwurf von Vertragsverletzung zwischen den Streitparteien erfolgen, kommt es zu keinem Streitverfahren (vgl. zu Beispielen Anhang 4b).

Das eigentliche Streitverfahren beginnt mit der Beantragung des Panel (Stufe 2):

- Zunächst ist ein Zwischenbericht des Panel unter Berücksichtigung von Stellungnahmen beider Parteien sowie ggf. von angehörten Drittstaaten und NGOs zu erstellen und an die Parteien weiterzuleiten. Unter Berücksichtigung von Anmerkungen der Streitparteien erfolgt die Erstellung eines Endberichts, der eine Bewertung des Konfliktfalls und Lösungsempfehlungen bei festgestellter Widrigkeit der angeklagten Maßnahme beinhaltet.
- Die Entscheidung über den Panel-Bericht trifft der Dispute Settlement Body im negativen Konsens.[419] Hiernach gilt der Bericht dann als angenommen, solange keine Ablehnung im Konsens erfolgt. Dieser Abstimmungsmodus bedeutet eine Umkehr (vom) bisherigen positiven Konsensprinzip auf GATT-Ebene[420], das eine Annahme im Konsens vorschrieb. Die reformierte Abstimmung verhindert ein Veto des verurteilten Staates.

Um dennoch einen Schutz der unterlegenen Partei zu gewährleisten, besteht die neueingeführte Möglichkeit zur Berufung (Stufe 3):

- Der Antrag auf Berufung erfolgt an den Appellate Body,[421] dessen Bewertung wiederum durch den Dispute Settlement Body nur im Konsens abgelehnt werden kann.

---

418 Vgl. ebd., Artikel 4.

419 Vgl. ebd., Artikel 16, Abs. 4.

420 Vgl. BENEDEK, W. (1998): Die Welthandelsorganisation (WTO) ..., a.a.O., S. 32 und OTT, A. (1997): GATT und WTO im Gemeinschaftsrecht ..., a.a.O., S. 22.

421 Vgl. WTO (1994): Vereinbarung über Regeln und Verfahren zur Beilegung von Streitigkeiten ..., a.a.O., Artikel 17.

Für die Umsetzung der Handlungsempfehlungen des Panel bzw. des Appellate Body hat der Beklagte dem Dispute Settlement Body seine beabsichtigten Lösungsmaßnahmen mitzuteilen, die innerhalb einer vorgegebenen Frist umzusetzen sind (Stufe 4).

Grundsätzlich besteht die anvisierte Konfliktlösung zwar in Form einer Aufhebung des widrigen Verhaltens,[422] jedoch existiert die Möglichkeit, verschiedene Sanktionen als Anreiz für die Lösung zu realisieren (Stufe 5):

- Die **Kompensation** ist eine freiwillige Maßnahme, die ausgehend von der verurteilten Partei angestrebt wird.[423] Kommt es hierbei ebenfalls zu keiner Lösung, so kann der Kläger die Einführung von Vergeltungsmaßnahmen beim DSB beantragen,[424] wobei Einsprüche des Beklagten durch das Panel zu prüfen sind.[425]
- Die **Vergeltung** wird somit als "letztes Mittel"[426] bei verfehlter Einigung verstanden und meint das Aussetzen von Zugeständnissen aus Übereinkommen, so dass z.B. vereinbarte Zollreduktionen aufgehoben werden.[427]

Die WTO- Praxis zur Ausgestaltung gewährter und kontrollierter Völkerrechtsverletzungen gründet sich auf allgemeinen völkerrechtlichen Prinzipien der Sanktionierung. Spezifische Regelungen sind durch folgende Punkte charakterisiert:

- Traditionell erfolgt eine Vergeltung in dem Handelsbereich, in dem die Vertragsverletzung des Beklagten nachzuweisen ist.[428] Nach dem neuen WTO-Verfahren besteht jedoch auch die Möglichkeit, eine Vergeltung auf Grundlage anderer Vertragsgegenstände durchzuführen ("Cross-Retaliation").[429]
- Die Verhältnismäßigkeit der Vergeltungsmaßnahme ist einzuhalten. Das Vergeltungsvolumen soll damit dem ermittelten Schaden aus der WTO-widrigen Maßnahme entsprechen.[430] Die Schadenshöhe wird ermittelt über das Zunichtemachen von Vorteilen aus beschlossenen Handelsabkommen, wie z.B. aus vereinbarten Zollreduktionen, oder über die resultierende Verringerung des

---

422 Vgl. ebd., Artikel 22, Abs. 1.
423 Vgl. ebd.
424 Vgl. ebd.
425 Vgl. ebd., Artikel 22, Abs. 6.
426 Vgl. ebd., Artikel 3, Abs. 7.
427 "Suspension of concession". Ebd., Artikel 22.
428 Vgl. ebd., Artikel 22, Abs. 3 a.
429 Vgl. ebd., Artikel 22, Abs. 3 b-e und SENTI, R. (1995): GATT – WTO, Die neue Welthandelsordnung ..., a.a.O., S. 36.
430 Vgl. WTO (1994): Vereinbarung über Regeln und Verfahren zur Beilegung von Streitigkeiten ..., a.a.O., Artikel 22, Abs. 4.

Handels.[431] Der Antragsteller hat hierzu eine Schätzung des Schadens vorzulegen, über deren Verhältnismäßigkeit der DSB auf Grundlage des negativen Konsensprinzips entscheidet:[432]

- Die Produkte, auf die Vergeltung erhoben werden sind durch den Kläger frei wählbar. Eine entsprechende Produktliste soll der verurteilten Partei vor Inkrafttreten der Vergeltung vorgelegt werden (vgl. für den „Hormonfleisch-Fall“ Anhang 5).[433]

- Die konkrete Ausgestaltung der Vergeltung erfolgt in Form von Strafzöllen, wobei auch das Ausmaß der Zollsätze bezogen auf die Einzelprodukte frei wählbar ist, solange das vom DSB genehmigte gesamte Vergeltungsvolumen eingehalten wird.[434]

- Der Entscheid des DSB über das Vergeltungsvolumen kann in einem zweiten Schritt angefochten werden.[435] Die Prüfung der Einwände umfasst die Verhältnismäßigkeit der Vergeltung und die Rechtmäßigkeit des WTO-Abkommens, auf den Strafmaßnahmen angewendet werden.[436] Der endgültige Entscheid ist vom DSB nur im Konsens abzulehnen, ein weitere Prüfung ist nach dieser Stufe des Streitverfahrens ausgeschlossen.[437]
- Die Vergeltung gilt nur solange, bis die Vertragsverletzung zurückgenommen wird oder aber bis "eine für alle Seiten zufriedenstellende Lösung gefunden wird".[438]
- Unilaterale Sanktionsmaßnahmen, die nicht durch den DSB abgesichert sind, sind nicht gestattet.

Wenn alle Phasen des Streitverfahrens bis zu dieser Stufe der Vergeltung durchlaufen werden, dauert der gesamte Prozess ungefähr drei Jahre (vgl. Übersicht

---

431 "Nullification" bzw. „Impairment". Vgl. ebd., Artikel 22.3 d und 22.4.

432 Vgl. ebd., Artikel 22.6

433 Mit strengeren Regeln für die Anwendung der „Cross-Retaliation.“ Vgl. WTO (1999): European Communities - Measures Concerning Meat and Meat Products (Hormones), Original Complaint by the United States, Recourse to Arbitration by the European Communities under Article 22.6 of the DSU - Decision by the Arbitrators, WT/DS26/ARB, 99-2855, 12. Juli 1999, Annex II, Abs. 19.

434 Vgl. ebd.

435 Hierfür werden Streitschlichter eingesetzt, die aus Mitgliedern des mit dem Fall ursprünglich betrauten Panel ernannt werden sollen. Vgl. WTO (1994): Vereinbarung über Regeln und Verfahren zur Beilegung von Streitigkeiten ..., a.a.O., Artikel 22, Abs. 7.

436 Insbesondere bei Anwendung der „Cross-Retaliation“ relevant.

437 Vgl. ebd.

438 Vgl. ebd., Artikel 22.8. Im Unterschied zum spezifischen Vergeltungsverfahren des SCM, nach dem die Ausgleichmaßnahmen maximal für fünf Jahre implementiert werden sollen. Vgl. Kapitel 3.1.2.1.

35). Die Festsetzung der Fristen forciert den strafferen Ablauf des Streitverfahrens. Anreize zur Einhaltung der Zeitvorgaben bestehen dergestalt, dass nach Ablauf der Fristen durch eine Partei die nächste Prozessstufe initiiert werden kann. Institutionalisierte Strafmaßnahmen bei verfehlter Einhaltung der Zeitvorgaben bestehen dagegen nicht.

Verfahrensbezogene Kritik auch am verbesserten WTO-Streitverfahren betrifft die Ausgestaltung der Vergeltung in Form von Strafzöllen, da diese im Widerspruch zum Grundanliegen der Gewährung eines freien Welthandels stehen. Als alternativer Anreiz für die Umsetzung der Lösungsempfehlung könnte anstelle des Aufbaus zusätzlicher Zölle durch den Kläger auch der Abbau vorhandener Zölle seitens des Beklagten erfolgen. Hiermit würde dann auch die Strafform in Richtung der Öffnung des Handels zielen.[439] Allerdings könnten dann Überwachungsprobleme auftreten, da der verurteilte Staat selbst für die Umsetzung zuständig ist.

Der Vorwurf mangelnder demokratischer Legitimation der WTO-Entscheidungsfindung ist insbesondere durch den "Shrimps-Turtle-Fall" etwas abgeschwächt worden, da hier erstmals eine Reihe von Forderungen aus Reihen der Umwelt-NGOs in die Berichte der Verteidigung und des AB Eingang fanden (vgl. Anhang 11).[440] Auch die traditionell übliche Geheimhaltung von Verfahrenspapieren ist im neuen WTO-Verfahren gelockert worden: verpflichtend ist die Herausgabe einer Zusammenfassung der Verhandlungsposition auf Anfrage eines WTO-Mitglieds und die eigene Streitposition darf vollständig weitergegeben werden.[441] Dies beinhaltet die Möglichkeit für eine stärkere öffentliche Diskussion der unterschiedlichen Positionen.

Als entscheidende Verbesserung der Verfahrenseffizienz ist die Einführung des "negativen Konsensprinzips" zu sehen. Das vor der Reform des Verfahrens noch mögliche Veto des angeklagten Staates verhinderte in vielen Streitfällen - auch im "Hormonfleisch-Fall" (vgl. Kapitel 3.4.1) – die Annahme des Berichtes durch den DSB. Damit unterblieb in vielen Fällen der Vollzug des Urteils (vgl. zu Beispielen Anhang 4b).

---

[439] Vgl. HUDEC, R. E. (1996): The GATT/WTO Dispute Settlement Process ..., a.a.O., S. 123-164.

[440] Kritik bestand hinsichtlich der verfahrensbezogenen Rechtmäßigkeit der Berücksichtigung dieser Stellungnahmen, die nicht eingefordert sondern auf Eigeninitiative der NGOs eingebracht wurden. Der Entscheid des AB allerdings wies diese Vorwürfe zurück. Vgl. zur detaillierten Auseinandersetzung APPLETON, A.E. (1999): Shrimp/turtle: untangling the nets, in: Journal of International Economic Law, Vol. 2 (2), S. 483 ff.

[441] Vgl. HELM, C. (1995): Sind Freihandel und Umweltschutz vereinbar? ..., a.a.O., S. 119.

Die Anreizwirkung dieses "quasi-automatischen Verfahrens"[442] läßt sich auch an der Vielzahl erfolgter bilateraler Einigungen und der geringen Zahl notwendiger Vergeltungsmaßnahmen erkennen (vgl. zu Beispielen Anhang 4b).

Abschließend ist die Stärke des neuen Verfahrens zu charakterisieren als Förderung der Einigung zwischen Streitparteien bei gleichzeitiger Berücksichtigung der nationalen Souveränität: Den verurteilten Nationen bleibt neben der Umsetzung von Lösungsmaßnahmen nicht nur die Hinnahme von Vergeltungen, sondern weiterhin die Möglichkeit, Kompensationen auszuhandeln.

3.4 Die Entscheidungsfindung der WTO im "Hormonfleisch-Fall"

Die Entscheidungsfindung im Anwendungsfall zeigt exemplarisch für Verbraucherschutzpolitiken bestehende Konfliktpotenziale und Handlungsspielräume für eine nationale Politikgestaltung im Regelwerk der WTO.

3.4.1 Der Streitfall vor Gründung der WTO

Die Diskussion um den Einsatz von Hormonen in der tierischen Erzeugung und die damit zusammenhängende Gesetzgebung innerhalb der EU läßt sich wie folgt kennzeichnen:

- Im Jahr 1980 schlug die Europäische Kommission erstmals eine Richtlinie zum vollständigen Einsatzverbot von Hormonen in der tierischen Erzeugung vor.[443] Diese Vorschläge basierten auf dem "Nielsen Report", einer von der Kommission in Auftrag gegebenen, wissenschaftlichen Studie über Gesundheitsrisiken von Hormonen in Lebensmitteln. Die vorgeschlagene Richtlinie wurde jedoch zu diesem Zeitpunkt nicht von allen Mitgliedstaaten unterstützt.[444]
  Schon im Vorfeld der Verabschiedung des Rechtsaktes äußerten Drittländer wie die USA, Australien, Kanada, Neuseeland, Südafrika und Argentinien Kritik wegen befürchteter Auswirkungen auf Exporte in die EU.[445]
- Der erste Beschluss zur Regelung hormoneller Stoffe in der Mast bestand mit der Richtlinie 81/602/EWG.[446] Der Einsatz von Substanzen mit thyreosta-

---

[442] Vgl. BENEDEK, W. (1998): Die Welthandelsorganisation (WTO) ...a.a.O., S. 32.

[443] Vgl. WTO (1997): EC Measures Concerning Meat and Meat Products (Hormones), Complaint by the United States, Report of the Panel ..., a.a.O., Abs. 27.

[444] Großbritannien, Irland und Belgien sprachen sich für einen Einsatz natürlicher Hormone in der Mast aus, Großbritannien und Irland zudem für die Verwendung synthetischer Hormone. Vgl. ebd.

[445] Vgl. ebd.

tischer oder hormoneller Wirkung wurde hiernach grundsätzlich verboten, für den Einsatz in Therapie und Zucht bestanden aber weiterhin noch Ausnahmeregelungen. Der Ministerrat beauftragte zur Klärung einer notwendigen Verschärfung zusätzliche wissenschaftliche Untersuchungen der Gesundheitsrisiken.[447] Der “Lamming-Report” der eingesetzten Expertengruppe konstatierte zwar Unbedenklichkeit der natürlichen Hormone, im Bereich der synthetischen jedoch notwendigen weiteren Forschungsbedarf.[448] Nach weiteren Stellungnahmen zahlreicher fachspezifischer Expertengruppen[449] reagierte die Kommission mit der Wiederholung ihres Vorschlags zu einem vollständigen Einsatzverbot für Hormone in der Mast.[450]

- Erst im Jahr 1988 konnte eine entsprechende Richtlinie 88/146/EWG verabschiedet werden,[451] nach der zunächst alle synthetischen Hormone in jeder Verwendung verboten wurden. Für natürliche Hormone bestanden weiterhin Ausnahmen für den Einsatz in Therapie und Zucht.[452] Die Nutzung als Wachstumsförderer wurde damit für die ganze Gruppe der natürlichen und synthetischen Hormone untersagt. Die Produktionsvorschriften der Richtlinie wurden explizit auch auf Drittländer angewandt. Hiernach war der Import von Lebendtieren und Fleisch, für die entsprechende Substanzen in der Mast eingesetzt worden waren, zu verbieten.[453] Die Nachweispflicht zur Garantie von gleichwertigen Vorschriften als Grundlage für einen erlaubten Import lag beim einführenden Drittland.[454] Damit bestand für den Großteil des Rindfleischs aus

---

446 RICHTLINIE (EWG) 81/602 des Rates vom 31. Juli 1981 über ein Verbot von bestimmten Stoffen mit hormonaler Wirkung und von Stoffen mit thyreostatischer Wirkung, ABl. L 222 vom 7.8.1981 und als berichtigte Fassung ABl. L 087 vom 2.4.1992.

447 Vgl. WTO (1997): EC Measures Concerning Meat and Meat Products (Hormones), Complaint by the United States, Report of the Panel ..., a.a.O., Abs. 28.

448 Vgl. ebd.

449 Wissenschaftliche Kommissionen zum Veterinärwesen, zur Tierernährung und Ernährung. Vgl. ebd., Abs. II. 28-29.

450 Vgl. ebd., Abs. 29.

451 Die RICHTLINIE (EWG) 88/146 des Rates vom 7. März 1988 zum Verbot des Gebrauchs von bestimmten Stoffen ..., a.a.O. Ein erster Änderungsvorschlag der Kommission zur Richtlinie 81/602/EWG aus dem Jahr 1984 wurde innerhalb des europäischen Entscheidungsverfahrens sowohl vom Parlament, in Stellungnahmen des Wirtschafts- und Sozialausschusses und schließlich vom Ministerrat abgelehnt. Ein Neuentwurf der Kommission wurde aus Verfahrensgründen vom Europäischen Gerichtshof abgelehnt. Ebd., Abs. 30.

452 Vgl. WTO (1997): EC Measures Concerning Meat and Meat Products (Hormones), Complaint by the United States, Report of the Panel ..., a.a.O., Abs. II 3.

453 Vgl. RICHTLINIE (EWG) 88/146 des Rates vom 7. März 1988 zum Verbot des Gebrauchs von bestimmten Stoffen..., a.a.O.

454 Auf Grundlage von sogenannten "Gleichwertigkeitsgarantien". Vgl. ebd.

den USA ein Importverbot – lediglich „hormonfrei" produziertes und zertifiziertes Fleisch durfte noch importiert werden.[455]

- Mit der "Richtlinie 96/22/EG über das Verbot der Verwendung bestimmter Stoffe mit hormonaler bzw. thyreostatischer Wirkung und von ß-Antagonisten in der tierischen Erzeugung" wurden weitere Substanzen mit hormoneller Wirkung in die Regelungen integriert,[456] und damit auch das letzte (synthetische) der im aktuellen WTO-Verfahren strittigen Hormone berücksichtigt.[457] Weiterhin wurden die Ausnahmebestimmungen sowie die Kontroll- und Sanktionsmechanismen verschärft.[458] Für Importe wird der Nachweis EU-konformer rechtlicher Bestimmungen verlangt, auf dessen Grundlage Länderlisten über zugelassene Importstaaten aufgestellt werden.[459]

Auf der Ebene **der Streitverfahren** erfolgten bereits vor dem Erlass der Richtlinie 88/146/EWG im Jahre 1987 formale Verfahrensschritte auf Initiative der USA zur Klärung der lediglich diskutierten europäischen Importregelungen.[460]

Eine abschließende Verurteilung unterblieb jedoch, da die damalige GATT-Streitschlichtung durch den "positiven Konsens" geprägt war.

---

455 Vgl. Übersicht 38 zu den im Zeitablauf veränderten amerikanischen Programmen für die hormonfreie Mast und BUREAU, J.-C., MARETTE, S., SCHIAVANA, S. (1998): Non-tariff trade barriers and consumers' information ..., a.a.O., S. 440.

456 Mit dieser Richtlinie wurden die zuvor bestehenden Richtlinien ersetzt. Vgl. RICHTLINIE (EG) 96/22 des Rates vom 29. April 1996 über das Verbot der Verwendung bestimmter Stoffe mit hormonaler bzw. thyreostatischer Wirkung und von β-Agonisten in der tierischen Erzeugung und zur Aufhebung der Richtlinien 81/602/EWG, 88/146/EWG und 88/299/EWG, ABl. L 125 vom 23.5.1996 und WTO (1997): EC Measures Concerning Meat ..., a.a.O., Abs. II 5.

457 Melengestrolacetat (MGA).

458 Vgl. die ergänzende Richtlinie zur Durchführung und Kontrollmaßnahmen RICHTLINIE (EG) 96/23 des Rates vom 29. April 1996 über Kontrollmaßnahmen hinsichtlich bestimmter Stoffe und ihrer Rückstände in lebenden Tieren und tierischen Erzeugnissen und zur Aufhebung der Richtlinien 85/358/EWG und 86/469/EWG und der Entscheidungen 89/187/EWG und 91/664/EWG, ABl. L 125 vom 23.5.1996, Artikel 3.

459 Als Kriterium zum Nachweis gleichwertiger Rechtsvorschriften gilt ein Vergleich mit den bestehenden Regelungen innerhalb der Drittländer zum Einsatz der fraglichen Stoffe. Vgl. RICHTLINIE (EG) 96/22 des Rates vom 29. April 1996 über das Verbot der Verwendung bestimmter Stoffe mit hormonaler ...a.a.O., Artikel 11.
Zum Zeitpunkt des beginnenden WTO-Verfahrens umfassten diese Listen 31 für den Import autorisierte Staaten, von denen sechs Staaten allerdings die fraglichen Hormone eingeschränkt als Wachstumsförderer einsetzen. Vgl. WTO (1997): EC Measures Concerning Meat ..., a.a.O., Abs. IV66.

460 Damals noch auf Grundlage des sogenannten „Standardkodex", dem Vorläufer des späteren Abkommens über technische Handelshemmnisse (TBT). Vgl. Kapitel 3.2.1.1.

Mit der Realisierung der Importverbote nach Inkrafttreten der Richtlinie führten die USA im Jahre 1989 Strafzölle ein, die wiederum von der EU beklagt wurden. Auch diese Klage scheiterte an den damaligen Verfahrensmängeln.[461] Eine gemeinsame Arbeitsgruppe der USA und der EU einigte sich schließlich auf die vorläufige Kompromisslösung, hormonfreies "Hilton-Beef" vom Importverbot freizustellen. Als Gegenleistung wurden einige europäische Produkte von den amerikanischen Strafzöllen befreit.[462] Nachdem die EU im Juni 1996 ein Panel zur Prüfung der Rechtmäßigkeit der verbliebenen Strafzölle beauftragte, wurden diese ganz ausgesetzt.[463]

3.4.2 Der Streitfall nach Gründung der WTO

Im Jahr 1995 begann eine neue Etappe des Falls, initiiert durch

- den Abschluss der Uruguay-Runde 1994, der zur Stärkung des Streitverfahrens und zur Unterzeichnung des Abkommens über "Sanitäre und Phytosanitäre Maßnahmen" (SPS) führte,
- den Beschluss über zulässige Höchstwerte von Hormonrückständen in Fleischprodukten durch die "Codex Alimentarius Commission",[464]
- aufgetretene Unregelmäßigkeiten bei der Einfuhr von „hormonfrei" zertifiziertem US-Rindfleisch,[465] die einen EU-Entscheid zu einem Totalverbot aller amerikanischen Rindfleischimporte unabhängig vom Mastverfahren auslösten.[466]

Im Mai 1996 wurde auf Initiative der USA - und einige Wochen später auch von Kanada[467] - im Rahmen des neugestalteten WTO-Streitverfahrens Klage gegen

---

461 Vgl. WTO (1997): EC Measures Concerning Meat and Meat Products (Hormones), Complaint by the United States, Report of the Panel ..., a.a.O., Abs. II.35.

462 Vgl. ebd.

463 Vgl. ebd.

464 Vgl. ebd., Abs. II.20.

465 Europäische Kontrolleure fanden Falschzertifizierungen heraus. Vgl. EU-KOMMISSION (2000): Report of a mission carried out in the United States of America from 24 January to 4 Febuary 2000 in order to evaluate the implementation and the enforcement of the non-hormone treated cattle and the EU additional residue testing programmes, DG(SANC)/1030/2000-MR final.

466 ENTSCHEIDUNG DER EUROPÄISCHEN KOMMISSION vom 27. Oktober 1997 über Umfang und Häufigkeit der in der Richtlinie 96/23/EG des Rates vorgesehenen Probenahmen zum Zweck der Untersuchung in bezug auf bestimmte Stoffe und ihre Rückstände in bestimmten tierischen Erzeugnissen, ABl. 303 vom 6.11.1997.

467 Die nachfolgende Darstellung bezieht sich exemplarisch auf den Streit zwischen den USA und der EU. Bei relevanten Unterschieden zum Verfahren mit Kanada als Kläger wird fallweise darauf hingewiesen.

das EU-Importverbot eingereicht, nachdem bilaterale Konsultationen erfolglos blieben.

Gegenstand der Klage war neben der Übertragung der internen Bestimmungen der "Richtlinie 96/22/EG" auf Importe auch das von der EU zur Begründung der Importbeschränkung herangezogene hohe Niveau an Verbraucherschutz.[468]

Als kritische Substanzen für die Beurteilung als Leistungsförderer stehen im Mittelpunkt

- die natürlichen Hormone 17ß-Östradiol, Testosteron und Progesteron aus der Gruppe der natürlichen Hormonen und
- die synthetischen Hormone Zeranol, Trenbolonacetat und Melengestrolacetat (MGA).[469]

In der Übersicht 36 sind die von den jeweiligen Klägern und für die Entscheidungsfindung herangezogenen Vertragsgrundlagen gekennzeichnet.[470] Als sogenannte Drittländer mit Beobachterstatus waren im Rahmen der US-Klage Kanada, Neuseeland, Australien und Norwegen zugelassen.[471] Die Urteilsfindung im WTO-Streitfall wird in Anlehnung an die in Kapitel 3.3 gekennzeichneten Schritte des Streitschlichtungsverfahrens für die Stufen Panel- und Berufungsverfahren sowie die Entscheidung über Vergeltungsmaßnahmen analysiert.

3.4.2.1 Das Panel-Verfahren

Im Mittelpunkt des Verfahrens steht das SPS-Abkommen, da das ursprünglich von den Parteien ebenfalls herangezogene TBT-Abkommen als irrelevant für die

---

468 Vgl. EU (1996): Richtlinie 96/22/EG des Rates vom 29. April 1996 über das Verbot der Verwendung bestimmter Stoffe mit hormonaler ..., a.a.O., Artikel 11.

469 Zeranol simuliert die Wirkung von 17ß-Östradiol, Trenbolonacetat diejenige von Testosteron und Melengestrolacetat simuliert die Wirkung von Progesteron.

470 Der Berufungsentscheid wurde gemeinsam auf die beiden Klagen, USA und Kanada, bezogen. Unterschiede betreffen die Argumente der Kläger gegen das vorausgegangene Panel-Verfahren, indem bspw. Kanada im Unterschied zu den USA lediglich den Artikel 5.6. und nicht auch den Artikel 2.2 einklagte. WTO (1998): EC Measures Concerning Meat and Meat Products (Hormones), Report of the Appellate Body, AB -1997-4, Abs. 16.

471 Umgekehrt war die USA Drittland im Verfahren Kanada gegen die EU. Die Stellungnahmen der Drittländer sind im Weiteren vernachlässigt, wobei Norwegen eine Position ähnlich der EU vertritt durch Betonung des Rechts auf eigenständige Schutzniveaus. Vgl. WTO (1997): EC Measures Concerning Meat and Meat Products (Hormones), Complaint by the United States, Report of the Panel ..., a.a.O., Abs. 93. Am nachfolgenden, gemeinsamen Berufungsverfahren zwischen EU und USA/Kanada nahmen wiederum Neuseeland, Australien und Norwegen als Drittländer teil.

Urteilsfindung ausgeschlossen wurde.[472] Damit wurde der "Hormonfleisch-Fall" zum ersten Streitfall auf Grundlage dieses neu unterzeichneten Abkommens. Weiterhin wurden die GATT-Artikel I, III und XX (b) von den Streitparteien zur eigenen Positionsbegründung angeführt, eine Berücksichtigung im Panel-Urteil unterblieb jedoch.[473]

Die Schwerpunkte der **Anklage der USA** im Panel-Verfahren betrafen auf Grundlage des SPS-Abkommens[474]

- die fehlende wissenschaftliche Begründung der EU, dass ein Importverbot eine notwendige Maßnahme für die Gewährung des Verbraucherschutzes ist (Artikel 2.2).
- die ungerechtfertigte Diskriminierung von US-Rindfleisch, für dessen Produktion gleiche oder ähnliche Bedingungen wie in der EU vorliegen (Artikel 2.3): Hierbei wurde die Ähnlichkeit der verglichenen Endprodukte mit dem Argument betont, dass sich natürlich vorhandene Hormone im Fleisch nicht von exogen zugeführten unterscheiden lassen. Demnach diskriminiert das Importverbot gleiche Produkte lediglich in Abhängigkeit ihrer Herkunft, was dem GATT Artikel I zur Meistbegünstigung widerspricht.[475]
- die fehlende wissenschaftliche Begründung für das hohe europäische Schutzniveau oberhalb der vorliegenden internationalen Standards im Codex Alimentarius (Artikel 3 und 5).
- die Wahl einer Schutzmaßnahme, die den Handel unnötig stärker beschränkt als jede andere Maßnahme (Artikel 5.6).
- die lange Implementierungsphase des Importverbots, was dem Charakter einer "vorübergehenden" Maßnahmen widerspricht (Artikel 5.7).

---

472 Das TBT-Abkommen wurde noch von Seiten der angeklagten EU herangezogen, vom DSB allerdings bereits vor Beginn der Untersuchung zurückgewiesen wegen des eindeutigen Bezugs auf sanitäre Maßnahmen im vorliegenden Fall. Vgl. WTO (1997): EC Measures Concerning Meat and Meat Products (Hormones), Complaint by the United States, Report of the Panel ..., a.a.O., Abs. 179.

473 Vgl. WTO (1997): EC Measures Concerning Meat and Meat Products (Hormones), Complaint by the United States, Report of the Panel ..., a.a.O., Abs. 8.247. Vgl. auch zur grundsätzlichen Auseinandersetzung um die Beziehung zwischen GATT- und SPS- Artikeln ebd., Abs. 8.31 ff. Des weiteren spielten auch völkerrechtlich relevante Aspekte der Beweislast, der rückwirkenden Anwendung von Vertragsinhalten sowie von verfahrensspezifischen Abläufen eine Rolle. Vgl. im Einzelnen WTO (1998): EC Measures Concerning Meat and Meat Products (Hormones), Report of the Appellate Body ..., a.a.O., Abs. 96 ff.

474 Vgl. zur US-Position WTO (1997): EC Measures Concerning Meat and Meat Products (Hormones), Complaint by the United States, Report of the Panel ..., a.a.O., Kapitel IV.

475 Vgl. ebd., Kapitel IV, Abs. 67.

Die auf diese Klagepunkte bezogene **Verteidigung der EU** in der ersten Instanz gründete sich auf[476]

- den Verweis auf vorliegende wissenschaftliche Begründungen zur Ableitung des eigenen strengeren Schutzniveaus gegenüber den im Codex Alimentarius vorgegeben Niveaus (Artikel 2.2, 3, 5)
- die Gleichbehandlung aller in die EU exportierenden Länder, die sich den gleichen Vorschriften wie heimischen Produzenten gegenübersehen (Artikel 2.3)[477]
- die Begründung des Importverbots als einzig mögliche Maßnahme zur Sicherung des Schutzniveaus unter Verweis auf ungerechtfertigt hohe Umsetzungskosten und Kontrolldefizite alternativer Maßnahmen (Artikel 2.2 und 5.6).

Ausgangspunkt der **Entscheidungsfindung des Panel** war die Frage, inwieweit das europäische Schutzniveau zur Hormonzufuhr in der Rinderproduktion sich an den vorliegenden Grenzwerten für Hormonrückstände der Kommission des Codex Alimentarius orientiert, wie dies im SPS-Abkommen vorgesehen ist (Artikel 3.1).

Der Codex Alimentarius berücksichtigt nur fünf der strittigen sechs Hormone:

- für zwei synthetische Hormone sind Höchstgrenzen für Rückstände im Fleisch festgelegt,
- für die drei natürlichen Hormone sind dagegen keine Grenzwerte festgelegt, da Gesundheitsrisiken ausgeschlossen wurden, und
- das synthetische Hormon MGA ist nicht erfasst.

---

476 Vgl. zur EU-Position allgemein ebd., Kapitel IV.
477 Vgl. ebd., Kapitel IV, Abs. 66.

Übersicht 36: Relevante Vertragsgrundlagen im „Hormonfleisch-Fall“ für den Panel- und Berufungsentscheid

Inhalt	Grundlage	Panel		Berufung	
	Art.	Klage	Stattgabe	Klage	Stattgabe
GATT-Vertrag					
Allgemeine Meistbegünstigung	I	USA	Irrelevant		
Gleichbehandlung	III	USA	Irrelevant		
Allgemeine Ausnahmen zum Schutz des Lebens und der Gesundheit	XX b	USA	Irrelevant		
SPS-Abkommen					
Wissenschaftliche Rechtfertigung zur Durchsetzung des Schutzniveaus auf Grundlage wissenschaftlicher Prinzipie n mit Ausnahmen vorübergehender Maßnahmen nach 5.7	2.2	USA	Irrelevant	USA	Irrelevant
Vermeiden willkürlicher und ungerechtfertigter Diskriminierung zwischen Staaten mit gleichen oder ähnlichen Bedingungen	2.3	USA	Irrelevant		
Orientierung des Schutzniveaus an internationalen Standards	3.1	USA	Relevant	EU	Relevant
- Entsprechung mit internationalen Standards: WTO-konform	3.2	USA	Relevant	---	Relevant
- Zulassung höherer Anforderung bei Nachweis wissenschaftlicher Begründung gemäß Art. 5	3.3	USA	Relevant	EU	Relevant
Anwendung der von internationalen Organisationen entwickelten Risikobewertungsverfahren als Grundlage von Schutzmaßnahmen	**5.1**	**USA**	**Relevant**	**EU**	**Relevant**
Vorgaben zur Methodik der Risikobewertung: einschlägige, anerkannte Verfahren	5.2	USA	Irrelevant	EU	Relevant
Minimierung der Handelsbeschränkung bei Festlegung des Schutzniveaus	5.4	USA	Irrelevant		
Ungleiche Schutzniveaus in "unterschiedlichen Umständen" - keine Willkür - kein Auslöser für Diskriminierung oder Beschränkung des Handels	5.5		Relevant	EU	Relevant
Einsatz wissenschaftlich begründeter Maßnahme nach 2.2 und 5.1 mit möglichst geringer handels-beschränkender Wirkung unter Berücksichtigung der technischen und wirtschaftlichen Durchführbarkeit	5.6	USA	Irrelevant	USA	Irrelevant
Vorübergehende Maßnahme bei Nachreichen der wissenschaftlichen Grundlage	**5.7**	**USA**	**Irrelevant**		**Relevant**
Gebot der Beratung durch Sachverständige bei wissenschaftlichen und technischen Fragen	11.2			EU	Irrelevant
Vorgaben zum Verfahren der Risikobewertung	Anh.A4			EU	Relevant

Legende: **hellgrau:** Grundlagen im Panel- bzw. Berufungsurteil; **dunkelgrau**: Grundlagen für das abschließende Urteil; **schwarze Umrandung**: Modifizierung des Panelurteils durch die Berufung; **“irrelevant”**: Nicht zur Urteilsfindung herangezogen

Quelle: Eigene Darstellung auf Grundlage der Berichten des Verfahrens WTO (1997): EC Measures Concerning Meat and Meat Products (Hormones), Complaint by the United States, Report of the Panel ..., a.a.O., WTO (1998): EC Measures Concerning Meat and Meat Products (Hormones), Report of the Appellate Body ..., a.a.O.

Nachfolgende Übersicht 37 stellt für die im Streitfall relevanten Hormone die jeweiligen Grenzwerte des Codex Alimentarius denen der jeweiligen EU-Regelungen gegenüber.Weiterhin ist das natürliche - ohne menschliche Eingriffe induzierte - Vorkommen in Rindfleischprodukten erfasst, das als wesentliches Argument des Vorwurfs einer ungerechtfertigten Ungleichbehandlung "gleicher Produkte" seitens der Anklage genutzt wurde.

In der Übersicht sind die direkt produktbezogenen Rückstandswerte (Maximum Residue Levels, MRLs)[478] aufgelistet, auf die sich die Urteilsfindung des Panel stützt.[479]

Die Urteilsbegründung des Panel erfolgte jeweils getrennt für

- die Gruppe der im Codex Alimentarius erfassten Hormone und
- das nicht berücksichtigte synthetische Hormon MGA.

---

478 Empfohlener maximaler Rückstandswert, der eine ungefährliche Aufnahme durch die Nahrung (Acceptable Daily Input, ADI) gewährleistet. Vgl. CODEX ALIMENTARIUS COMMISSION (Hrsg.): Codex Alimentarius: Veterinary Drug Residues in Food, Maximum Residue Limits. verfügbar unter: http://apps1.fao.org/servlet/org.fao.waicent.codex.Vet-DrugServlet, Stand September 2001. Die MRLs basieren auf der Annahme, dass die allgemeinen Grundsätze der guten tierärztlichen Praxis eingehalten werden.

479 Der Codex selbst erfasst immer beide Indikatoren, ADI und MRL. Vgl. CODEX ALIMENTARIUS COMMISSION (Hrsg.): Codex Alimentarius: Veterinary Drug Residues ..., a.a.O.

Übersicht 37: EU-Regelungen zum Hormoneinsatz in der Rindfleischproduktion und endogenes Vorkommen im Vergleich zu Grenzwerten des Codex Alimentarius für Hormone im Rindfleisch

Substanzgruppe	Substanz	Codex Alimentarius	EU[1]		Durchschnittliches endogenes Vorkommen[3] µg/kg Kategoriegewicht
		MRL[2] µg/kg Kategoriegewicht	Mast	Therapie und Zucht	
Natürliche Hormone	• 17-ß- Östradiol	∞	Verbot (= 0)	Erlaubt (= ∞)	Muskel: 0,113 (Kalb) – 0,0055 (Färse) Leber: 1,027 (grav. Rind)[4] – 0,0015 (Färse)
	• Progesteron	∞	Verbot (= 0)	Erlaubt (= ∞)	Muskel: 60.000 (Ochse) – 4.000 (grav. Rind) Leber: 38.000 (Kalb) – 2.000 (grav. Rind)
	• Testosteron	∞	Verbot (= 0)	Erlaubt (= ∞)	Muskel: 1,506 (Bulle) – 0,003 (Kalb) Leber: 1,155 (Bulle) – 0,021 (Kalb)
Synthetische Hormone	• Trenbolonacetat	10 (Leber), 2 (Muskel)	Verbot (= 0)	Verbot (= 0)	kein endogenes Vorkommen
	• Zeranol	10 (Leber), 2 (Muskel)	Verbot (= 0)	Verbot (= 0)	kein endogenes Vorkommen
	• *Melengestrolacetat*	nicht erfasst	Verbot (= 0)	Verbot (= 0)	kein endogenes Vorkommen

Legende:

1) Die EU-Grenzwerte wurden durch das Panel von verfahrensbezogenen Regelungen in produktbezogene Grenzwerte übersetzt (Angaben in Klammern).

2) "Maximum Residual Level". Die ADI-Werte wurden bei natürlichen Hormonen entsprechend der MRLs ebenfalls als unbegrenzt festgesetzt.
Für Trenbolonacetat liegt er bei 0,0-0,2 µg/kg Körpergewicht, für Zeranol bei 0,0-0,5 µg/kg Körpergewicht.

3) Auch in Eiern und in Form von Phytohormonen in pflanzlichen Produkten vorhanden, allerdings mit geringerem Wirkungspotenzial.

4) Tragendes Rind.

Quelle: Eigene Zusammenstellung auf Grundlage von CODEX ALIMENTARIUS COMMISSION (Hrsg.): Codex Alimentarius: Veterinary Drug Residues ..., a.a.O., HOFFMANN B., EVERS P. (1986): An abolic agents with sex hormone-like activities: problems of residues, in: RICO, G. (Hrsg.): Drug residues in animals, Veterinary science and comparative medicine, New York, S.111-146, WATZEL, B., LEITZMANN, C. (1995): Bioaktive Substanzen in Lebensmitteln, Stuttgart, S.30, STEINMETZ K.A., POTTER J.D. (1991): Vegetables, Fruit, and Cancer, I. Epidemiology, in: Cancer Causes and Control, Vol. 2, S. 325-357.

Die Argumentation des Panel bezüglich der im Codex Alimentarius erfassten Hormone orientierte sich an den in Übersicht 36 dargestellten relevanten SPS-Vertragsinhalten wie folgt:

1. **Orientierung des Schutzniveaus an internationalen Standards**
   Für einen Vergleich mit den Grenzwerten des Codex hatte zunächst eine Übersetzung der verfahrensbezogen Vorgaben der EU auf produktbezogene Grenzwerte zu erfolgen.[480] Danach wurde ein komplettes Einsatzverbot für Hormone einem produktbezogenen Grenzwert von Null gleichgesetzt. Entsprechend wurde eine erlaubte Verwendung mit einem Grenzwert von unendlich übersetzt.[481] Damit wurde für die europäischen Regelungen zum Masteinsatz von fünf Hormonen ein strengeres Schutzniveau im Vergleich zu den vorliegenden Standards der Codex-Kommission abgeleitet, was auf Grundlage des Artikels 3.2 des SPS-Abkommens als WTO-widrig beurteilt wurde (graue Schraffur in Übersicht 36).[482]

2. **Anwendung der von internationalen Organisationen entwickelten Risikobewertungsverfahren als Grundlage von Schutzmaßnahmen**
   Im Rahmen der Anforderungen an Risikobewertungsverfahren des Artikel 5.1 wurde weiterhin beurteilt, ob diese nachgewiesenen, strengeren europäischen Standards wissenschaftlich zu rechtfertigen sind.[483] Die hierzu von der EU vorgelegten Studien wurden nach folgenden Kriterien vom Panel bewertet:[484]

   - die Untersuchungsmethodik,[485]
   - die Rechtfertigung eines Importverbots als Schutzmaßnahme im Vergleich zu alternativen Maßnahmen.[486]

   Zum einen wurde die verwendete Untersuchungsmethodik mit der Kritik, dass ein substanzspezifischer Risikonachweis unterbleibe, als unadäquat abgelehnt.[487] Zum anderen wurde das vollständige Einsatzverbot von Hormonen in der Mast als ungerechtfertigt streng beurteilt. Hierbei wurde Bezug genommen

---

480 Vgl. WTO (1997): EC Measures Concerning Meat and Meat Products (Hormones), Complaint by the United States, Report of the Panel ..., a.a.O., 8.75 und 8.76.

481 Vgl. ebd., Abs. 8.76 und 8.78.

482 Insbesondere wurde die Anforderung des Artikels 3.1. gleichgesetzt damit, dass die Standards identisch zu sein hätten. Vgl. ebd., Abs. 8.73. Diese Interpretation allerdings wurde in der Berufung vom AB abgelehnt. Vgl. ebd., Abs. 163.

483 Vgl. ebd., Abs. 8.83.

484 Vgl. zur Übersicht über die einzelnen geprüften Studien ebd., Abs. 8.108.

485 Vgl. ebd., Abs. 8.104.

486 Vgl. WTO (1997): EC Measures Concerning Meat and Meat Products (Hormones), Complaint by the United States, Report of the Panel ..., a.a.O., Abs. 8.117 ff.

487 Teilweise auch sehr strikt als "non-scientific" abgelehnt. Ebd., Abs. 8.103 und 8.111.

auf den innerhalb der vorgelegten europäischen Studien selbst integrierten Verweis, dass bei Einhaltung der Grundsätze einer guten tierärztlichen Praxis kein Gesundheitsrisiko bestünde.[488] Die Schlussfolgerung auf Grundlage des Artikels 5.6, dass somit lediglich eine Einhaltung der guten fachlichen Praxis zu kontrollieren sei, unterblieb jedoch. Da die Widrigkeit des Importverbots hinreichend durch Kapitel 5.5 begründet werden konnte, wurden zusätzliche Argumente nicht genutzt (als "irrelevant" gekennzeichnet in Übersicht 36).[489]

3. **Ungleiche Schutzniveaus in "unterschiedlichen Umständen"**
   Als unterstützende Argumente wurden unterschiedliche Schutzniveaus in der EU für verschiedene Substanzen bzw. verschiedene Verwendungen[490] gemäß Artikel 5.5 geprüft hinsichtlich

   - der wissenschaftlichen Rechtfertigung einer ungleichen Behandlung ähnlicher Substanzen in der Tierproduktion,
   - der resultierenden Handelsverzerrung.[491]

   Bewertet wurden europäische Schutzmaßnahmen und -niveaus jeweils zwischen den nachfolgenden Vergleichssubstanzen und Verwendungen:[492]

   - natürliche Hormone, die in der Mast zugeführt werden.
   - natürliche Hormone, die für therapeutische und züchterische Zwecke eingesetzt werden dürfen.
   - ohne Eingriff des Menschen, endogen immer in Nahrungsmitteln vorhandene natürliche Hormone.
   - Antibiotika, deren Einsatz in der Schweineproduktion nach europäischem Recht erlaubt ist.[493]

---

488 Das Panel-Argument, Kontrollen einer guten fachlichen Praxis seien hinreichende Maßnahmen, gründete sich auf eine gemeinsame wissenschaftliche Expertenstudie von FAO und WHO. Vgl. JAMES, S. (2000): An Economic Analysis of Food Safety ..., a.a.O., S. 3. Zur Ablehnung als Entscheidungsgrundlage im Verfahren vgl. WTO (1997): EC Measures Concerning Meat and Meat Products (Hormones), Complaint by the United States, Report of the Panel ..., a.a.O., Abs. 8.119 ff.

489 Vgl. ebd., Abs. 8.248.

490 Zur Interpretation des Begriffs "unterschiedliche Umstände" hinsichtlich gleicher Substanzen bzw. gleichem Schutzziel vgl. ebd., Abs. 8.176.

491 Vgl. ebd., Abs. 8.167 ff.

492 Vgl. ebd., Abs. 8.185.

493 Am Beispiel des Antibiotikums Carbadox. Vgl. ebd., Abs. 8.219.

Die in der EU herrschenden unterschiedlichen Verfahrensregeln für diese Stoffe sind nach produktbezogener Übersetzung in Grenzwerte der Übersicht 37 zu entnehmen.[494] Da das Panel identische potenzielle Gesundheitsrisiken für alle betrachteten Substanzen annahm, wurden die beobachteten Unterschiede als willkürlich und ungerechtfertigt klassifiziert.[495] Auch die aus den Unterschieden resultierende unterschiedliche Handelswirkung wurde damit als diskriminierend bewertet, da ungerechtfertigterweise nur bestimmte Verfahren der Rindermast und damit einzelne Länder benachteiligt würden.[496] Der Vergleich mündete in den generellen Vorwurf des Panel, die EU würde keine Verbraucherschutzinteressen sondern wirtschaftliche Interessen verfolgen.[497] Als Begründung wurde die unterschiedliche Versorgungssituation der EU bei Rind- und Schweinefleisch angefügt und die Schlussfolgerung gezogen, die EU realisiere die Importbeschränkung alleine zur Verringerung des eigenen Angebotsüberschusses.[498]

Die Urteilsfindung und Begründung für das *sechste, nicht im Codex Alimentarius erfasste Hormon*, ist bezüglich der relevanten Vertragsinhalte aus wie folgt zusammenzufassen:

1. **Orientierung des Schutzniveaus an internationalen Standards**
   Für die Urteilsfindung bezüglich des sechsten Hormons (MGA) liegt kein internationaler Standard vor, so dass die notwendige Ausrichtung an Artikel 3.1 hinfällig ist.[499]

2. **Anwendung der von internationalen Organisationen entwickelten Risikobewertungsverfahren als Grundlage von Schutzmaßnahmen**
   Trotz fehlender Möglichkeit, sich an Standards des Codex Alimentarius zu orientieren, müssen Schutzniveau und Maßnahme den Bestimmungen des Artikels 5 genügen:[500] Auch für dieses Hormon wurden sowohl die Methodik der vorgelegten Risikobewertungsverfahren[501] als auch die Ableitung der speziellen Schutzmaßnahme ohne wissenschaftliche Basis als ungeeignet abgelehnt.[502]

---

494 Vgl. ebd., Abs. 8.191.
495 Für die jeweiligen Vergleiche der Gruppen vgl. ebd., Abs. 8.179, 8.200, 8.214, 8.238.
496 Für die jeweiligen Vergleiche der Gruppen vgl. ebd., Abs. 8.205, 8.219, 8.243.
497 Vgl. ebd., Abs. 8.243.
498 Vgl. ebd.
499 Vgl. ebd., Abs. 8.250.
500 Vgl. ebd., Abs. 8.251.
501 Hierbei wurde insbesondere auf die mangelhafte Berücksichtigung wissenschaftlicher Anforderungen hingewiesen. Die fehlende substanzspezifische Untersuchung der Gesundheitsrisiken wurde als ungeeignete Bewertungsgrundlage abgelehnt. Vgl. ebd., Abs. 8.258.
502 Vgl. ebd., Abs. 8.260.

3. **Ungleiche Schutzniveaus in "unterschiedlichen Umständen"**
Auch im Rahmen des für dieses Hormon durchgeführten Vergleichs unterschiedlicher Schutzniveaus bei den genannten einzelnen Substanzen und Verwendungen wurde die Ungleichbehandlung als willkürlich und ungerechtfertigt nach Artikel 5.5. beurteilt.[503]

Insgesamt wurde damit das Europäische Importverbot für mittels Wachstumshormonen erzeugtes Rindfleisch durch das Panel als nicht konsistent mit den Artikeln 3.1, 3.2, 3.3, 5.1 und 5.5 verurteilt (in Übersicht 36 grau hinterlegte Felder).

3.4.2.2 Das Berufungsverfahren

Gegen das Urteil ging die EU im Jahr 1997 in die **Berufung**. Die Begründung bezog sich schwerpunktmäßig auf diejenigen Artikel, auf deren Grundlage die Panelentscheidung gefällt wurde.[504]

Die Bewertungsgrundlage des Berufungsverfahrens umfasste somit

- die Relevanz internationaler Standards für das eigene Schutzniveau (Artikel 3.1-3.3),
- die Vorgabe von Kriterien und Methodik für die Risikobewertungsverfahren zur Begründung eigener strengerer Standards als es die Codex Alimentarius Kommission vorgibt (Artikel 5.1-5.2), sowie
- die möglichen Freiheitsgrade bei der Festlegung unterschiedlicher Schutzniveaus in vergleichbaren Situationen (Artikel 5.5).

Im Rahmen des Berufungsverfahrens wurde das Endergebnis des Panel-Entscheids bestätigt. Kern des Berufungsentscheids war der unzureichende Nachweis eines spezifischen Krebsrisikos, das eindeutig auf die strittigen Substanzen zurückzuführen ist. Hiermit fehlte auch dem Appellate Body eine wissenschaftliche Begründung für die Ableitung des strengen EU-Schutzniveaus.[505]

---

503 Vgl. ebd., Abs. 8.253 - 8.269.

504 Zusätzlich beklagte die EU neben den im Verfahren herangezogenen Vertragsgrundlagen die Zuweisung der Nachweispflicht, die Interpretation des Vorsorgeprinzips, die mangelnde Objektivität des Panel, die Rechte der Drittstaaten sowie den Zeitraum der rückwirkenden Anwendung des SPS-Abkommens. Verfahrensbezogene Kritik am Panel-Entscheid wurde nicht nur vom unterlegenen Angeklagten, sondern auch seitens der Kläger in die Berufung eingebracht. Hieran lässt sich die Bedeutung des Berufungsverfahrens nicht nur für die fallspezifische Urteilsfindung sondern auch für Grundsatzentscheidungen und die Etablierung von Präzedenzfällen erkennen. Die Verfahrensvorwürfe wurden in der Berufungsinstanz jedoch vollständig zurückgewiesen. Vgl. WTO (1998): EC Measures Concerning Meat and Meat Products (Hormones), Report of the Appellate Body ..., a.a.O., Kapitel VIII und IX.

505 Vgl. WTO (1998): EC Measures Concerning Meat and Meat Products (Hormones), Report of the Appellate Body ..., a.a.O., Abs. 208.

Trotz des identischen Gesamturteils ergaben sich dennoch erhebliche Modifikationen an einzelnen Panel-Entscheidungen (in Übersicht 36 schwarz umrandet). Diese Änderungen betonen die Bedeutung des neugeschaffenen Berufungsverfahrens und lassen sich darüber hinaus auch als eine Erhöhung des Spielraums für eigenständige, nationale Verbraucherschutzpolitiken interpretieren:[506]

1. **Orientierung des Schutzniveaus an internationalen Standards**
   Der Berufungsentscheid hebt explizit das autonome Recht eigener Verbraucherschutzpolitik hervor, indem die Loslösung von Grenzwerten des Codex Alimentarius nicht lediglich als gewährte Ausnahme, sondern als gleichberechtigte Alternative zur Übernahme internationaler Vorgaben formuliert wurde:

   > "Under Article 3.3 [...] a Member may decide to set for itself a level of protection different from that implicit in the international standard. [...] This right of a Member to establish *its own level* of sanitary protection under article 3.3 of the SPS Agreement is *an autonomous right and not an 'exception'* from a 'general obligation' under Article 3.1"[507]

2. **Anwendung der von internationalen Organisationen entwickelten Risikobewertungsverfahren als Grundlage von Schutzmaßnahmen**
   Der Appellate Body weist die Panel-Kritik an den verwendeten Untersuchungsmethoden der EU zurück, da die WTO keine moralische Instanz zur Klärung wissenschaftlicher Grundsätze sei. In der Berufung wurde vielmehr explizit betont, dass der Katalog an akzeptierten Verfahren und zu berücksichtigenden Faktoren flexibel sein muss. Hierbei wurde auch die Bedeutung von nicht-quantifizierbaren Aspekten bei der Risikoschätzung herausgestellt.[508] Des weiteren dürften keine "Laborbedingungen" unterstellt werden, vielmehr seien spezifische nationale Bedingungen zu berücksichtigen, die im Berufungsurteil allerdings nicht konkretisiert wurden.[509] Die EU wurde durch den Appellate Body dahingehend bestärkt, dass die Anerkennung von Risikoschätzungen nicht auf Grundlage von Mehrheitsentscheidungen verabschiedet werden könne, sondern auch Minderheitsmeinungen zu berücksichtigen habe.[510] Insgesamt wurde damit die Verurteilung der europäischen Risiko-

---

[506] Vgl. QUICK, R., BLÜTHNER, A. (1999): Has the Appellate Body erred? An Appraisal and Criticism of the Ruling in the Hormones Beef Case, in: Journal of International Economic Law Vol. 2(4), S. 607.

[507] WTO (1998): EC Measures Concerning Meat and Meat Products (Hormones), Report of the Appellate Body ..., a.a.O., Abs. 172. Hervorhebung hinzugefügt.

[508] Vgl. ebd., Abs. 187.

[509] Vgl. ebd., Abs. 185.

[510] Vgl. ebd., Abs. 194.

schätzung als "unwissenschaftlich" vom Appellate Body scharf zurückgewiesen.[511]

3. Ungleiche Schutzniveaus in "unterschiedlichen Umständen"

Auch im Hinblick auf die als ungerechtfertigt verurteilten, unterschiedlichen Schutzniveaus in Bezug auf zugesetzte Hormone im Vergleich zu endogenen argumentierte der Appellate Body gegen das Panel. Endogene Hormonen seien mit angemessenen Maßnahmen nicht zu vermeiden, so dass eine resultierende Ungleichbehandlung von zugeführten und endogenen Hormonen nicht ungerechtfertigt, sondern vielmehr unvermeidbar sei:

> "[...] there is a *fundamental distinction between added hormones* (natural or synthetic) *and naturally occurring hormones* in meat and other food. In respect of the latter, the European Communities simply takes no regulatory action; to require it to prohibit totally the production and consumption of such foods or to limit the residues of naturally-occuring hormones in food, entails such a comprehensive and massive governmental intervention in nature and in the ordinary lives of people as *to reduce the comparison itself to an absurdity*."[512]

Auch die im Panel-Urteil herangezogene Vermutung, das Verbraucherschutz-Argument sei von der EU lediglich vorgeschoben vor eigentlich absatzorientierten Interessen, wurde vom Appellate Body deutlich zurückgewiesen.[513] Der traditionelle gesellschaftliche Stellenwert des europäischen Verbraucherschutzes wurde explizit anerkannt. Als Beleg wurde neben der Vielzahl bestehender Verbraucherschutzregelungen in der EU auch die öffentliche Reaktion der europäischen Verbraucher auf Lebensmittelskandale angeführt.[514]

4. Einsatz wissenschaftlich begründeter Maßnahmen mit möglichst geringer handelsbeschränkender Wirkung unter Berücksichtigung der technischen und wirtschaftlichen Durchführbarkeit

Der entsprechende Artikel 5.6 wurde für die endgültige Urteilsfindung auch vom Appellate Body als irrelevant ausgeschlossen (vgl. Übersicht 36). Dennoch zeigt die Kommentierung des Panel-Urteils die Unterstützung der EU-

---

511 Vgl. zur detaillierten Analyse des Panel-Urteils im Hinblick auf die Bewertung der wissenschaftlichen Güte der europäischen Risikoschätzung PEREZ, O. (1998): Reconstructuring Science: the Hormone Conflict ..., a.a.O., S. 670.

512 WTO (1998): EC Measures Concerning Meat and Meat Products (Hormones), Report of the Appellate Body ..., a.a.O., Abs. 187. Hervorhebung hinzugefügt.

513 Vgl. ebd., Abs. 245.

514 Vgl. ebd., Abs. 221.

Position in diesem Punkt:[515] Der Appellate Body unterstreicht, dass gemäß den SPS-Bestimmungen bei der Beurteilung von Schutzmaßnahmen deren administrativer Aufwand zu berücksichtigen ist.[516] Eine Kontrolle, ob beim Einsatz von hormonellen Leistungsförderern die Grundsätze der guten tierärztlichen Praxis eingehalten werden, wurde wegen prohibitiver Durchführungskosten hiernach vom Appellate Body als Alternative zu einem Importverbot ausgeschlossen.[517]

5. Vorübergehende Maßnahmen bei Nachreichung einer wissenschaftlichen Grundlage

Die Auslegung und Integration des modifizierten "Vorsorgeprinzips" im Artikel 5.7 lag nicht dem Panel-Urteil zugrunde und wurde dennoch in die Berufungsinstanz eingebracht.[518] Obwohl die EU innerhalb des Panelverfahrens explizit erklärte, dass das Importverbot nicht als vorläufige Maßnahme i.S. dieses Artikels zu verstehen sei,[519] sprach sie sich innerhalb der Berufung für eine allgemeine Anerkennung des Vorsorgeprinzips in der Völkergemeinschaft aus.[520] Nach dem Entscheid des Appellate Body findet das Prinzip neben der Betonung in Artikel 5.7 bereits hinreichende Berücksichtigung durch die Möglichkeit, nach Artikel 3.3 eigene Schutzniveaus festzulegen.

Für die Beurteilung vorgelegter Risikoschätzungen empfiehlt der Appellate Body dem Panel zu berücksichtigen, dass diese Untersuchungen bereits auf national unterschiedlicher Interpretation des Vorsorgeprinzips basieren.[521]

Das **Gesamtergebnis des Berufungsurteils** ergab die Widrigkeit des Importverbots ausschließlich bezogen auf der Grundlage fehlender Risikoschätzung nach Artikel 5.1. Gemäß dem Artikel 5.7 wurde der EU jedoch zugestanden, den notwendigen Risikonachweis nachzureichen.[522]

---

515 Vgl. ebd., Abs. 143.

516 "Bei der Bewertung der Gefahren [...] berücksichtigen die Mitglieder [...] die relative Kostenwirksamkeit alternativer Methoden zur Risikobewertung". WTO (1994): Übereinkommen über die Anwendung gesundheitspolizeilicher ..., a.a.O., Artikel 5.3.

517 Vgl. WTO (1998): EC Measures Concerning Meat and Meat Products (Hormones), Report of the Appellate Body ..., a.a.O., Abs. 187.

518 Vgl. zur allgemeinen Analyse des Vorsorgeprinzips und zur Bewertung des Artikels 5.7 Kapitel 4.3 dieser Arbeit.

519 Vgl. WTO (1997): EC Measures Concerning Meat and Meat Products (Hormones), Complaint by the United States, Report of the Panel ..., a.a.O., Abs. IV238-239.

520 WTO (1998): EC Measures Concerning Meat and Meat Products (Hormones), Report of the Appellate Body ..., a.a.O., Abs. 121.

521 Allerdings entbindet dieses Gebot nach dem Appellate Body ein Panel nicht von der Verpflichtung, sich an die WTO-internen Prinzipien zur Beurteilung von Risikoschätzungen zu halten. Vgl. ebd., Abs. 124.

522 Vgl. ebd., Abs. 208.

3.4.2.3 Die Entscheidung über Vergeltungsmaßnahmen

Die EU konnte die festgelegte Frist für den nachträglichen Risikonachweis nicht einhalten.[523] Gleichzeitig formulierte sie eine Entscheidung zu einem kompletten Einfuhrverbot von amerikanischen Rindfleisch unabhängig von eingesetzten Masthormonen, da es zu positiven Kontrollen der zertifizierten US-Importe in die EU gekommen war (vgl. zu Details Übersicht 38).

Diese Entscheidung wurde im Juni 1999 zum Auslöser der Beantragung von Vergeltungsmaßnahmen gegenüber der EU durch die USA und Kanada.[524]

Die EU reagierte zunächst mit Kompromissvorschlägen zur Kompensation und Änderun g der Kennzeichnungsregeln, die aber zu keiner Lösung beitrugen. Ein reformiertes amerikanisches Programm zur hormonfreien Mast führte schließlich dazu, dass das beabsichtigte Totalverbot nicht realisiert wurde und die Kontrolle der amerikanischen Einfuhren entsprechend der üblichen Regelungen gegenüber Drittländern in Form von Stichproben und nicht als Vollerhebung vollzogen wurde (vgl. zu Details Übersicht 38).[525]

Zur **Gewährung der Vergeltung** gegen das andauernde Importverbot für nicht-zertifiziertes Fleisch verlangte die WTO zunächst Schätzungen zur Höhe der erlittenen Nachteile (vgl. Kapitel 3.3). Hiernach forderten die USA ein Vergeltungsvolumen in Höhe von 202 Mio. US$ pro Jahr, denen die EU 53 Mio. US$ pro Jahr aus eigener Schätzung gegenüberstellte.[526] Neben dem Vorwurf der Unverhältnismäßigkeit der Vergeltung richtete sich die Kritik der EU auch gegen die von den USA vorgeschlagenen Produkte, auf die sich die Vergeltung beziehen sollte (vgl. Anhang 5).[527]

---

523 Zwischen den Parteien herrschte Uneinigkeit über die Festlegung der Frist: die USA forderten 10 Monate, die EU dagegen vier Jahre. Die Frist wurde schließlich entsprechend der üblichen Frist für die Umsetzung von Lösungsmaßnahmen vom Panel auf 15 Monate festgesetzt und lief damit im Mai 1999 aus. Zu dem Zeitpunkt konnte lediglich ein vorläufiger Bericht vorgelegt werden. EU-KOMMISSION (1999): Opinion of the Scientific Committee on veterinary measures relating to public health, Assessment of potential risks to human health from hormone residues in bovine meat and meat products, Dokument der Kommission XXIV/B3/SC4 vom 30. April 1999.

524 Vgl. WTO (1999): European Communities - Measures Concerning Meat and Meat Products (Hormones), Original Complaint by the United States, Recourse to Arbitration ..., a.a.O., Abs. 1.

525 Vgl. O.V. (2000): Fleisch in den USA besser kontrolliert, *Ernährungsdienst* Nr. 75, 30. September 2000, S. 2.

526 Vgl. WTO (1999): European Communities - Measures Concerning Meat and Meat Products (Hormones), Original Complaint by the United States, Recourse to Arbitration ..., a.a.O., Abs. 1.

527 Vgl. ebd., Abs. 14.

Zur Klärung wurde das ursprünglich mit dem Fall betraute Panel als Instanz zur Streitschlichtung eingesetzt,[528] die eine Zuständigkeit für die Auswahl der Produkte zurückwies und lediglich über das Gesamtvolumen der Vergeltung entschied.[529]

Hierzu wurden die vorgelegten Schätzungen der Parteien geprüft hinsichtlich[530]

- des potenziellen Importwertes bei Rindfleischprodukten ohne bestehendes Importverbot und
- des tatsächlichen Importwertes von Rindfleisch mit vorliegendem Importverbot.

Aus dem Vergleich beider Positionen wurde der aus dem Importverbot resultierende Nachteil für die USA abgeleitet.[531]

Nach verschiedenen Modifikationen der Schätzmethodik[532] ergab sich im Ergebnis ein jährliches Strafvolumen von 116,8 Mio. US$.[533] Das Ausmaß der einzelnen Strafzollsätze und der betroffenen Produkte sind durch die USA frei wählbar, solange dieses Gesamtvolumen eingehalten wird.

---

528 Entsprechend den üblichen Vorgaben bei Streitverfahren. Vgl. WTO (1994): Vereinbarung über Regeln und Verfahren zur Beilegung von Streitigkeiten ..., a.a.O., Artikel 22.6 und auch Kapitel 3.3.

529 Vgl. WTO (1999): European Communities - Measures Concerning Meat and Meat Products (Hormones), Original Complaint by the United States, Recourse to Arbitration ..., a.a.O., Abs. 16 und Fn. 16.

530 Unterschieden wurden dabei die Kategorien "High Quality Rindfleisch" und "Sonstiges Rindfleisch für Nahrungsmittel aus der Schlachtverwertung", da für diese unterschiedliche Einfuhrbedingungen in der EU herrschen. Nur für die erste Gruppe gelten TRQs mit vermindertem Zollsatz. Vgl. ebd., Abs. 24, 36 ff und 66.

531 Weitere relevante, aber schwer zu quantifizierende Nachteile wurden nicht erfasst. Entsprechend der Ergebnisse in Kapitel 2.3 dieser Arbeit können diese für die EU aus Nachfrageausfällen resultieren, die bei Aufheben des Importverbots durch asymmetrische Information bedingt sind. Weitere Nachteile betreffen auch die USA, indem Strafzölle die Nachfrage der entsprechenden Produkte im eigenen Land belastet. Vgl. zur Diskussion dieser Wohlfahrtsverluste KRAMB, M.C. (2001): Die Entscheidungen des „Dispute Settlement"-Verfahrens der WTO im Hormonstreit zwischen der EU und den USA – Implikationen für den zukünftigen Umgang mit dem SPS-Abkommen, Diskussionspapiere des Instituts für Agrarpolitik und Marktforschung der Universität Giessen Nr. 3, Giessen, S. 18.

532 Änderungen bei der Schätzung betrafen v.a. den zu berücksichtigenden Zeitraum der widrigen Maßnahme. Dieser wurde mit Beginn Mai 1999 festgesetzt als dem Zeitpunkt, an dem die WTO-konforme Umsetzung ablief, da der Nachtrag einer Risikoschätzung nicht geleistet werden konnte. Vgl. zu Einzelheiten WTO (1999): European Communities - Measures Concerning Meat and Meat Products (Hormones), Original Complaint by the United States, Recourse to Arbitration ..., a.a.O., Abs. 38 ff.

533 Vgl. zu Einzelheiten ebd., Abs. 79.

Die USA legte dazu eine Produktliste zur Anwendung 100%iger Wertzölle vor, aus der ggf. auch Produkte in wechselndem Turnus gewählt werden können (vgl. Anhang 5).[534] Die genehmigten Strafzölle traten schließlich im Juli 1999 in Kraft, wobei es aufgrund interner Abstimmungsprobleme in den USA noch zu nachträglichen Änderungen bei den betroffenen Produktkategorien kam.[535]

Die **momentane Situation des Imports** von Rindfleisch in die EU ist gekennzeichnet durch den ausschließlichen Import von zertifiziertem Rindfleisch, das aus dem „Non-hormone Treated Cattle Programme" stammt und innerhalb einer in den Uruguay-Verhandlungen vereinbarten begrenzten Zollquote eingeführt wird (TRQs, vgl. Kapitel 3.2.2.2). Im Jahr 2000 betrug die Zollquote für USA und Kanada zusammen 11.500t, die mit einem Wertzoll von 20% belegt waren.[536] Die tatsächlich erfolgten Importmengen von zertifiziertem Rindfleisch schöpften diese Zollquoten im Jahr 2000 allerdings nicht aus.[537]

Die im Streitverfahren verlangte nachträgliche Risikoschätzung konnte von der EU mit einjähriger Verspätung erst im Mai 2000 vorgelegt werden[538] und weist lediglich für eines der natürlichen Hormone eine karzinogene Wirkung nach (17-ß-Östradiol).[539] Allerdings räumt die EU ein, mit den vorhandenen Analyseverfahren eventuelle Rückstände der anderen Hormone nicht erfassen zu können.[540]

---

534 Vgl. ebd., Annex II, S. 19 und zu jeweils aktueller Auswahl vgl. OFFICE OF THE UNITED STATES TRADE REPRESENTATIVE (2000): USTR Announces Procedures for Modifying Measures in EC Beef and Bananas Cases, USTR Press Release 00-41, Washington D.C.

535 Vgl. O.V. (2000): Neue Produkte im Strafzoll-Karussel, *Ernährungsdienst* Nr. 69, 9. September 2000, S. 3.

536 Die Zollsätze für Importmengen außerhalb der Quoten sind abhängig von der Verarbeitungsstufe und liegen z.B. für Rinderhälften bei einem Wertzoll von 12,8% plus 1768 Euro/t im Jahr 2000. Vgl. USDA (Hrsg.): Schedule CXL – European Communities ..., a.a.O. und O.V. (2000): EU-Kommission bringt Bewegung in den Rindfleischstreit, *Agra-Europe* Nr. 22, Europa-Nachrichten 13, 29. Mai 2000, S. 29.

537 Die USA importierten z.B. im Jahr 2000 nur 5.000t an zertifiziertem Rindfleisch in die EU. Vgl. zu den jeweiligen Importmengen USDA (Hrsg.): Historical U.S. Import & Export Data, verfügbar unter: http://www.fas.usda.gov/dlp/histdat.html, Stand September 2001.

538 Mit der Überprüfung des Erstgutachtens wurden verschiedene Fachausschüsse beauftragt, die das Gesamtergebnis des Vorläufergutachtens bestätigten. VORSCHLAG FÜR EINE RICHTLINIE des Europäischen Parlaments und des Rates vom 24.5.2000 zur Änderung der Richtlinie 96/22/EG des Rates über das Verbot bestimmter Stoffe mit hormonaler bzw. thyreostatischer Wirkung und von ß-Agonisten in der tierischen Erzeugung, 2000/0132 (COD), S. 6 Abs. (8).

539 Hiermit wurde das bereits im Erstgutachten abgeleitete Ergebnis in der Weise bestärkt, dass die Substanz 17ß-Östradiol "uneingeschränkt als karzinogen anzusehen ist, da sie sowohl tumorauslösende als auch tumorfördernde Auswirkungen hat". Gutachten des SCVPH, zitiert in ebd., S. 5 Abs. (6).

540 Vgl. ebd., S. 6 Abs. (9).

Zur Anerkennung dieses Gutachtens auf WTO-Ebene und den möglichen Schlussfolgerungen für die Bewertung des Importverbots liegen noch keine Stellungnahmen vor. Als europäische Reaktion auf diese Studie erfolgte im Mai 2000 ein Kommissionsvorschlag zur Änderung der bisherigen Richtlinie 96/22/EG.[541] Nach diesem Vorschlag bleibt für das entsprechende Hormon das komplette Importverbot bestehen, während es für die anderen fünf Hormone in ein vorläufiges umgewandelt wird, bis entsprechende Risikobewertungen vorliegen.[542]

Ende 2000 kam erneut Bewegung in den Fall, als die USA mehrfach androhten, das Rotationsprinzip bei der Vergeltung einzuführen und damit in einem halbjährlichen Wechsel auch Produkte außerhalb der vorgelegten Produktliste mit Strafzöllen zu belegen (vgl. zu "Cross-Retaliation" Kapitel 3.3). Aktuelle Verhandlungen zwischen den Parteien drehen sich im Kern um die Möglichkeit eines zollfreien Imports des zertifizierten US-Rindfleisch innerhalb der TRQ, was im Gegenzug das Aussetzen der Strafzölle durch die USA nach sich ziehen könnte.[543]

Möglicherweise erhöht auch der kürzlich abgeschlossene "WTO-Streitfall über die steuerliche Behandlung von bestimmten Unternehmensformen"[544] zwischen den USA und der EU den politischen Druck zur Lösung des "Hormonfleisch-Falls": da dieses WTO-Urteil zur Bewilligung von Vergeltungsmaßnahmen der EU gegenüber US-Produkten führte, ist eine Kompromisslösung für beide Fälle denkbar.[545]

Nachfolgende Übersicht 38 fasst den Ablauf im "Hormonfleisch-Fall" über alle Stufen hinweg zusammen.

---

541 Vgl. ebd.

542 Vgl. ebd., S. 6, Abs. 10.

543 Vgl. o.V. (2000): Lösung des Hormonstreits in Sicht, Ernährungsdienst Nr. 79, 18. Oktober 2000, S. 1 und o.V. (2000): Lösung des Rindfleischstreits in greifbarer Nähe, Agra-Europe Nr. 43, Europa-Nachrichten 2, 20.Oktober 2000.

544 „Foreign Sales Corporations- Fall"in WT/DS108/R. Vgl. Anhang 4a.

545 Telefonische Auskunft von Herrn W. HÄBEL, Referat 614 im Bundesministerium für Verbraucherschutz, Ernährung und Landwirtschaft BMVEL am 10.5.2001.

Übersicht 38: Chronologie des „Hormonfleisch-Falls"

1970-80	• Öffentliche Diskussionen **über Hormonrückstände in Lebensmitteln** und Verbraucherboykotte in der EU
1981	• **Richtlinie 81/602/EWG** mit weiten Ausnahmen für den Einsatz von Hormonen in der Mast
1981-85	• Gutachten verschiedener Expertengruppen zum Gesundheitsrisiko insbesondere synthetischer Hormone
1985	• **Richtlinie 85/649/EWG** vom EuGH abgelehnt
GATT-STREITVERFAHREN	
1987	• **GATT-Verfahren** durch USA zur Klärung der Importbehandlung initiiert: - ohne Abschluss
1988	• Erste Studien des Codex Alimentarius zur Wirkung endogener und zugesetzter Hormone
1989	• Inkrafttreten der **Richtlinie 88/146/EWG**: - Synthetische Hormone: komplettes Verwendungsverbot - Natürliche Hormone: Ausnahmen für Therapie und Zucht - Anwendung auf **Importe**: Verbot bei abweichenden nationalen Regelungen • **Strafzölle der USA** • **GATT-Verfahren** durch die EU zur Klärung der Strafzölle initiiert: - ohne Abschluss, aber: - **Kompromisslösung** → **Importquote für als "hormonfrei" zertifiziertes** US-Fleisch: „Hormone-free Cattle Programme" → Aussetzen der US-Strafzölle für einige Produkte
1994	• Abschluss der Uruguay-Runde: - Verbessertes Streitschlichtungsverfahren - Unterzeichnung des SPS-Abkommens
1995	• **Kommission des Codex Alimentarius**: - Grenzwerte für fünf Wachstumshormone außer für MGA
1996	• Panel durch die EU wegen der verbliebenen Strafzölle aus der Kompromisslösung von 1989 initiiert: - Aussetzen der US-Strafzölle • **Richtlinie 96/22/EG**: - Ausdehnung des Anwendungsverbots - Verschärfung: Ausnahmeregelungen, Kontrollen, Sanktionen
WTO-STREITVERFAHREN	
Jan. 1996	• Einleitung von Konsultationen zwischen EU und USA durch US-Initiative
Mai 1996	• WTO-Panel durch USA beantragt (Oktober: Kanada)
Juli 1996	• WTO-Panel eingerichtet
Aug. 1997	• **Panel-Entscheid**: - **WTO-Widrigkeit** des EU-Importverbots für nicht-zertifiziertes Fleisch
Sep. 1997	• WTO-Berufung durch EU

Feb. 1998	• **Berufungs-Entscheid**: - **Bestätigung des Panel** über die WTO-Widrigkeit des Importverbots, aber → nachträgliche Risikoabschätzung durch EU möglich • Frist zur **nachträglichen Risikoschätzung** auf 15 Monate festgesetzt bis Mai 1999
Feb. 1999	• **Kompromissvorschläge** der EU eingereicht: - Kompensation oder - Labelling: Herkunft- versus Prozesskennzeichnung • Expertengruppe des Codex Alimentarius: - Ausschluß des Risikos bei guter tierärztlicher Praxis
April und Mai 1999	• Positivkontrollen bei zertifizierten US-Importen aus dem „Homone-free Cattle Programme" - EU-Entscheid: **komplettes Importverbot** unabhängig vom gekennzeichneten Mastverfahren - Zurücknahme des Kompromißvorschlags zu Labelling seitens der EU
Juni 1999	• **Aussetzen des kompletten Importverbots** bei Verschärfung der Importregelungen: - Importquote mit Wertzoll und - Totalkontrollen der Importe • Nachträglicher Risikonachweis durch EU verfehlt - **Antrag auf Sanktionen** durch USA und Kanada - Klage der EU gegen Vergeltungsvolumen - Panel-Entscheid: **Bewilligung der Strafzölle**
VERGELTUNGSPHASE	
Juli 1999	• **Inkrafttreten der Strafzölle** gegen EU
Sep. 1999	• Reform des US-Programms zu "hormonfreiem Rindfleisch" - „Non-hormone treated Cattle Programme" - Importkontrollen durch EU nur mittels Stichproben
Mai 2000	• **Nachträgliche Risikoschätzung durch EU eingereicht** - Risikonachweis für ein natürliches Hormon: 17-ß-Östradiol • **Kommissionsvorschlag zur Änderung der Richtlinie 96/22/EG** - **Komplettverbot** für 17-ß-Östradiol - **Umwandlung in vorläufiges Verbot** für die übrigen fünf Hormone in der Mast bis zum ausstehenden Nachweis des Risikos
Okt. 2000	• **Androhung eines Strafzoll-Karussels** seitens der USA • **Verhandlung über Rücknahme der US-Strafzölle** bei Rücknahme der EU-Wertzölle innerhalb der Importquote
Febr. 2001	• 1. Lesung im Entscheidungsverfahren zur Änderung der **Richtlinie 96/22/EG**

Phasenweise Änderungen der Straflisten durch die USA

Quelle: Eigene Zusammenfassung auf Grundlage von PEREZ, O. (1998): Reconstructuring Science: the Hormone Conflict ..., a.a.O., WTO (1997): EC Measures Concerning Meat and Meat Products (Hormones), Complaint by the United States, Report of the Panel ..., a.a.O., Abs. II 34-35, Ernährungsdienst (versch. Jgg.), Agra-Europe (versch. Jgg.)

3.5 Zusammenfassende Beurteilung: Verbraucherschutzrelevante Konfliktpotenziale im WTO-Regelwerk

Aus der in diesem Kapitel exemplarisch durchgeführten Analyse des "Hormonfleisch-Falls" sowie einer umfassenden Systematisierung aller bisherigen GATT- und WTO-Streitverfahren mit Bezug zum Verbraucherschutz (vgl. Anhang 4) lassen sich grundlegende verbraucherschutzrelevante Konfliktbereiche ableiten.

In der nachfolgenden Übersicht 39 sind die identifizierten Konfliktpotenziale A bis F nach ihrem Vorkommen in den analysierten Abkommen sortiert:

- **Konfliktbereich (A): Interpretation der Produktgleichheit.**
  Der konkrete Umgang mit Importen unterschiedlicher Herkunftsländer und mit Importen im Vergleich zu inländischen Produkten wird in den GATT-Artikeln I, III, XIII und IX geregelt (vgl. Kapitel 3.1.3). Hiernach ist eine Ungleichbehandlung nur bei unterschiedlichen Produkten zulässig. Welche Merkmale Produktgleichheit bzw. -unterscheidung bedingen, spielt eine entscheidende Rolle innerhalb zahlreicher Streitfälle (vgl. Anhang 4a und 4b). Eng verbunden mit der Interpretation des Begriffs Produktgleichheit sind nachfolgende Bereiche:

  - **Konfliktbereich (B): Berücksichtigung von Prozessstandards.**
    Dieser Konfliktbereich ist nicht explizit in den WTO-Bestimmungen erfasst. Relevante implizite Regelungen betreffen die Unterscheidung von produkt- oder verfahrensbezogenen nationalen Vorschriften und deren möglichen Anwendung auf Importe.

  - **Konfliktbereich (C): Einordnung des Labelling von Prozessstandards.**
    Verbraucherschutz durch Prozessstandards lässt sich neben der strikten Verpflichtung von Importeuren, nationale Vorschriften einzuhalten alternativ oder ergänzend mit Maßnahmen des Labelling erzielen. Im Hinblick auf den Produktbezug der gekennzeichneten Eigenschaften ergeben sich Verzahnungen mit den vorherigen Konfliktbereichen.

Übersicht 39: Verbraucherschutzrelevante Konfliktpotenziale in den WTO-Verträgen

Konfliktbereich	Inhalt	Artikel
GATT-Abkommen		
(F) Geltungsbereich nationaler Schutzziele	Extraterritoriale Anwendung von Schutzzielen	XX
(A) Interpretation der Produktgleichheit bzw. **(C)** Einordnung des Labelling von Prozessstandards	• Meistbegünstigung bei gleichartigen Produkten • Gleichbehandlung gleichartiger Produkte - Keine Diskriminierung bei Ausnahmen für Mengenbeschränkungen bei gleichartigen Produkten • Gleiche Kennzeichnungsvorschriften bei gleichartigen Produkten	I III XIII IX
TBT-Abkommen		
(B) Berücksichtigung von Prozessstandards	Verbindliche oder freiwillige Vorschriften für Produktmerkmale bzw. Produktionsmethoden	Annex 1 Absatz 1- 2
(D) Anwendung von harmonisierten Produkt- und Prozessstandards	Nutzung internationaler Standards	2.4, 2.6
(D) Anwendung des Äquivalenzprinzips	• Anerkennung unterschiedlicher Vorschriften bei gleicher Zielwirkung • Vorgaben für Konformitätsverfahren	2.7, 5
(E) Unterschiedliche nationale Risikoperzeption - Anerkennung der Risikoschätzung	Risikonachweis bei strengeren Vorschriften als internationale Vorgaben	2.2, 2.4
SPS-Abkommen		
(E) Unterschiedliche nationale Risikoperzeption – Anerkennung der Risikoschätzung	Berücksichtigung freiwilliger Gesundheitsrisiken bei der Umsetzung des eigenen, angemessenen Schutzniveaus	5.5
(A) Interpretation der Produktgleichheit	"Unterschiedliche Umstände": • Vermeiden von ungerechtfertigten Unterschieden im Schutzniveau	5.5
(B) Berücksichtigung von Prozessstandards	• Physischer Produkteffekt der erfassten Maßnahmen	Anhang A Absatz 1
(D) Anwendung von harmonisierten Produkt- und Prozessstandards	Nutzung internationaler Standards	3.2

(D) Anwendung des Äquivalenzprinzips	• Anerkennung unterschiedlicher Maßnahmen bei gleicher Zielwirkung • Beweispflicht beim Exporteur	4.1
(E) Unterschiedliche nationale Risikoperzeption - Anerkennung der Risikoschätzung	• Risikonachweis bei strengeren Vorschriften als internationale Vorgaben • Orientierung an internationalen Vorgaben zu Risikobewertungsmethoden • Berücksichtigung ökonomischer Kriterien bei der Risikoschätzung	3.3 5.1-2. 5.3.
(E) Unterschiedliche nationale Risikoperzeption - Bedeutung des Vorsorgeprinzips	Nachträglicher Risikonachweis	5.7
TRIPS		
(A) Interpretation der Produktgleichheit bzw. **(C)** Einordnung des Labelling von Prozessstandards	Geografische Kennzeichnung von Produktqualitäten und –image, falls durch Herkunft bestimmt	22.3

Quelle: Eigene Zusammenstellung auf Grundlage von ALTEMÖLLER, F. (1997): Möglichkeiten und Grenzen ..., a.a.O., DROEGE, S. (2001): Ecological Labelling ..., a.a.O., HELM, C. (1995): Sind Freihandel und Umweltschutz vereinbar? ..., a.a.O., PEREZ, O. (1998): Reconstructuring Science: the Hormone Conflict ..., a.a.O.

- **Konfliktbereich (D): Harmonisierung von Produkt- und Prozessstandards.** Dieser Problembereich beinhaltet zwei unterschiedliche Aspekte:

  - **Anwendung von harmonisierten Produkt- und Prozessstandards.** Als Lösung zur Erleichterung des Umgangs mit nationalen Unterschieden von Produktvorschriften wird die Harmonisierung innerhalb des TBT- und SPS-Abkommens empfohlen. Abhängig vom faktischen Verpflichtungscharakter der empfohlenen Übernahme von Standards, die in internationalen Gremien entwickelten wurden, kann eine Aufgabe nationaler Souveränität resultieren. Diese führt bei national unterschiedlichen Verbraucherschutzbedingungen zu Präferenzkosten.

  - **Anwendung des Äquivalenzprinzips.** Alternativen zur Harmonisierung sind die Anerkennung unterschiedlicher Vorschriften bei gleicher Zielwirkung und das Prinzip der wechselseitigen Anerkennung der einzelstaatlichen Schutzziele, was i.d.R. im Rahmen eigenständiger plurilateraler Abkommen erfolgt.

- **Konfliktbereich (E): Unterschiedliche nationale Risikoperzeption.** Bei fehlender gegenseitiger Anerkennung unterschiedlicher nationaler Standards bleibt als Alternative zur Anerkennung eines berechtigten Schutzzieles der Nachweis des Risikos, das die eigenen strengen Standards rechtfertigt. Hierbei bestehen Probleme in der

  - **Anerkennung der vorgelegten Risikoschätzung.** Die Evaluierung der Risikoschätzung einschließlich der verwendeten Untersuchungsverfahren und damit der nationalen Standards erfolgt dabei in den Gremien der WTO, die auch im Streitverfahren involviert sind. Durch die steigende Relevanz entsprechender Standards erhält die WTO zunehmend die Funktion, nicht nur die Handelswirkung nationaler Standards, sondern auch die Berechtigung der zugrunde liegenden Ziele an sich zu prüfen.

  - **Bedeutung des Vorsorgeprinzips.** Im SPS-Abkommen kann der Risikonachweis auch nachträglich erfolgen, so dass strengere Schutzniveaus vorsorglich angewendet werden können. Diese Anwendung ist jedoch zeitlich befristet, was die nationale Auslegung des Vorsorgeprinzips einschränkt.

- **Konfliktbereich (F): Geltungsbereich nationaler Schutzziele.** Explizit wird die nationale Souveränität, GATT-widrige Maßnahmen zu ergreifen, in den allgemeinen Ausnahmen des GATT-Artikel XX anerkannt. Allerdings ist eine Rechtfertigung durch die spezifischen Schutzziele erforderlich (vgl. Kapitel 3.1.3). Problematisch ist die extraterritoriale Übertragung nationaler Schutzziele auf andere Staaten.

Der "Hormonfleisch-Fall" lässt sich als Präzedenzfall für den Ausgleich zwischen nationaler Politikgestaltung und der Gewährung eines freien Handels verstehen. Die Urteilsbegründungen des Panel und des Appellate Body zeigen exemplarisch bestehende Handlungsspielräume bezüglich der gekennzeichneten Konfliktbereiche auf.

Im nachfolgenden Kapitel 4 werden ausgehend vom "Hormonfleisch-Fall" die aufgezeigten Konfliktpotenziale umfassend analysiert, um bereits bestehende Spielräume innerhalb der WTO-Regelungen und notwendige Handlungsbedarfe zu identifizieren.

4 Beurteilung ausgewählter Konfliktpotenziale für die Gestaltung nationaler Verbraucherschutzpolitik

In Kapitel 2 wurde aufgezeigt, dass auf Basis neoklassischer Ansätze keine eindeutigen Lösungsmöglichkeiten für den Konflikt zwischen nationaler Souveränität und den Interessen einer internationalen Staatengemeinschaft abzuleiten sind. So kann ein Importverbot abhängig vom jeweiligen zugrunde liegenden Typ an Marktversagen zu widersprüchlichen Wohlfahrtsveränderungen gegenüber der Freihandelssituation in der Weise führen, dass

- Wohlfahrtsverluste für die Staatengemeinschaft insgesamt resultieren,
- durch Seitenzahlungen Wohlfahrtssteigerungen für beide Handelspartner möglich sind oder aber
- Wohlfahrtssteigerungen nur für das importierende Land und Verluste für die Handelspartner entstehen.

Die Darstellung der Bestimmungen des WTO-Regelwerks zum Verbraucherschutz, sowie deren Umsetzung im "Hormonfleisch-Fall", kennzeichnen die bisherige Tradition im Umgang mit Verbraucherschutzpolitiken. Auf dieser Basis wurden grundlegende Konfliktpotenziale im Zusammenspiel zwischen multinationalen Handels- und nationalen Verbraucherschutzanliegen abgeleitet (vgl. Übersicht 39). Nachfolgend werden für diese Konfliktpotenziale prinzipielle Lösungspotenziale aufgezeigt, um unabhängig vom verwendeten Theorieansatz sowohl für den "Hormonfleisch-Fall" als auch für Verbraucherschutzpolitik generell Empfehlungen für die nationale Politikgestaltung und die Rolle der WTO geben zu können.

4.1 Interpretation der Produktgleichheit

Dieser Konfliktbereich zum Umgang mit gleichen oder unterschiedlichen Produkten (Konfliktbereich A) hat innerhalb der GATT-Verträge eine zentrale Bedeutung,[546] eine Konkretisierung steht aber seit jeher zur Diskussion.[547] Bislang erfolgte die Festlegung von Produktmerkmalen zur Definition gleicher oder ungleicher Produkte kasuistisch innerhalb einzelner Streitverfahren.[548]

---

546 Vgl. MOLTKE, K. VON (1998): Reassessing „Like Products“, Paper Presented at the Chatham House Conference on „Trade, Investment and the Environment“ on 29-30 October, London, S. 2.

547 SENTI, R. (1999): Handel und Umwelt in der neuen Welthandelsordnung ..., a.a.O., S. 104.

548 Vgl. GATT-Bericht 1970 über die Besteuerung von Gütern an der Grenze. GATT (1972): Basic Instruments and Selected Documents (BISD), jährliche Berichte, S. 101 f, Abs. 1, SENTI, R. (1999): Handel und Umwelt in der neuen Welthandelsordnung ..., a.a.O., S. 105 und HELM, C. (1995): Sind Freihandel und Umweltschutz vereinbar? ..., a.a.O., S. 96.

Der Aspekt der Produktgleichheit bildet den wesentlichen Konfliktbereich in der Mehrzahl der Streitverfahren, wobei selten zugunsten einer Produktunterscheidung entschieden wurde (in Anhang 4a und 4b durch dunkle Schraffur kenntlich gemacht).

Die Grundlage für eine Analyse der Produktmerkmale und der möglichen Erweiterung hinsichtlich der traditionell physischen Unterscheidungsdominanz bietet der Umgang mit sogenannten **Standards** im WTO-Regelwerk. Unter Standards werden dabei Vorschriften und Regelungen verstanden, die für einzelne Produktionsstufen, nur das Endprodukt oder den gesamten Produktionsprozess Gültigkeit haben. Damit sind sehr umfassend auch die Instrumente zur Internalisierung von Externalitäten und zur Aufhebung von Informationsasymmetrien erfasst, wie sie in Kapitel 2 analysiert wurden.

Nach der Systematik der OECD lassen sich Standards unterteilen in produktbezogene Standards einerseits und prozess- und produktionsbezogene Standards andererseits.[549] Letztere haben nicht ausschließlich physischen Einfluss auf das Produkt (vgl. Übersicht 40).

Die **produktbezogenen Standards** (PMs)[550] setzen unmittelbar an physischen Merkmalen des Produkts und damit an Such- oder Erfahrungseigenschaften an. Beispiele sind Vorschriften zur Produktqualität wie Gewichtsklassen oder Rückstände von Belastungen in Nahrungsmitteln. Abhängig vom Verwendungszweck des Produkts führen die hiermit angesprochenen Produktmerkmale zu Konsumexternalitäten, wenn das betreffende Produkt unmittelbar konsumiert wird (z.B. Gesundheitsbelastung bei Nahrungsmitteln). Produktionsexternalitäten entstehen bei Vorleistungsprodukten (z.B. Bleigehalt von Kraftstoffen).

549 Vgl. OECD (1994): Trade and Environment: Processes and Production Methods, Paris.

550 Die Abkürzung ist vom englischen Begriff „Product Methods" abgeleitet und wird wegen der weiten Verbreitung in der deutschsprachigen Literatur auch im Folgenden verwendet. Vgl. etwa OECD (1997): Processes and Production Methods (PPMs) ..., a.a.O.

Übersicht 40: Unterscheidung von Standardtypen in Abhängigkeit vom Produktbezug

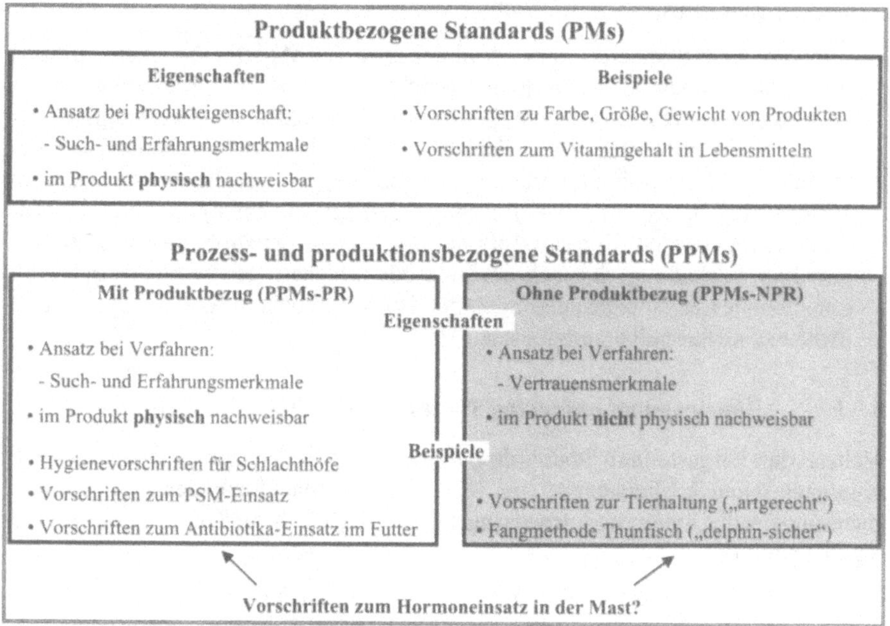

Quelle: Eigene Darstellung mit Beispielen aus OECD (1994): Trade and Environment ..., a.a.O. und GROTE, U., KIRCHHOFF, S. (2001): Environmental and Food Safety Standards in the Context of Trade Liberalization: Issues and Options, ZEF-Discussion Papers on Development Policy No. 39, Bonn.

Für **prozess- und produktionsbezogene Standards** (PPMs)[551] dagegen liegt die Ansatzstelle im Produktionsprozess:

- Haben die Regelungen zu Produktionsverfahren Einfluss auf die physischen Merkmale, so handelt es sich um prozessbezogene Standards mit Produktbezug (PPMs-PR).[552] Als Beispiel lässt sich die Verwendung bestimmter Zusatzstoffe in Tierfutter nennen, die in Fleischprodukten nachweisbar sind. Auch Hygienevorschriften für die Schlachtung zählen zu diesen Standards, da sie die Keimbelastung des Fleisches beeinflussen. Bei diesen Vorschriften ergeben sich Konsumexternalitäten durch den Verzehr der Nahrungsmittel oder möglicherweise Produktionsexternalitäten durch Austräge bei der Verwendung von Zusatzstoffen in der Futtermittelerzeugung (vgl. Kapitel 2.2.1.1). Abhängig

551 Vom englischen „Product and Production Methods". Ebd.
552 Vom englischen Begriff „*Product-related* Process and Production Methods". Ebd.

vom Grad der Produktbeeinflussung erfassen diese Standards Such- oder Erfahrungseigenschaften und beeinflussen die potenziell bestehenden Informationsasymmetrien.

- Dagegen sind Standards ohne Produktbezug (PPMs-NPR)[553] nicht anhand physischer Merkmale im Produkt erkennbar. Sie beziehen sich deshalb nicht auf Such- und Erfahrungseigenschaften eines Produktes, sondern lediglich auf Vertrauenseigenschaften. Als Beispiel lässt sich die CO_2-Emission bei der Erzeugung von Futtermitteln anführen. Hiermit werden Produktionsexternalitäten in Form der atmosphärischen Belastung erzeugt, die im Endprodukt Fleisch nicht erkennbar sind. Ebensowenig schlägt sich das Produktionsverfahren artgerechter Tierhaltung physisch im Endprodukt nieder. Der Produktionsprozess kann dennoch zu Nutzenänderungen bei den Verbrauchern führen und ist damit als Konsumexternalität aufzufassen.[554]

4.1.1 Übertragung nationaler Prozessstandards auf Importe

Welche der vorgestellten Standardtypen nach WTO-Verständnis zulässig sind, zeigt nachfolgende Übersicht 41. Im Mittelpunkt der nachfolgenden Analyse steht insbesondere die Integration prozessbezogener Standards als Konfliktpotenzial B (vgl. Kapitel 3.5).

Unter Zulässigkeit wird nachfolgend verstanden, inwieweit eine Übertragung nationaler Standards auf Importe innerhalb der WTO-Bestimmungen gestattet ist, die auch durch handelspolitische Maßnahmen durchgesetzt werden darf. Demgegenüber kennzeichnet WTO-Widrigkeit, dass eine Übertragung nationaler Standards auf Importe nicht zulässig ist.

Die traditionelle Panel-Interpretation hinsichtlich des Begriffs "Produktgleichheit" konzentriert sich auf physisch messbare Eigenschaften der Produkte,[555] wenn diese Interpretation auch nicht explizit in den Vertragstexten vorgegeben ist.[556]

Die Beurteilung der möglichen Zulässigkeit von Standards gründet sich auf die in Übersicht 41 gekennzeichneten WTO-Vertragsgrundlagen.

---

553 Vom englischen Begriff „*Non product-related* Process and Production Methods“. Ebd.

554 Damit können Standards unabhängig von der Klassifizierung mit und ohne Produktbezug beiderlei Formen von Externalitätentypen erfassen. Vgl. APPLETON, A.E. (1997): Environmental Labelling Programmes ..., a.a.O., S. 78.

555 Vgl. SENTI, R. (1999): Handel und Umwelt in der neuen Welthandelsordnung ..., a.a.O., S. 107.

556 Vgl. ebd.

Übersicht 41: WTO-Konformität unterschiedlicher Standardtypen

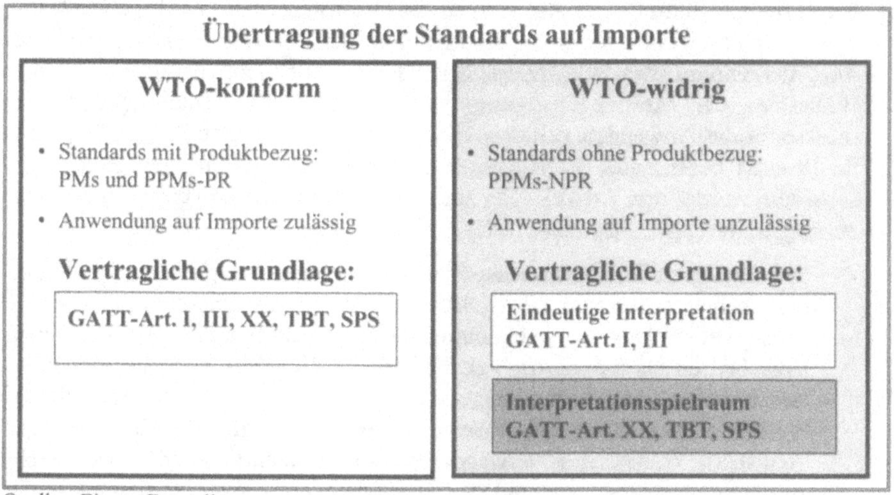

Quelle: Eigene Darstellung.

Eine **Übertragung von Vorschriften auf Importe ist zulässig**, solange sich der Prozess auch im Produkt niederschlägt. Auch für eine Übertragung dieser Standards (PMs und PPMs-PR) sind die Voraussetzungen zu erfüllen, dass das zugrunde liegende Schutzniveau durch die WTO anerkannt ist und die sonstigen GATT-Prinzipien, wie Nichtdiskriminierung und Gleichbehandlung, eingehalten werden.

Als WTO-widrig lässt sich dagegen die Übertragung von Standards ohne jeglichen physischen Produktbezug (PPMs-NPR) beurteilen,[557] da diese keine Produktunterscheidung bedingen. Eine unterschiedliche Behandlung von Importen aufgrund dieser Standards würde demnach nach WTO-Verständnis das Meistbegünstigungsprinzip in den GATT-Artikeln I und III verletzen.[558]

557 Zur Frage, ob das WTO-Regelwerk überhaupt auf nicht-produktbezogene Standards anzuwenden ist und demnach eine Widrigkeit abzuleiten ist vgl. CHANG, W.S. (1997): GATTing a Green Trade Barrier. Eco-Labelling and the WTO Agreement on Technical Barriers to Trade, in: Journal of World Trade, Vol. 31, No.1, S. 137-183.

558 Vgl. OTT, A. (1997): GATT und WTO im Gemeinschaftsrecht ..., a.a.O., S. 25 ff.

- Prinzipieller Spielraum ergibt sich für diese Standards nach GATT-Artikel XX durch die Gewährung von Ausnahmen für ansonsten GATT-widrige Maßnahmen. Voraussetzung hierfür ist die Erfüllung der üblichen Bedingungen, wie die Anerkennung des Schutzziels, der Nachweis der Notwendigkeit und die Einhaltung der Meistbegünstigung (vgl. Kapitel 3.1.3). Traditionellerweise musste für die Anwendbarkeit des Artikel XX, das anvisierte Schutzziel durch im Produkt bestehende Eigenschaften gefährdet sein. In jüngsten Panel-Entscheiden wurde der Artikel XX auch für verfahrensbezogene Regelungen herangezogen (vgl. „Shrimps-Turtle-Fall" in Anhang 11).[559]

  - Bei den speziellen Abkommen[560] scheint generell ein größerer Spielraum für die Integration von PPMs-NPR zu bestehen als innerhalb der GATT-Prinzipien.[561] Das TBT-Abkommen definiert lediglich die verpflichtenden Vorschriften als Standards (vgl. Kapitel 3.2.2.1).[562] Gegenüber der Vorläuferversion des „Standardkodex" wurden in der Uruguay-Runde Produktionsverfahren in der Weise integriert, dass für die Ableitung von Standards explizit auch "verwandte Produktionstechnologien" für die Zielerreichung zu erwägen sind.[563] Auf Basis einer Rechtfertigung durch Schutzziele, die an GATT-Artikel XX angelehnt sind, werden Handelshemmnisse akzeptiert.[564] Inwieweit damit auch Standards ohne Produkt-

---

559 Anders als noch im „Tuna-Dolphin-Fall" wurde im „Shrimps-Turtle-Fall" die Gültigkeit des GATT-Artikel XX bezogen auf bestimmte Fangmethoden für Krabben anerkannt, da diese die Schildkrötenpopulation gefährden. Vgl. zum Fall Anhang 11. Nicht so positiv beurteilt JAMES die Perspektive für die grundsätzliche Anwendung des Artikel XX auf PPMs-NPR. Vgl. JAMES, S. (2000): An Economic Analysis of Food Safety ..., a.a.O., S. 29, Fn. 29.

560 CHANG beurteilt zusätzlich den Artikel XIII über die Verminderung von Vorteilen aus Zugeständnissen hinsichtlich der Anwendung auf Standards. Aufgrund der geringen Relevanz in vorliegenden Streitfällen (vgl. Anhang 4a und 4b) wird im Weiteren auf die Beurteilung dieses Artikels verzichtet. Vgl. CHANG, W.S. (1997): GATTing a Green Trade Barrier ..., a.a.O., S. 137-183.

561 Auch zum Potenzial der Spezialabkommen für eine Integration von Standards ohne Prozessbezug lassen sich in der Literatur widersprüchliche Einschätzungen finden. Vgl. zur *kritischen Beurteilung* etwa HELM, C. (1995): Sind Freihandel und Umweltschutz vereinbar? ..., a.a.O., S. 112, DAWKINS, K. (1996): Ecolabelling: Consumer Right-to-know, in: WOLFRUM, R. (Hrsg.): Enforcing Environmental Standards: Economic Mechanisms as viable Means?, Beiträge zum ausländischen öffentlichen Recht und Völkerrecht, Bd. 125, Berlin, S. 521 und ALTEMÖLLER, F. (1997): Möglichkeiten und Grenzen ..., a.a.O., S. 65. Zur *positiven Einschätzung* vgl. dagegen BENEDEK, W. (1998): Die Welthandelsorganisation (WTO) ..., a.a.O., S.27.

562 Vgl. WTO (1994): Übereinkommen über technische Handelshemmnisse ..., a.a.O., Annex 1, Abs. 1 und 2.

563 Vgl. ebd., Artikel 5.5.

564 Unter den üblichen einzuhaltenden Bedingungen, wie die begründbare Notwendigkeit der Handelshemmnisse und die Nichtdiskriminierung der Schutzmaßnahme, die auch dem

bezug erfasst sind, wird in der Literatur unterschiedlich beantwortet. Nach Berücksichtigung der Entwicklungsgeschichte dieses Abkommens kommt CHANG zum Ergebnis, dass auch im TBT lediglich produktbezogene Standards eine Anwendung auf Importe gestatten.[565]

- Das SPS-Abkommen verbietet die Diskriminierung von Importen aus Staaten, in denen bezogen auf sanitäre Maßnahmen "gleiche oder ähnliche Bedingungen" vorliegen.[566] Hiernach ist auch die Anerkennung der Äquivalenz von Standards in „vergleichbaren Situationen" geboten.[567] Die im Abkommen erfassten Maßnahmen, z.B. zum Schutz vor Einschleppung von krankheitsübertragenden Organismen oder vor Gefahren durch Zusätze in Nahrungsmitteln, entsprechen Standards mit physischem Produktbezug.[568] Gerade für die Unterzeichnung dieses Abkommens wird das Anliegen, eindeutige und naturwissenschaftliche Kriterien zur Produktdifferenzierung abzuleiten als entscheidender Motor gesehen (vgl. auch Kapitel 4.3 zum Risikoschätzungsverfahren).[569]

Auch im **"Hormonfleisch-Fall"** spielen die messbaren Produkteigenschaften die entscheidende Rolle für die Urteilsfindung (vgl. Kapitel 3.4.2):

- Für die unterschiedlichen Mastverfahren bei Rindfleisch wurde eine mögliche physische Unterscheidung der Produkte „hormonfrei erzeugtes" und „unter Einsatz von Masthormonen erzeugtes" Rindfleisch zurückgewiesen. Auch die fehlende Unterscheidbarkeit therapeutisch verwendeter sowie natürlich vorhandener Hormone von aus Mastgründen eingesetzten Hormonen wurde konstatiert. Danach handelt es sich um das gleiche Produkt „Rindfleisch" und eine Ungleichbehandlung ist nicht zulässig.
- Wegen der unzureichenden Integration von prozessbezogenen Standards auf WTO-Ebene musste das Panel zunächst die EU-Vorgaben innerhalb der Richtlinie 96/22/EWG in produktbezogene Standards übersetzen, um überhaupt einen Vergleich mit den Grenzwerten des Codex Alimentarius vornehmen zu können (vgl. Übersicht 37).
- Schließlich lässt sich das vom Panel zur Urteilsfindung herangezogene politische Argument, die EU verfolge mit vorgeschützten Verbraucherschutz-

---

GATT-Artikel XX zugrunde liegen. Vgl. WTO (1994): Übereinkommen über technische Handelshemmnisse ..., a.a.O., Artikel 2.2.

565 Vgl. CHANG, W.S. (1997): GATTing a Green Trade Barrier ..., a.a.O., S. 147.

566 Vgl. ebd., Artikel 2.3.

567 Vgl. ebd., Artikel 5.5.

568 Vgl. ebd., Anhang A, Abs. 1.

569 Vgl. KRAMB, M.C. (2001): Die Entscheidungen des „Dispute Settlement"-Verfahrens ..., a.a.O., S. 12 und JAMES, S. (2000): An Economic Analysis of Food Safety ..., a.a.O., S. 8.

anliegen ohnehin marktbezogene Ziele, als Zeichen einer fehlenden naturwissenschaftlichen Objektivierbarkeit der Produktunterscheidung interpretieren (vgl. Kap. 3.4.2).[570]

Eindeutige generelle **Schlussfolgerungen** für die Perspektiven verbraucherschutzrelevanter reiner Prozessstandards sind aus der derzeitigen Auslegung des SPS-, des TBT-Abkommens und des GATT-Artikels XX innerhalb verschiedener Streitverfahren nicht möglich.

In jüngeren Streitverfahren sind jedoch schwache Tendenzen zu einer stärkeren Berücksichtigung auch rein verfahrensbezogener Vorschriften erkennbar,[571] wenn diese auch zunächst nur einen vorsichtigen Schritt in Richtung der Integration von Standards ohne Produktbezug bedeuten:

Andere Bestimmungen zeigen deutlich, dass auf WTO-Ebene kein einheitlicher Umgang mit Standards erfolgt:

- Als bereits bestehende Ausnahme für eine explizite Integration nichtphysischer Produkteigenschaften lässt sich Artikel GATT-XX (e) interpretieren. Dieser enthält Regelungen zu in Strafvollzugsanstalten produzierten Waren.[572]
- Regelungen des TRIPS lassen sich bereits jetzt als Erweiterung der physischen Produktdefinition verstehen. Diese gestatten eine explizite Ungleichbehandlung von Produkten, wenn Rechte des geistigen Eigentums nicht eingehalten werden. Diese Rechte geistigen Eigentums lassen sich dabei ebenfalls als Standard ohne nachweislichen Niederschlag im Produkt verstehen.[573]
- Die Akzeptanz religiös motivierter Standards zeigen die Dominanz politischer vor naturwissenschaftlichen Unterscheidungskriterien: die israelische Gesetz-

---

570 Vgl. HURST, D.R. (1998): „Hormones: European Communities – Measures Affecting Meat and Meat Products“, in: European Journal of International Law, 9 (1), verfügbar unter: http://www.ejil.org/journal/
Vol9/No1/sr1g.html, Stand Juni 2001.

571 Vgl. Urteile zu den Fällen „US-Maßnahmen bei alkoholischen Getränke“ von 1992, „Tuna-Dolphin-Fall“ II von 1994 oder „US-Steuern auf Automobile“ von 1994 in Anhang 4. Vgl. auch SENTI, R. (1999): Handel und Umwelt in der neuen Welthandelsordnung ..., a.a.O., S. 115. Interpretation des vorsichtigen Umgangs mit Standards ohne Prozessbezug auf WTO-Ebene als „Ursünde“ bei MOLTKE, K. VON (1998): Reassessing „Like Products“..., a.a.O., S. 4.

572 Vgl. OECD (1997): Processes and Production Methods (PPMs) ..., a.a.O., S. 20.

573 Z.B. im Bereich des Umgangs mit Raubkopien von CDs, die sich physisch nicht von Originalen unterschieden. Zum Schutz von Eigentumsrechten als Beispiel für einen nichtproduktbezogenen Standard vgl. MOLTKE, K. VON (1998): Reassessing „Like Products“ ..., a.a.O.

gebung sieht für den Nachweis, dass die „Kaschrut“[574] eingehalten wird, strenge verpflichtende Zertifizierungsvorschriften für Fleischimporte vor[575] und hat gleichzeitig ein Importverbot für nicht-zertifiziertes Fleisch implementiert.[576] Die Kaschrut-Vorschriften lassen sich als nicht-produktbezogener Standard verstehen, so dass ein physischer Nachweis im Fleisch nicht zu leisten ist. Die internationale Anerkennung der Einhaltung dieser Schlachtungsvorschriften erfolgt im Rahmen von bilateralen Abkommen.[577] Zwar bestehen mittlerweile Auseinandersetzungen zwischen den beteiligten Vertragspartnern hinsichtlich der Frage einer resultierenden Diskriminierung,[578] GATT- bzw. WTO- Streitfälle hat es zu diesem Bereich aber bislang nicht gegeben.

Dieses Beispiel zeigt, wie wenig selbst die detailliertesten Vorgaben im TBT- und SPS-Abkommen als konsistenter oder naturwissenschaftlich objektivierbarer Rahmen für die Beurteilung nationaler Politikgestaltung zu verstehen sind. Vielmehr entscheidet letztlich die politische Konsensfindung darüber, ob akzeptable (z.B. religiöse) im Unterschied zu inakzeptablen sonstigen verbraucherschutzrelevanten Standards ohne Produktbezug vorliegen.

---

574 Jüdische Speisegesetze, die auf Grundlage der Thora strenge Vorgaben zu erlaubten Nahrungsmitteln, Nahrungszubereitung und Vorschriften zum Schlachtprozess vorgeben. Hiernach müssen die als koscher erlaubten Schlachttiere, zu denen Rinder zählen, geschächtet werden. Ein Verfahren, für das in der EU aus Tierschutzgründen strenge Ausnahmebestimmungen bestehen, da das Verfahren des Schächtens das Ausbluten der Tiere (zumeist) ohne Betäubung nach sich zieht.

575 Auch in einigen islamischen Staaten bestehen auf Grundlage der „Halal“, der islamischen Nahrungsgebote, Zertifizierungspflichten zur Produktionsverfahren bei Fleisch. Diese erfassen teilweise auch den Hormoneinsatz und werden in einigen Ländern mit Handelsbeschränkungen durchgesetzt. Vgl. U.S. EMBASSY (2000): Country Commercial Guide: Oman, Prepared for fiscal year 2001, Muscat, S. 18 und O.V. (2000): Israel und Palästinensische Autonomie, *AW Kurznachrichten* der Internationalen Wirtschaft L48/August 2000, S. 14.

576 Schriftliche Auskunft von Herrn E. SHAVIT, Wirtschaftsattaché der Landwirtschaftsabteilung in der Israelischen Botschaft von Belgien am 13.6.2001. Vgl. auch OFFICE OF THE UNITED STATES TRADE REPRESENTATIVE USTR (2001): 2000 Annual Report of the President of the United States on the Trade Agreements Programm, Washington D.C., S. 179.

577 Zwischen den USA und Israel auf Basis des Abkommens zur Freihandelszone zwischen den USA und Israel von 1985. Vgl. ebd., S. 178.

578 Der Vorwurf der USA bezieht sich auf die in Israel gestatte heimische „treife“ (nichtkoschere) Erzeugung, die für ausländische Importe untersagt ist. Aus US-Sicht scheint damit der Grundsatz der Gleichbehandlung, die dem Freihandelsabkommen explizit zugrunde liegt, verletzt. Weitere Kritik betrifft die intransparente Vergabe von Zertifikaten und Diskriminierungen bei der Überwachung, indem in einigen Ländern eigene Kontrollen der Exporte möglich sind, in anderen Ländern dagegen Kontrollen ausschließlich durch das zuständige israelische Generalrabbinat erfolgen. Vgl. ebd., S. 179.

Eine grundlegende Änderung der WTO-Interpretation zur Produktgleichheit erscheint schwierig. Eine Ausdehnung der Merkmale zur Bestimmung der Produktgleichheit verschiebt das Gewicht im Konflikt zwischen nationaler Souveränität und den Interessen der internationalen Staatengemeinschaft zugunsten der einzelnen Nationen. Jede um schwer nachweisbare Prozesseigenschaften erweiterte Definition einer Produktunterscheidung beinhaltet damit auch die Gefahr des handelsstrategischen Missbrauchs von Prozessstandards.[579]Pragmatische Positionen in der Literatur erwarten, dass durch die Antizipation möglicher Streitverfahren gerade die fehlende Eindeutigkeit im Umgang mit reinen Prozesstandards bereits im Vorfeld der Standardfestsetzung zu einer Harmonisierung führen wird.[580]

Durch die zunehmende Bedeutung verbraucherschutzrelevanter Prozessstandards sind aber auch eigenständige Verbraucherschutz-Abkommen denkbar.[581] Weitere realisierbare und eher kurzfristig umsetzbare Reformen betreffen die Kooperation und stärkere Transparenz bei der Standardsetzung.

579 Vgl. WOLF, R. (1998): Ein Regime unter Druck? GATT, WTO und die „grüne" Herausforderung, in: KLEIN, M., MENG, W., RODE, R. (Hrsg.): Die Neue Welthandelsordnung der WTO, Schriftenreihe Internationale Wirtschaftspolitik, Bd. 1, Amsterdam, S. 87.

580 Vgl. etwa DROEGE, S. (2001): Ecological Labelling ..., a.a.O., S. 119.

581 Dies betrifft auch das ungeklärte grundsätzliche Zusammenspiel von Multilateralen Umweltabkommen und den WTO-Verträgen, so dass COLE sogar eine eigenständige umweltbezogene globale Institution nach dem Vorbild der WTO vorschlägt. Vgl. COLE, M.A. (2000): Trade Liberalisation, economic growth and the environment, Cheltenham-Massachusetts, S. 118.

4.1.2 Kennzeichnung von Prozessstandards durch Labelling

Für das Konfliktpotenzial C (vgl. Kapitel 3.5), das Labelling, bestehen nur begrenzt explizite Regelungen im WTO-Vertragswerk und bislang existieren auch keine Streitfälle in diesem Bereich.[582] Aus der dargestellten Unterscheidung von Standards mit und ohne Produktbezug lassen sich jedoch entsprechende Schlussfolgerungen für Labels ziehen, abhängig vom der Kennzeichnung zugrunde liegenden Standardtyp.

Im Mittelpunkt bei der Beurteilung des Umgangs mit Labels steht das grundsätzlich WTO-relevante Kriterium der Handelswirkung. Die theoretische Auseinandersetzung mit Handelseffekten des Labelling ist allerdings erst am Anfang.[583] Nach einer Studie der OECD bewirken bereits implementierte Label allerdings nur geringe Handelseffekte.[584]

Diese labelbedingten Handelseffekte lassen sich hinsichtlich der ausgelösten Marktwirkung in der Weise spezifizieren, dass eine Kennzeichnung generell Marktanteile erhöhen kann und bei Betrugsanreizen zusätzlich Wettbewerbsverzerrungen für ehrlich gekennzeichnete Importe bewirkt. Bereits während des Entstehungsprozesses können Handelsverzerrungen begründet werden, wenn nicht alle Staaten Zugang zu Informationen über neue Labelprogramme oder zur notwendigen Technologie für deren Realisierung haben.[585] Dadurch besteht das Risiko, dass von einzelnen Staaten Labelkonzepte entwickelt werden, deren zugrunde liegenden Standards aufgrund einer anderen Ressourcenausstattung nicht den Bedingungen in anderen Ländern entsprechen.[586] Eine Übertragung dieser

---

582 Vgl. OECD (1998): International Co-operation in the regulation of Food Quality ..., a.a.O., S. 9 Abs. 39. Bezogen auf ein österreichisches Label zur Kennzeichnung von forstwirtschaftlichen Anbauverfahren von Tropenholz kam es im Vorfeld eines WTO-Streits zur bilateralen Einigung zwischen den Parteien Malaysien und Österreich. Vgl. dazu MICHAELOWA, A. (1997): Trade and Labelling of Timber and Timber Products, in: Aussenwirtschaft, Heft IV, 52. Jg., S. 561–581.

583 Vgl. GROTE, U., BASU, A.K., CHAU, N.H. (1999): The International Debate ...a.a.O., S. 3.

584 Diese Einschätzung erfolgt auf eher qualitativer Grundlage, da nur wenig empirisches Datenmaterial vorliegt. Vgl. OECD (1997): Eco-Labelling: Actual effects of selected ..., a.a.O., insbesondere S. 7.

585 Als indirekter Handelseffekt des Labelling bei DROEGE, S. (2001): Ecological Labelling ..., a.a.O., S. 103.

586 Insbesondere seitens der Entwicklungsländer werden diese Handelseffekte kritisiert, da die Produktion in wesentlichen Exportsektoren – wie dem Agrar- oder Textilsektor – oftmals ressourcenintensiver erfolgt als in Industrieländern. Eine verpflichtende Festlegung von Labels zur Kommunikation bestimmter Standards könnte demnach Handelsbeeinträchtigungen nach sich ziehen. Vgl. ebd.

Labelkonzepte auf Importe führt danach durch die Negierung nationaler Unterschiede zu Präferenzkosten.[587]

Übersicht 42: WTO-Konformität unterschiedlicher Labeltypen

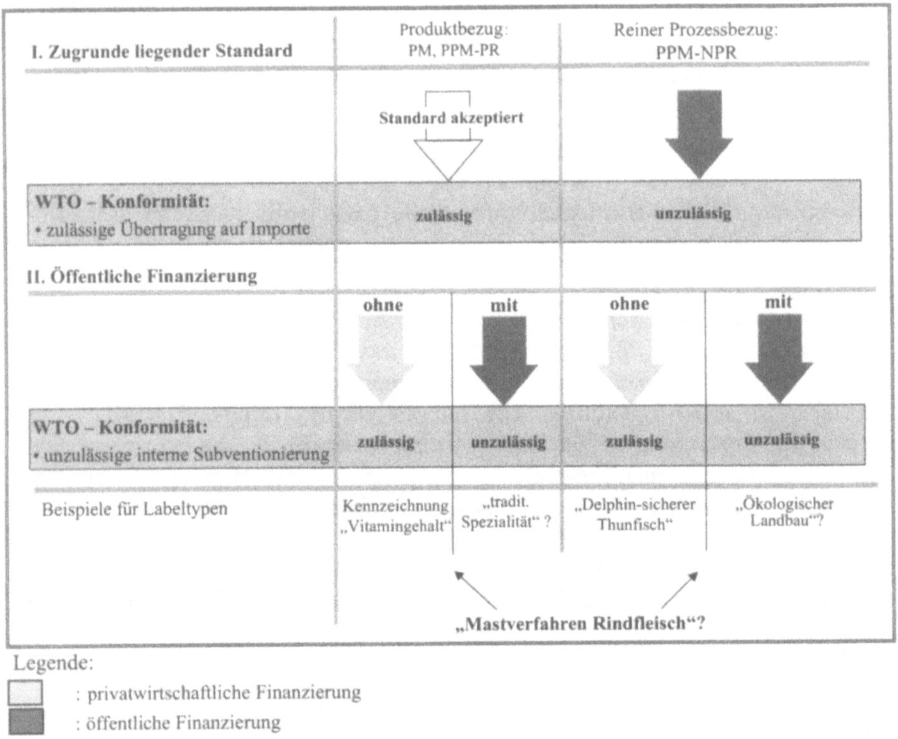

Quelle: Eigene Darstellung.

Um den Umgang mit Labels auf WTO-Ebene zu untersuchen, ist zu differenzieren in Bezug auf den Informationstyp, den zugrunde liegenden Standardtyp und den Öffentlichkeitsgrad der Kennzeichnung insbesondere hinsichtlich der Finanzierung:

---

587 Besonders bei prozessbezogenen Labelkonzepten kritisch gesehen vom CTE. Diese Labels beruhen auf nationalen Prozessstandards und eine Anwendung auf Importe würde damit eine ineffiziente Übertragung eigener prozessrelevanter Politik auf Länder mit anderen Bedingungen bedeuten. Vgl. ebd., S. 104.

- Die explizite Erfassung der **herkunftsbezogenen Kennzeichnung** im TRIPS entspricht der Kategorie der „qualifizierten geografischen Angabe“ nach europäischem Rechtsverständnis (vgl. Kapitel 2.4.1):[588]
  - Unterschiedliche Rechtstraditionen bedingen dabei unterschiedliche Positionen in Bezug auf den internationalen Schutz von Herkunftsangaben.[589] In der EU besteht traditionell eine Vielzahl an geografischen Schutzkennzeichnungen, wohingegen in der USA diese Labels nur eine sehr geringe Rolle spielen.[590] Hierdurch ist eine Konsensfindung erschwert.
  - Die Möglichkeit im TRIPS, auch den „Ruf“ als Produkteigenschaft zu deklarieren lässt sich als verfahrensbezogene Produktunterscheidung interpretieren.[591] Allerdings fehlt bislang der Nachweis für eine faktische Anwendung dieser Interpretation und insbesondere für den internationalen Schutzes einer gekennzeichneten „Rufeigenschaft“.[592]
  - Bezogen auf das Potenzial einer **Qualitätsassoziation** von Herkunftslabels lässt sich für industrielle Produkte ein Zusammenhang zwischen Qualität und wirtschaftlichem Entwicklungsstand des Ursprungslandes wahrnehmen, indem Produkte aus hochentwickelten Ländern höherwertig eingeschätzt wurden.[593] Für landwirtschaftliche Produkte könnte ein ähnlicher Zusammenhang bestehen, wenn mit bestimmten Parametern - wie dem Entwicklungsstand oder auch der natürlichen Ausstattung mit Ressourcen wie Weideflächen - z.B. bestimmte Tierschutzniveaus verbunden werden. Empirische Untersuchungen, inwieweit solche Wahrnehmungsprozesse bestehen, stehen allerdings noch aus.

---

588 Vgl. REGER, G. (1999): Der internationale Schutz gegen unlauteren Wettbewerb ..., a.a.O., S.161.

589 Vgl. BUREAU, J.-C., JONES, W. (2000): Issues in Demand for Quality and Trade ..., a.a.O., S. 10 f.

590 Die EU war bspw. eine treibende Kraft zur Verschärfung der Schutzbestimmungen im TRIPS-Abkommen. Vgl. REGER, G. (1999): Der internationale Schutz gegen unlauteren Wettbewerb ..., a.a.O., S. 95 ff.

591 Vgl. WTO (1994): Übereinkommen über handelsbezogene Aspekte ..., a.a.O., Abschnitt 3, Artikel 22 (1).

592 Teilweise wird auch mit unterschiedlichen Sprachregelungen für Kennzeichnungstypen argumentiert, die auf nationaler Ebene sehr unterschiedliche Rechtsverankerungen bedingen können. Vgl. zum Diskussionsstand REGER, G. (1999): Der internationale Schutz gegen unlauteren Wettbewerb ..., a.a.O., S. 163 ff.

593 Vgl. STICH, A. (1997): Herkunftszeichen als Qualitätssignal ..., a.a.O., S. 44.

- Für die **Qualitätskennzeichnung** existieren keine expliziten WTO-Regelungen,[594] es lassen sich lediglich aus dem dargelegten Umgang mit Standards Rückschlüsse ziehen:[595] je nachdem welcher Standardtyp einer Kennzeichnung zugrunde liegt, ergeben sich für das Labelling entsprechende Schwierigkeiten:
  - Grundsätzlich ist danach eine Übertragung von nationalen Vorschriften zur **produktbezogenen Kennzeichnung** auf Importe nach den GATT-Artikeln I, III, XX und nach dem TBT- und SPS-Abkommen möglich. Voraussetzung ist, dass die zugrunde liegenden Produktstandards anerkannt werden (vgl. Kapitel 4.1.1). Auch für diese unkritischen Labellingformen gelten weiterhin die typischen Grundprinzipien, in deren Mittelpunkt die nicht-diskriminierende Anwendung auf Importe steht. Problematisch dagegen ist entsprechend der Standards die Kennzeichnung **reiner Prozessstandards**.
- Selbst bei der unproblematischen Kennzeichnung produktbezogener Standards spielt für die WTO-Konformität der **Grad öffentlicher Einflussnahme** insbesondere bei der Finanzierung eine große Rolle.
  - Die Zulässigkeit von Labels, die sich auf produktbezogene Standards beziehen, kann dann kritisch werden, wenn eine öffentliche Finanzierung eine gezielte Verdrängung anderer nicht-gekennzeichneter Produkte bedingt.
  - Unproblematisch ist dagegen eine mögliche faktische Diskriminierung, die ausschließlich auf Basis der Verbraucherentscheidung durch freiwilliges und nicht subventioniertes Labelling entsteht.[596]

Bereits **implementierte Labels** verdeutlichen die Bedingungen für die WTO-Zulässigkeit einer Kennzeichnung. Als Beispiel für ein implementiertes Prozesslabel mit hoher öffentlicher Eingriffsintensität bei der Finanzierung[597] dient die Kennzeichnung **„aus ökologischem Landbau“** der EU. Eine Übertragung der Kennzeichnungsvorschriften auf Importe ist durch den Prozessbezug WTO-widrig. Durch bilaterale Kooperationen besteht aber ein freiwillig getroffener Konsens zur internationalen Übertragung der entsprechenden Verfahrensvorschriften zum ökologischen Landbau. So werden z.B. seitens der EU auf Grund-

---

594 Mit Ausnahme des Images einer Herkunft im TRIPS. Vgl. Kapitel 3.2.3.

595 Vgl. DROEGE, S. (2001): Ecological Labelling ..., a.a.O., S. 105 und 108.

596 Vgl. CHANG, W.S. (1997): GATTing a Green Trade Barrier ..., a.a.O., S. 157 ff.

597 Es bestehen keine direkt produktbezogenen Subventionen, sondern öffentliche Finanzierungshilfen für die Betriebsumstellung und die Vermarktung der Produkte. Vgl. EU-KOMMISSION (2000): Der ökologische Landbau, Ein Leitfaden zur EU-Gesetzgebung, GD Landwirtschaft im Dezember 2000.

lage der entsprechenden Verordnung (EWG) 2092/91 nach Prüfung der Gleichwertigkeit der Produktions- und Kontrollvorschriften durch die EU-Kommission Länderlisten erstellt, so dass für die betreffenden Länder[598] keinerlei besondere Auflagen beim Import gelten.[599] Diese Länder haben als zusätzliche Absicherung einen eigenen Nachweis zu erbringen, dass die Gleichwertigkeit von der Kommission anerkannt wurde.[600] Parallel dazu gibt es ein zunächst bis 2005 befristetes System für Länder außerhalb dieser Liste,[601] für die Importgenehmigungen möglich sind, sofern der Importeur die Gleichwertigkeit nachweisen kann.[602] Ein entscheidendes Kriterium in einem potenziellen Streitfall kann die öffentliche Finanzierung der anerkannten Produktionsverfahren sein, wenn diese zu einer Verdrängung gleichwertiger, unsubventionierter Produkte führen würde.

Der erste WTO-Streitfall zwischen Mexiko und USA im **„Tuna-Dolphin-Fall"** basierte auf dem durch Mexiko angeklagten Importverbot der USA gegenüber mexikanischem Thunfisch. Diese Maßnahme wurde von den USA mit der Begründung realisiert, die Fangmethode für Thunfisch in Mexiko gefährde den Delphin-Bestand (vgl. zu Details des Streitfalls Anhang 10). Als entscheidendes Argument für die Stattgabe der Klage wurde vom Panel der fehlende Produktbezug der zugrunde liegenden Standards angeführt, somit sei das Produkt Thunfisch mittels der Fangmethode nicht differenzierbar (vgl. Kapitel 4.1.1). Demgegenüber wurde das privatrechtliche, freiwillige Label „dolphin-safe" für Thunfisch anerkannt. Analog lässt sich auch im **„Shrimps-Turtle-Fall"** (vgl. zu Details Anhang 11) das freiwillige prozessbezogene Label aus dem „Turtle-Safe Certification Program" als WTO-konform interpretieren.[603]

---

598 U.a. Argentinien, Australien und die Schweiz. Vgl. ebd., S. 17.

599 Vgl. VERORDNUNG (EWG) 94/92 der Kommission vom 14. Januar 1992 mit Durchführungsbestimmungen zur Regelung der Einfuhren aus Drittländern gemäß der Verordnung (EWG) Nr. 2092/91 über den ökologischen Landbau und die entsprechende Kennzeichnung der landwirtschaftlichen Erzeugnisse und Lebensmittel, ABl. L 011 vom 17.1.1992, S. 14-15.

600 Vgl. VERORDNUNG (EWG) 2082/92 des Rates vom 14. Juli 1992 über Bescheinigungen besonderer Merkmale von Agrarerzeugnissen und Lebensmitteln, ABl. L 208 vom 24.7.1992, Artikel 11, Abs. 1.

601 Relevant für Länder, in denen die Kontrolle ökologischer Produkte unterhalb der nationalen Ebene erfolgt oder in denen die jeweiligen Vorschriften für eine ganze Produktgruppe gelten. Vgl. EU-KOMMISSION (2000): Der ökologische Landbau. Ein Leitfaden ..., a.a.O., S. 17.

602 Hierzu zählen u.a. die USA. Vgl. VERORDNUNG (EWG) 2092/91 des Rates über den ökologischen Landbau und die entsprechende Kennzeichnung der landwirtschaftlichen Erzeugnisse und Lebensmittel, zuletzt geändert durch die Verordnung 1804/1999/EG, ABl. L 198 vom 22.7.1991 und L 222 vom 24.8.1999, Abs. 6.

603 Initiiert von einer NGO, dem „Sea Turtle Restoration Project". Das Label wurde allerdings im Januar 2001 wieder eingestellt. Vgl. SEA TURTLE RESTORATION PROJECT (Hrsg.): STRP in the news 01/30/01- Turtle-Safe Certification Program Suspended, verfügbar unter: http://www.seaturtles.org/strp_news.cfm, Stand Mai 2001.

Ausschließlich privatwirtschaftlich realisierte Labels sind kein Gegenstand der WTO-Bestimmungen, da die Vertragspartner der WTO-Mitgliedstaaten und keine Unternehmen sind. Insbesondere Entwicklungsländer fordern daher eine stärkere Institutionalisierung auch dieser Labelkonzepte und insgesamt einen stärkeren Informationsaustausch sowie die Anerkennung eines allgemeinen Verhaltenskodex entsprechend der Standardsetzung.[604] Ein Beispiel für ein erfolgreiches freiwilliges Label einer nicht-staatlichen Organisation mit hoher Transparenz und Akzeptanz der beteiligten Staaten ist das Label des Forest Stewardship Council[605] zur nachhaltigen Holzproduktion.[606]

Überträgt man die grundsätzlichen Spielräume für Labels und die Urteilsfindung im "Tuna- Dolphin-Fall" auf den **"Hormonfleisch-Streit"**, dann ergibt sich nach JAMES die Kennzeichnung des Mastverfahrens als beste Lösung, um einen Kompromiss zwischen Freihandel und Verbraucherschutz zu realisieren.[607] Eine Übertragung von verpflichtenden Kennzeichnungsvorschriften auf Importe ist durch den im Streitfall festgestellten fehlenden Produktbezug nicht WTO-konform. Eine freiwillige Kennzeichnung dagegen ist möglich, solange diese nicht subventioniert ist, keine Diskriminierung nach sich zieht und nicht durch ein Importverbot begleitet wird.

Bereits in der Phase vor dem Beginn des offiziellen WTO-Verfahrens zum "Hormonfleisch-Fall" bestand von Seiten der USA die Bereitschaft zu einer prozessbezogenen freiwilligen Kennzeichnung für solche Rindfleischimporte in die EU, die aus dem „Hormone-free Cattle Programme" stammen (vgl. Übersicht 38).[608] Erst das begleitende Importverbot für nicht-gekennzeichnetes Fleisch der EU widersprach entsprechend dem "Tuna-Dolphin-Fall" den WTO-Regelungen.

Der weiter bestehende bilaterale Konsens über freiwillige Kennzeichnungen zeigt sich an mehrfach reformierten Programmen für hormonfreie Rindermast in den

604 Insbesondere von Brasilien unterstützt. Vgl. UNCTAD (1995): Trade, Environment and Development, Aspects of Establishing and Operating Eco-Labelling Programmes. Report of the UNCTAD secretariat, TD/B/WG.6/5, Genf.

605 Der Forest Stewardship Council ist eine an den World Wildlife Fund angegliederte NGO und eine der wichtigsten Organisationen zur Zertifizierung von Holz und verarbeiteten Holzprodukten weltweit. Vgl. APPLETON, A.E. (1997): Environmental Labelling Programmes ..., a.a.O., S. 9, Fn. 37 und 38.

606 Vgl. ebd., S. 22 ff.

607 Vgl. JAMES, S. (2000): An Economic Analysis of Food Safety ..., a.a.O., S. 16.

608 Vgl. O.V. (1989): Teileinigung im Hormonkonflikt, *Agra-Europe* Nr. 19, Europa-Nachrichten 11, 8. Mai 1989. Dieses Programm hat nur eine geringe interne Bedeutung für den US-Markt, lediglich zwei Schlachthöfe nahmen überhaupt teil. Telefonische Auskunft von Herrn W. HÄBEL, Referat 614 im Bundesministerium für Verbraucherschutz, Ernährung und Landwirtschaft BMVEL am 10.5.2001.

USA.[609] Noch vor Festlegung der Vergeltungszölle im Arbitration-Panel des WTO-Verfahrens wurde als letzter Versuch einer Lösung erneut die Verbesserung der Kennzeichnungen diskutiert. Eine Einigung kam nicht zustande, da die USA auf einem reinen Herkunftslabel bestanden, die EU dagegen verschärfte prozessbezogene Labels forderten.[610] Diese EU-Position gründet sich auf die „Verordnung zur Etikettierung von Rindfleisch und Rindfleischerzeugnissen" aus dem Jahr 2000,[611] nach der Ursprungsbezeichnungen ohnehin verlangt werden:

- Innerhalb der EU sind danach ab 2002 zusätzlich zu den Ortsangaben über den Schlachthof und Zerlegebetrieb auch Informationen zum Ort der Geburt, Aufzucht und Mast der Tiere sowie aller damit verbundenen Ortswechsel erforderlich.[612]
- Allerdings bestehen abhängig von den verfügbaren Informationen für Drittländer Ausnahmeregelung, nach der auch eine einfache Herkunftskennzeichnung des Exportlandes oder des Schlachtlandes genügen.[613]

Eine umfassende ökonomische Bewertung eines Herkunftslabels bei Aufhebung des begleitenden Importverbots hat insgesamt die in Kapitel 2.4 dargestellten Wirkungszusammenhänge zwischen Kennzeichnung, Wahrnehmung und Marktreaktion zu berücksichtigen und wird aus Sicht der Streitparteien offenbar unterschiedlich eingeschätzt:

- Die US-Forderung einer ausschließlich herkunftsbezogenen Kennzeichnung impliziert, dass eine negative Qualitätsassoziation mit der Herkunftskennzeichnung ausgeschlossen wird. Somit wird bei einer Aufhebung des Importverbots eine Gleichsetzung von US-Fleisch mit „Hormonfleisch" nicht befürchtet.[614]

---

609 Die Einfuhr dieses gekennzeichneten Fleisches in die EU erfolgt innerhalb der in Uruguay vereinbarten Zollquote für USA und Canada von insgesamt 11.500t pro Jahr zum vereinbarten vergünstigten Wertzoll. Vgl. EU-KOMMISSION (2000): Report of a mission carried out in the United States ..., a.a.O. und Kap. 3.4.2.

610 Vgl. DEUTSCHER BAUERNVERBAND (1999): Situationsbericht 2000, Trends und Fakten zur wirtschaftlichen Lage der deutschen Landwirtschaft, Bonn, S. 162.

611 Vgl. VERORDNUNG (EG) 1760/2000 des Europäischen Parlaments und des Rates vom 17. Juli 2000 zur Einführung eines Systems zur Kennzeichnung und Registrierung von Rindern und über die Etikettierung von Rindfleisch und Rindfleischerzeugnissen sowie zur Aufhebung der Verordnung 820/97/EG des Rates, ABl. L 204 vom 11.8.2000.

612 Vgl. ebd., Artikel 13.

613 Vgl. ebd., Artikel 17.

614 Telefonische Auskunft von Herrn W. HÄßEL, Referat 614 im Bundesministerium für Verbraucherschutz, Ernährung und Landwirtschaft BMVEL am 10.5.2001.

- Die Ablehnung der reinen Herkunftsbezeichnung durch die EU lässt sich interpretieren als fehlendes Vertrauen in diesen Kennzeichnungstyp. Die bereits bestehenden Prozesslabels werden momentan durch das Importverbot begleitet, das die Wirksamkeit von Labels unterstützt, da nicht-zertifiziertes Fleisch nicht eingeführt wird.

Durch die zugestandenen Vergeltungszölle im jüngsten Streitfall zwischen den USA und der EU zur Steuerbehandlung von Verkaufsgesellschaften, die den Druck zur Lösung des Falls erhöhen (vgl. Kapitel 3.4.2 und Anhang 4a), kann möglicherweise ein Konsens über eine freiwillige und verfahrensbezogene Kennzeichnung äquivalent zum "Tuna-Dolphin-Fall" gefunden werden, wenn gleichzeitig das Importverbot aufgehoben wird.

4.2 Harmonisierung von Produkt- und Prozessstandards sowie entsprechender Labels

Die Harmonisierung erfasst als Konfliktpotenzial D (vgl. Kapitel 3.5) die vollständige Gleichheit oder zumindest die Angleichung von Maßnahmen in unterschiedlichen politischen Regelungsräumen.[615] Sowohl im TBT- als auch im SPS-Abkommen wird die Berücksichtigung von vorliegenden internationalen Standards empfohlen,[616] die im dargestellten "Hormonfleisch-Streit" große Relevanz für die Urteilsfindung hatte (vgl. Kapitel 3.4.2).

Gerade durch den Abbau traditioneller Protektionsmaßnahmen - seit der Uruguay-Runde insbesondere auch für den Agrarsektor - gewinnen andere Regelungsformen, wie Produkt- und Produktionsvorschriften als nicht-tarifäre Maßnahmen, zunehmend an Bedeutung. Dies gilt sowohl für die Durchsetzung von nationalen Verbraucherschutzpolitiken als auch für den Aufbau strategischer Handelspositionen.

Eine Angleichung von Regelungen erscheint dann oft als beste Möglichkeit, verdeckte Handelsverzerrungen zu vermeiden bzw. Transaktionskosten, die bei interner Anpassung an eine Vielzahl unterschiedlicher nationaler Standards entstehen, zu reduzieren (vgl. Kap. 2.2.2.2.2). Eine vollständige Angleichung von Standards ist allerdings aus wohlfahrtsökonomischer Sicht dann suboptimal, wenn unterschiedliche nationale Bedingungen zu unterschiedlichen nationalen Optima an Verbraucherschutz führen. Damit ist die vollständige Angleichung wohlfahrtsöko-

---

615 Vgl. SYKES, A. (1999): The (limited) Role of Regulatory Harmonization in international Goods and Services Markets, in: Journal of International Economic Law, Vol. 2 (1), S. 50.

616 Vgl. WTO (1994): Übereinkommen über technische Handelshemmnisse ..., a.a.O., Artikel 2.4 und 2.6 und WTO (1994): Übereinkommen über die Anwendung gesundheitspolizeilicher ..., a.a.O., Artikel 3.2-3.

nomisch eher in Ausnahmefällen optimal, da die Vielzahl nationaler Parameter auf der Nachfrage- und Angebotsseite tendenziell zu unterschiedlichen optimalen Verbraucherschutzniveaus führen. Darüber hinaus sind auch identische Optima durch unterschiedliche Maßnahmen zu erzielen.[617]

Die **Kosten einer Harmonisierung** von Verbraucherschutzstandards umfassen folgende Komponenten:

- Bestehen Unterschiede in den relevanten Bestimmungsfaktoren für das Verbraucherschutzoptimum, so resultieren als Kosten[618] die aus der Föderalismustheorie bekannten Präferenzkosten[619] zusätzlich auch Kosten aus der zu gewinnenden Information über vorliegende Vorschriften bzw. aus dem Austausch zwischen politischen Regelungsräumen.[620]
- Zudem können Skalenverluste auftreten, da die Anpassung an Vorschriften des Bestimmungslandes der Produkte eine Produktionsumstellung nach sich ziehen kann. Hiermit können Größenvorteile aus der bisherigen Produktion entfallen.
- Schließlich bestehen Erfüllungskosten aus der Anpassung nationaler Vorschriften an die Vorschriften des Bestimmungslandes sowie Bestätigungskosten durch den Nachweis, dass harmonisierte Vorschriften eingehalten werden.[621]

---

617 Als Prinzip der „gemeinsamen aber differenzierten Verantwortung" bei WARD, H. (2000): Science and Precaution in the Trading System, The Royal Institute of International Affairs, Energy and Environmental Programme, Presentation at the Seminar on Science and Precaution in the Trading System, on December 1999, Seattle, S. 5, SYKES, A. (1999): The (limited) Role of Regulatory Harmonization ..., a.a.O., S. 51 und Droege, S. (2001): Ecological Labelling ..., a.a.O., S. 116.

618 Umgekehrt als Nutzen der Heterogenität interpretierbar. Vgl. zur Aufzählung SYKES, A. (1999): The (limited) Role of Regulatory Harmonization ..., a.a.O., 51 und DROEGE, S. (2001): Ecological Labelling ..., a.a.O.

619 Im Rahmen des sogenannten Dezentralisierungstheorem nach OATES. Vgl. OATES, W. (1972): Fiscal Federalism ..., a.a.O.. Vgl. zur zusammenfassenden Übersicht auch ESER, T. (1996): Ökonomische Theorie der Subsidiarität und Evaluation der Regionalpolitik, Nomos Universitätsschriften Wirtschaft, Bd. 29, Baden-Baden, URFEI, G. (1999): Agrarumweltpolitik nach dem Prinzip der Ökonomischen Theorie des Föderalismus, Ein Regionalisierungsansatz zur territorialen Abgrenzung effizienter Politikaktionsräume, Diss., Schriftenreihe des Rheinisch-Westfälischen Instituts für Wirtschaftsforschung, Neue Reihe, Bd. 66, Berlin.

620 Diese werden in der Literatur oftmals den Präferenzkosten gleichgesetzt, indem als Ursache der mangelnden Berücksichtigung von Präferenzunterschieden prohibitiv hohe Kosten der Informationsbeschaffung über vorliegende Unterschiede gesehen werden. Vgl. ebd.

621 Entgegengesetzt zur „Porter-Hypothese", nach der die aus der Umstellung auf strengere Standards sogar resultierenden Pioniergewinne mögliche Verluste an Größenvorteilen kompensieren können. Vgl. COLE, M.A. (2000): Trade Liberalisation, economic growth and the environment ..., a.a.O., S. 32.

Ausgehend von diesen Überlegungen steigt die Wahrscheinlichkeit für einen Konsens zur Harmonisierung mit zunehmender Ähnlichkeit zwischen den Ländern, wie es die Beispiele des „Nordic White Swan“ in Skandinavien und die „Euro-Blume“ der EU zeigen.[622]

Demgegenüber nehmen die Kosten der Harmonisierung mit Zunahme der strukturellen Unterschiede in der kulturellen und wirtschaftlichen Entwicklung der Nationen zu, so dass eine Harmonisierung unwahrscheinlicher wird. Die Einwände gegen eine Harmonisierung betreffen vor allem unterschiedliche Befürchtungen der Staaten bezüglich des resultierenden Niveaus an Verbraucherschutz:

- Aus Sicht der verbraucherschutzsensiblen Länder wird das Risiko geäußert, sich nur auf den kleinsten gemeinsamen Nenner einigen zu können, wie es auch die „Race-to-the-Bottom-These“ umschreibt.[623]
- Aus Sicht der Entwicklungsländer dagegen wird der Aufbau versteckter Protektion mittels besonders strenger Niveaus befürchtet.[624]

Die Probleme für die **Etablierung eines einheitlichen Labels** sind im Vergleich zu Standards geringer, da verbindliche WTO-Regelungen entsprechend den Standards nicht vorliegen:

- Als Beispiel für eine vollständige weltweite Harmonisierung gilt die Kennzeichnung nachhaltiger Holzproduktion des Forest Stewardship Council mittels eines einzigen Labels, das auf einheitlichen Kriterien basiert.[625]

---

622 Aber auch innerhalb der EU besteht darüber eine konfliktreiche Auseinandersetzung, bspw. über die zu kennzeichnenden Produktgruppen. Vgl. ebd., S. 24.

623 Vgl. SAUERNHEIMER, K., KÖDDING, G. (1995): Internationale Aspekte der Umweltökonomie..., a.a.O., S. 69-75

624 Vgl. ebd., S. 23.

625 Vgl. ebd., S. 22 ff.

- Auch bei der Kennzeichnung von Produkten aus Ökologischem Landbau bestehen umfassende Absprachen zur Koordination von Regelungen und Anerkennung national unterschiedlicher Kennzeichnungen. Neben der plurilateralen Koordination von Vorschriften zwischen einzelnen Staaten[626] hat auch die Codex Alimentarius Kommission Richtlinien für generelle Anforderungen an das Labelling ökologischer Produkte veröffentlicht.[627]

Selbst bei gleichen Zielniveaus können unterschiedliche Verfahren zur Zielerreichung in den einzelnen Ländern sinnvoll sein. Prinzipielle Wege zum Nachweis der gleichen Zielsetzung sind **Konformitätsverfahren** innerhalb der WTO-Regelungen oder eigenständige Abkommen zur **wechselseitigen Anerkennung**.[628]

- Im TBT- und im SPS-Abkommen wird die Prüfung der Konformität unterschiedlicher Vorschriften empfohlen.[629] Diese Prüfung erfolgt zumeist durch Behörden des Exporteurs, kann jedoch durch importierende Kontrolleure ergänzt werden.[630] In dieser Weise wurde im „Hormonfleisch-Fall" die Zertifizierung des Fleisches aus den „hormonfreien Mastverfahren" durch eigene EU-Kontrolleure in amerikanischen Schlachthöfen kontrolliert (vgl. Kapitel 3.4.2).
- Eigenständige bilaterale Abkommen sind als weiterführende Institutionen zur Anerkennung der Äquivalenz zu verstehen. Zwischen den USA und der EU besteht bspw. ein „Bilaterales Abkommen über menschliche und tierische Gesundheit".[631] Dieses bietet für den Handel mit Tieren und tierischen

---

626 Vgl. zu den zwar unverbindlichen, aber leitgebenden Regelungen des internationalen Dachverbands IFOAM (2000): Basisrichtlinien für ökologische Landwirtschaft und Verarbeitung, Tholey-Theley und CODEX ALIMENTARIUS COMMISSION (1999): Guidelines for the Production, Processing, Labelling and Marketing of Organically Produced Foods, CAC/GL 32-1999, FAO/WHO Foods Standards Programme, Rome, Punkt 7.

627 Vgl. CODEX ALIMENTARIUS COMMISSION (1999): Guidelines for the Production, Processing, Labelling and Marketing ..., a.a.O.

628 Vgl. PEREZ, O. (1998): Reconstructuring Science: the Hormone Conflict ..., a.a.O., S. 576.

629 Als „Konformitätsbewertung" im TBT-Abkommen und als „Anerkennung der Gleichwertigkeit" im SPS-Abkommen integriert. Vgl. WTO (1994): Übereinkommen über technische Handelshemmnisse ..., a.a.O., Artikel 6 und WTO (1994): Übereinkommen über die Anwendung gesundheitspolizeilicher ..., a.a.O., Artikel 4.

630 Durch das notwendige Vertrauen in die fremde Kontrollinstitution kritisch bewertet bei PEREZ, O. (1998): Reconstructuring Science: the Hormone Conflict ..., a.a.O., S. 576.

631 BESCHLUSS (98/258/EG) des Rates vom 16. März 1998 über den Abschluss des Abkommens zwischen der Europäischen Gemeinschaft und den Vereinigten Staaten von Amerika über gesundheitspolizeiliche Maßnahmen zum Schutz der Gesundheit von Mensch und Tier im Handel mit lebenden Tieren und Tierprodukten, ABl. 118 vom 21.04.1998. Vgl. zu weiteren Abkommen PEREZ, O. (1998): Reconstructuring Science: the Hormone Conflict ..., a.a.O., S. 577.

Produkten den Rahmen, in dem gleichwertige Ziele für die menschliche und tierische Gesundheit von den Unterzeichnerstaaten akzeptiert werden.

Nicht nur für die Standardsetzung, sondern auch für das **Labelling** gibt es bilaterale Abkommen zur wechselseitigen Anerkennung von Kennzeichnungen,[632] die durch die UNCTAD überwacht werden.[633]

Die schwächste Form internationaler Angleichung von Standards besteht im **Informationsaustausch** über Standards, Labels und deren Notifizierung. Je stärker alle Betroffenen an Entwicklungsaktivitäten teilnehmen, umso geringer ist das Risiko einer Diskriminierung durch implementierte Labels. Vielmehr können länderspezifische Bedenken bereits im Vorfeld eingebracht werden.[634] Die internationale Anwendung allgemeiner Verhaltensregeln, z.B. des Codex Alimentarius für das Labelling, wird auch auf Ebene des Committe on Technical Barriers to Trade (CTBT) diskutiert. Bislang existiert allerdings lediglich eine Anerkennung dieser Regeln durch einzelne Staaten.[635] Das CTBT fungiert dabei v.a. als Anmeldestelle für die Einführung neuer Labels, die erstmals durch Brasilien genutzt wurde.[636] Nach erfolgter Anmeldung können andere Staaten danach Bedenken äußern. Technische Unterstützung für den Informationsaustausch bietet dabei das Global Ecolabelling Network (GEN), das sich allerdings erst im Aufbau befindet.[637]

Der bindende Charakter der Grenzwerte des Codex Alimentarius i.S. einer vollständigen Harmonisierung wurde im Rahmen des "**Hormonfalls**" zunächst durch das Panel betont.[638] Mit dem Urteil des Appellate Body wurde diese Ausrichtung jedoch abschließend wieder relativiert.[639] Hiernach ist zwar eine Überprüfung erforderlich, ob die internationalen Standards für die eigene Schutzpolitik einsetzbar

---

632 Vgl. DROEGE, S. (2001): Ecological Labelling ..., a.a.O., S. 116.

633 Vgl. APPLETON, A.E. (1997): Environmental Labelling Programmes ..., a.a.O., S. 24.

634 Vgl. OECD (1994): Trade and Environment ..., a.a.O., S. 45.

635 Im Rahmen der ISO 14000-Serie bestehen zumindest allgemeine Grundsätze für die Labelling-Konzeption Vgl. DROEGE, S. (2001): Ecological Labelling..., a.a.O., S. 114.

636 Für das Label „Brazilian Green Seal". Vgl. COMMITTEE ON TRADE AND ENVIRONMENT OF THE WTO (1997): Bulletin No. 18, PRESS/TE/018. Diese Idee der Notifizierung entspricht der gebotenen Bekanntgabe über geplante neue Subventionsmaßnahmen nach dem Agrarabkommen. Vgl. Kapitel 3.1.2.2.

637 Vgl. GROTE, U., BASU, A.K., CHAU, N.H. (1999): The International Debate and ..., a.a.O., S. 29.

638 Vgl. WTO (1997): EC Measures Concerning Meat and Meat Products (Hormones), Complaint by the United States, Report of the Panel ..., a.a.O., Abs. 8.80-8.86.

639 Vgl. WTO (1998): EC Measures Concerning Meat and Meat Products (Hormones), Report of the Appellate Body ..., a.a.O., Abs. 162, 164 und 165.

sind, die Freiheit eigenständiger Standardsetzung wurde jedoch explizit betont.[640] Entscheidend für die Urteilsfindung war nicht das EU-Schutzniveau oberhalb der harmonisierten Grenzwerte - sondern vielmehr die fehlende Risikoschätzung zur Rechtfertigung dieser Abweichung.

Insgesamt lassen sich international harmonisierte Regelungen als inflexibler im Vergleich zur freien nationalen Standardsetzung interpretieren, da eine Konsensfindung schwierig und langwierig ist und damit einmal verabschiedete harmonisierte Standards sich nur schwer wieder verändern lassen.[641] Vor allem mit zunehmender Anzahl und Heterogenität der am Entscheidungsprozess beteiligten Nationen nimmt der Nutzen der Harmonisierung ab, wegen

- steigender Wahrscheinlichkeit, dass die international harmonisierten Schutzniveaus vom optimalen nationalen Schutzniveau abweichen, und
- zunehmender Kosten der Kompromissfindung.

Als ein alternatives Instrument zur Harmonisierung wurde die Einführung von Mindeststandards betrachtet, welche die Vorteile aus eigener Standardsetzung und Transaktionskostenreduktion durch Harmonisierung verbindet (vgl. Kapitel 2.2.2.2.2).

Die Analyse der Effekten aus der Harmonisierung sieht sich auch organisatorischen Probleme gegenüber, da ein institutionalisiertes Forum fehlt.[642] Zumindest die Stärkung der Transparenz kann über allgemeine Anforderungen an Informationsaktivitäten erhöht werden.[643] Hierfür kann eine stärkere Koordination zwischen allen beteiligten Gremien (CTBT, ISO, UNCTAD, GEN, Codex Alimentarius) hilfreich sein.

---

640 Im Kern ging es dabei um die Interpretation der in den SPS-Artikeln 3.1, 3.2, und 3.3. für die Berücksichtigung internationaler Standards unterschiedlich verwendeten Begriffe „based on" und „conform to". Vgl. auch zur unterschiedlichen Einschätzung der praktischen Relevanz dieser Betonung in der Literatur QUICK, R., BLÜTHNER, A. (1999): Has the Appellate Body erred ..., a.a.O., S. 610 ff.

641 Vgl. SYKES, A. (1999): The (limited) Role of Regulatory Harmonization ..., a.a.O., S. 69.

642 Vgl. ebd., S. 49.

643 Vgl. DAWKINS, K. (1996): Ecolabelling: Consumer Right-to-know ..., a.a.O., S. 521.

4.3 Unterschiedliche nationale Risikoperzeption

Im Zusammenhang mit der vorangestellten Beurteilung einer Harmonisierung spielt auf WTO-Ebene eine zentrale Rolle, dass eine Abweichung von harmonisierten Standards durch Risikoschätzungen zu begründen ist (Konfliktpotenzial E). Auch für das endgültige Urteil im "Hormonfleisch-Fall" steht die Beurteilung der von der EU vorgebrachten Risikoschätzung im Mittelpunkt (vgl. Kapitel 3.4.2).

Nach dem TBT- und dem SPS-Abkommen wird für die Anerkennung eines berechtigten Schutzzieles verlangt, die Risiken aus den durch internationale Gremien vorgegebenen Standards im Vergleich zum national höheren Schutzniveau nachzuweisen.[644]

Wegen dieser Relevanz für WTO-Streitverfahren und wegen der besonderen Schwierigkeit Verbraucherrisiken abzuschätzen, die auch durch schwer objektivierbare Elemente charakterisiert sind, kommt der Analyse dieses Konfliktpotenzials eine entscheidende Rolle zu. Daher wird vor einer anwendungsbezogenen Einordnung der Verbraucherschutzaspekte zunächst eine grundlegende Einführung in die Thematik gegeben.

Ähnlich der Einordnung von Verbraucherschutzpolitiken in den theoretisch-ökonomischen Rahmen von Marktversagen (vgl. Kapitel 2) basiert wegen fehlenden spezifischen Instrumentariums auch die nachfolgende Analyse auf einer *umwelt*bezogenen Theoriebasis. Diese Theorie der Umweltrisikopolitik stellt dabei selbst einen erst jungen Analysebereich dar.[645] Hiernach existieren verschiedene Konzepte zur Systematisierung sowohl der **Risikoerfassung** (Risikoanalyse und -bewertung) als auch des **politischen Umgangs mit Risiken** (Risikomanagement). Zunehmend wird auch der Prozess des **Informationsaustauschs** erfasst (Risikokommunikation).[646]

---

644 Vgl. WTO (1994): Übereinkommen über technische Handelshemmnisse ..., a.a.O., Artikel 2.2, WTO (1994): Übereinkommen über die Anwendung gesundheitspolizeilicher ..., a.a.O., Artikel 3.3 und 5.1.-5.3.

645 Vgl. HANSJÜRGENS, B. (1999): Umweltrisikopolitik- Einführung und Überblick, in: Zeitschrift für angewandte Umweltforschung - Sonderheft „Umweltrisikopolitik", Nr. 10, S. 7-19, WISSENSCHAFTLICHER BEIRAT DER BUNDESREGIERUNG „GLOBALE UMWELTVERÄNDERUNGEN" (1999): Welt im Wandel: Strategien zur Bewältigung globaler Umweltrisiken, Jahresgutachten 1998, Heidelberg, FREEMAN, A.M. (1994): Measurement of Environmental ..., a.a.O.

646 Vgl. zur Übersicht der Begriffe WISSENSCHAFTLICHER BEIRAT DER BUNDESREGIERUNG „GLOBALE UMWELTVERÄNDERUNGEN" (1999): Welt im Wandel: Strategien zur Bewältigung..., a.a.O., S. 35 ff. und OECD (1999): Food Safety and Quality Issues- Trade Considerations ..., a.a.O., S. 16.

Ausgangspunkt für diesen Konfliktbereich ist die Annahme, dass über die Bestimmungsfaktoren zur Ableitung des optimalen Niveaus an Verbraucherschutz unvollständige Information herrscht. Nach dem traditionellen Risikokonzept der Entscheidungstheorie beschreibt Risiko eine Situation, in der über den Eintritt eines negativen Ereignisses (= Schaden) keine sichere Information vorliegt, sondern vielmehr Wahrscheinlichkeiten über dessen Auftreten gebildet werden müssen.[647] Ein Gesundheitsrisiko ergibt sich dabei aus der Höhe des Gesundheitsschadens gewichtet mit dessen Eintrittswahrscheinlichkeit.[648]

---

647 Andere Arbeiten unterscheiden weiterhin, je nachdem ob das Schadensniveau und/oder die Wahrscheinlichkeit bekannt sind, in Ahnungslosigkeit oder Unbestimmtheit. Als umfassendes Konzept zur Kennzeichnung von Entscheidungssituationen ohne vollständige Information wird die Bezeichnung „Ungewissheit" verwendet, wie es ebenfalls den Ausführungen in dieser Arbeit zugrunde liegt. Vgl. HANSJÜRGENS, B. (1999): Umweltrisikopolitik ..., a.a.O., S. 8 ff.

648 Vgl. KARL, H. (1995): Umweltrisiken, in: JUNKERNHEINRICH, M., KLEMMER, P., WAGNER, G. (Hrsg.): Handbuch zur Umweltökonomie, Berlin, S. 328.

Übersicht 43: Umgang mit Risiken – der Prozess der Risikoschätzung, des Risikomanagements und der Risikokommunikation

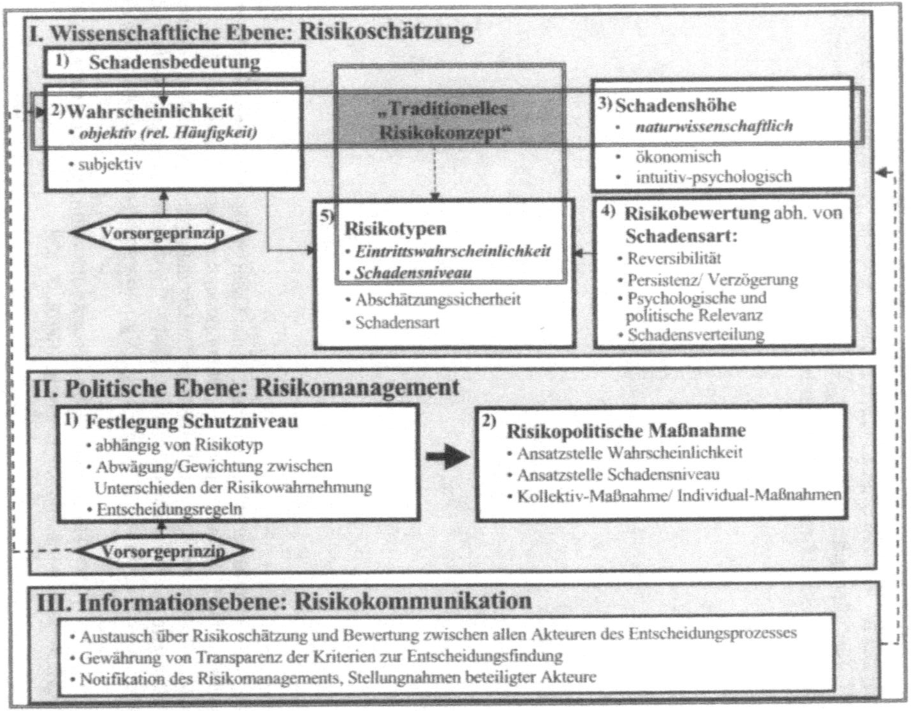

Legende:
▭ : "Traditionelles Risikokonzept"

Quelle: Verändert nach WTO (2000): Summary Report on the SPS Risk Analysis ..., a.a.O., S. 4 und WISSENSCHAFTLICHER BEIRAT DER BUNDESREGIERUNG „GLOBALE UMWELTVERÄNDERUNGEN“ (1999): Welt im Wandel: Strategien zur Bewältigung..., a.a.O., S. 35 ff.

Das gesamte System des Umgangs mit Risiko lässt sich als dreistufiger Prozess aus Risikoschätzung, Risikomanagement und Risikokommunikation wie folgt darstellen.[649]

I. Der Prozess **der Risikoschätzung** lässt sich in fünf Teile gliedern:[650]

1) **Offenlegung der Bedeutung verschiedener Schäden für eine Gesellschaft.** Unterschiedliche Standortbedingungen bedingen national unterschiedliche Risikopotenziale, bspw. für Erdbeben. Daneben haben auch kulturelle Aspekte Einfluss auf die gesellschaftliche Relevanz von Risiken, wie es insbesondere bei Verbraucherschutzaspekten eine Rolle spielt und nachfolgend genauer gekennzeichnet wird (vgl. auch Schritt 4).

2) **Ableitung von Eintrittswahrscheinlichkeiten.**[651] Dieser Teil stützt sich nach dem traditionellem Risikokonzept auf objektive Grundlagen, indem quantifizierbare relative Häufigkeiten berücksichtigt werden (Risikoanalyse).[652] Werden dagegen auch subjektiv intuitive Risikoelemente mit einbezogen, handelt es sich um Risikowahrnehmung.[653]

---

649 Vgl. WTO (2000): Summary Report on the SPS Risk Analysis ..., a.a.O., KRAMB, M.C. (2001): Die Entscheidungen des „Dispute Settlement“-Verfahrens ..., a.a.O., S. 13.

650 „Risk assessment“ beschreibt im Unterschied zu „hazard assessment“ nicht nur Schadenspotenziale i.S. physischer Effekte an sich, sondern immer in Ausrichtung auf die Wirkung für den Menschen. Vgl. HANSJÜRGENS, B. (1999): Umweltrisikopolitik ..., a.a.O., S. 7.

651 Vgl. WISSENSCHAFTLICHER BEIRAT DER BUNDESREGIERUNG „GLOBALE UMWELTVERÄNDERUNGEN“ (1999): Welt im Wandel: Strategien zur Bewältigung..., a.a.O., S. 39.

652 Die traditionelle Unterscheidung von *Risiko* und *Unsicherheit*, abhängig von vorliegenden objektiven Wahrscheinlichkeitsverteilungen, geht zurück auf FRANK KNIGHT. Objektive Wahrscheinlichkeiten entsprechen dabei zumeist aus Zeitreihen abgeleiteten Häufigkeiten. Vgl. KNIGHT, F.H. (1921): Risk, Uncertainty and Profit, New York. In neueren Ansätzen wird diese Differenzierung zwischen Unsicherheit und Risiko abhängig von der Qualität der Wahrscheinlichkeitsabbildung oft als irrelevant bewertet. Die Entscheidungssituation ist danach generell durch zu erfassende Eintrittswahrscheinlichkeiten gekennzeichnet, unabhängig davon, ob diese objektiv oder subjektiv gewonnen werden. Vgl. dazu etwa FREEMAN, A.M. (1994): Measurement of Environmental ..., a.a.O., S. 220. Zur politischen Festlegung von Standards auch ohne vorliegende Wahrscheinlichkeitsverteilung mittels spezieller entscheidungstheoretischer Fuzzy-Regeln vgl. CANSIER, A., CANSIER, D. (1999): Umweltstandards bei Unsicherheit aus entscheidungstheoretischer Sicht, in: Zeitschrift für angewandte Umweltforschung – Sonderheft "Umweltrisikopolitik", Nr. 10, S. 157-172.

653 Vgl. HANSJÜRGENS, B. (1999): Umweltrisikopolitik ..., a.a.O., S. 8.

3) **Ermittlung der Schadenshöhe.** Die Ermittlung kann neben den traditionell dominierenden naturwissenschaftlichen Elementen auch ökonomische Bewertungen berücksichtigen, indem Kosten und Nutzen der Schadensbekämpfung berücksichtigt werden. Darüber hinaus können psychologische, schwer quantifizierbare Effekte eine große Bedeutung haben, wenn diese auch ohne physische Ursachen Schäden nach sich ziehen.[654]

4) **Risikobewertung.** In diesem Schritt wird über die Risikoanalyse hinausgehend die gesellschaftliche Akzeptanz und Zumutbarkeit eines geschätzten Risikos beurteilt, so dass auch irrationale Elemente der Risikowahrnehmung zu erfassen sind.[655] Die Risikowahrnehmung in einer Gesellschaft beruht auf persönlicher Erfahrung und übermittelten Informationen. Damit ist sie stark kontextabhängig und unabhängig vom objektiv quantifizierbaren Risiko, das sich auf Wahrscheinlichkeitsfunktionen und Schadensbewertung gründet.[656] Die Berücksichtigung auch dieser schwer ermittelbaren Risikoaspekte ist aus wohlfahrtstheoretischer Sicht rational, wenn ausgelöste Verhaltensänderungen von Marktakteuren Wohlfahrtsverluste nach sich ziehen.[657] Die Risikowahrnehmung kann abhängig von der Schadensart variieren, indem z.B. eine mögliche Irreversibilität der Schäden sehr stark gewichtet wird.[658]

5) **Ableiten von Risikotypen.** Aus der Gesamtheit der Schritte eins bis vier und unter Berücksichtigung der Abschätzungssicherheit für die einzelnen Kriterien leitet der Wissenschaftliche Rat der Bundesregierung „Globale Umweltfragen" (WBGU) verschiedene Risikotypen ab (vgl. Übersicht 45). Die Ableitung dieser Risikotypen berücksichtigt neben den traditionellen Risikoparametern von Eintrittswahrscheinlichkeit und Schadenshöhe auch die Parameter der Sicherheit, mit der sich Wahrscheinlichkeiten und Schaden schätzen lassen und die Schadensart (vgl. Anhang 13).

Die Schwierigkeit, unter Unsicherheit Einflussfaktoren zu bestimmen, kennzeichnet alle genannten Stufen. Eine Möglichkeit zum Umgang mit Unsicherheit ist das **Vorsorgeprinzip**.

---

654 Z.B. psychosomatische Erkrankungen.

655 Vgl. WISSENSCHAFTLICHER BEIRAT DER BUNDESREGIERUNG „GLOBALE UMWELTVERÄNDERUNGEN" (1999): Welt im Wandel: Strategien zur Bewältigung..., a.a.O., S. 40.

656 Als Beispiel ist die starke öffentliche Reaktion auf die geplante Versenkung der Förderplattform „Brent Spar" anzuführen, obwohl die freigesetzte Ölmenge nur gering wäre im Vergleich zu regelmäßigen Verklappungen von Öl. Vgl. ebd.

657 Vgl. ebd.

658 Vgl. MCNELIS, N. (2000): EU communications on the precautionary principle, in: Journal of International Economic Law, Vol. 3 (2), S. 549.

Nach der Erwartungsnutzentheorie kennzeichnet das Vorsorgeprinzip die Entscheidungssituation, nach der Grenzvorsorgeausgaben geringer eingeschätzt werden als die erwarteten Grenzschäden. Abhängig von der Risikoeinstellung ergeben sich durch die jeweilige Einschätzung der Vorsorgeausgaben und Schäden unterschiedlich optimale Vorsorgeniveaus.[659] Vorsorge umschreibt eine relative Sicherheit, die eine Abwägung von individueller Handlungsfreiheit und Eingriffen aufgrund noch „nicht realisierter Risiken“ verlangt.[660] Das Vorsorgeprinzip kann als „integraler Bestandteil“[661] bereits in der Stufe 2 der Risikoschätzung selbst eingebunden sein, indem Wahrscheinlichkeitsbestimmungen Sicherheitskorridore berücksichtigen.

Innerhalb der Rechtsprechung ist das Vorsorgeprinzip auf nationaler Ebene unterschiedlich integriert.[662] Auch die Akzeptanz als völkerrechtlich anerkanntes Prinzip ist nach wie vor umstritten.[663]

Grundlegende Probleme bei der Risikoschätzung in Stufe 1 resultieren vor allem aus folgenden Bereichen:

- Die Ableitung von Eintrittswahrscheinlichkeiten basiert nicht auf einem allgemeingültigen eindeutigen Verfahren.[664] Bereits große Unterschiede bestehen in der Risikoerfassung verschiedener wissenschaftlicher Disziplinen.[665] Im ge-

---

659 Vgl. COLE, M.A. (2000): Trade Liberalisation, economic growth and the environment ..., a.a.O., S. 119.

660 Vgl. KARL, H. (1995): Umweltrisiken ..., a.a.O., S. 330.

661 BUREAU, J.-C., JONES, W. (2000): Issues in Demand for Quality and Trade ..., a.a.O., S. 4.

662 Das Vorsorgeprinzip wurde erstmals explizit in Deutschland mit der Verabschiedung des deutschen Bundesimmissionsschutzgesetzes von 1968 in umweltrechtliche Regelungen integriert. Später wurde es generell in die deutsche Umweltgesetzgebung übernommen, initiiert durch die politische Reaktion auf das Waldsterben in den achtziger Jahren. Auf Ebene der EU wurde es erst durch den Maastrichter Vertrag in Artikel 130r eingeführt. Auf multilateraler Ebene ist es inzwischen Bestandteil einzelner internationaler Umweltabkommen, bspw. der Agenda 21 des Erdgipfels in Rio. Vgl. QUICK, R., BLÜTHNER, A. (1999): Has the Appellate Body erred ..., a.a.O., S. 623 und MOLTKE, K. VON (1999): The Dilemma of the Precautionary Principle in International Trade, Bridges (ICTSD), Vol. 3 (6), S. 2. Vgl. zur Entwicklung in verschiedenen Abkommen QUICK, R., BLÜTHNER, A. (1999): Has the Appellate Body erred ..., a.a.O., S. 623 f.

663 Vgl. BUREAU, J.-C., MARETTE, S. (1999): Accounting for consumers' preferences in trade rules ..., a.a.O, S. 10 und WTO (1998): EC Measures Concerning Meat and Meat Products (Hormones), Report of the Appellate Body ..., a.a.O., Abs. 123.

664 Vgl. KLINKE, A., RENN, O. (1999): Risikokommunikation als integraler Bestandteil von Umweltrisikopolitik, in: Zeitschrift für angewandte Umweltforschung - Sonderheft „Umweltrisikopolitik“, Nr. 10, S. 138-157, S. 140.

665 Vgl. zur Übersicht über unterschiedliche Komponenten des Risikos innerhalb der Disziplinen, wie bspw. Naturwissenschaften, Soziologie, Rechtswissenschaften, Ökonomie und

sellschaftlichen Prozess der Risikowahrnehmung spielen darüber hinaus kaum fassbare, subjektive Wahrnehmungen eine große Rolle. Diese können sowohl zwischen einzelnen Akteuren einer Gesellschaft[666] als auch im Ländervergleich sehr unterschiedlich sein:[667] abgeleitet vom Ausmaß der bestehenden Regelungen sowie der Präsenz in öffentlichen Medien besteht bspw. in den USA eine starke Wahrnehmung von Nahrungsmittelbelastungen durch Pflanzenschutzmittel oder Nitrate. In der EU dagegen haben Risiken aus neuen Technologien (GMOs) und von Futtermittelzusätzen eine hohe gesellschaftliche Bedeutung (vgl. Anhang 12).

- Die Abschätzungssicherheit von Eintrittswahrscheinlichkeit und Schadensausmaß ist u.a. abhängig vom Risikotyp. Besondere Probleme entstehen dabei durch schwer abschätzbare additive Wirkungen, wie sie gerade im Verbraucherschutzbereich relevant sind.[668]
- Das öffentliche Vertrauen in eine objektive Wissenschaft reagiert besonders im Bereich der Nahrungsmittelsicherheit sensibel, so dass Verfahren einer wissenschaftlichen Risikoschätzung für die gesellschaftliche Wahrnehmung nur eine geringe Rolle spielen. Nach BUREAU ist daher eine Stärkung der öffentlichen Diskussion und die Berücksichtigung von möglicherweise auch irrationalen Bedenken der Verbraucher wichtiger als wissenschaftliche Überlegungen zu allgemein verbindlichen Verfahren der Risikoschätzung.[669] Dies erscheint umso wichtiger, wenn Konsumreaktionen des Verbrauchers unabhängig von vermeintlicher Rationalität auftreten, die sogar den Zusammenbruch des

---

Psychologie, HANSJÜRGENS, B. (1999): Umweltrisikopolitik ..., a.a.O., S. 9. Vgl. FREEMAN, A.M (1994): Measurement of Environmental ..., a.a.O., S. 267.

666 Untersuchungen zur Risikobewertung in verschiedenen gesellschaftlichen Gruppen (Verwaltung, Wissenschaftler, Laien) zeigen abhängig vom betrachteten Risikobereich große Unterschiede in der Wahrnehmung. Vgl. ebd.

667 Vgl. zur Gegenüberstellung verschiedener Länderpositionen in einzelnen Problemfeldern BROUWER, F. ET AL. (2000): Comparison of environmental ..., a.a.O., und Anhang 12.

668 Zur Unterscheidung von Risikotypen hinsichtlich ihrer Wirkungszusammenhänge vgl. CANSIER, A., CANSIER, D. (1999): Umweltstandards bei Unsicherheit aus entscheidungstheoretischer Sicht ..., a.a.O., S. 160 ff. In Bezug auf Verbraucherschutzprobleme vgl. WARD, H. (2000): Science and Precaution in the Trading System ..., a.a.O., S. 221, BUREAU, J.-C., JONES, W. (2000): Issues in Demand for Quality and Trade ..., a.a.O., S. 6. Der Forschungsfortschritt kann dabei zu steigendem gesellschaftlichen Problembewusstsein bestimmter Risiken führen, wenn mit steigendem Erkenntnisstand die Bedeutung von additiven Wirkungen zunehmend bekannt wird. Vgl. PEREZ, O. (1998): Reconstructuring Science: the Hormone Conflict ..., a.a.O., S. 575.

669 Vgl. BUREAU, J.-C., JONES, W. (2000): Issues in Demand for Quality and Trade ..., a.a.O., S. 6.

Marktes begründen können (vgl. Kapitel 2.3.1).[670] Wie die Lebensmittelskandale in der EU und in Deutschland zeigen, kommt diesem Punkt gerade auf Lebensmittelmärkten eine hohe öffentliche Bedeutung zu.[671]

Trotz bestehender methodischer Schwierigkeiten können ökonomisch ausgerichtete Risikobewertungen einen Beitrag zur Transparenz leisten.[672] Eine ökonomische Risikoerfassung kann dabei mittels Ex-post-Ansätzen erfolgen, in denen vom sicheren Eintreten des Schadensereignisses ausgegangen wird. Mittels Entscheidungsregeln, wie z.B. dem Erwartungswertkriterium, lassen sich danach Risiken bewerten. In Ex-ante-Ansätzen erfolgt eine Bewertung vor Schadenseintritt z.B. über Optionswerte.[673]

II. Der Bereich des **Risikomanagement** erfasst die Entscheidung über das hinnehmbare Niveau an Risiken und mögliche Instrumente zur Risikokontrolle.[674] Die Abfolge des Risikomanagements ist wie folgt charakterisiert:

1) **Festlegung des anvisierten Schutzniveaus.** Als grundlegendes risikopolitisches Prinzip gilt die Beachtung der Korrelation zwischen festgestelltem Risiko und Schutzniveau: ein hohes festgestelltes Risiko induziert danach ein hohes Schutzniveau und umgekehrt. Wegen einer Vielzahl an bestehenden Risiken hat für die Ableitung politischer Maßnahmen weiterhin eine Gewichtung von Risiken zu erfolgen.[675]

2) **Umsetzung des anvisierten Schutzniveaus.** Schutzmaßnahmen können grundsätzlich am Schadensniveau selber (Schadensreduktion) oder an der Eintrittswahrscheinlichkeit (Prävention) ansetzen.[676] Als Beispiel für eine schadensverringernde Maßnahme können Ausgleichsfonds für Gesundheitsbeeinträchtigungen genannt werden.[677] Einsatzverbote oder Grenzwerte für

---

670 In Anwendung auf den BSE-Fall und den schwerfälligen Prozess im Bereich der Forschung vgl. BUREAU, J.-C., JONES, W. (2000): Issues in Demand for Quality and Trade ..., a.a.O., S. 4.

671 Vgl. HANSJÜRGENS, B. (1999): Umweltrisikopolitik ..., a.a.O., S. 8.

672 Vgl. zu Ansätzen der Bewertung von Umweltrisiken HOLM-MÜLLER, K. (1999): Die monetäre Bewertung von Umweltrisiken, in: Zeitschrift für angewandte Umweltforschung – Sonderheft „Umweltrisikopolitik“, Nr. 10, S. 19-32.

673 Vgl. ebd., S. 30.

674 Vgl. KÖCK, W. (1999): Risikobewertung und Risikomanagement im deutschen und europäischen Chemikalienrecht – Problemanalyse und Reformperspektiven, in: Zeitschrift für angewandte Umweltforschung - Sonderheft „Umweltrisikopolitik“, Nr. 10, S. 85.

675 Vgl. MCNELIS, N. (2000): EU communications on the precautionary principle ..., a.a.O., S. 550.

676 Vgl. zu Grundlagen LESSER, J.A., DODDS, D.E., ZERBE , R.O. (1997): Environmental Economics and Policy, Reading, Massachusetts.

677 Als typisches Beispiel für eine schadensbegrenzende Maßnahme bei Erdbebenrisiken gilt die Errichtung erdbebensicherer Gebäude. Für dieses Risiko sind präventive Maßnahmen nicht

Futterzusätze stellen dagegen eine Prävention zur Vermeidung von Gesundheitsschäden dar.[678] Ein Beispiel für die Realisierung eines marktgerechten Rahmens zur Risikopolitik sind Haftungsregeln, die den Risikoakteuren Anreize zur Vermeidung externer Schäden bieten.[679]

Auch auf der Stufe des Risikomanagements kann das Vorsorgeprinzip integriert sein.[680] Vorsorge bestimmt dann die politischen Maßnahmen, die für ein angestrebtes Schutzniveau nötig sind.[681] So können festgelegte Grenzwerte bspw. Bereits Sicherheitsmargen berücksichtigen. Diese instrumentelle Berücksichtigung des Vorsorgeprinzips beeinflusst wiederum die Eintrittswahrscheinlichkeit in Stufe I (vgl. Übersicht 43).[682]

Durch das Zusammenspiel von Wahrscheinlichkeit und Schadensausmaß, abgeleitet in der Stufe I, lassen sich Normal-, Grenz- und Verbotsbereiche für Risiken ableiten (vgl. Übersicht 44).

---

möglich, da sich die Eintrittswahrscheinlichkeit für Erdbeben nicht beeinflussen lässt. Vgl. FREEMAN, A.M (1994): Measurement of Environmental ..., a.a.O., S. 221.

678 Die Grenze zwischen diesen Ansatzstellen kann fließend sein: Grenzwerte setzen bspw. sowohl an der Eintrittswahrscheinlichkeit als auch am Schadensniveau an. Vgl. ebd., S. 221-222.

679 Dabei können abhängig von der jeweiligen Möglichkeit zur Risikobeeinflussung unterschiedliche Ansatzstellen für die Haftung optimal sein. Vgl. zu Grundsätzen SCHWARZE, R. (1999): Theorie und Praxis der Haftung für Umweltrisiken: Was bringt das Umwelthaftungsgesetz?, in: Zeitschrift für angewandte Umweltforschung - Sonderheft „Umweltrisikopolitik", Nr. 10, S. 172-188, SCHÄFER, H.-B., OTT, C. (2000): Lehrbuch der ökonomischen Analyse des Zivilrechts, Berlin-Heidelberg, HECHT, D. (1999): Wissen, Wissensgrenzen und stoffliche Umweltrisiken, in: Zeitschrift für angewandte Umweltforschung, Sonderheft „Umweltrisikopolitik", Nr. 10, S. 123 ff.

680 Vgl. EU-KOMMISSION (1999): Weißbuch zur Lebensmittelsicherheit, KOM (1999) 719 vom 12. Januar 2000, Brüssel, S. 10, Abs. 15.

681 Vgl. BUREAU, J.-C., JONES, W. (2000): Issues in Demand for Quality and Trade ..., a.a.O., S. 4.

682 Vgl. KARL, H. (1995): Umweltrisiken ..., a.a.O., S. 328.

Übersicht 44: Normal-, Grenz- und Toleranzbereich für Risiken im W-A-Diagramm

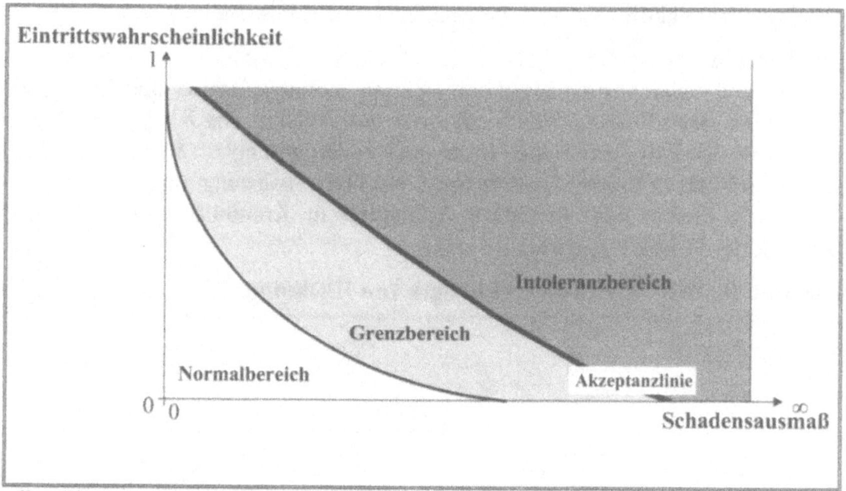

Quelle: WISSENSCHAFTLICHER BEIRAT DER BUNDESREGIERUNG „GLOBALE UMWELTVERÄNDERUNGEN“ (1999): Welt im Wandel: Strategien zur Bewältigung..., a.a.O., S. 46 auf Grundlage der Schweizer Störfallverordnung.

Mit steigender Eintrittswahrscheinlichkeit eines Schadens und zunehmendem Schadensniveau sinkt die Akzeptanz des Risikos (Intoleranzbereich). Geringe Eintrittswahrscheinlichkeiten oder geringe Schadensniveaus können dagegen - auch bei hohem Niveau des jeweils anderen Parameters – hinnehmbare Risiken darstellen und somit keine risikoreduzierenden Maßnahmen verlangen (Normalbereich). Die Akzeptanzlinie beschreibt die Grenze von hinnehmbaren und zu reduzierenden Risiken.

Abhängig von den in Stufe I des Risikoschätzungsverfahrens nach dem WBGU festgelegten Risikotypen (vgl. Anhang 13 und Stufe I, Schritt 5), sind risikoorientierte, vorsorgeorientierte oder diskursive und wissensvermittelnde Politiken für die Stufe II zu definieren.[683]

- **Risikoorientierte Maßnahmen** setzen dabei an der Schadensbegrenzung an und werden somit für alle Typen mit hohem Schadensausmaß empfohlen.

683 Die vom Wissenschaftlichen Beirat empfohlenen Maßnahmen sind i.S. einer „Tendenz-Empfehlung“ zu verstehen, zumeist ist ein Maßnahmen-Mix sinnvoll. Vgl. KLINKE, A., RENN, O. (1999): Risikokommunikation ..., a.a.O., S. 145 ff.

- **Vorsorgeorientierte Maßnahmen** sind geboten bei den Risikotypen, bei denen insgesamt nur eine geringe Sicherheit über die Erfassung sowohl der Wahrscheinlichkeit als auch des Schadensniveaus besteht.

- **Diskursive Strategien** lassen sich einsetzen bei geringen Wahrscheinlichkeiten und Schadensniveaus. Hierbei kann Kommunikation und Information über eine Beeinflussung des Verhaltens der Akteure das Risiko eindämmen. Auch für den Fall eines sicher einzuschätzenden und hohen Risikos bei gleichzeitig starker zeitlicher Diskrepanz zwischen Auslösung und Auftreten des Schadens lassen sich diskursive Strategien in Kombination mit vorsorgeorientierter Politik einsetzen.

Übersicht 45: Risikostrategien abhängig von Risikotypen

Risikotyp	Kriterien	Beispiel
Schadensbegrenzung		
A	• Geringe Eintrittswahrscheinlichkeit • Hoher Schaden • Hohe Abschätzungssicherheit	AIDS
Vorsorgeprinzip		
B	• Eintrittswahrscheinlichkeit unbekannt • Hoher Schaden • Geringe Abschätzungssicherheit	• Treibhauseffekt • BSE bzw. neuer Typ Creutzfeld-Jakob
C	• Eintrittswahrscheinlichkeit unbekannt • Schaden unbekannt • sehr geringe Abschätzungssicherheit	• Gentechnologie • *“Hormonfleisch”?(= EU-Position)*
Vertrauensbildung/Wissensvermittlung		
D	• geringe Eintrittswahrscheinlichkeit • geringer Schaden • hohe Abschätzungssicherheit und auch - hohe gesellschaftliche Relevanz	• Elektrosmog • *“Hormonfleisch”? (= US-Position)*

Quelle: AUSWAHL NACH WISSENSCHAFTLICHER BEIRAT DER BUNDESREGIERUNG „GLOBALE UMWELTVERÄNDERUNGEN“ (1999): Welt im Wandel: Strategien zur Bewältigung..., a.a.O., S. 58 ff.

Da die Zuordnung der Beispiele zu den jeweiligen Risikotypen abhängig von der unterschiedlichen Bewertung der zugrunde liegenden Parameter ist, ergeben sich unterschiedliche Empfehlungen für das angemessene Risikomanagement. So lag dem “Hormonfall” z.B. von Seiten der EU implizit eine Klassifizierung des Risikos als Typ C und von Seiten der USA als Typ D zugrunde. Risiken des Typs D können eine große gesellschaftliche Bedeutung haben, wenn trotz objektiv geringen Risiken eine starke öffentliche Risikowahrnehmung vorliegt.[684] Resultieren aus irrationalen Ängsten unterdrückte wirtschaftliche Aktivitäten, so lassen sich durch vertrauensbildende Maßnahmen Wohlfahrtsgewinne erzielen.[685]

III. Die dritte Stufe der **Risikokommunikation**[686] beinhaltet den zielgerichteten Informationsaustausch zwischen allen relevanten gesellschaftlichen Gruppen über alle Aspekte der Risikoschätzung und des Risikomanagements.[687] Als Ergebnis dieses Austauschs kann dabei wiederum die Stufe I beeinflusst werden.

Der in Übersicht 45 dargestellte Klassifizierungsansatz für Risiken stellt einen Beitrag zu mehr Transparenz in der Auseinandersetzung mit Risiken dar, indem Kriterien der Einordnung offengelegt werden. Diese Einordnungssystematik darf dennoch nicht als objektive Charakterisierung von Risiken missverstanden werden. Vielmehr können im internationalen Vergleich divergierende Wahrnehmungen zu Abschätzungssicherheiten und zur Bewertung der Schadenshöhe bestehen. Die Aufgabe der Wissenschaft kann somit die Funktion der Mediation übernehmen, um durch Klassifizierungen von Risiken bestehende Unterschiede in der Wahrnehmung von Risiken zu verdeutlichen.

Dieser grundsätzlichen Kennzeichnung von Konzepten der Risikoerfassung und des Risikomanagements wird nachfolgend der faktische Umgang im WTO-Regelwerk gegenübergestellt.

Übersicht 46 gibt die Einordnung der WTO-Regelungen in den grundlegenden Prozess wieder.

---

684 Sogenannte „Phantomrisiken“. Vgl. WISSENSCHAFTLICHER BEIRAT DER BUNDESREGIERUNG „GLOBALE UMWELTVERÄNDERUNGEN“ (1999): Welt im Wandel: Strategien zur Bewältigung..., a.a.O., S. 63.

685 Vgl. ebd.

686 Vgl. zur erstmaligen Einführung des Begriffs „Risikokommunikation“ in der Theorie der Risikopolitik COVELLO, V.T., SLOVIC, P., WINTERFELD, D. VON (1986): Risk Communication: A Review of the Literature, in: Risk Abstracts, Vol. 3, No. 4, S. 172- 82.

687 Vgl. KLINKE, A., RENN, O. (1999): Risikokommunikation ..., a.a.O., S. 138-157.

Übersicht 46: Risikoschätzung, –management und –kommunikation im WTO-Regelwerk

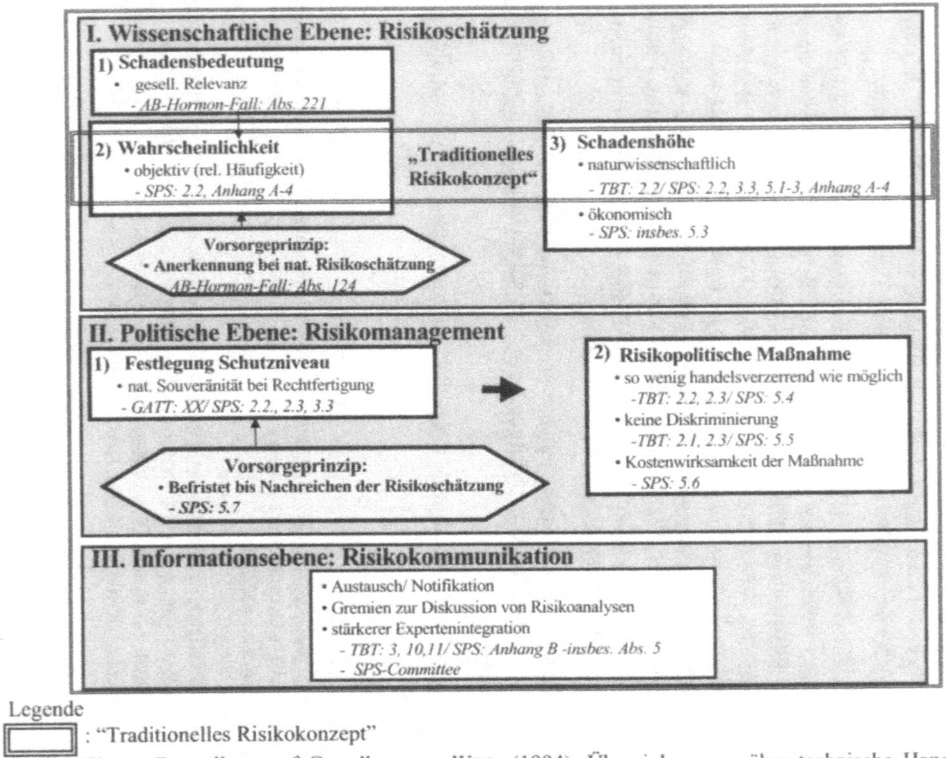

Quelle: Eigene Darstellung auf Grundlage von WTO. (1994): Übereinkommen über technische Handelshemmnisse..., a.a.O. , WTO (1994): Übereinkommen über die Anwendung gesundheitspolizeilicher..., a.a.O.,WTO (1998): EC Measures Concerning Meat and Meat Products (Hormones), Report of the Appellate Body..., a.a.O.

Die Berücksichtigung der Risikoschätzung im WTO-Regelwerk erfolgt explizit innerhalb des TBT- und des SPS-Abkommens.

Generell ist zunächst der Nachweis einer durchgeführten Risikoanalyse erforderlich, die alle relevanten Risiken erfassen soll.[688] Das geschätzte Risiko muß mit der beklagten Maßnahme unmittelbar zusammenhängen, es sei denn, das Vorsorgeprinzip findet Anwendung.[689] Weiterhin soll die Risikoanalyse nicht auf einer Mehrheitsentscheidung basieren, vielmehr sind auch Minderheitsbewertungen anzuerkennen.[690]

- Im **TBT-Abkommen** wird weiter empfohlen, für die Bewertung möglicher Risiken neben verfügbaren wissenschaftlichen und technischen Informationen zum Vergleich zusätzlich die Effekte verwandter Produktionsverfahren zu berücksichtigen (Artikel 2.2).
- Deutlicher und detaillierter sind Risikoschätzungsverfahren im **SPS-Abkommen** verankert.[691] Neben der generellen Zielsetzung in Artikel 3.3, bei strengeren nationalen Standards einen Risikonachweis zu erbringen, enthalten die Artikel 5.1-5.3. konkrete Vorgaben zum Risikoschätzungsverfahren.

Die **Stufe I** basiert im WTO-Regelwerk auf dem traditionellen Risikoverständnis zur Wahrscheinlichkeitserfassung und Bemessung der Schadenshöhe. Als Erweiterung kann allerdings die gebotene Berücksichtigung ökonomischer Bewertungen dienen:[692]

- Für die Berechnungen der Eintrittswahrscheinlichkeiten sind die von den zuständigen Organisationen entwickelten Bewertungsverfahren anzuwenden. Neben der Nutzung aller wissenschaftlichen Informationen innerhalb „üblicher Prüfverfahren" sind weiterhin alle Informationen z.B. über relative Häufigkeiten von Krankheitsvorkommen und Quarantänefällen zu integrieren.[693]

---

688 Vgl. WTO (1997): EC Measures Concerning Meat and Meat Products (Hormones), Complaint by the United States, Report of the Panel ..., a.a.O., Abs. 8.111, WTO (1998): EC Measures Concerning Meat and Meat Products (Hormones), Report of the Appellate Body ..., a.a.O., Abs. 205.

689 Vgl. ebd.

690 Vgl. WTO (1998): EC Measures Concerning Meat and Meat Products (Hormones), Report of the Appellate Body ..., a.a.O., Abs. 194.

691 Vgl. WARD, H. (2000): Science and Precaution in the Trading System ..., a.a.O., S. 5.

692 Vgl. WTO (1994): Übereinkommen über die Anwendung gesundheitspolizeilicher ..., a.a.O., Abs. 4.

693 Vgl. WTO (1994): Übereinkommen über die Anwendung gesundheitspolizeilicher ..., a.a.O., Artikel 5.2-5.3. Im Unterschied zu lediglich allgemeinen Vorgaben im WTO (1994): Übereinkommen über technische Handelshemmnisse ..., a.a.O., Artikel 2.2.

- Die ökonomische Bewertung, wie z.B. die Feststellung möglicher Absatzeinbußen durch Schädlingsbefall oder die Erfassung der Vermeidungskosten bei der Schädlingsausrottung, wird explizit geboten.[694]
- Alle verwendeten Erfassungsverfahren sollen auf dem Grundsatz der Transparenz und Nachvollziehbarkeit basieren.[695]
- Als Erweiterung der traditionell naturwissenschaftlich objektivierbaren Elemente bei der Risikoschätzung sind innerhalb des SPS-Abkommens auch solche "Gesundheitsrisiken, denen sich Personen freiwilligen aussetzen,"[696] enthalten. Hiermit werden auch Wahrnehmungsprozesse i.S. der Risikoanalyse erfasst. Das konkrete Anwendungspotenzial dieser Bestimmung ist jedoch unklar, da bislang keine Streitfälle dazu vorliegen.

Die detaillierten Bestimmungen im SPS-Abkommen sind mit der Motivation zu erklären, Entscheidungen über Handelsmaßnahmen mit eindeutiger, naturwissenschaftlicher Sicherheit ableiten zu können.[697] Nach Ansicht der OECD ist die wissenschaftliche Fundierung von WTO-Urteilen in Streitverfahren gestiegen.[698] Die Forderung nach einer Verschärfung von Kriterien der Risikoschätzungsverfahren innerhalb des SPS-Abkommens wurde im Jahr 2000 in der SPS-Kommission überprüft, die aber keine Änderungen beschloss.[699]

Bestehende Probleme der WTO-Regelungen **in Stufe I** lassen sich in folgenden Punkten zusammenfassen:

- Fehlende Gleichberechtigung zwischen Staaten kann durch unterschiedliches Know-How und technische Kapazitäten hinsichtlich der Risikoschätzung bestehen, so dass die Anwendung des SPS-Abkommens für Entwicklungsländer als schwierig gilt.[700]

---

694 Vgl. ebd.

695 Vgl. McNelis, N. (2000): EU communications on the precautionary principle ..., a.a.O., S. 550.

696 Vgl. Wto (1994): Übereinkommen über die Anwendung gesundheitspolizeilicher ..., a.a.O., Artikel 5.5.

697 Vgl. Desmedt, G.S. (1998): Hormones: 'objective assessment' and (or as) standard of review, in: Journal of International Economic Law, Vol. 1(4), S. 698.

698 Oecd (1998): International Co-operation in the regulation of Food Quality ..., a.a.O., S.7, Abs. 26-28.

699 Vgl. Wto (2000): Guidelines to further the practical Implementation of Article 5.5. ..., a.a.O., Josling, T. (2000): Issues in the WTO Agricultural Negotiations ..., a.a.O., S. 18 und o.V. (2000): WTO-Leitlinien für sanitären Außenschutz beschlossen, *Agra-Europe* Nr. 32, Kurzmeldungen 26, 7. August 2000.

700 Vgl. Ward, H. (2000): Science and Precaution in the Trading System ..., a.a.O., S. 5.

- Weiterhin sind die gesellschaftlichen Prozesse zur Risikoerfassung im Staatenvergleich traditionell unterschiedlich:[701] z.B. erfolgt in den USA die Erfassung und Quantifizierung von Risiken eher auf Ebene einer politischen Konsensfindung während in Europa die akademisch-wissenschaftliche Auseinandersetzung mit Risiken dominiert.[702] Unterschiede bestehen auch bereits zwischen den Mitgliedstaaten der EU.[703]
- Freifahrerverhalten kann in der Weise bestehen, dass eine Nutzung der Ergebnisse aus Risikoschätzungsverfahren anderer Staaten ohne eigene Kostenübernahme für derartige Untersuchungen erfolgt.[704] Dieses Verhalten kann durch Anreize, an der Entscheidungsfindung in den entsprechenden Gremien - wie z.B. der Codex Alimentarius Kommission - teilzunehmen, vermieden werden.

Die **Stufe II** des Risikomanagements ist sowohl im SPS- als auch im TBT-Abkommen nur indirekt in Bezug auf die Handelswirkung erfasst.[705] Enthaltene Vorgaben kennzeichnen die WTO-typischen Vorgaben zur Minimierung der Handelsbeschränkung und Vermeidung diskriminierender Handelseffekte als Beurteilungsrahmen für alternative Schutzmaßnahmen.

Im vorliegenden "Hormonfleisch-Urteil" wurde v.a. empfohlen[707]

- die Anregung zur Veröffentlichung anvisierter Maßnahmen, so dass Stellungnahmen anderer Staaten bereits vor Etablierung der Instrumente möglich sind,
- die Überprüfung möglicher neuer und weniger restriktiver Regelungen, sowie
- die Berücksichtigung von Experten im Entscheidungsprozess.

---

701 Vgl. OECD (1999): Food Safety and Quality Issues- Trade Considerations ..., a.a.O., S. 16, Abs. 42 ff.

702 Für die USA mit der Vielzahl föderaler Ebenen der Legislative begründet, die einen „politischen Wettbewerb" induzieren bei WARD, H. (2000): Science and Precaution in the Trading System ..., a.a.O., S. 2.

703 Ein Beispiel ist das wahrgenommene Risiko einer bakteriellen Infektion durch unpasteurisierte Milch, das in romanischen Ländern geringer bewertet wird als in nordeuropäischen. Insbesondere erscheint die Abwägung zwischen unterschiedlicher Wertschätzung einzelner Produktmerkmale wie „Sicherheit" bzw. „traditionelle Produktionsverfahren" als schwierig. Vgl. BUREAU, J.-C., JONES, W. (2000): Issues in Demand for Quality and Trade ..., a.a.O., S. 4.

704 Wissenschaftliche Erkenntnisse i.S. der Grundlagenforschung können als globales öffentliches Gut charakterisiert werden. Vgl. in Übertragung auf die Teilnahme an standardsetzenden Institutionen SYKES, A. (1999): The (limited) Role of Regulatory Harmonization ..., a.a.O., S. 66.

705 Vgl. BUREAU, J.-C., JONES, W. (2000): Issues in Demand for Quality and Trade ..., a.a.O., S. 3.

706 Vgl. ebd., S. 4.

707 WTO (2000): Guidelines to further the practical Implementation of Article 5.5. ..., a.a.O.

Auch in Stufe II gilt als grundsätzliches Problem der WTO-Regelungen, dass im Staatenvergleich unterschiedliches Risikomanagement neben Differenzen bei der Risikowahrnehmung auch durch unterschiedlich vorhandenes Know-How bedingt sein kann.[708]

Für **Stufe III** wird im Rahmen des SPS-Abkommens ein Austausch über alle Stufen im Umgang mit Risiken empfohlen. Dies bezieht sich auf den Kommunikations- und Informationsfluss zwischen nationalen Entscheidungsträgern sowie auf die Einbeziehung von fachspezifischen Experten in den Entscheidungsprozess zur Beurteilung von Risiken und Ableitung von Maßnahmen.[709] Insgesamt wurde die Bedeutung dieser Ebene der Risikokommunikation durch einen jüngsten Bericht der SPS-Kommission betont.[710]

Durch Anwendung der WTO-Bestimmungen zur Risikoerfassung auf den **"Hormonfleisch-Fall"** zeigt sich, dass der Appellate Body-Entscheid das traditionelle Verständnis der WTO zur Risikoschätzung und zum Risikomanagement erweitert. Das Anliegen einer objektivierbaren Risikoschätzung wird insgesamt als ungeeignet oder zumindest uneindeutig ausgelegt: die Berücksichtigung auch von politischen Argumenten bei der Urteilsfindung im "Hormonfleisch-Fall" lässt die Grenzen wissenschaftlich objektiver Risikoerfassung erkennen.[711]

- Während der Panel-Entscheid die Risikoschätzungsverfahren der EU als „non-scientific“[712] ablehnt, erkennt das Appellate Body-Urteil die notwendige fallspezifische Anwendung individueller Verfahren an und lehnt allgemeingültige Richtlinien für Risikoschätzungsverfahren ab.[713] Insbesondere betont der Appellate Body die zu individualisierenden sozio-ökonomischen Parameter mit der Forderung, keine Laborbedingungen sondern reale Lebensumstände zu erfassen.[714]

---

708 Vgl. BUREAU, J.-C., JONES, W. (2000): Issues in Demand for Quality and Trade ..., a.a.O., S. 5.

709 Vgl. WTO (1994): Übereinkommen über die Anwendung gesundheitspolizeilicher ..., a.a.O., Anhang B, Abs. 5.

710 Vgl. WTO (2000): Guidelines to further the practical Implementation of Article 5.5. ..., a.a.O.

711 Vgl. JAMES, S. (2000): An Economic Analysis of Food Safety ..., a.a.O., S. 8.

712 Vgl. WTO (1997): EC Measures Concerning Meat and Meat Products (Hormones), Complaint by the United States, Report of the Panel ..., a.a.O., Abs. 8.94, 8.109, 8.114.

713 WTO (1998): EC Measures Concerning Meat and Meat Products (Hormones), Report of the Appellate Body ..., a.a.O., Abs. 194, PEREZ, O. (1998): Reconstructuring Science: the Hormone Conflict ..., a.a.O., S. 563-582.

714 Vgl. WTO (1998): EC Measures Concerning Meat and Meat Products (Hormones), Report of the Appellate Body ..., a.a.O., Abs. 187. Allerdings führen spezifische individualisierte Schätzungen zum Problem, dass ein allgemeingültiger Orientierungsrahmen für nachfolgende Streitverfahren fehlt. Vgl. QUICK, R., BLÜTHNER, A. (1999): Has the Appellate Body erred ..., a.a.O., S. 619.

- Auch wurde vom Appellate Body betont, dass die Akzeptanz von Risikoschätzungen sich nicht auf Mehrheitsentscheidungen gründen könne, sondern vielmehr auch Minderheitenmeinungen berücksichtigen müsse.[715] Demgegenüber zeigt allerdings die Abstimmung über die Grenzwerte der strittigen Hormone innerhalb der Codex Alimentarius Kommission, dass auf dieser, den Streitverfahren vorgelagerten Ebene, Mehrheitsregeln angewendet werden.[716]
- Ökonomische Analysen sind innerhalb des SPS-Abkommens als prinzipiell relevant integriert, so dass die Risikoschätzung über das rein traditionelle Risikokonzept hinausgeht. Dennoch wird oftmals in der Literatur eine stärkere Berücksichtigung von Kosten-Nutzen-Analysen gefordert.[717] Im „Hormonfall“ wurde als ökonomische Komponente insbesondere die Kostenwirksamkeit alternativer Maßnahmen zum angeklagten Importverbot berücksichtigt (vgl. Kapitel 3.3). Kontrollen zur Überprüfung der eingehaltenen guten tierärztlichen Praxis, die zu geringeren Hormonrückständen führen können, wurden wegen des hohen Verwaltungsaufwands als unangemessen bewertet.[718] Damit wurde die Importquote wegen mangelnder Alternativen grundsätzlich als geeignete Maßnahmen unter der Voraussetzung anerkannt, dass ein spezifisches Gesundheitsrisiko durch Fleisch aus der Hormonmast nachgewiesen werden kann (vgl. Kapitel 3.4.2).

Während die USA das **Vorsorgeprinzip** im "Hormonstreit" nur als schwach rechtlich verankert beurteilte, stellte Kanada bereits eine Tendenz als „Allgemeines Prinzip der Völkergemeinschaft“ nach dem Verständnis des Internationalen Gerichtshofs fest.[719] Die Berücksichtigung eines modifizierten Vorsorgeprinzips in Artikel 5.7 des SPS-Abkommens, das vorläufige Schutzmaßnahmen bei Nachreichen einer Risikoschätzung gestattet, stellt ein Novum auf internationaler Ebene für Bereiche ohne unmittelbaren Umweltbezug dar.[720]

---

715 Dieser Argumentation folgte auch die EU in ihrer Position. Vgl. WTO (1998): EC Measures Concerning Meat and Meat Products (Hormones), Report of the Appellate Body ..., a.a.O., Abs. 194, 205, MCNELIS, N. (2000): EU communications on the precautionary principle ..., a.a.O., S. 547.

716 Vgl. PEREZ, O. (1998): Reconstructuring Science: the Hormone Conflict ..., a.a.O., S. 568 und WTO (1997): EC Measures Concerning Meat and Meat Products (Hormones), Complaint by the United States, Report of the Panel ..., a.a.O., Abs. 2.16 und 4.77.

717 Vgl. OECD (1999): Food Safety and Quality Issues - Trade Considerations ..., a.a.O., S. 25, Abs. 72 ff. und BUREAU, J.-C., JONES, W. (2000): Issues in Demand for Quality and Trade ..., a.a.O., S. 13 ff.

718 Vgl. WTO (1998): EC Measures Concerning Meat and Meat Products (Hormones), Report of the Appellate Body ..., a.a.O., Abs. 187.

719 Vgl. BUREAU, J.-C., JONES, W. (2000): Issues in Demand for Quality and Trade ..., a.a.O., S. 4.

720 Vgl. ebd., S. 5.

Insgesamt sind die Erweiterungen der traditionellen Auslegung von Risikomanagement auf WTO-Ebene durch die Urteilsfindung im "Hormonfleisch-Fall" wie folgt zusammenzufassen:

- Im "Hormonfleisch-Fall" wurde für die Berechtigung von Schutzmaßnahmen die prinzipielle Anerkennung des „Nullrisikos" eingeräumt, die eine stärkere prinzipielle Anerkennung des Vorsorgeprinzips auf Ebene der WTO impliziert.[721] Insgesamt bekräftigte der Appellate Body jedoch, dass auch die Umsetzung des Vorsorgeprinzips sich auf Risikoschätzungen zu stützen hat.[722]
- Wenn auch der endgültige Berufungsentscheid im "Hormonfall" sich nicht auf den Artikel 5.7. gründete, so wurde in der Argumentation des Urteils das Vorsorgeprinzip auf einzelstaatlicher Ebene akzeptiert. Das Panel hat danach bei der Beurteilung der Risikoschätzverfahren zu berücksichtigen, dass Staaten eine Abschätzung des Risikos auf Grundlage des Vorsorgeprinzips vornehmen können.[723] Eine prinzipielle völkerrechtliche Legitimation des Vorsorgeprinzips wurde jedoch ausdrücklich nicht abgleitet.[724]
- Die Frist für die Anerkennung bis zum Nachreichen der Risikoschätzung ist nach jüngsten Entscheiden zum Artikel 5.7[725] fallspezifisch festzulegen und hat auch neue Erkenntnisse zur Risikoschätzung zu berücksichtigen.[726]

Lösungsansätze für den "Hormonfall" sind gerade im Bereich der Risikoschätzung schwierig abzuleiten. Ein Versuch, auf WTO-Ebene allgemeine Richtlinien zur Anwendung und Objektivierung des Vorsorgeprinzips zu entwickeln,

---

721 Diese Anerkennung wurde durch den Appellate Body stärker betont als durch die EU selbst. Vgl. McNelis, N. (2000): EU communications on the precautionary principle ..., a.a.O., S. 550, Fn. 18, vgl. auch Kapitel 3.4.2.

722 Vgl. Wto (1998): EC Measures Concerning Meat and Meat Products (Hormones), Report of the Appellate Body .., a.a.O., 124-125. Im Fall „Japanische Quarantänemaßnahmen auf landwirtschaftliche Produkte" (WT/DS76/AB/R) wird dagegen das Vorsorgeprinzip als Ausnahmeregelung explizit vor der Anwendung durch andere Artikel des SPS-Abkommens geschützt. Vgl. Quick, R., Blüthner, A. (1999): Has the Appellate Body erred ..., a.a.O., S. 625. Vgl. auch Anhang 4a.

723 Vgl. Wto (1998): EC Measures Concerning Meat and Meat Products (Hormones), Report of the Appellate Body ..., a.a.O., Abs. 124.

724 Allerdings forderte der Appellate Body-Bericht eine stärkere Anerkennung auf nationaler Ebene. Vgl. ebd., Abs. 121.

725 Mit der Auslegung des Artikel 5.7 befassten sich explizit bislang zusätzlich zum Hormonfall die ebenfalls abgeschlossenen Fälle „Japanische Quarantänemaßnahmen auf landwirtschaftliche Produkte" (WT/DS76/AB/R) und „Australische Importbeschränkungen auf Lachs"(WT/DS18/AB/R). Vgl. Anhang 4a.

726 Vgl. Quick, R., Blüthner, A. (1999): Has the Appellate Body erred ..., a.a.O., S. 625. Vgl. WT/DS76/AB/R, Abs. 93.

scheint als Widerspruch zum Vorsorgeanliegen zu stehen: gerade die Reaktion auf Unsicherheit benötigt flexible Maßnahmen.[727] Somit kann nach MOLTKE das Vorsorgeprinzip systemimmanent nie zu identischen Schutzniveaus führen, da die Bewertung eines akzeptablen Risikos unterschiedlich sei.[728]

Dennoch kann eine Erhöhung der Transparenz in den Verfahren zur Risikoschätzung die Diskussion um eine berechtigte Anwendung des Vorsorgeprinzips versachlichen und systematisieren. Dies verdeutlicht die Berücksichtigung des Vorsorgeprinzips innerhalb von Schutzmaßnahmen gegenüber dem BSE-Risiko: Auf Seiten der USA erfolgte relativ früh die Einführung von strikten Importverboten für europäisches Rindfleisch, obwohl die USA selbst einräumten, dass kein eindeutig belegbarer Zusammenhang mit der "neuen Variante" der Creutzfeld-Jakob-Krankheit (vCJK) bestünde.[729] Ausgehend von den Risikotypen in Übersicht 45 ist sowohl im BSE-Fall als auch im "Hormonfleisch-Fall" die Abschätzungssicherheit der Eintrittswahrscheinlichkeiten von möglichen Gesundheitsschäden gering. Der dennoch unterschiedliche politische Umgang mit diesen Risiken lässt sich durch Unterschiede im Ausmaß der verursachten Gesundheitsschäden begründen: eine unsichere Erkrankung an vCJK kann wegen fehlender Therapiemöglichkeiten und der auftretenden Schwere des Krankheitsverlaufs als höherer Schaden bewertet werden als eine ebenfalls unsichere Krebserkrankung durch "Hormonfleisch".

Nach der Klassifizierung der Risikotypen in Übersicht 45 ergibt sich danach folgende Einordnung für den BSE-Fall:

- die mögliche Gesundheitsgefährdung des Menschen durch BSE als Typ B (geringe Abschätzungssicherheit, unbekannte Eintrittswahrscheinlichkeit eines hohen Schadens). Hierfür lassen sich Vorsorgestrategien, wie z.B. mittels eines Importverbots, rechtfertigen.

Eine Klassifizierung des „Hormonfleisch-Falls“ ergibt dagegen

- aus Sicht der USA und des Panel-Reports den Typ D (hohe Abschätzungssicherheit, geringe Eintrittswahrscheinlichkeit eines geringen Schadens). Als politische Maßnahmen sind diskursive Strategien, wie z.B. Verbraucheraufklärung, ausreichend.

---

727 Vgl. WARD, H. (2000): Science and Precaution in the Trading System ..., a.a.O., S. 6.

728 Vgl. MOLTKE, K. VON (1999): The Dilemma of the Precautionary Principle in International Trade ..., a.a.O., S. 3.

729 Umfassende Importverbote der USA gegenüber EU-Importen bestehen seit 1997. Gegenüber Großbritannien bereits seit Bekanntwerden der ersten Fälle im Jahr 1989. Vgl. USDA (Hrsg.): Bovine Spongiform Encephalopathy (BSE) – new information, verfügbar unter: http://www.aphis.usda.gov/oa/bse, Stand Juli 2001, MCNELIS, N. (2001): The role of the judge ..., a.a.O., S. 190.

- aus Sicht der EU den Typ C (sehr geringe Abschätzungssicherheit, unbekannte Eintrittswahrscheinlichkeit und Schadenshöhe). Diese Einordnung, die durch den Appellate Body-Report zumindest im Hinblick auf die Abschätzungssicherheit grundsätzlich gestärkt wurde, rechtfertigt dagegen ein Importverbot als vorsorgeorientierte Strategie.

Die Einordnung in Risikotypen erhöht auch im "Hormonfleisch-Fall" die Transparenz durch die Kennzeichnung der Kriterien, führt aber nicht zu eindeutigen Schlussfolgerungen für risikopolitische Strategien, solange diese Kriterien unterschiedlich bewertet werden.

Einerseits verlangt die Reaktion auf Unsicherheit flexible und individuelle Konzepte, andererseits birgt eine geschützte individuelle Anwendung des Vorsorgeprinzips jedoch immer auch das Risiko, eine abgesicherte Rechtfertigung für versteckten Protektionismus nutzen zu können.[730] Verbesserungen i.S. allgemein verbindlicher Regelungen für die Risikoschätzung und das Vorsorgeprinzip können damit im Bereich der Transparenz und Nachvollziehbarkeit von zugrunde gelegten Kriterien realisiert werden.[731]

4.4 Geltungsbereich nationaler Schutzziele

Der Aspekt der extraterritorialen Anwendung der Schutzziele betrifft als Konfliktpotenzial F (vgl. Kapitel 3.5) die Frage, inwieweit national gerechtfertigte Schutzniveaus auch auf andere Staaten übertragbar sind.[732] Im Mittelpunkt stehen damit keine Maßnahmen zur Durchsetzung der Schutzziele im eigenen Hoheitsgebiet, sondern die extraterritoriale Durchsetzung der Schutzziele in anderen Ländern.[733]

---

730 Die prinzipielle Freiheit, zur Rechtfertigung eigener Schutzmaßnahmen grundsätzlich das Vorsorgeprinzip anwenden zu können, kann zum Phyruss-Sieg werden: hiernach ist die Etablierung potenzieller Gegenmaßnahmen anderer Staaten, die sich ebenfalls auf das Vorsorgeprinzip stützen, auch erleichtert. Vgl. QUICK, R., BLÜTHNER, A. (1999): Has the Appellate Body erred ..., a.a.O., S. 639.

731 Vgl. MCNELIS, N. (2000): EU communications on the precautionary principle ..., a.a.O., S. 549.

732 In den WTO-Regeln werden dafür teilweise die Begriffe extraterritorial oder extrajurisdictional synonym verwendet. Vgl. ALTEMÖLLER, F. (1997): Möglichkeiten und Grenzen ..., a.a.O., S. 83.

733 Der damit befasste GATT-Artikel XX stellte mangels Alternative ursprünglich die wesentliche Grundlage für umweltrelevante Schutzmaßnahmen dar und berührt den empfindlichen Punkt der Sicherstellung einer zumindest relativen nationalen Souveränität. Vgl. Kapitel 3.1.3 und ebd.

Diese Übertragung von Schutzzielen nach GATT-Artikel XX wurde in vorliegenden Streitfällen der Vergangenheit deutlich abgelehnt (vgl. Anhang 10).[734] Im Rahmen des "Tuna-Dolphin-Falls" z.B. vertraten die angeklagten USA die notwendige extraterritoriale Übertragung des Delphinschutzes mit dem Argument, dass dieser Schutz in bestehenden multilateralen Artenschutzabkommen anerkannt sei.[735] Das Panel des ersten Verfahrens lehnte das Argument der USA mit der Begründung ab, dass GATT-Streitverfahren sich nicht auf Verhandlungsgegenstände anderer Abkommen als das GATT selber gründen sollten.[736] Im abschließenden Urteil wurde das Verbot einer extraterritorialen Übertragung von Schutzzielen explizit betont.[737] Im zweiten "Tuna-Dolphin-Fall" dagegen erfolgte eine Abkehr vom strikten Übertragungsverbot, das aber noch nicht zur abschließenden Urteilsfindung herangezogen wurde.[738] Erst im späteren "Shrimps-Turtle-Fall" war die Übertragung des Schutzziels, die Meeresschildkrötenpopulation zu erhalten, ein wesentliches Argument zur Verurteilung artengefährdender Fischereimethoden (vgl. zu Details Anhang 11).[739] Hierbei wurde insbesondere der räumliche Aspekt der zugrunde liegenden Produktionsexternalität betont: der Appellate Body erachtete dabei national begrenzte Maßnahmen zum Schutz von wandernden Arten, die als „erschöpfbare Ressourcen" nach GATT-Artikel XX(b) interpretiert wurden, für ungeeignet.[740]

Unter Berücksichtigung der multinationalen Ausdehnung von Externalitäten erscheint es damit möglich, Schutzziele auf die ganze Staatengemeinschaft zu übertragen. Dies entspricht dem föderalismustheoretischen Konzept zur Opti-

---

734 Sogenannte „enge Auslegung", oder „Slippery-Slope-Auslegung", die sich auf die Gründungstradition des GATT beruft. Vgl. HELM, C. (1995): Sind Freihandel und Umweltschutz vereinbar? .., a.a.O, S. 87.

735 Vgl. HUDEC, R.E. (1996): The GATT/WTO Dispute Settlement Process ..., a.a.O., S. 123-164.

736 Vgl. ebd.

737 Die Verletzung dieses Verbots durch die angeklagten USA bildete allerdings nicht die wesentliche Urteilsgrundlage innerhalb des Streitfalls. Diese bestand vielmehr in den unzureichenden Konformitätsverfahren, auf deren Grundlage eine Gleichwertigkeit mexikanischer Fangmethoden nicht zu prüfen sei. Vgl. GATT PANEL REPORT (1991): Tuna I-United States–restrictions on import of tuna (3. Sep. 1991), DS21/R-395/155, Abs. 5.31, GATT PANEL REPORT (1994): Tuna II -United States–restrictions on import of tuna (3. Sep. 1994), DS29/R-395/155, Abs. 5.32.

738 Vgl. HUDEC, R.E. (1996): The GATT/WTO Dispute Settlement Process ..., a.a.O., S. 123-164. Dagegen Lediglich als marginale neue Auslegung verstanden bei HELM, C. (1995): Sind Freihandel und Umweltschutz vereinbar? ..., a.a.O, S. 89.

739 Vgl. APPLETON, A.E. (1999): Shrimp/turtle: untangling the nets ..., a.a.O., S. 481.

740 Vgl. WTO (1998): United States – Import Prohibition on certain shrimp and shrimp products, Report of the Appellate Body, WT/DS58/AB/R, 12. Oktober 1998, Abs. 133.

mierung politischer Regelungsräume (vgl. Übersicht 6).[741] Auch in jüngsten juristischen Arbeiten wird die extraterritoriale Übertragung immer dann als notwendig bewertet, wenn grenzüberschreitende Schutzbereiche zugrunde liegen.[742]

Diese räumliche Wirkung von Umweltexternalitäten zielt eher auf unmittelbar umweltbezogene Maßnahmen ab als die üblicherweise von der WTO geregelten Politiken. Geeignete Foren zur direkten Regelung solcher, vornehmlich umweltbezogener Schutzbereiche sind damit umweltspezifische Abkommen. Mögliche Berührungspunkte mit den Handelsregelungen der WTO treten aber dann auf, wenn Umweltabkommen auch Handelsmaßnahmen als Anreizmechanismen zur Einhaltung von Umweltverpflichtungen enthalten, wie etwa Strafzölle.[743] Bislang existieren keine Streitfälle über das Zusammenspiel unterschiedlicher multilateraler Abkommen, so dass handelsbezogene Aspekte von Umweltabkommen implizit als anerkannt interpretiert werden können.[744]

Unterschiedliche Vorschläge in der Literatur zur stärkeren Institutionalisierung dieser Wechselwirkungen innerhalb der WTO-Regelungen betreffen

- die Einbindung der Schutzziele in GATT-Artikel XX,
- die Anwendung von länderspezifischen „Waivern" nach Artikel XXV Abs. 5 für einzelne Unterzeichnerstaaten von Umweltabkommen,[745] oder
- die Einführung einer allgemeinen „Schutzklausel"[746] für aus Umweltabkommen resultierende GATT-widrige Maßnahmen.[747]

---

741 Vgl. URFEI, G. (1999): Agrarumweltpolitik nach dem Prinzip der Ökonomischen Theorie des Föderalismus ..., a.a.O.

742 Vgl. LANG, W. (1996): Trade Restrictions as a Means of Enforcing Compliance with International Environmental Law. Montreal Protocol on Substances that Deplete the Ozone Layer, in: WOLFRUM, R. (Hrsg.): Enforcing Environmental Standards: Economic Mechanisms as viable Means?, in: Beiträge zum ausländischen öffentlichen Recht und Völkerrecht, Bd. 125, Berlin, S. 276.

743 Vorschläge der EU betreffen eine allgemeine Ergänzung des GATT-Artikel XX, indem die Unterzeichnung von Umweltabkommen eine eigenständige Ausnahme umfasst. Vgl. zu Kritikpunkten WOLF, R. (1998): Ein Regime unter Druck? ..., a.a.O., S. 89 und S. 91. Vgl. zur Problematik der Normenhierarchie bei Koexistenz verschiedener völkerrechtlich legitimierter Abkommen LANG, W. (1996): Trade Restrictions as a Means of Enforcing Compliance with International Environmental Law ..., a.a.O., S. 280-283.

744 Vgl. zur generellen Übersicht über Möglichkeiten zur Berücksichtigung von Umweltabkommen im Rahmen der WTO-Regelungen ALTEMÖLLER, F. (1997): Möglichkeiten und Grenzen ..., a.a.O., S. 76.

745 Vgl. zu grundsätzlichen Problemen bei der Anwendung von „Waivern" im Einzelnen OTT, A. (1997): GATT und WTO im Gemeinschaftsrecht ..., a.a.O., S. 101-102.

746 Diese Lösung ist für einige Umweltabkommen innerhalb der NAFTA-Verträge realisiert. Vgl. ALTEMÖLLER, F. (1997): Möglichkeiten und Grenzen ..., a.a.O., S. 41 f.

Trotz grundsätzlicher Erleichterung der grenzüberschreitenden Übertragbarkeit von Schutzzielen im Rahmen des "Shrimps-Turtle-Falls" forderte der Appellate Body ein umsichtiges Abwägen der Anwendung dieser Ausnahmeregelung und die Berücksichtigung der Effekte für andere Staaten.[748] Insbesondere wird die Erfassung der Kosten bei extraterritorialer Anwendung der Schutzziele betont – wie der Verzicht auf die Ausnutzung komparativer Vorteile und auf Economies of Scale durch verringerte Absatzmärkte aufgrund handelsbeschränkender Maßnahmen.[749] Außerdem erfolgte eine Verurteilung der mangelnden Kooperation der USA mit den klagenden Staaten, die gerade bei der massiven Handelswirkung aus der extraterritorialen Übertragung der Schutzziele in GATT-Artikel XX als erforderlich gesehen wird.[750] Innerhalb der Neuauflage des Verfahrens wurde die zulässige extraterritoriale Übertragbarkeit von Schutzzielen in diesem Fall bestärkt (vgl. Anhang 11).

Innerhalb des SPS-Abkommens wird die extraterritoriale Anwendung im Zusammenhang mit der Festlegung des eigenen, angemessenen Schutzniveaus auf das eigene Hoheitsgebiet beschränkt.[751]

Auch bei diesem Konfliktfeld ist eine **grundlegende Trendwende** nur im langwierigen Prozess vorstellbar und vor dem Hintergrund versteckter Protektion vorsichtig abzuwägen. Reformpotenzial bietet die Klärung des Zusammenspiels von spezifischen multilateralen Umweltabkommen und den WTO-Bestimmungen. Ein weiterer Aspekt des GATT-Artikel XX betrifft die Abgrenzung der einzelnen Absätze des Artikels, nach denen (b) den Schutz menschlicher, tierischer und pflanzlicher Gesundheit und (g) den Erhalt erschöpfbarer Ressourcen zum Inhalt hat. Als relevanter Unterschied wird der Nachweis des „Notwendigkeitstests" nur für Absatz b genannt.[752] Für die Urteilsfindung im "Shrimps-Turtle-Fall" wurde ausdrücklich Absatz g herangezogen.[753]

---

747 Vgl. zur Übersicht über mögliche Ansätze ebd. und HELM, C. (1995): Sind Freihandel und Umweltschutz vereinbar?..., a.a.O, S. 121 ff.

748 Vgl. APPLETON, A.E. (1999): Shrimp/turtle: untangling the nets ..., a.a.O., S. 492.

749 Vgl. WOLF, R. (1998): Ein Regime unter Druck? ..., a.a.O., S. 87.

750 Vgl. APPLETON, A.E. (1999): Shrimp/turtle: untangling the nets ..., a.a.O., S. 493 f.

751 Die Beschränkung auf das eigene Hoheitsgebiet wird dabei explizit genannt im Zusammenhang mit Vorgaben zur Bestimmung eines angemessenen Schutzniveaus. Vgl. WTO (1994): Übereinkommen über die Anwendung gesundheitspolizeilicher ..., a.a.O., Anhang A, Abs. 5.

752 Vgl. zur „necessity"- Anforderung im Absatz b des Artikel XX im Unterschied zur „relating to"-Anforderung im Absatz g ALTEMÖLLER, F. (1997): Möglichkeiten und Grenzen ..., a.a.O., S. 78.

753 Vgl. APPLETON, A.E. (1999): Shrimp/turtle: untangling the nets ..., a.a.O., S. 482 und HUDEC, R.E. (1996): The GATT/WTO Dispute Settlement Process ..., a.a.O., S. 123-164.

Die neue Auslegung im "Shrimps-Turtle-Fall" in Richtung der extraterritorialen Anwendung könnte für den abgeschlossenen **"Hormonfleisch-Fall"** an Bedeutung gewinnen, wenn

- das Schutzziel „menschliche Gesundheit" nach Absatz b als international wirkendes Schutzziel anerkannt wird, und
- das Importverbot zur Durchsetzung dieses Schutzzieles notwendig ist.

Trotz möglicher Trendwende bei der Auslegung des GATT-Artikel XX besteht entgegen der Einschätzung von QUICK UND BLÜTHNER, die eine Wiederauflage des "Hormonfleisch-Falls" auf dieser Grundlage für möglich halten, die grundsätzliche Schwierigkeit im Nachweis des Schutzziels.[754] Das Urteil des Appellate Body erkennt in diesem Fall unter Hinzunahme der kulturell-historischen Bedeutung für die EU zwar die Motivation des Schutzziels Gesundheit an.[755] Allerdings wurde der Nachweis der spezifischen Gefährdung des Schutzziels durch "Hormonfleisch" nicht akzeptiert.

Bevor eine mögliche extraterritoriale Übertragung zu begründen ist, muss zunächst die Gesundheitsgefährdung als solche anerkannt sein.[756] Nach den Risikoschätzungsverfahren des damit befassten SPS-Abkommens konnte jedoch bislang kein Konsens über eine solche Gesundheitsbelastung durch "Hormonfleisch" gefunden werden (vgl. Kapitel 4.3).

Weiterhin kann eine Handelsorganisation den Anforderungen nicht gerecht werden, die prinzipielle Berechtigung von Verbraucherschutz zu bewerten. Ähnlich den bestehenden eigenständigen Umweltabkommen sind multinationale Vereinbarungen, die fachspezifische Kompetenz hinzuziehen können, für die Anerkennung von Verbraucherschutzstandards denkbar. Auch der Panel-Entscheid im zweiten "Shrimps-Turtle-Fall" betonte die Notwendigkeit solcher Abkommen und empfahl diese auch als Lösung den Streitparteien.[757]

---

[754] Vgl. QUICK, R., BLÜTHNER, A. (1999): Has the Appellate Body erred ..., a.a.O., S. 629-632.

[755] Vgl. WTO (1998): EC Measures Concerning Meat and Meat Products (Hormones), Report of the Appellate Body ..., a.a.O., Abs. 221.

[756] Vgl. QUICK, R., BLÜTHNER, A. (1999): Has the Appellate Body erred ..., a.a.O., S. 629-632.

[757] Vgl. ebd. S. 102.

5 Schlussfolgerung und verbleibender Forschungsbedarf

Die Analyse der verbraucherschutzrelevanten Konfliktpotenziale ergab in einigen Bereichen geringe Spielräume für eine stärkere Einbindung von verbraucherschutzrelevanten Inhalten in das WTO-Regelwerk. Eine umfassende Trendwende für eine grundsätzliche Einbindung von Verbraucherschutzpolitiken ist aber weder zu erwarten, noch mit Blick auf das Aufgabenfeld und die vorliegenden Kompetenzstrukturen einer Welthandelsorganisation ökonomisch sinnvoll.

5.1 Schlussfolgerung

Auch die Entscheidungsfindung für den Verbraucherschutz bewegt sich auf Ebene der WTO im Spannungsfeld zwischen der Gewährung nationaler Souveränität und der Sicherung eines freien internationalen Handels durch Koordinierung.

Im Unterschied zu anderen Politikfeldern erschweren jedoch einige **Besonderheiten bei Verbraucherschutzpolitiken** mögliche politische Handlungsempfehlungen für die WTO zum Umgang mit nationaler Eigenständigkeit:

- Die Wohlfahrtsanalyse von Verbraucherschutzpolitiken innerhalb des Handels führt abhängig vom zugrunde liegenden Marktversagenstyp zu widersprüchlichen Ergebnissen hinsichtlich der Bewertung von handelspolitischen Maßnahmen zur Durchsetzung nationaler Verbraucherschutzziele.
- Gerade für verbraucher- und gesundheitschutzrelevante Politiken spielen komplexe, prozessbezogene, aber nicht im Produkt nachweisbare Aspekte eine große Rolle. Die Übertragung entsprechender Standards auf Importe ist nach WTO-Verständnis nicht zulässig.
- Basis für Begründungen von Maßnahmen im Bereich der Verbraucherpolitik bilden in einem erheblichen Umfang nicht objektivierbare Schutzbedürfnisse, die z.B. aus Unterschieden in der Risikoperzeption entstehen. Aus diesem Grunde lassen sich national gerechtfertigte Maßnahmen der Verbraucherschutzpolitik von handelsstrategisch eingesetzten Maßnahmen häufig nicht eindeutig unterscheiden. Die Anerkennung einer Vielzahl subjektiv begründeter nationaler Schutzmaßnahmen durch eine übergeordnete Ebene wie die WTO eröffnet damit erhebliche Missbrauchsmöglichkeiten. Dies gewinnt vor allem deshalb an Bedeutung, weil der weltweit mit der Uruguay-Vereinbarung initiierte Abbau traditioneller agrarpolitischer Protektion dazu motiviert, neue, versteckte Protektionsformen zu etablieren.

- Die generelle Verbesserung der Streitverfahren seit Gründung der WTO führt durch die gestiegene Verfahrenseffizienz zu höheren Erfolgschancen einer Klage. Die Anerkennung von nationalen, über die Empfehlungen von internationalen Organisationen hinausgehenden Standards ist damit abhängig vom Urteil des Panel oder des Appellate Body. Hierzu sind vor allem im Bereich der Verbraucherschutzpolitiken aufwendige Risikoschätzungsverfahren vorgeschrieben.

Nachfolgende Übersicht 47 gibt die Kosten verbraucherschutzpolitischer Regelungen in Abhängigkeit vom Harmonisierungsgrad wieder.

Übersicht 47: Optimale Regelung für die Gestaltung von Verbraucherschutzpolitiken

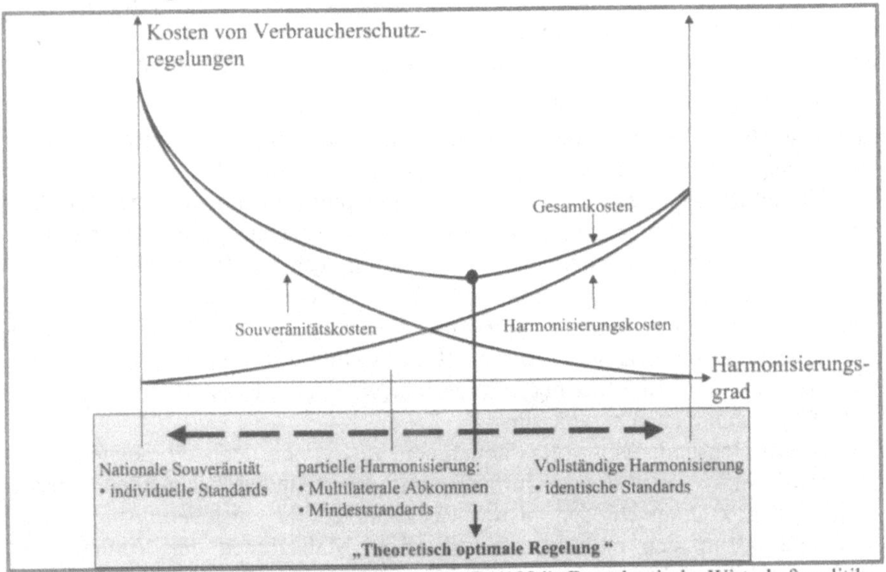

Quelle: Verändert nach FREY, B., KIRCHGÄSSNER, G. (1994): Demokratische Wirtschaftspolitik – Theorie und Anwendung, München, S. 56 f.

Die mögliche Ausgestaltung von Regelungen einer übergeordneten Institution wie der WTO bewegt sich dabei in ihrer Ausgestaltung zwischen den Extremen

- einer Gewährung vollständig nationaler Souveränität und
- einer vollständigen Harmonisierung zwischen Mitgliedstaaten.[758]

[758] In Anlehnung an die Föderalismustheorie kennzeichnet die nationale Souveränität eine dezentrale und die Harmonisierung eine zentrale verbraucherschutzpolitische Gestaltung.

Als Zwischenformen sind die Anerkennung partieller Harmonisierung zwischen einzelnen Staaten innerhalb eigenständiger Abkommen oder die Festlegung von Mindestniveaus zu sehen.

Die mit der jeweiligen Regelung entstehenden Kosten[759] sind auf die Weltwohlfahrt bezogen und somit nicht national begrenzt. "Souveränitätskosten"[760] erfassen die steigenden Kosten bei Zunahme nationaler Autonomie bzw. den Verzicht auf Nutzen aus einer Harmonisierung. "Harmonisierungskosten"[761] dagegen umfassen die Kosten der Entscheidungsfindung und –durchsetzung allgemeinverbindlicher Regelungen auf übergeordneter Ebene. Als Summe ergeben sich die Gesamtkosten, die bei der Ableitung geeigneter verbraucherschutzpolitischer Regelungen zu berücksichtigen sind. Die konkreten Funktionsverläufe in Übersicht 47 sind dabei nur exemplarisch zu verstehen.

Im Einzelnen sind die **Souveränitätskosten** durch folgende Komponenten gekennzeichnet:

1. Wohlfahrtsverluste durch eine suboptimale Internalisierung bei **grenzüberschreitenden Externalitäten.**
   Wie innerhalb der Neoklassischen Analyse dargestellt, bedingen internationale Externalitäten internationales Marktversagen. Eine nationale Institution berücksichtigt die außerhalb der eigenen Landesgrenzen anfallenden externen Kosten bei der eigenen Internalisierung nicht, so dass aus globaler Sicht Wohlfahrtsverluste anfallen.

2. **Transaktionskosten bei notwendiger interner Anpassung** durch den Austauscheffekt.
   Bei nationaler Verbraucherschutzpolitik treten selbst bei optimaler nationaler Internalisierung durch den Austauscheffekt im Handel grenzüberschreitende Verbraucherschutzbelastungen auf: Beim Import von Produkten mit höheren Belastungspotenzialen als bei heimischen Produkten kann eine interne Änderung von Internalisierungspolitiken, bspw. über eine Verschärfung der Verbrauchssteuer oder aufwendige Aufklärungskampagnen, die Verbraucherbelastungen reduzieren.

Vgl. URFEI, G. (1999): Agrarumweltpolitik nach dem Prinzip der Ökonomischen Theorie des Föderalismus ..., a.a.O., S. 25-34.

759 In Anlehnung an die Föderalismustheorie, in der die Souveränitätskosten den Dezentralisierungskosten entsprechen. Die Harmonisierungskosten entsprechen den Zentralisierungskosten. Vgl. zu den föderalismustheoretischen Kostenkomponenten ebd., S. 25-34.

760 Diese Kosten entsprechen dem Verzicht auf Nutzen, die aus einer Harmonisierung entstehen.

761 Diese Kosten entsprechen dem Verzicht auf Nutzen, die aus der nationalen Souveränität entstehen.

Diese Anpassung erfordert allerdings ständige Kontrollen der Vielzahl unterschiedlicher Belastungspotenziale, um die nationale Politik optimal anpassen zu können.

3. **Missbrauchskosten** durch handelsstrategische Verbraucherschutzpolitik.
Fehlende Koordinierung der nationalen Verbraucherschutzpolitiken erhöht den Spielraum für einzelne Staaten, Verbraucherschutzpolitiken zur Verbesserung der eigenen Wettbewerbsposition zu missbrauchen. Dieser Missbrauch führt zu Wettbewerbsverlusten bei Handelspartnern und kann dabei prinzipiell in zwei Richtungen erfolgen:

   - Verbesserung der ToT-Position durch „Verbraucherschutz- bzw. Gesundheitsdumping"
   - Rechtfertigung agrarpolitischer Subventionen durch vorgeschobene Verbraucherschutzargumente.

   Durch die zunehmende Liberalisierung im Handel steigt der Anreiz zum Missbrauch, da traditionelle agrarpolitische Protektion an Bedeutung verliert. Gleichzeitig erhöhen auch die im Verbraucherschutz besonders relevanten prozessbezogenen Standards das Problem, strategisch realisierte Schutzniveaus nachzuweisen, da diese sich nicht unmittelbar im Produkt niederschlagen.

4. Wohlfahrtsverluste durch **Informationskosten** des Verbrauchers.
Nationale Souveränität führt durch die Vielzahl unterschiedlicher Verbraucherschutzpolitiken zu einem hohen Grad unterschiedlicher Produktqualitäten. Bestimmen diese Produktqualitäten die Verbraucherpräferenzen, so resultieren Kosten aus der Informationsbeschaffung für die Konsumentscheidung, die mit Zunahme der potenziellen Qualitätsunterschiede durch die Importe ansteigen. Bei bestehenden Präferenzen für „hormonfreies Fleisch" entstehen auf einem Markt, auf dem ausschließlich diese Fleischqualität angeboten wird, keine Informationskosten. Wird demgegenüber jedoch „Hormonfleisch" angeboten, können dem einzelnen Verbraucher erhebliche Informationskosten entstehen, um die unterschiedlichen Fleischqualitäten mit einer ausreichenden Sicherheit unterscheiden zu können. Vor diesem Hintergrund sind auch handelspolitische Schutzmaßnahmen zu beurteilen, indem bspw. ein Importverbot durch Ausschluss einer Produktqualität Informationskosten senken kann.

   Bei asymmetrischer Information, die insbesondere für Vertrauenseigenschaften relevant sein kann, entstehen gesamtwirtschaftliche Kosten durch das Risiko eines Marktzusammenbruchs. Labelling kann zwar als Unterstützung der Informationsbeschaffung dienen, allerdings führt auch eine Vielzahl unterschiedlicher Labels ebenso zu Informationskosten.

5. Verzicht auf **Economies of Scale.**
   Als relevantes föderalismustheoretisches Argument gegen eine dezentrale verantwortliche Ebene spielt der Verzicht auf Economies of Scale eine Rolle. Diese sind durch Bündelung der Planung und Entwicklung von verbraucherschutzpolitischer Maßnahmen auf übergeordneter Ebene zu erzielen. So lassen sich bspw. durch gemeinsame Forschungstätigkeiten Kosten gegenüber einer Vielzahl paralleler nationaler Forschungsvorhaben einsparen.

Die **Souveränitätskosten steigen** mit zunehmender Handelsverflechtung, so dass potenziell der Austauscheffekt zunimmt und größere Unterschiede der verbraucherschutzrelevanten Parameter an Gewicht gewinnen. Auch die steigende Auslagerung einzelner Produktionsstufen des Produktionsprozesses in verschiedene Länder führt dazu, dass die Informationskosten für den Verbraucher steigen, da die Qualität des Endproduktes schwieriger nachvollziehbar wird.

Weiterhin steigt im Zeitablauf die Bedeutung nicht-physischer Aspekte im Verbraucherschutz, so dass auch - abhängig vom Entwicklungsstand der jeweiligen Nationen - ethische und kulturelle Produkteigenschaften zunehmend eine Rolle spielen. Aufgrund der mit fehlendem Produktbezug verbundenen Nachweisdefizite steigen dadurch Missbrauchskosten, wenn die Verbraucherschutzpolitik national autonom gestaltet wird.

Die **Harmonisierungskosten** umfassen im Einzelnen folgende Komponenten:

1. **Präferenzkosten** durch Nichtberücksichtigung unterschiedlicher Bedarfe an nationaler Verbraucherschutzpolitik.
   Eine Negierung verbraucherschutzrelevanter Standortbedingungen verursacht Wohlfahrtsverluste, wenn die national unterschiedlichen Optima für Verbraucherschutzmaßnahmen verfehlt werden. Die Erfassung dieser spezifischen Unterschiede durch eine übergeordnete Ebene führt alternativ zu Informationskosten, die bei den schwer quantifizierbaren Verbraucherschutzbedingungen hoch sein können.
   Darüber hinaus erfordert eine Harmonisierung tendenziell eine Angleichung der unterschiedlichen Niveaus der nationalen Verbraucherschutzpolitiken. Bei unterschiedlichen Optima in den betroffenen Nationen ergeben sich hieraus zwangsläufig Präferenzkosten, die mit zunehmenden Differenzen zwischen den Nationen ansteigen. In diesem Zusammenhang sind Verteilungskosten besonders relevant, die für Entwicklungsländer entstehen, wenn die harmonisierten Standards strenger als die eigenen Optima sind.

2. **Entscheidungsfindungs- und Streitkosten.**
   Durch die Vielzahl von sehr unterschiedlichen Mitgliedstaaten einer übergeordneten multinationalen Regelungsebene sind die Kosten der Entscheidungsfindung sehr hoch. Damit besteht das Risiko eines "Race to the bottom", wenn eine Einigung bei sehr unterschiedlichen nationalen Bedingungen nur auf einem geringen Schutzniveau möglich ist.
   Wegen der hohen Entscheidungsfindungskosten kann die Flexibilität von einmal anerkannten Standards darüber hinaus gering sein, so dass eine nachträgliche Änderung von einmal anerkannten Standards ein schwerfälliger Prozess ist. Damit entstehen beim Wandel der Wertvorstellungen der beteiligten Nationen entweder hohe Entscheidungskosten für die Anpassung der Standards oder hohe Präferenzkosten durch die Anwendung nicht adäquater Standards.

   Streitkosten resultieren auch aus einer notwendigen Rechtfertigung bei Abweichung von den Harmonisierungsvorgaben, indem Transaktionskosten des Verfahrens selbst bzw. aus einer möglichen Vergeltung entstehen.
   Gerade diese Kosten der Rechtfertigung sowie die eingeschränkte Flexibilität zentraler Vorgaben kann allerdings die Motivation erhöhen, auf nationaler Ebene tendenziell strenge Standards zu beschließen. Damit werden mögliche Entscheidungs- und Streitkosten antizipiert, die bei nachträglicher Änderung auftreten können. Dieser Effekt könnte dem "Race to the Bottom"-Risiko entgegenwirken.

3. Verzicht auf **Wettbewerbsdynamik.**
   Zentrale Vorgaben verringern Innovationsanreize, indem langwierige und starre Prozesse der Standardsetzung eine dynamische Berücksichtigung neuer Erkenntnisse erschweren. Auch werden Imitationseffekte verhindert, die durch Übernahme erfolgreicher Verbraucherschutzpolitiken anderer Länder entstehen.

4. **Kontrollkosten.**
   Die Einhaltung zentraler Vorgaben erfordert aufwendige Kontrollen an der Grenze. Bei Verbraucherschutzmaßnahmen ohne Produktbezug sind diese besonders aufwendig, da der Produktionsprozess an geeigneten Stufen im Herstellungsland kontrolliert werden muss, wie es im Anwendungsfall zum "Hormonfleisch-Streit" stattfand.

Die **Harmonisierungskosten** steigen mit der Anzahl zu berücksichtigender Staaten wegen der zunehmenden Unterschiede bezüglich der nationalen verbraucherschutzrelevanten Bedingungen. Auch eine steigende Differenzierung des ökonomischen Entwicklungsstands und der damit einhergehenden gesellschaftlichen Bedeutung von Verbraucherschutzaspekten der betroffenen Nationen führt zu stärkeren Unterschieden bei den nationalen Bedingungen. Im Zeitablauf zunehmende Forschungstätigkeiten steigern die Wahrnehmung von Verbraucherschutzproblemen, weil hierdurch zunehmende Erkenntnisse über die Komplexität von Verbraucherschutzproblemen ermöglicht werden. Die Starrheit zentraler internationaler Vorgaben kann bei verändert wahrgenommen Verbraucherschutzrisiken zunehmend größere Kosten verursachen.

Unter der Voraussetzung der Quantifizierbarkeit führt die Minimierung der Gesamtkosten zum theoretisch optimalen Arrangement für die Gestaltung von Verbraucherschutzpolitiken (vgl. Übersicht 47). Erfordert die optimale Regelung eine Umstrukturierung der vorhandenen Ausgestaltung, sind zusätzlich die dabei anfallenden Transaktionskosten zu berücksichtigen.

Abhängig von den jeweiligen Kostenverläufen zur Lösung verschiedener Verbraucherschutzprobleme resultieren **problemspezifische optimale Regelungen**:

- Dominiert bei einem Problem die Komponente interregionaler Externalitäten, wie bspw. bei Austrägen von Pflanzenschutzmitteln in die Atmosphäre, so ist tendenziell eine übergeordnete Koordinierung der nationalen Souveränität über legen. Inwieweit damit eine vollständige Harmonisierung von Auflagen verbunden sein muss oder Spielräume verbleiben, ist abhängig von nationalen Bedingungen. Bspw. können trotz einheitlicher Zielvorgaben dennoch Spielräume für nationalspezifische Ausgestaltung der Maßnahmen verbleiben.
- Haben dagegen nationale Präferenzunterschiede durch kulturelle Unterschiede in der Wahrnehmung eine große Bedeutung, wie z.B. bei der potenziellen Gefahr durch "Hormonfleisch" (oder auch Gentechnologie), so ist zunächst die nationale Souveränität bei der Politikgestaltung bedeutend. Allerdings ist durch den Austauscheffekt im Handel dennoch eine internationale Koordinierung notwendig, deren konkrete Ausgestaltung wiederum Spielräume beinhalten kann.

Eine **Abwägung beider Kostenkategorien** verbindet die Vorteile der nationalen Souveränität mit denen einer übergeordneten Koordinierung. Als geeignete Regelungsebene hierfür kann die in Übersicht 47 dargestellte *partielle Harmonisierung* gesehen werden:

- Innerhalb "zwischenstaatlicher Abkommen" können nur für die beteiligten Länder harmonisierte Regelungen beschlossen werden. Eine Konsensfindung über einheitliche Regelungen ist eher zwischen ähnlichen Ländern zu erwarten, so dass entsprechend ähnlicher nationaler Bedingungen Präferenzkosten verringert werden. Solche bislang nur gering vorhandenen verbraucherschutzspezifischen Abkommen entsprechen den parallel zur WTO bestehenden eigenständigen MEAs im Umweltbereich. Jedoch werden durch notwendige Abstimmungen mit den allgemeinen Regelungen der WTO über alle Ländergruppen hinweg die Abstimmungskosten erhöht.

- Auch Mindeststandards können im Vergleich zur vollständigen Harmonisierung zu einer Verringerung der Präferenzkosten führen, da eine Abweichung nach oben prinzipiell vorgesehen ist. Allerdings entstehen den Ländern, die geringere Standards für angemessen halten, verteilungsrelevante Anpassungskosten. Gerade auf internationaler Ebene spielt dieses Argument für Entwicklungsländer eine große Rolle.

In konkreter Anwendung auf **die WTO als zentrale Institution**, die zunehmend verbraucherschutzrelevante Konflikte zu lösen hat, ergeben sich nachfolgende spezifische Bestimmungsfaktoren für die Kosten der Institutionalisierung:

1. Die aus der Vielzahl vorliegender Streitverfahren abgeleiteten Konfliktbereiche der WTO zeigen die besondere Problematik für Prozessstandards, die keinen physischen Niederschlag im Produkt finden. Prozessstandards spielen aber gerade für verbraucherschutzrelevante Politiken eine große Rolle. Eine stärkere Anerkennung der Übertragung dieser Standards auf Importe durch die WTO birgt wegen der Nachweisproblematik verstärkt das Risiko, versteckte Protektion zu betreiben. Die Minimierung von Missbrauchskosten begründet daher eine Harmonisierung in der Weise, für alle Staaten eine Übertragung dieser Standards auf Importe zu verbieten.

   Die dennoch bestehende Anerkennung der WTO von Handelsbeschränkungen auf Grund von religiös motivierten Prozessstandards, zeigt die Dominanz der politischen Konsensfindung vor objektivierbaren eindeutigen Kriterien zur Beurteilung der WTO-Konformität und damit auch den Spielraum, der bei einer Harmonisierung für die einzelnen Nationen verbleibt.

2. Auch bei identifiziertem Produktbezug verbraucherschutzpolitischer Maßnahmen besteht die Schwierigkeit in der Anerkennung des Schutzniveaus und der Gewährung von handelspolitischen Maßnahmen für dessen Durchsetzung.

   Eine Alternative zur vollständigen Harmonisierung dieser Standards sind Mindeststandards, die im Rahmen des SPS-Abkommens über die gebotene Orientierung an international entwickelten Standards vorgesehen sind. Im Anwendungsfall des "Hormonfleisch-Streits" liegen Mindeststandards in Form der durch den Codex Alimentarius festgelegten Rückstandsgrenzen für Hormone im Fleisch vor. Nationale Abweichungen sind mittels Risikoschätzungen zu begründen.

   Im Rahmen der Risikoschätzungsverfahren steht ebenfalls die politische Konsensfindung für die Anerkennung sowohl der abgeleiteten Risikobewertungen als auch der damit begründeten Risikostrategien im Mittelpunkt. Gerade im betrachteten Anwendungsfall zeigten sich bereits bei der Einigung über geeignete wissenschaftliche Verfahren zur Risikoanalyse Schwierigkeiten. Die Risikoschätzung innerhalb des SPS-Abkommen geht über traditionelle Risikokomponenten hinaus, indem explizit eine ökonomische Bewertung geboten wird. Für die zu nutzenden ökonomischen Parameter gibt es wenige Vorgaben und im Anwendungsfall wurde die Notwendigkeit einer an die nationalen Bedingungen flexiblen Bewertung betont.

Diese Flexibilität erhöht die Einbeziehung nationaler spezifischer Parameter zur Begründung eigener Schutzniveaus und verdeutlicht wiederum die Grenzen eines eindeutigen objektivierbaren Rahmens.

Insbesondere für das Vorsorgeprinzip ist ein dynamischer Umgang im Unterschied zu strikten Vorgaben entscheidend. Gerade im Verbraucherschutz sind die Bestimmungsfaktoren für die Festlegung eines ausreichenden Niveaus nur schwer ermittelbar, weil komplexe Wirkungszusammenhänge sowie additive Risiken eine große Rolle spielen. Nur durch Freiheitsgrade in der Anwendung des Vorsorgeprinzips lässt sich ein im Zeitablauf ändernder Wissensstand über Risiken berücksichtigen. In Richtung auf eine zunehmende Flexibilisierung zielt damit auch das WTO-Urteil im "Hormonfleisch-Fall", die Komponenten im Risikonachweis um die Einbeziehung von tatsächlichen lebensnahen Bedingungen zu erweitern.

Wissenschaftliche Systematisierungen können eine mediative Funktion zur Unterstützung einer transparenten Entscheidungsfindung übernehmen. Allerdings ist auch hierbei zu berücksichtigen, dass jede Einordnung in wissenschaftliche Systematiken, wie bspw. von Risikotypen, sich nach wie vor auf unterschiedliche Wahrnehmung gründet.

3. Als Ultima Ratio zur Balance zwischen Freihandel und nationaler Souveränität wird in der Literatur oftmals die Kennzeichnung von Produktqualitäten vorgeschlagen. Im Vordergrund steht dabei die Betonung des marktwirtschaftlichen Charakters einer Kennzeichnung, die Entscheidungsfreiheit sowohl für Anbieter als auch Konsumenten gewährt.

   Die Vermeidung von Marktineffizienzen aus asymmetrischer Information über unterschiedliche verbraucherschutzrelevante Produktqualitäten hängt dabei davon ab, inwieweit eine Kennzeichnung der Produktqualitäten zur Marktsegmentierung führt und damit eine glaubwürdig gekennzeichnete Qualitätsproduktion erfolgt. Aus Sicht der Marktteilnehmer bestehen dabei gegenläufige Einflussfaktoren:

   - Für den Anbieter stellt die für eine Qualitätsproduktion notwendige Prämie, die von der Zahlungsbereitschaft der Verbraucher abhängt, bei fehlenden Kontrollen einen Betrugsanreiz dar.
   - Mit dem Risiko trügerischer Kennzeichnung reduziert sich aber aus Sicht der Verbraucher die Zahlungsbereitschaft. Da bei Verbraucherschutzaspekten vor allem Vertrauenseigenschaften eine große Rolle spielen, kommt dem Problem der glaubwürdigen Kennzeichnung eine erhebliche Bedeutung zu.

Zur Lösung des Risikos eines Gefangenendilemmas, das wegen der beschriebenen Effekte zur Einstellung von Qualitätsproduktion führen kann, sind geeignete Vereinbarungen in Form von Selbstkontrollsystemen, wie sie bspw. im Ökologischen Landbau bestehen, oder in Form öffentlicher Zertifizierungen zu prüfen. Der Charakter der Vertrauenseigenschaft bleibt letztlich auch bei einer Kennzeichnung verbraucherschutzrelevanter Produkteigenschaften erhalten, da eine Überprüfung seitens des Konsumenten nicht möglich ist. Kontrollmechanismen können Marktineffizienzen daher allenfalls eingrenzen.

Der Handlungsspielraum für eine Verbraucherschutzpolitik durch Labelling ist auf WTO-Ebene dahingehend eingeengt, dass eine öffentliche Finanzierung der Labels unterbleiben muss, damit ein Label keine Handelsverzerrung entsprechend einer allgemeinen Subvention auslöst. Im Rahmen von zwischenstaatlichen Vereinbarungen besteht dennoch ein Spielraum für das Angebot von Produkten, die den Bedürfnissen der Verbraucher bezüglich Produkt- und auch Prozesseigenschaften entsprechen, wie es auch im Anwendungsfall zwischen der EU und den USA realisiert wurde. Eine Verbesserung der Glaubwürdigkeit von Labels durch die direkte Einbeziehung des Staates als unabhängige und finanzierende Kontrollinstitution ist jedoch nur begrenzt möglich.

Weiterhin ist bei steigender Anzahl von Labels weltweit auch der damit verbundene Aufwand der Informationserfassung und -verarbeitung für den Konsumenten zu berücksichtigen.

Trotz ausgeprägt hohem Harmonisierungsgrad bei der Durchsetzung von Verbraucherschutzpolitiken zeigt der Anwendungsfall des "Hormonfleisch-Streits", dass die WTO zur Kombination der Vorteile aus Souveränität und Koordinierung durchaus klare Rahmenvorgaben bei gleichzeitiger Flexibilität gewährt:

- Hohe Transaktions- und Entscheidungskosten begründen, dass ein eindeutiger objektivierbarer Entscheidungskatalog für die Festlegung von Standards ungeeignet ist.
- Als eindeutiges Kriterium für die Beurteilung aller Politikfelder besteht die Minimierung handelsverzerrender Wirkungen.

Wenn auch die Standardsetzung für Verbraucher- und Gesundheitsschutz selbst durch Expertengremien des Codex Alimentarius erfolgt, so obliegt die Entscheidungsfindung über die Rechtmäßigkeit der national angewendeten Standards den zuständigen Gremien der WTO innerhalb von Streitverfahren, die vorgelegte Risikoschätzungen anerkennen müssen.

Gerade der Anwendungsfall zeigte, dass die WTO innerhalb der Entscheidungsfindung zunehmend die Funktion einer Institution für die Beurteilung naturwissenschaftlicher Erkenntnisse und die Einschätzung von Risiken übernimmt.

Dies widerspricht der originären Aufgabe einer Handelsorganisation, weil sie über die Abschätzung der aus Schutzmaßnahmen resultierenden Handelsverzerrungen hinausgeht.

Hierzu sind vielmehr spezifische Abkommen, wie es für traditionelle Umweltprobleme anhand zahlreicher Umweltabkommen bereits realisiert ist, geeignet. Verbleibende Probleme resultieren dann allerdings aus dem Zusammenspiel zwischen WTO-Abkommen einerseits und spezifischen Verbraucherschutzabkommen andererseits. Die daraus resultierenden Abstimmungskosten sind bei der Gesamtbewertung einer abzuleitenden optimalen Regelung zu berücksichtigen.

5.2 Verbleibender Forschungsbedarf

Ausgehend von den in der Arbeit durchgeführten Analysen und den dabei aufgezeigten Problemen ergibt sich nachfolgender zusätzlicher Forschungsbedarf für die Analyse von Verbraucherschutzpolitiken innerhalb internationaler Handelsbeziehungen.

Einordnung von Verbraucherschutzaspekten in wettbewerbstheoretische Ansätze. In der theoretischen Analyse zeigte sich die grundsätzliche Schwierigkeit, Verbraucherschutzaspekte den unterschiedlichen Typen von Marktversagen, bestehende Externalitäten und vorliegende asymmetrische Information, eindeutig zuzuordnen.

Besondere Relevanz erlangt diese Unterscheidung, wenn die betrachteten verbraucherrelevanten Merkmale der Produkte Vertrauenseigenschaften aufweisen. Hierbei lassen sich beide Gründe für Marktversagen ausmachen: der Austauscheffekt beim Import belastender Produkte kann Externalitäten im Importland oder auch Wohlfahrtsverluste durch die fehlende Unterscheidung der im Importmarkt angebotenen Produkte auslösen.

Da sich abhängig von der Zuordnung konträre Ergebnisse sowohl für einzelstaatliche Politikstrategien als auch für Regulierungsbedarfe einer übergeordneten Ebene ergeben, sind weitere Arbeiten zur Einordnung von Verbraucherschutzaspekten notwendig:

- Durch die Analyse weiterer konkreter Anwendungsfälle können Möglichkeiten und Grenzen der Theorieansätze schärfer gekennzeichnet werden.
- Wegen der widersprüchlichen Ergebnisse, vor allem für die Bewertung des im betrachteten Anwendungsfall implementierten Importverbots, ist weiterhin in allen Untersuchungen eine Kenntlichmachung des verwendeten Theorieansatzes notwendig.

Kategorisierung von Verbraucherschutzaspekten innerhalb des Externalitätenansatzes. Da die Kategorisierung nach Verursachungs- oder Wirkungsstelle möglicher "Verbraucherschutz-Externalitäten" gegenläufige Anreiz- und Wirkungsrichtungen für eine handelsstrategische Politik ergibt, ist eine eindeutige Klassifizierung erforderlich. Die in bestehenden theoretischen Analysen verwendete Klassifizierung ist oftmals nur implizit vollzogen oder durch die fehlende Darstellung von Zuordnungskriterien nicht eindeutig nachzuvollziehen. In jüngeren Arbeiten verwendete neue Kategorien, wie bspw. psychologische Externalitäten, erhöhen die Intransparenz noch.

Eine einheitliche Definition von externen Effekten erscheint auf Grundlage des eindeutigen Kriteriums, dass Externalitäten ungeachtet der technologischen oder psychologischen Ursache außerhalb des Preismechanismus auf Nutzen- und Gewinnfunktion wirken, besser geeignet.

Identifizierung des räumlichen Wirkungskreises der Externalität. Voraussetzung für die Ableitung einer geeigneten multinationalen Regelungsebene zur Internalisierung ist die Identifizierung des internationalen räumlichen Wirkungskreises von Externalitäten. Die Erfassung muss dabei auf naturwissenschaftliche Untersuchungen von Belastungstransfers, die abhängig von Diffusionseigenschaften beteiligter Substanzen, Ablagerungen oder Löslichkeiten sind, basieren. Der daraus abgeleitete *physische* Wirkungskreis kennzeichnet die potenzielle Ausbreitung der Externalitäten, deren *ökonomisch relevante Raumwirkung* durch die Beeinflussung von Gewinn- und Nutzenfunktionen zu bewerten ist.

Auch für die Raumwirkung ist eine Identifizierung des Externalitätentyps entscheidend. Für den Anwendungsfall ergeben sich bspw. unterschiedliche Wirkungskreise abhängig von der Einordnung als Produktions- oder Konsumexternalitäten i.S. der Verursachungsaktivität, wodurch sich unterschiedliche Regelungsebenen rechtfertigen lassen. Wenn eine einheitliche Systematik für weitere Untersuchungen nicht erreicht werden kann, so ist zumindest eine transparente Kennzeichnung der verwendeten Externalitätenkategorie notwendig, um Forschungsergebnisse beurteilen und nutzen zu können.

Erweiterung der Annahmen asymmetrischer Information im "Lemon Markt".

- Zur realitätsnahen Abbildung der Angebots- und Nachfragereaktionen bei asymmetrischer Information sind Substitutionseffekte für die Konsum- und auch Produktionsentscheidung hinsichtlich unterschiedlicher Produktionsverfahren zu berücksichtigen. Damit sind die in der Arbeit abgeleiteten Wohlfahrtswirkungen von Maßnahmen zur Aufhebung der asymmetrischen Information gegebenenfalls zu relativieren.
- Auch Analysen zu mehrdimensionaler asymmetrischer Information sind nötig, die gerade in der Lebensmittelproduktion eine große Rolle spielen. So sind auf einzelnen Stufen der Nahrungsmittelerzeugung, wie z.B. bei der Futtermittel-

erzeugung oder dem Zukauf von Aufzuchttieren, Informationsdefizite denkbar. Erkenntnisse über die Überwälzung oder Akkumulation von Marktineffizienzen auf einzelnen Stufen können helfen, nach dem Flaschenhalsprinzip die geeignete Ansatzstelle für Lösungsinstrumente zu finden, um die Anreizeffizienz für Labelling zu erhöhen.

- In den in der Arbeit verwendeten Modellen ist unterstellt, dass sich die Verbraucher bei asymmetrischer Information lediglich am Erwartungswert des Nutzens orientieren und somit risikoneutral verhalten. Eine Bewertung der Effekte unterschiedlicher Riskowahrnehmung auf der Nachfrageseite erfolgt damit nicht. Da jedoch im Rahmen der Verbraucherschutzpolitik vielfach mit unterschiedlicher, kulturell bedingter Wahrnehmung von Gesundheitsrisiken argumentiert wird, sind die Modelle um die Einbindung verschiedener Risikonutzenfunktionen zu ergänzen.

Erweiterung der neoklassischen Zwei-Länder-Zwei-Güter-Modelle. Die verwendeten Modellansätze sind hinsichtlich folgender Aspekte zu ergänzen:

- Durch Berücksichtigung einer größeren Anzahl von Handelspartnern und Gütern können Substitutionswirkungen sowohl zwischen konkurrierenden Anbietern eines Gutes als auch zwischen verschiedenen Gütern erfasst werden. Mittels solcher Modelle können insbesondere für das im Anwendungsfall etablierte Importverbot mögliche Umlenkungseffekte für Exporte aus Drittländern, die nicht vom Importverbot betroffen sind, erfasst werden.
- Die Vernachlässigung der Wechselkurse ist aufzulösen, da währungsbedingte Schwankungen über interne Produktionsänderungen den Struktureffekt und damit verbraucherschutzrelevanter Externalitäten sowie den Austausch von belastenden Produkten beeinflussen. In dieser Weise üben auch Währungspolitiken Einfluss auf interne Verbrauchs- und Produktionsstrukturen aus.
- Internationale Faktorwanderungen sind zu integrieren, da gerade mit zunehmender Globalisierung grenzüberschreitende Standortentscheidungen an Bedeutung gewinnen. Besonders bei verbleibender nationaler Souveränität der Verbraucherschutzpolitik bestehen Anreize, strenge Standards im eigenen Land durch Produktionsverlagerung zu umgehen. Neben der Analyse möglicher "Pollution Heavens" für "Verbraucherschutz-Externalitäten" sind auch für den anderen Marktversagensgrund, asymmetrische Information, resultierende komplexere Effekte zu untersuchen: wenn Firmen- und Produktionsherkunft auseinanderfallen, steigen Informationskosten für den Verbraucher. Auch die Ausnutzung von Qualitätsassoziationen einer Ursprungskennzeichnung, deren Etablierung im WTO-Regelwerk leichter ist als die einer Qualitätskennzeichnung , wird damit zunehmend schwieriger.

- Auch sind Analysen der Effekte bei Auflösung der neoklassischen Annahmen relevant. Insbesondere durch die Aufgabe der Annahme vollständiger Konkurrenz können oligopolistische und monopolistische Strukturen erfasst werden, die auf internationalen Lebensmittelmärkten zunehmend an Bedeutung gewinnen.

Untersuchung der Rahmenbedingungen für die internationale Standardsetzung beim Verbraucherschutz. Da der Codex Alimentarius für internationale Standards im Bereich der Verbraucherschutzpolitik eine dominante Rolle spielt, sind Forschungsergebnisse zu den Prozessen der Entscheidungsfindung in der Kommission von großem Interesse.

Für den Anwendungsfall zeigte sich, dass nicht alle der strittigen Hormone überhaupt Eingang in den Codex Alimentarius gefunden haben. Deshalb ist insbesondere von Bedeutung, welche Mechanismen überhaupt eine Auseinandersetzung mit spezifischen Gesundheitsproblemen als Grundlage für mögliche Standards initiieren. Für die strittigen Substanzen im Anwendungsfall ergab sich außerdem ein knappes Abstimmungsergebnis zugunsten der Akzeptanz der festgelegten Standards.[762] Im Unterschied zu den USA nahm die EU selbst am Entscheidungsprozess nicht teil war, da sie bislang kein Mitglied der Codex Alimentarius Kommission ist.[763]

- Weitere Untersuchungen zu den Abstimmungsverfahren bei der Standardsetzung, möglichen Koalitionsbildungen zwischen Ländergruppen und die Bedeutung von "Green Rooms" sind notwendig, um Präferenz- und Entscheidungskosten zu identifizieren.
- Auch Untersuchungen zum Einfluss der veränderten institutionellen Effizienz der WTO-Streitverfahren bezüglich der internationalen Standardsetzung sind für die Beantwortung der Frage hilfreich, ob das gefürchtete Risiko eines "Race to the Bottom" auf WTO-Ebene tatsächlich besteht. Die eingeschränkte Flexibilität eines einmal im Codex Alimentarius festgelegten Standards und die Notwendigkeit, einen nationalen Alleingang zur Festsetzung höherer Standards mit aufwendigen Risikoschätzungen innerhalb von Streitverfahren zu rechtfertigen, führen zu hohen Anpassungskosten. Die interne Antizipation dieser

---

762 Nur 33 der Mitglieder der zum Zeitpunkt des Streitverfahrens bestehenden Kommission akzeptierten die jeweiligen Standards, immerhin 29 Staaten lehnten diese ab. Vgl. PEREZ, O. (1998): Reconstructuring Science: the Hormone Conflict ..., a.a.O., S. 568, WTO (1997): EC Measures Concerning Meat and Meat Products (Hormones), Complaint by the United States, Report of the Panel ..., a.a.O., Abs. 2.16 und 4.77.

763 Die EU hat mittlerweile einen Antrag auf Mitgliedschaft gestellt. Vgl. O.V. (2001): EU-Agrarminister erwägen Beitritt der Gemeinschaft zum Codex Alimentarius, *Agra-Europe* Nr. 10, Kurzmeldungen 25, 5. März 2001.

hohen Anpassungskosten könnte entgegen der "Race to the Bottom" - These gerade die Motivation erhöhen, im Codex Alimentarius tendenziell strengere Standards zu beschließen.

- Weitergehende interdisziplinäre Forschung, insbesondere durch Berücksichtigung juristischer Arbeiten, kann geeignet sein, um aus der sich im Zeitablauf veränderten Interpretation einzelner WTO-Bestimmungen, Perspektiven für zukünftige Auslegungspotenziale ableiten zu können. Hierzu können auch Untersuchungen über den Zusammenhang von Urteilsfindung und personeller Besetzung von Panels in Streitverfahren dienen. Damit ließe sich auch der Einfluss der erst in jüngster Zeit überhaupt zulässigen Stellungnahmen von nicht handelsorientierten Experten innerhalb der Streitverfahren erfassen.

Berücksichtigung von national unterschiedlicher Risikowahrnehmung. Die Urteilsfindung im "Hormonfall" kann als Hinweis betrachtet werden, dass in Zukunft die Berücksichtigung „nicht-objektivierbarer" Risiken innerhalb der Risikoschätzungsverfahren zunehmend an Bedeutung gewinnen wird. Aus diesem Grunde sind weitere Untersuchungen über mögliche Bestimmungsfaktoren für unterschiedliche Risikowahrnehmung im internationalen Vergleich relevant. Als Indikatoren für Risikowahrnehmung und - bewertung können bspw. national unterschiedliche Haftungssysteme für Verbraucherschutzrisiken dienen.[764]

Insgesamt steht die Forschung zur Perzeption von Umwelt- und Gesundheitsrisiken erst am Anfang. Die Bearbeitung des Themenbereiches stellt eine besondere Herausforderung für die interdisziplinäre Forschung dar, da sich sowohl bezüglich des Untersuchungsgegenstandes als auch der Untersuchungsmethoden über verschiedene Disziplinen hinweg eine große Heterogenität zeigt.[765] Eine Systematisierung dieser vorliegenden Ansätze zur Risikoforschung kann als Grundlage zur Identifizierung von unterschiedlichen Risikokulturen dienen.

Eine stärkere wissenschaftliche Systematisierung von Risikotypen kann darüber hinaus hilfreich sein, um hinsichtlich der viel geäußerten Befürchtung, mit Integration auch subjektiver Parameter eine risikoreiche Büchse der Pandora zu öffnen,[766] zur Versachlichung beizutragen.

Analyse der nutzenbestimmenden Eigenschaften eines Produkts. Die unterschiedliche Behandlung von produkt- und prozessbezogenen Standards im WTO-

---

[764] Vgl. Kirchgässner, G. (1995): Umwelthaftung, in: Junkernheinrich, M., Klemmer, P., Wagner, G. (Hrsg.): Handbuch zur Umweltökonomie, Berlin, S. 285.

[765] HANSJÜRGENS, B. (1999): Umweltrisikopolitik- Einführung und Überblick, in: Zeitschrift für angewandte Umweltforschung - Sonderheft „Umweltrisikopolitik", Nr. 10, S. 8.

[766] Vgl. QUICK, R., BLÜTHNER, A. (1999): Has the Appellate Body erred? ... a.a.O., S. 639.

Regelwerk hat zur Folge, dass wichtige Komponenten des Produktnutzens nicht berücksichtigt werden. Für eine umsichtige Weiterentwicklung des Regelwerkes in diesem Bereich ist es zunächst notwendig, den Einfluss von Prozessstandards auf den Verbrauchernutzen zu identifizieren. Für die Integration auch dieser Standards in das WTO-Regelwerk sind weitergehende Untersuchungen von ausgelösten Wettbwerbswirkungen wichtig, damit eine durch vorgeschobene Verbraucherschutzargumente initiierte Handelsverzerrung vermieden werden kann.

Beurteilung der Wirkungen des Labelling. Für die oftmals als Königsweg der Lösung asymmetrischer Information empfohlene Kennzeichnung fehlt es weitgehend an Untersuchungen, die neben einer vollständigen Erfassung der anfallenden Nutzen und Kosten einer Kennzeichnung auch die fallspezifische Wirksamkeit analysieren. Spezieller Forschungsbedarf ergibt sich vor allem in folgenden Punkten:

- **Empirische Ermittlung der Bedeutung von Freifahreranreizen durch mögliche trügerische Kennzeichnung.** Da die Glaubwürdigkeit der Labels vor allem bei Vertrauenseigenschaften von Seiten der Konsumenten nicht überprüft werden kann, kommt den Wirkungszusammenhängen für die Vermittlung von Glaubwürdigkeit eine besondere Bedeutung zu. Spieltheoretische Untersuchungen können als Unterstützung dienen, um die Möglichkeit institutioneller Vereinbarungen zur Aufhebung des Gefangenendilemmas in Bezug auf glaubwürdige Kennzeichnung zu kennzeichnen.

- **Erhebung der tatsächlichen Zahlungsbereitschaft für gekennzeichnete Qualitäten.** Untersuchungen zur Zahlungsbereitschaft sowohl für Produktqualitäten als auch für deren Kennzeichnung sind für die Abschätzung nötig, inwieweit Premiumpreise realisierbar sind, die eine Voraussetzung für rationale Qualitätsproduktion darstellen. Mit Hilfe dieser Analysen der Marktpotenziale für Qualitätsprodukte kann auch die Effektivität des Labelling zur Beeinflussung von Externalitäten abgeleitet werden.

- **Untersuchungen zum Zusammenhang zwischen Qualitätsassoziationen und Herkunftskennzeichnungen.** Da der Schutz von Herkunftskennzeichnungen im WTO-Regelwerk eindeutiger als derjenige qualitätsbezogener Kennzeichnung ist, besteht ein Handlungsspielraum, Qualitätsassoziation durch eine Kennzeichnung der Herkunft auszulösen. Hierfür kann eine stärkere Einbindung psychologischer Konzepte zur Erfassung von Wahrnehmungsprozessen geeignet sein. Bisherige Untersuchungen im Bereich der Nahrungsmittel beziehen sich jedoch lediglich auf regionale Kennzeichnungen innerhalb der EU. Auch Analysen zur Abhängigkeit der Qualitätsassoziation vom wirtschaftlichen Entwicklungsstand eines Ursprungslands stehen für Nahrungsmittel im Unterschied zu Industrieprodukten noch aus.[767]

- **Berücksichtigung von Informationskosten.** Weiterhin muß generell die Wirkung einer Informationsbereitstellung für die Konsumentscheidung untersucht werden. Bestehen bspw. prohibitive Informationskosten für den Verbraucher, so lässt sich die bereitgestellte Information und damit auch das Labelling selbst bei vorliegender Zahlungsbereitschaft für das entsprechende Produkt nicht für die Kaufentscheidung nutzen.

Erfassung von Verteilungseffekten vor allem bei öffentlich unterstützter Qualitätsproduktion. Eine öffentlich geförderte Qualitätsproduktion kann zu einer subventionierten Verdrängung geringpreisiger Produkte führen, was Haushalte oder, in internationalem Kontext, Länder mit geringen Einkommen trifft. Insbesondere für die internationale Ebene ist eine Erfassung dieser Effekte für die bessere Berücksichtigung der Verhandlungsposition von Entwicklungsländern relevant.

767 Vgl. STICH, A. (1997): Herkunftszeichen als Qualitätssignal ...a.a.O., S. 44.

6 Zusammenfassung

Ziel der Arbeit war die Systematisierung von Wechselwirkungen zwischen internationalem Handel und Verbraucherschutz, um politische Handlungsempfehlungen für die WTO zum Umgang mit nationalen Verbraucherschutzpolitiken abzuleiten.

Die ökonomische Analyse zeigte zunächst die grundsätzliche Schwierigkeit, den spezifischen Anwendungsfall des "Hormonfleisch-Streits" in einen der traditionellen Marktversagenstypen einzuordnen. Innerhalb der in umweltökonomischen Ansätzen dominierenden Externalitätenanalyse ist des weiteren eine eindeutige Systematisierung von Externalitätentypen problematisch, die aber maßgeblich für die Identifizierung rationaler Anreize für handelsstrategische Verbraucherschutzpolitik ist. Der im Rahmen der Analyse von Handelseffekten aus Umweltschutzpolitiken vorherrschende Ansatz, aus bestehendem Öko-Dumping die wohlfahrtsmaximierende Notwendigkeit einer übergeordneten Regelungsinstanz abzuleiten, erweist sich bei Übertragung auf Verbraucherschutzpolitiken als nicht eindeutig:

- Zunächst ergeben sich unter der Annahme, dass gesundheitsrelevante Belastungen national begrenzte Konsumexternalitäten darstellen, nur für "große Exporteure" Anreize zur Unterlassung eigener Internalisierung, um ToT-Gewinne zu realisieren. Implementiert der durch ToT- Verluste betroffene Handelspartner ein Importverbot, so entstehen Handelsverluste für beide Länder.
- Die Etablierung eines Importverbots kann damit nur dadurch motiviert sein, als Strafinstrument die Abkehr von Dumping zu bewirken. Aufgrund der eigenen Verluste für den von Dumping betroffenen Staat ist die Glaubwürdigkeit des Importverbots ausschließlich zu Anreizzwecken höher im Vergleich zu anderen Anreizinstrumenten, wie bspw. einem Zoll.

Prinzipiell bestehen methodische Schwierigkeiten für den Nachweis von Dumping bei zusätzlich fehlender Integration von Dumpingmaßnahmen im bestehenden WTO-Regelwerk, die der Definition der verwendeten Ansätze aus der umweltökonomischen Theorie entsprechen. Wegen dieser Anwendungsgrenzen erweist sich die Analyse grenzüberschreitender Externalitäten aufgrund des Austauscheffektes, der trotz national optimaler Verbraucherschutzpolitik Wohlfahrtsverluste induzieren kann, als geeigneter:

- Beim Austausch von Produkten mit unterschiedlichen Belastungspotenzialen können vereinbarte Mindeststandards Transaktionskosten senken, die durch alternative interne Anpassungsmaßnahmen zum Auffangen der zusätzlichen, importierten Belastungen entstehen.

- Im Vergleich zu einem Importverbot als Schutzmaßnahme können bei Mindeststandards weiterhin noch Handelsgewinne realisiert werden.

Als alternativer theoretischer Ansatz zur Analyse von Marktversagen ist das Vorliegen asymmetrischer Information geeignet, wobei die Abgrenzung zum Externalitätenansatz schwierig ist.

Da gerade Lebensmittel durch eine Vielzahl an nicht-physischen Vertrauenseigenschaften charakterisiert sind, ist eine Isolierung der einzelnen Marktversagensgründe nicht möglich: der Austauscheffekt beim Import belastender Produkte kann sowohl Externalitäten im Importland als auch Wohlfahrtsverluste durch die fehlende Unterscheidung der im Importmarkt angebotenen Produkte auslösen.

Abhängig vom zugrunde liegenden Marktversagensgrund ergeben sich konträre Ergebnisse sowohl für einzelstaatliche Politikstrategien als auch für Regulierungsbedarfe einer übergeordneten Ebene, so dass keine eindeutige Handlungsempfehlung für die WTO abzuleiten ist:

- Während Labelling bei asymmetrischer Information zu globalen Wohlfahrtsgewinnen führen kann, resultieren bei Externalitäten abhängig vom Marktpotenzial möglicherweise keine Effekte.
- Das Importverbot führt bei Externalitäten eindeutig zu Verlusten für beide Handelspartner und kann dagegen bei asymmetrischer Information abhängig von der betrachteten Referenzsituation für beide beteiligten Handelspartner wohlfahrtssteigernd sein, wenn Seitenzahlungen zugelassen sind.

Die potenzielle Überlegenheit der Kennzeichnung ist durch labelspezifische Nutzen und Kosten zu relativieren. Gerade bei Vertrauenseigenschaften bestehen Anreize für eine trügerische Kennzeichnung, die entsprechend der Effekte eines Gefangenendilemmas zum suboptimalen Wohlfahrtsergebnis des Zusammenbruchs von Qualitätsproduktion führen können.

Wegen der Uneindeutigkeit der aus der Theorie abzuleitenden Handlungsempfehlungen ist zur Beurteilung des "Hormon-Streitfalls" eine Analyse notwendig, welche Elemente an Marktversagen im WTO-Urteil implizit bewertet wurden. Sowohl aus der Entscheidungsfindung im konkreten Anwendungsfall als auch aus der Vielzahl bislang abgeschlossener Streitfälle mit Verbraucherschutzrelevanz lassen sich folgende typische Konfliktbereiche für den Umgang mit Verbraucherschutz auf Ebene der WTO identifizieren:

- die Interpretation von Produktgleichheit,
- die Freiheit nationaler Formulierung von Verbraucherschutzstandards im Vergleich zur Harmonisierung,

- die nationale Wahrnehmung von Verbraucherrisiken und die nationale Berücksichtigung des Vorsorgeprinzips, sowie
- die Anerkennung überregional wirkender Gesundheitsschutzexternalitäten.

Innerhalb der WTO-Regelungen zu diesen Konfliktbereichen bestehen nur eingeschränkte Reformspielräume für eine Lösung des spezifischen "Hormonfleisch-Streitfalls", der als Präzedenzfall für Verbraucherschutzfragen dienen kann:

- Eine WTO-gemäße Übertragung eigener Vorschriften auf Importe bei rein prozessbezogenen Standards, wie sie zahlreichen Verbraucherschutzpolitiken zugrunde liegen, widerspricht der traditionell physischen Definition von Produktmerkmalen durch die WTO. Die Tradition der physischen Produktdefinition ist dabei als Ergebnis einer langjährigen, politischen Konsensfindung zu verstehen, für die sich aber in jüngsten Streitfällen eine Aufweichung erkennen läßt. Der tolerantere Umgang mit religiös motivierten reinen Prozessstandards zeigt, dass auf WTO-Ebene die politische Konsensfindung mögliche objektivierbare Kriterien zur Beurteilung der Konformität von Standards dominiert. Mangels vorliegender Streitfälle und expliziter Vertragsregelungen ist eine Beurteilung der WTO-Konformität von Labels nur durch Analogien aus dem Umgang mit zugrunde liegenden Standards möglich. Hiernach ist eine Übertragung von Kennzeichnungsvorschriften für *prozessbezogene* Standards auf Importe – in Form einer verpflichtenden Kennzeichnung oder eines Importverbots anders gekennzeichneter Produkte - nicht gestattet und von *produktbezogenen* Standards nur unter der Bedingung, dass keine öffentliche Subventionierung erfolgt.

- Der Konfliktbereich harmonisierter Schutzniveaus bewegt sich auf WTO-Ebene im Spannungsfeld von vollständiger Harmonisierung und eigenständiger, nationaler Souveränität. Während die Harmonisierung zwar Transaktionskosten aus Entscheidungsfindung und Streitverfahren reduzieren kann, so erhöhen sich durch identische Standards Präferenzkosten bei vorliegenden unterschiedlichen nationalen Bedingungen. Für den "Hormonfleisch-Streit" sind die Standards des Codex Alimentarius als Mindeststandards zu charakterisieren, für die eine mögliche Abweichung innerhalb kostspieliger Risikoschätzungsverfahren zu begründen ist. Mögliche Reformen bestehen hinsichtlich zwischenstaatlicher Vereinbarungen, die parallel zu den WTO-Verträgen bestehen können und insbesondere beim Labelling erst am Anfang stehen.

- Für die Beurteilung der Akzeptanz national unterschiedlicher Risikowahrnehmung zeigen das SPS-Abkommen und v.a. der Berufungsentscheid im "Hormonfleisch-Streit" die Abkehr vom traditionellen, naturwissenschaftlich dominierten Risikokonzept. Vielmehr werden hierin explizit ökonomische Risikobewertungen und die Berücksichtigung national relevanter Bedingungen betont. Eine Einordnung des Anwendungsfalls in bestehende Klassifizierungsansätze von Risikotypen zeigt jedoch abhängig von der Wahrnehmung der jeweiligen Parameter unterschiedliche Einordnungsmöglichkeiten, die auch unterschiedliche politische Strategien verlangen.

Gerade für den Umgang mit dem Vorsorgeprinzip gilt die notwendige flexible Gestaltung, die die Natur der Unsicherheit verlangt. Für die Gestaltung von Regeln auf WTO-Ebene ist demnach nicht ein deterministisches System zur Bestimmung von Risiken und Schutzpolitiken geeignet, sondern vielmehr eine fallspezifische Abwägung von national unterschiedlicher Risikokultur und den aus unterschiedlichen Risikopolitiken entstehenden Handelswirkungen.

- Traditionell ist die Übertragbarkeit nationaler Schutzziele selbst und nicht lediglich von Schutzmaßnahmen auf andere Staaten nicht WTO-konform. Für einige Bereiche lässt sich in jüngster Zeit eine Abkehr vom Verbot dieser extraterritorialen Übertragung mit der Begründung interregionaler Externalitäten nachweisen. Da das zugrunde liegende Risikopotenzial von Hormonrückständen im Streitverfahren generell als unbegründet verurteilt wurde, ist für den Anwendungsfall eine mögliche Anerkennung interregionaler Gesunheitsexternalitäten irrelevant. Auch für Verbraucherschutzprobleme generell sind eigenständige Abkommen, die sich spezifisch mit Verbraucherschutzzielen befassen, einer Erweiterung der WTO-Bestimmungen überlegen. Der Schwerpunkt der Zielsetzung von WTO-Vorgaben zu nationalen Politiken besteht in der Minimierung der Handelswirkungen. Einer Beurteilung von Schutzzielen an sich können spezifische Verbraucherschutzabkommen unter Ausnutzung entsprechender Kompetenzen besser gerecht werden, wie es im Bereich der Umweltschutzziele bereits realisiert ist. Zu berücksichtigen sind dabei anfallende Kosten der Abstimmung, die zwischen unabhängigen Vereinbarungen erforderlich sein können.

Ausgehend vom konkreten Anwendungsfall lässt sich auf Grundlage föderalismustheoretischer Ansätze eine optimale Regelung für Verbraucherschutzpolitiken nur problemspezifisch ableiten: hierzu sind Souveränitätskosten aus national autonomer Gestaltung und Harmonisierungskosten bei einer zentralen übergeordneten Gestaltung abzuwägen. Für die Bewertung der WTO als bestehende Institution lässt sich die Notwendigkeit eines einheitlichen Rahmens ableiten, um dem originären Ziel einer Handelsorganisation, der Minimierung von Handelsverzerrungen, gerecht werden zu können. Andererseits lassen sich jedoch gerade für Verbraucherschutzpolitiken hohe Harmonisierungskosten durch eine Vielzahl verbraucherschutzrelevanter nationaler Bestimmungsfaktoren identifizieren. Daher ist genügend Flexibilität innerhalb der Rahmenvorgaben erforderlich. Zur optimalen Kombination der Nutzen souveräner Verbraucherschutzpolitiken mit denen einer übergeordneten Gestaltung können zwischenstaatliche Vereinbarungen zwischen Ländern mit ähnlichen verbraucherschutzrelevanten Bedingungen oder die Formulierung von Mindeststandards, die einen Spielraum nach oben ermöglichen, dienen.

7 Literaturverzeichnis

AKERLOF, G.A. (1970): The Market for "Lemons": Quality Uncertainty and the Market Mechanism, in: Quarterly Journal of Economics 84, S. 488-500.

EUROPÄISCHER VERBRAUCHERVERBAND BEUC (2000): Handling of cross-border consumer disputes, Final report for the Commission of the European Communities, Brüssel.

ALTEMÖLLER, F. (1997): Möglichkeiten und Grenzen der Berücksichtigung von Umweltschutzzielen in den Vertragstexten der Welthandelsorganisation, Die GATT/WTO-Spruchpraxis in umweltrelevanten Streitfällen, Bamberg.

ALVENSLEBEN, R. von (2000): Zur Bedeutung von Emotionen bei der Bildung von Präferenzen für regionale Produkte, in: Agrarwirtschaft Nr. 49 (12), S. 399-403.

ANDERSEN, U., WOYKE, W. (1995): Handwörterbuch Internationale Organisationen, Opladen.

APPLETON, A.E. (1997): Environmental Labelling Programmes: International Trade Law Applications, Kluwer Law international, London.

APPLETON, A.E. (1999): Shrimp/turtle: untangling the nets, in: Journal of International Economic Law, Vol. 2 (2), S. 477-496.

BARTEL, R., HECKL, F. (1994): Einführung in die Umweltpolitik, WiSo-Kurzlehrbücher, Reihe Volkswirtschaftslehre, München.

BECKER, T. (2000): Rechtlicher Schutz und staatliche Absatzförderung für Agrarprodukte und Lebensmittel auf dem Prüfstand, in: Agrarwirtschaft Nr. 49 (12), S. 418 – 428.

BENEDEK, W. (1998): Die Welthandelsorganisation (WTO) – alle Texte einschließlich GATT (1994), GATS und TRIPS, Beck'sche Textausgaben, München.

BENNER, E. (2000): Zur effizienten Herkunftsangabe im europäischen Binnenmarkt, Konsequenzen für die regionale Absatzförderung, Arbeitsbericht Nr. 4, Institut für Agrarpolitik und Landwirtschaftliche Marktlehre, Giessen.

BERG, H. (1975): Internationale Wirtschaftspolitik, Essen.

BERNAUER, T., RULOFF, D. (1999): Handel und Umwelt - Zur Frage der Kompatibilität internationaler Regime, Wiesbaden.

BLEND, J., RAVENSWAAY v., E. (1998): Consumer Demand for Eco-Labeled Apples: Survey Methods and Descriptive Results, Staff Paper 98-20, Department of Agricultural Economics, Michigan State University, Michigan.

BONGAERTS, R. (2000): Verbesserung der Schlachthofstruktur in der Bundesrepublik Deutschland, Unter besonderer Berücksichtigung eines

Strukturkrisenkartells, Diss., Europäische Hochschulschriften, Reihe 5, Volks- und Betriebswirtschaft, Bd. 2750, Frankfurt am Main.

BRADE, W. (2000): Haltungssysteme für Legehennen – Eiqualität und Kaufverhalten der Verbraucher, in: Berichte über Landwirtschaft Bd. 74 (4), Münster-Hiltrup, S. 564–594.

BREMER, R. (1996): Handel und Umwelt: Statische Wohlfahrtaspekte und nachhaltige Entwicklung, Europäische Hochschulschriften, Reihe V, Bd. 1967, München.

BROUWER, F., BALDOCK, D., CARPENTIER, C., DWYER, J., ERVIN, D., FOX, G., MEISTER, A., STRINGER, R. (2000): Comparison of environmental and health-related standards influencing the relative competitiveness of EU agriculture vis-a-vis main competitors in the world market, Report 5.00.07, Agriculture Economics Research Institute (LEI), The Hague.

BROWNE, A.W., HARRIS, P.J.C., HOFNY-COLLINS, A.H., PASIECZNIK, N., WALLACE, R.R. (2000): Organic Production and ethical trade: definition, practice and links, in: Food Policy 25, S. 69-89.

BRÜMMERHOFF, D. (1990): Finanzwissenschaft, 5. Auflage, Oldenburg.

BUREAU, J.-C., MARETTE, S., SCHIAVANA, S. (1998): Non-tariff trade barriers and consumers' information: The case of the EU-US trade dispute over beef, in: European Review of Agriculutral Economics, 4/98, S. 437-462.

BUREAU, J.-C., MARETTE, S. (1999): Accounting for consumers' preferences in trade rules, in: National Research Coucil Conference on Incorporating Science, Economics, Politics and Culture in Sanitary-Phytosanitary and International Trade on January 25-27, 1999 in Irvine, California.

BUREAU, J.-C., JONES, W. (2000): Issues in Demand for Quality and Trade. Paper for the Symposium „Global Food Trade and Consumer Demand for Quality" of the International Agricultural Trade Research Consortium on June 26-27, 2000 in Montreal.

BUWAL (1999): Stoffe mit endokriner Wirkung in der Umwelt, Schriftenreihe Umwelt Nr. 308.

BUZBY, J.C., READY, R.C (1996): Do consumers trust food-safety Information?, in: Food Review, January-April, S. 46-49.

CAHILL, C. (2001): The Multifunctionality of Agriculture: What Does it Mean?, EuroChoices (1), S. 36-41.

CANSIER, D. (1993): Umweltökonomie, Stuttgart.

CANSIER, A., CANSIER, D. (1999): Umweltstandards bei Unsicherheit aus entscheidungstheoretischer Sicht, in: Zeitschrift für angewandte Umweltforschung – Sonderheft "Umweltrisikopolitik", Nr. 10, S. 157-172.

CASWELL, J. (1991): Economics of Food Safety, New York.

CASWELL, J.A., MJODUSKA, E.M. (1996): Using Informational Labelling to Influence the Market for Quality in Food Products, AAEA Meeting am 29. Juli in San Antonio.

CHANG, W.S. (1997): GATTing a Green Trade Barrier. Eco-Labelling and the WTO Agreement on Technical Barriers to Trade, in: Journal of World Trade, Vol. 31, No.1, S. 137-183.

CHARNOVITZ, S. (1992): The Environmental and Labour Standards in Trade, in: The World Economy 15, S. 335-356.

CODEX ALIMENTARIUS COMMISSION (1999): Guidelines for the Production, Processing, Labelling and Marketing of Organically Produced Foods, CAC/GL 32-1999, FAO/WHO Foods Standards Programme, Rome.

COLE, M.A. (2000): Trade Liberalisation, economic growth and the environment, Cheltenham-Massachusetts.

COMMITTEE ON TRADE AND ENVIRONMENT OF THE WTO (1997): Bulletin No. 18, PRESS/TE/018.

Crouse, D. (1999): Guest Editorial: The WTO Shrimp/Turtle Case, in: Marine Turtle Newsletter 83, S. 1-3.

COVELLO, V.T., SLOVIC, P., WINTERFELD, D. VON (1986): Risk Communication: A Review of the Literature, in: Risk Abstracts, Vol. 3, No. 4, S. 172-182.

DAWKINS, K. (1996): Ecolabelling: Consumer Right-to-know, in: WOLFRUM, R. (Hrsg.): Enforcing Environmental Standards: Economic Mechanisms as viable Means?, Beiträge zum ausländischen öffentlichen Recht und Völkerrecht, Bd. 125, Berlin, S. 501-598.

DESMEDT, G.S. (1998): Hormones: 'objective assessment' and (or as) standard of review, in: Journal of International Economic Law, Vol. 1(4), S. 695-698.

DEUTSCHER BAUERNVERBAND (1999): Situationsbericht 2000, Trends und Fakten zur wirtschaftlichen Lage der deutschen Landwirtschaft, Bonn.

DROEGE, S. (2001): Ecological Labelling and the World Trade Organization, in: Aussenwirtschaft, 56. Jg., Heft I, S. 99-122.

ENDRES, A. (1994): Umweltökonomie, Eine Einführung, Darmstadt.

ERVIN, D.E. (1998): Agricultural Trade and The Environment: Issues, Trends and Approaches for European Union Countries, Report prepared for the European Commission, DG VI Agriculture, Economic Analysis and Overall Approach, Brüssel.

ESER, T. (1996): Ökonomische Theorie der Subsidiarität und Evaluation der Regionalpolitik, Nomos Universitätsschriften Wirtschaft, Bd. 29, Baden-Baden.

EU-KOMMISSION (1998): Das Europäische Umweltzeichen im Überblick, Informationsbroschüre der Kommission DG XI, CR-16-98-409-DE-D.

EU-KOMMISSION (1999): Weißbuch zur Lebensmittelsicherheit, KOM (1999) 719 vom 12. Januar 2000, Brüssel.

EU-KOMMISSION (1999): Opinion of the Scientific Committee on veterinary measures relating to public health, Assessment of potential risks to human health from hormone residues in bovine meat and meat products, Dokument der Kommission XXIV/B3/SC4 vom 30. April 1999.

EU-KOMMISSION (2000): Report of a mission carried out in the United States of America from 24 January to 4 Febuary 2000 in order to evaluate the implementation and the enforcement of the non-hormone treated cattle and the EU additional residue testing programmes, DG (SANC)/1030/2000-MR final.

EU-KOMMISSION (2000): Der ökologische Landbau, Ein Leitfaden zur EU-Gesetzgebung, GD Landwirtschaft im Dezember 2000.

EWERS, H.-J., WEIN, TH., FRITSCH, M. (1999): Marktversagen und Wirtschaftspolitik, 3. Auflage, München.

FEESS, E. (1998): Umweltökonomie und Umweltpolitik, München.

FREEMAN, A.M (1994): Measurement of Environmental and Resource Values, Theory and Methods, Washington D.C.

FREY, B., KIRCHGÄSSNER, G. (1994): Demokratische Wirtschaftspolitik – Theorie und Anwendung, München.

FRITSCH, B. (1966): Zur Theorie und Systematik der volkswirtschaftlichen Kosten, in: GÄFGEN, G. (Hrsg.): Grundlagen der Wirtschaftspolitik, Köln, S. 177-207.

GÄFGEN, G. (1966): Grundlagen der Wirtschaftspolitik, Köln.

GANDOLFO, G. (1998): International Trade Theory and Policy, Berlin.

GARRET, G., SMITH, J.M. (1999): The Politics of WTO Dispute Settlement, Paper presented at the annual meeting of the American Political Science Association im September 1999 in Atlanta.

GATT (1972): Basic Instruments and Selected Documents (BISD), jährliche Berichte.

GATT (1991): Dunkel Draft Final Act Embodying the Results of the Uruguay Round of Multilateral Trade Negotiations, Doc. MTN. TNC/W/FA.

GATT (1992): Packaging and Labelling Requirements, Note by the Secretariat, GATT Document TRE/W/3 (Sept. 29).

GATT (1993): Packaging and Labelling Requirements, Note by the Secretariat, GATT Document TRE/W/12 (June 14).

GOLAN, E., KUCHLER, F., MITCHELL, L. (2000): Economics of Food Labelling, in: Economic Research Service, U.S. Department of Agriculture, Economic Report No. 793, Washington D.C.

GOLDMAN, P. und WAGNER, M. (1999): The case for rethinking the WTO. The full story behind the WTO's environment and health causes, Earthjustice Legal Defense Fund, San Francisco.

GRAY, D., KRISSOFF, B. (1994): Agricultural Trade and the Environment: Some Basic Economic Principles, in: SULLIVAN, J. (Hrsg.): Environmental Policies, Implications for Agricultural Trade, United States Department of Agriculture, Washington D.C., S. 48-58.

GROTE, U., BASU, A.K., CHAU, N.H. (1999): The International Debate and Economic Consequences of Eco-Labeling, ZEF-Discussion Papers on Development Policy No. 18, Bonn.

GROTE, U., KIRCHHOFF, S. (2001): Environmental and Food Safety Standards in the Context of Trade Liberalization: Issues and Options, ZEF-Discussion Papers on Development Policy No. 39, Bonn.

HAMPICKE, U. (1991): Naturschutz-Ökonomie, Stuttgart.

HANSJÜRGENS, B. (1999): Umweltrisikopolitik- Einführung und Überblick, in: Zeitschrift für angewandte Umweltforschung - Sonderheft „Umweltrisikopolitik", Nr. 10, S. 7-19.

HECHT, D. (1999): Wissen, Wissensgrenzen und stoffliche Umweltrisiken, in: Zeitschrift für angewandte Umweltforschung, Sonderheft „Umweltrisikopolitik", Nr. 10, S. 123–138.

HEESCHEN, W., MEYER, H., ZSCHALER, R. (1998): Handbuch der Lebensmittelhygiene, Behr's Verlag, Hamburg.

HELM, C. (1995): Sind Freihandel und Umweltschutz vereinbar?: Ökologischer Reformbedarf des GATT/WTO-Regimes, Berlin.

HENRICHSMEYER, W./WITZKE, H.P. (1994): Agrarpolitik, Bewertung und Willensbildung (Bd. 2), Stuttgart.

HENSON, S. (1996): Consumer Willingness to pay for Reductions in the Risk of Food Poisoning in the UK, in: Journal of Agricultural Economics, Vol. 47, No. 3, S. 403-420.

HENSON, S., TRAILL, B. (2000): Measuring perceived Performance of the Food System and Consumer Food-Related Welfare, in: Journal of Agricultural Economics, Vol. 51, No. 3, S. 388-405.

HILPOLD, P. (1999): Die EU im GATT/WTO-System: Aspekte einer Beziehung „sui generis", Europäische Hochschulschriften, Reihe 2, Rechtswissenschaft, Bd. 2559, Frankfurt am Main.

HOFF, K. (1996): Gemeinschaftswerbung auf Agrarmärkten, Eine Meta-Analyse, in: Berichte über Landwirtschaft 74, S. 340-357.

HOFF, K. (1997): Wann scheitern Markenprogramme an der Vertragsmoral der Landwirte?, in: Berichte über Landwirtschaft 75, S. 206-223.

HOFF, K. (1998): Muß rentable Gemeinschaftswerbung zu einem Preisanstieg führen?, in: Berichte über Landwirtschaft 76, S. 632-648.

HOFFMANN B., EVERS P. (1986): An abolic agents with sex hormone-like activities: problems of residues, in: RICO, G. (Hrsg.): Drug residues in animals, Veterinary science and comparative medicine, New York, S.111-146.

HOLLER, M., ILLING, G. (1993): Einführung in die Spieltheorie, 2. Auflage, Berlin.

HOLM-MÜLLER, K. (1999): Die monetäre Bewertung von Umweltrisiken, in: Zeitschrift für angewandte Umweltforschung - Sonderheft „Umweltrisikopolitik", Nr. 10, S. 19-32.

HUDEC, R.E. (1996): The GATT/WTO Dispute Settlement Process: Can It Reconcile Trade Rules and Environmental Needs?, in: WOLFRUM, R. (Hrsg.): Enforcing Environmental Standards: Economic Mechanisms as viable Means?, Beiträge zum ausländischen öffentlichen Recht und Völkerrecht, Bd. 125, Berlin, S. 123-164.

HUDEC, R.E. (1998): Does the Agreement on Agriculture work? Agricultural disputes after the Uruguay Round, Working Paper No. 2, University of Minnesota Law Schools.

HÜFNER, K. (1995): GATT (Allgemeines Zoll- und Handelsabkommen)/WTO, in: WOYKE, W. (Hrsg.): Handwörterbuch Internationale Politik, 6. Auflage, Opladen, S. 430-438.

HURST, D.R. (1998): „Hormones: European Communities – Measures Affecting Meat and Meat Products“, in: European Journal of International Law, 9 (1), verfügbar unter: http://www.ejil.org/journal/Vol9/No1/sr1g.html, Stand Juni 2001.

HUSSAIN, S.S. (2000): Green Consumerism and Ecolabelling: A Strategic Behavioural Model, in: Journal of Agricultural Economics, Vol. 51, No. 1, S. 77-89.

IFOAM (2000): Basisrichtlinien für ökologische Landwirtschaft und Verarbeitung, Tholey-Theley.

INTERNATIONAL COURT OF JUSTICE (1971): Report - Advisory Opinion of Namibia (South West Africa).

IPPOLITO, P.M., MATHIOS, A.D. (1990): The Regulation of Science-Based Claims in Advertising, in: Journal of Consumer Policy Vol. 13, S. 413-445.

IPPOLITO, P.M., MATHIOS, A.D. (1995): The Case of Fat Consumption in the United States, in: American Economic Review, Vol. 85 (2), S. 91-95.

ISO (1995): Environmental Labelling – Guiding Principles, Practices and Criteria for Multiple Criteria-Based Practioner Programmes – Guide for Certification Procedures, Working Draft - ISO/WD/ 14024.2, ISO/TC/ 207/CS 3/ WG1 N 43.

JAMES, S. (2000): An Economic Analysis of Food Safety Issues Following the SPS Agreement: Lessons from the Hormones Dispute, Policy Discussion Paper No. 0005, Centre for International Economic Studies, Adelaide.

JHA, V. VOSSENNAAR, R., ZARRILLI, S. (1993): Ecolabelling and International Trade, UNCTAD Discussions Papers No. 70, UNCTAD/OSG/DP/70.

JOSLING, T. (2000): Issues in the WTO Agricultural Negotiations: An Overview, Paper prepared for the Conference on Global Agricultural Trade in the New Millenium on May 25-26, 2000 in New Orleans.

JUNKERNHEINRICH, M., KLEMMER, P., WAGNER, G. (1995): Handbuch zur Umweltökonomie, Berlin.

KARL, H. (1995): Umweltrisiken, in: JUNKERNHEINRICH, M., KLEMMER, P., WAGNER, G. (Hrsg.): Handbuch zur Umweltökonomie, Berlin, S. 327-332.

KARL, H., RANNÉ, O. (1997): Öko-Dumping, Ein stichhaltiges Argument für ökologische Ausgleichszölle?, in: Wirtschaftswissenschaftliches Studium WiSt, Nr. 26, S. 284-289.

KAVLOCK, R.J., DASTON, G.P., DEROSA, C., FENNER-CRISP, P., GRAY, L.E., KAATTARI, S., LUCIER, G., LUSTER, M., MAC M.J., MACZKA, C., MILLER, R., MOORE J., ROLLAND, R., SCOTT, G., SHEEHAN D.M., SINKS T., TILSON H.A. (1996): Research Needs for the Risk Assessment of Health and Environmental Effects of Endocrine Disruptors: A Report of the U.S. EPA-sponsored Workshop on April 1995.

KLEIN, B., LEFFLER, K.B. (1981): The Role of Market Forces in Assuring Contractural Performance, in: Journal of Political Economy, Vol. 89, S. 615-641.

KLEIN, M., MENG, W., RODE, R. (1998): Die Neue Welthandelsordnung der WTO, Schriftenreihe Internationale Wirtschaftspolitik, Bd. 1, Amsterdam.

KLEMMER, P. (1998): Handbuch Europäische Wirtschaftspolitik, München.

KLINKE, A., RENN, O. (1999): Risikokommunikation als integraler Bestandteil von Umweltrisikopolitik, in: Zeitschrift für angewandte Umweltforschung - Sonderheft „Umweltrisikopolitik“, Nr. 10, S. 138-157.

KLOEPFER, M. (1989): Umweltrecht, 1. Auflage, München.

KNIGHT, F.H. (1921): Risk, Uncertainty and Profit, New York.

KNORRING, E. von (1995): Das Umweltproblem als Externalität - ökonomische Ökologie oder ökologische Ökonomie?, in: Zeitschrift für Umweltpolitik und Umweltrecht, Nr. 4, S. 537-567.

KÖCK, W. (1999): Risikobewertung und Risikomanagement im deutschen und europäischen Chemikalienrecht – Problemanalyse und Reformperspektiven, in: Zeitschrift für angewandte Umweltforschung – Sonderheft „Umweltrisikopolitik“, Nr. 10, S. 76-97.

KÖSTERS, W. (1998): Handelspolitik, in: KLEMMER, P. (Hrsg.): Handbuch Europäische Wirtschaftspolitik, München, S. 799-849.

KRAMB, M.C. (2001): Die Entscheidungen des „Dispute Settlement“-Verfahrens der WTO im Hormonstreit zwischen der EU und den USA – Implikationen für den zukünftigen Umgang mit dem SPS-Abkommen, Diskussionspapiere des Instituts für Agrarpolitik und Marktforschung der Universität Giessen Nr. 3, Giessen.

KRÖBER-RIEHL, W., WEINBERG, P. (1996): Konsumentenverhalten, 6. Auflage, München.

KULESSA, M. (1995): Umweltpolitik in einer offenen Volkswirtschaft, Zum Spannungsverhältnis von Freihandel und Umweltschutz, Monografien der List-Gesellschaft e.V., N.F. Bd. 16, Mainz.

KÜNG, M., ECKERT, M. (1992): Repetitorium zum Völkerrecht, Bern.

KWAN CHOI, E., JENSEN, H (1991): Modelling the Effect of Risk on Food Demand and the Implications for Regulations, in: CASWELL, J. (Hrsg.): Economics of Food Safety, New York.

LAASER, C.-F.; STEHN, J. (1996): Marktwirtschaft und Subsidiarität: Die föderative Arbeitsteilung auf dem Prüfstand, in: Zeitschrift für Wirtschaftspolitik, Jg. 45, S. 58-91.

LANG, W. (1996): Trade Restrictions as a Means of Enforcing Compliance with International Environmental Law. Montreal Protocol on Substances that Deplete the Ozone Layer, in: WOLFRUM, R. (Hrsg.): Enforcing Environmental Standards: Economic Mechanisms as viable Means?, in: Beiträge zum ausländischen öffentlichen Recht und Völkerrecht, Bd. 125, Berlin, S. 265-283.

LESSER, J.A., DODDS, D.E., ZERBE , R.O. (1997): Environmental Economics and Policy, Reading, Massachusetts.

LINDE, R. (1992): Einführung in die Mikroökonomie, 2. Auflage, Stuttgart.

MAGAT, W., VISCUSI, W.K. (1992): Informational Approaches to Regulation, Cambridge MIT Press.

MAHÉ, L. (1997): Environment and qualitiy standards in the WTO: New Protectionism in agricultural trade? A European perspective, in: European review of Agricultural Economics 24 (3-4), S. 480-503.

MANKIW, N.G. (1999): Grundzüge der Volkwirtschaftslehre, Stuttgart.

MARGGRAF, R., STREB, S. (1997): Ökonomische Bewertung der natürlichen Umwelt, Theorie, politische Bedeutung, ethische Diskussion, Spektrum Akademischer Verlag, Heidelberg.

MARKANDYA, A. (1997): Eco-Labelling: An Introduction and Review, in: ZARRILLI, S., JHA, V., VOSSENAAR, R. (Hrsg.): Eco-Labelling and International Trade, Papers from the United Nations Conference on Trade and Development on June 1994, Ipswich, S. 1-21.

MASON, C., STERBENZ, F. (1994): Imperfect product testing and market size, in: International Economic Review 35, S, 61-86.

MATTOO, A., SINGH, H.V. (1994): Eco-Labelling: Policy Considerations, in: KYKLOS, Vol. 47, S. 53-65.

MATTOO, A., SINGH, H. (1997): Eco-Labelling, the Environment and International Trade, in: ZARRILLI, S., JHA, V., VOSSENAAR, R. (Hrsg.): Eco-Labelling and International Trade, Papers from the United Nations Conference on Trade and Development on June 1994, Ipswich, S. 37-54.

MCNELIS, N. (2000): EU communications on the precautionary principle, in: Journal of International Economic Law, Vol. 3 (2), S. 545-551.

McNELIS, N. (2001): The role of the judge in the EU and WTO. Lessons from the BSE and hormones cases, in: International Journal of Economic Law, Vol. 4 (1), S. 189-208.

MICHAELOWA, A. (1997): Trade and Labelling of Timber and Timber Products, in: Aussenwirtschaft, Heft IV, 52. Jg., S. 561–581.

MILGROM, P., ROBERTS, J. (1992): Economics, Organization and Management, New Jersey.

MOLTKE, K. VON (1998): Reassessing „Like Products", Paper Presented at the Chatham House Conference on „Trade, Investment and the Environment" on 29-30 October, London.

MOLTKE, K. VON (1999): The Dilemma of the Precautionary Principle in International Trade, Bridges (ICTSD), Vol. 3 (6).

MURPHY, S. (1999): Trade and Food Security. An Assessment of the Uruguay Round Agreement on Agriculture, Catholic Institute for International Relations, Discussion Paper, London.

NEUSCHWANDER, T. (1995): GATT (Allgemeines Zoll- und Handelsabkommen)/WTO, in: WOYKE, W. (1995): Handwörterbuch Internationale Politik, 6. Auflage, Opladen, S. 119-126.

OATES, W. (1972): Fiscal Federalism, New York.

OECD (1991): Environmental Labelling in OECD Countries, Paris.

OECD (1994): The Environmental Effects of Trade, Paris.

OECD (1994): Trade and Environment: Processes and Production Methods, Paris.

OECD (1997): Eco-Labelling: Actual effects of selected Programmes, OECD Documents OECD/GD (97)105, Paris.

OECD (1997): Processes and Production Methods (PPMs): Conceptual Framework and Considerations on use of PPM-based Trade Measures, OECD Documents OCDE/GD(97)137, Paris.

OECD (1997): Uses of Food Labelling Regulations, OECD Documents OCDE/GD(97)150, Paris.

OECD (1998): International Co-operation in the regulation of Food Quality and Safety Attributes, paper presented to the OECD Workshop on Emerging Trade Issues in Agriculture, COM/AGR/CA/TD/TC/WS(98)102, 26. October 1998, Paris.

OECD (1999): Food Safety and Quality Issues - Trade Considerations, OECD consultant's report by BUREAU, J.C., MARETTE, S., GOZLAN, E. and JONES, W. published under the responsibility of the Secretary General, Paris.

OECD (2001): Multifunctionality – Towards an Analytical Framework, Paris.

OFFICE OF THE UNITED STATES TRADE REPRESENTATIVE (2000): USTR Announces Procedures for Modifying Measures in EC Beef and Bananas Cases, USTR Press Release 00-41, Washington D.C.

OFFICE OF THE UNITED STATES TRADE REPRESENTATIVE USTR (2001): 2000 Annual Report of the President of the United States on the Trade Agreements Programm, Washington D.C.

OPPERMANN, T. (1995): Die Europäische Gemeinschaft und Union in der Welthandelsorganisation (WTO), Vorträge und Berichte des Zentrums für Europäisches Wirtschaftsrecht, Nr. 54, Bonn.

OTT, A. (1997): GATT und WTO im Gemeinschaftsrecht, Greifswalder Rechtswissenschaftliche Reihe, Bd. 6, Köln - Berlin – Bonn.

PEREZ, O. (1998): Reconstructuring Science: the Hormone Conflict Between the EU and United States, in: European Foreign Affairs Review, Vol. 3, S. 563-582.

QUICK, R., BLÜTHNER, A. (1999): Has the Appellate Body erred? An Appraisal and Criticism of the Ruling in the Hormones Beef Case, in: Journal of International Economic Law Vol. 2(4), S. 603-639.

RAUSCHER, M. (1992): On Ecological Dumping, Discussion Paper 523, Kieler Institut für Weltwirtschaft, Kiel.

RAVENSWAAY VAN, E.O. (1996): Emerging demands on our food and agricultural system: developments in environmental Labeling, Department of Agricultural Economics, Michigan State University, Michigan.

REGER, G. (1999): Der internationale Schutz gegen unlauteren Wettbewerb und das TRIPS-Abkommen, Diss., Max-Planck-Institut für ausländisches und internationales Patent-, Urheber- und Wettbewerbsrecht, Schriftenreihe zum gewerblichen Rechtsschutz, Bd. 108, Köln-Berlin-Bonn.

RICHTER, R., FURUBOTN, E. (1996): Neue Institutionenökonomik, Eine Einführung und kritische Würdigung, 1. Auflage, Tübingen.

RICO, G. (1986): Drug residues in animals, Veterinary science and comparative medicine, New York.

RUDLOFF, B., URFEI, G. (2000): Agrarumweltpolitik nach dem Subsidiaritätsprinzip, Kategorisierung von Umwelteffekten und Evaluierung geltender Politikmaßnahmen, Koblenz.

RUNGE, C.F., JACKSON, L.A. (1999): Labeling, Trade and Genetically Modified Organisms (GMOs): A proposed solution, Center for international food and agricultural policy, University of Minnesota, St. Paul.

SAUERNHEIMER, K., KÖDDING, G. (1995): Internationale Aspekte der Umweltökonomie, in: JUNKERNHEINRICH, M., KLEMMER, P., WAGNER, G. (Hrsg.): Handbuch zur Umweltökonomie, Berlin, S. 69-75.

SAUVE, P., ZAMPETTI, A.B. (2000): Subsidiarity Perspectives on the New Trade Agenda, in: Journal of International Economic Law, Vol. 3 (1), S. 83-114.

SCHÄFER, H.-B., OTT, C. (2000): Lehrbuch der ökonomischen Analyse des Zivilrechts, Berlin-Heidelberg.

SCHOLZ, I., WIEMANN, J. (1993): Ökologische Anforderungen an Konsumgüter als neue Herausforderung für Entwicklungsländerexporte nach Deutschland, Deutsches Institut für Entwicklungspolitik, Berlin.

SCHUMANN, J., MEYER, U., STRÖBELE, W. (1999): Grundzüge der mikroökonomischen Theorie, 7. Auflage, Berlin.

SCHWARZE, R. (1999): Theorie und Praxis der Haftung für Umweltrisiken: Was bringt das Umwelthaftungsgesetz?, in: Zeitschrift für angewandte Umweltforschung - Sonderheft „Umweltrisikopolitik", Nr. 10, S. 172-188.

SENTI, R. (1995): GATT – WTO, Die neue Welthandelsordnung nach der Uruguay-Runde, Zürich.

SENTI, R. (1999): Handel und Umwelt in der neuen Welthandelsordnung der WTO, in: BERNAUER, T., RULOFF, D. (Hrsg.): Handel und Umwelt - Zur Frage der Kompatibilität internationaler Regime, Wiesbaden, S. 97-115.

SIEBERT, H. (1991): Environmental Scarcity - The International Dimension, Institut für Weltwirtschaft an der Universität Kiel.

SIEBERT H. (1994): Außenwirtschaft, 6. Auflage, Stuttgart.

SOLBACH, D. (1998): Integrierter Umweltschutz, internationale Wettbewerbsfähigkeit und Standortqualität, Diss., Volkswirtschaftliche Schriften, Bd. 12, Kaiserslautern.

SPENCE, A.M. (1974): Market Signalling: Information Transfer in Hiring and Related Screening Processes, Cambridge.

STAFFIN, E.B. (1996): Trade Barrier or Trade Boon? A Critical Evaluation of Environmental Labeling and Its Role in the „Greening" of World Trade, in: Columbia Journal of Environmental Law, Vol. 21 (2), S. 205-286.

STEINMETZ K.A., POTTER J.D. (1991): Vegetables, Fruit, and Cancer, I. Epidemiology, in: Cancer Causes and Control, Vol. 2, S. 325-357.

STFV (1991): Verordnung vom 27. Februar 1991 über den Schutz vor Störfällen, Handbuch I, Anhang G, SR Nummer 814.012.

STICH, A. (1997): Herkunftszeichen als Qualitätssignal, Eine Erklärung der Nutzung eines extrinsischen Produktmerkmals als Qualitätssignal durch Konsumenten am Beispiel von Herkunftszeichen, Diss., Augsburg, Lohmar.

SULLIVAN, J. (1994): Environmental Policies, Implications for Agricultural Trade, United States Department of Agriculture, Washington D.C.

SYKES, A. (1999): The (limited) Role of Regulatory Harmonization in international Goods and Services Markets, in: Journal of International Economic Law, Vol. 2 (1), S. 49-70.

TEGNER, H. (1996): Zur (Ir)Relevanz pekuniärer externer Effekte, Volkswirtschaftliche Diskussionsbeiträge der WWU Nr. 237, Institut für Verkehrswissenschaft der Universität Münster.

U.S. EMBASSY (2000): Country Commercial Guide: Oman, Prepared for fiscal year 2001, Muscat.

UBA (1995): Endocrinically Active Chemicals in the Environment, Expert Round on 9. and 10. March 1995, UBA-Texte 3/96, Berlin.

UN PUBLICATIONS (1947): General Agreement on Tariffs and Trade, Final Act, New York.

UNCTAD (1995): Trade, Environment and Development, Aspects of Establishing and Operating Eco-Labelling Programmes, Report of the UNCTAD secretariat, TD/B/WG.6/5, Genf.

UNEP (2000): Environment and Trade – A Handbook, Kanada.

URFEI, G. (1999): Agrarumweltpolitik nach dem Prinzip der Ökonomischen Theorie des Föderalismus, Ein Regionalisierungsansatz zur territorialen Abgrenzung effizienter Politikaktionsräume, Diss., Schriftenreihe des Rheinisch-Westfälischen Instituts für Wirtschaftsforschung, Neue Reihe, Bd. 66, Berlin.

VARIAN, H. (1984): Microeconomic Analysis, 2. Edition, New York.

VARIAN, H. (1995): Grundzüge der Mikroökonomik, 3. Auflage, München.

WARD, H. (2000): Science and Precaution in the Trading System, The Royal Institute of International Affairs, Energy and Environmental Programme, Presentation at the Seminar on Science and Precaution in the Trading System, on December 1999, Seattle.

WATZEL, B., LEITZMANN, C. (1995): Bioaktive Substanzen in Lebensmitteln, Stuttgart.

WEIMANN, J. (1994): Umweltökonomik, Eine theorieorientierte Einführung, 3. Auflage, Berlin-Heidelberg-New York.

WISSENSCHAFTLICHER BEIRAT DER BUNDESREGIERUNG „GLOBALE UMWELTVERÄNDERUNGEN“ (1999): Welt im Wandel: Strategien zur Bewältigung globaler Umweltrisiken, Jahresgutachten 1998, Heidelberg.

WOLF, R. (1998): Ein Regime unter Druck? GATT, WTO und die „grüne“ Herausforderung, in: KLEIN, M., MENG, W., RODE, R. (Hrsg.): Die Neue Welthandelsordnung der WTO, Schriftenreihe Internationale Wirtschaftspolitik, Bd. 1, Amsterdam, S. 75-96.

WOLFRUM, R. (1996): Enforcing Environmental Standards: Economic Mechanisms as viable Means?, Beiträge zum ausländischen öffentlichen Recht und Völkerrecht, Bd. 125, Berlin.

WOYKE, W. (1995): Handwörterbuch Internationale Politik, 6. Auflage, Opladen.

WTO (2000): Summary Report on the SPS Risk Analysis Workshop 19-20 June, Committee on Sanitary and Phytosanitary Measures, G/SPS/GEN/209.

WTO (2000): Guidelines to further the practical Implementation of Article 5.5., Committee on Sanitary and Phytosanitary Measures, 18 July 2000, G/SPS/15.

ZARRILLI, S., JHA, V., VOSSENAAR, R. (1997): Eco-Labelling and International Trade, Papers from the United Nations Conference on Trade and Development on June 1994, Ipswich.

ZARRILLI, S., JHA, V. (1997): Eco-Labelling Initiatives as Potential Barriers to Trade: A viewpoint from Developing Countries, in: ZARRILLI, S., JHA, V., VOSSENAAR, R. (Hrsg.): Eco- Labelling and International Trade, United Nations Conference on Trade and development, Ipswich, Suffolk, S. 277-295.

ZIEGLER, A. (1999): Handel und Umwelt in der Europäischen Union, in: BERNAUER, T., RULOFF, D. (Hrsg.): Handel und Umwelt - Zur Frage der Kompatibilität internationaler Regime, Opladen, S. 70-87.

Gesetzestexte

Europäische Rechtsakte

VERORDNUNG (EWG) 802/68 des Rates vom 27. Juni 1968 über die gemeinsame Begriffsbestimmung für den Warenursprung, ABl. Nr. L 148 vom 28.6.1968.

VERORDNUNG (EWG) 2092/91 des Rates über den ökologischen Landbau und die entsprechende Kennzeichnung der landwirtschaftlichen Erzeugnisse und Lebensmittel, zuletzt geändert durch die Verordnung 1804/1999/EG, ABl. L 198 vom 22.7.1991 und L 222 vom 24.8.1999.

VERORDNUNG (EWG) 94/92 der Kommission vom 14. Januar 1992 mit Durchführungsbestimmungen zur Regelung der Einfuhren aus Drittländern gemäß der Verordnung (EWG) Nr. 2092/91 über den ökologischen Landbau und die entsprechende Kennzeichnung der landwirtschaftlichen Erzeugnisse und Lebensmittel, ABl. L 011 vom 17.1.1992.

VERORDNUNG (EWG) 2081/92 des Rates vom 14. Juli 1992 zum Schutz von geographischen Angaben und Ursprungsbezeichnungen für Agrarerzeugnisse und Lebensmittel, ABl. L 208 vom 24.7.1992.

VERORDNUNG (EWG) 2082/92 des Rates vom 14. Juli 1992 über Bescheinigungen besonderer Merkmale von Agrarerzeugnissen und Lebensmitteln, ABl. L 208 vom 24.7.1992.

VERORDNUNG (EG) 820/97 des Rates zur Einführung eines Systems zur Kennzeichnung und Registrierung von Rindern und über die Etikettierung von Rindfleisch und Rindfleischerzeugnissen, ABl. L 117 vom 7.5.1997.

VERORDNUNG (EG) 1760/2000 des Europäischen Parlaments und des Rates vom 17. Juli 2000 zur Einführung eines Systems zur Kennzeichnung und Registrierung von Rindern und über die Etikettierung von Rindfleisch und Rindfleischerzeugnissen sowie zur Aufhebung der Verordnung 820/97/EG des Rates, ABl. L 204 vom 11.8.2000.

RICHTLINIE (EWG) 81/602 des Rates vom 31. Juli 1981 über ein Verbot von bestimmten Stoffen mit hormonaler Wirkung und von Stoffen mit thyreostatischer Wirkung, ABl. L 222 vom 7.8.1981 und als berichtigte Fassung ABl. L 087 vom 2.4.1992.

RICHTLINIE (EWG) 84/450 des Rates vom 10. September 1984 zur Angleichung der Rechts- und Verwaltungsvorschriften der Mitgliedstaaten über irreführende Werbung, ABl. Nr. L 250 vom 19.9.1984.

RICHTLINIE (EWG) 88/146 des Rates vom 7. März 1988 zum Verbot des Gebrauchs von bestimmten Stoffen mit hormonaler Wirkung im Tierbereich, ABl. L 070 vom 16.3.1988 und ABl. L087 vom 2.4.1992 als berichtigte Fassung.

RICHTLINIE (EG) 96/22 des Rates vom 29. April 1996 über das Verbot der Verwendung bestimmter Stoffe mit hormonaler bzw. thyreostatischer Wirkung und von β-Agonisten in der tierischen Erzeugung und zur Aufhebung der Richtlinien 81/602/EWG, 88/146/EWG und 88/299/EWG, ABl. L 125 vom 23.5.1996.

RICHTLINIE (EG) 96/23 des Rates vom 29. April 1996 über Kontrollmaßnahmen hinsichtlich bestimmter Stoffe und ihrer Rückstände in lebenden Tieren und tierischen Erzeugnissen und zur Aufhebung der Richtlinien 85/358/EWG und 86/469/EWG und der Entscheidungen 89/187/EWG und 91/664/EWG, ABl. L 125 vom 23.5.1996.

RICHTLINIE (EG) 2000/13 des Europäischen Parlaments und des Rates vom 20. März 2000 zur Angleichung der Rechtsvorschriften der Mitgliedstaaten über die Etikettierung und Aufmachung von Lebensmitteln sowie Werbung hierfür, ABl. L 109 vom 6.5.2000.

VORSCHLAG FÜR EINE RICHTLINIE des Europäischen Parlaments und des Rates vom 24.5.2000 zur Änderung der Richtlinie 96/22/EG des Rates über das Verbot bestimmter Stoffe mit hormonaler bzw. thyreostatischer Wirkung und von b-Agonisten in der tierischen Erzeugung, 2000/0132 (COD).

ENTSCHEIDUNG DER EUROPÄISCHEN KOMMISSION vom 27. Oktober 1997 über Umfang und Häufigkeit der in der Richtlinie 96/23/EG des Rates vorgesehenen Probenahmen zum Zweck der Untersuchung in bezug auf bestimmte Stoffe und ihre Rückstände in bestimmten tierischen Erzeugnissen, ABl. 303 vom 6.11.1997.

BESCHLUSS (98/258/EG) des Rates vom 16. März 1998 über den Abschluss des Abkommens zwischen der Europäischen Gemeinschaft und den Vereinigten Staaten von Amerika über gesundheitspolizeiliche Maßnahmen zum Schutz der Gesundheit von Mensch und Tier im Handel mit lebenden Tieren und Tierprodukten, ABl. 118 vom 21.04.1998.

VERTRAG VON AMSTERDAM 1999, Texte des EU-Vertrages und des EG-Vertrages mit den deutschen Begleittexten, Presse- und Informationsamt der Bundesregierung, 3. Auflage, Bonn.

Übereinkommen der WTO/ des GATT

GATT (1994): The Results of the Uruguay Round of Multilateral Trade Negotiations, The Legal Texts, Geneva.

GATT (1947): Allgemeines Zoll- Handelsabkommen GATT 1947, vom 30. Oktober 1947 in der vom 1. März 1969 an geltenden Fassung, BGBl. 1951 II S. 173.

WTO (1994): Die Ministerentscheidung von Marrakesh über Handel und Umwelt vom 15. April 1994, verfügbar unter: http://www.wto.org/wto/english/tratop_e/envir_e/issu5_e.htm, Stand Juli 2001.

WTO (1994): Das Rahmenübereinkommen der WTO. Übereinkommen zur Errichtung der Welthandelsorganisation (WTO) vom 15. April 1994, ABl. 1994 L 336/3.

WTO (1994): Mechanismus zur Überprüfung der Handelspolitik vom 15. April 1994, ABl. 1994 L 336/251.

WTO (1994): Vereinbarung über Regeln und Verfahren zur Beilegung von Streitigkeiten (DSU) vom 15. April 1994, ABl. 1994 L 336/234.

WTO (1994): Übereinkommen über Ursprungsregeln vom 15. April 1994, ABl. 1994 L 336/144.

WTO (1994): Übereinkommen über Subventionen und Ausgleichsmaßnahmen vom 15. April 1994, ABl. 1994 L 336/156.

WTO (1994): Übereinkommen zur Durchführung des Artikels VI des Allgemeinen Zoll- und Handelsabkommens 1994 vom 15. April 1994, ABl. 1994 L 336/103.

WTO (1994): Übereinkommen über die Anwendung gesundheitspolizeilicher und pflanzenschutzrechtlicher Maßnahmen vom 15. April 1994, ABl. 1996 L336/ 40.

WTO (1994): Übereinkommen über die Landwirtschaft vom 15. April 1994, ABl. 1994 L 336/22.

WTO (1994): Übereinkommen über handelsbezogene Aspekte der Rechte des geistigen Eigentums (TRIPS) vom 15. April, ABl. 1994 L 336/213.

WTO (1994): Übereinkommen über technische Handelshemmnisse vom 15. April 1994, ABl. 1994 L336/86.

WTO (1994): Allgemeines Übereinkommen über den Handel mit Dienstleistungen (GATS) vom 15. April 1994, ABl. 1994 L 336/190.

Dokumente aus GATT/ WTO-Streitverfahren

GATT (1991): Tuna I - United States – restrictions on import of tuna, DS21/R-395/155, 3. September 1991.

GATT (1994): Tuna II - United States – restrictions on import of tuna, DS29/R-395/155, 16. Juni 1994.

WTO (1997): EC Measures Concerning Meat and Meat Products (Hormones), Complaint by the United States, Report of the Panel, WT/DS26/R/USA, 18. August 1997.

WTO (1998): EC Measures Concerning Meat and Meat Products (Hormones), Report of the Appellate Body, WT/DS26/AB/R, 16. Januar 1998.

WTO (1999): European Communities - Measures Concerning Meat and Meat Products (Hormones), Original Complaint by the United States, Recourse to Arbitration by the European Communities under Article 22.6 of the DSU - Decision by the Arbitrators, WT/DS26/ARB, 99-2855, 12. Juli 1999.

WTO (1998): United States – Import Prohibition on certain shrimp and shrimp products, Report of the Appellate Body, WT/DS58/AB/R, 12. Oktober 1998.

WTO (1999): Japan – Measures affecting agricultural products, Report of the Appellate Body, WT/DS76/AB/R, 22. Februar 1999.

WTO (2001): United States – Import Prohibition on certain shrimp and shrimp products, Report of the Panel, WT/DS58/RW, 15. Juni 2001.

Zeitungen

o.V. (1989): Teileinigung im Hormonkonflikt, *Agra-Europe* Nr. 19, Europa-Nachrichten 11, 8. Mai 1989.

o.V. (2000): EU bei Hormonstreit mit USA beharrlich, *Ernährungsdienst* Nr. 40, 27. Mai 2000, S. 1.

o.V. (2000): EU-Kommission bringt Bewegung in den Rindfleischstreit, *Agra-Europe* Nr. 22, Europa-Nachrichten 13, 29. Mai 2000.

o.V. (2000): Handelsstreit auch nach EU-USA-Gipfel, *Ernährungsdienst* Nr. 42, 3. Juni 2000, S. 1.

o.V. (2000): US-Importeure lehnen Strafzölle für EU ab, *Ernährungsdienst* Nr. 56, 26. Juli 2000, S. 1.

o.V. (2000): Israel und Palästinensische Autonomie, *AW Kurznachrichten* der Internationalen Wirtschaft L48/August 2000, S. 14.

o.V. (2000): Transatlantischer Agrarhandel weiterhin problematisch, *Agra-Europe* Nr. 32, Europa-Nachrichten 3, 7. August 2000.

o.V. (2000): WTO-Leitlinien für sanitären Außenschutz beschlossen, *Agra-Europe* Nr. 32, Kurzmeldungen 26, 7. August 2000.

o.V. (2000): Neue Produkte im Strafzoll-Karussel, *Ernährungsdienst* Nr. 69, 9. September 2000, S. 3.

o.V. (2000): USA sind kein Musterknabe des Welthandels, *Agra-Europe* Nr. 37, Europa-Nachrichten 8, 11. September 2000.

o.V. (2000): Fleisch in den USA besser kontrolliert, *Ernährungsdienst* Nr. 75, 30. September 2000, S. 2.

o.V. (2000): Lösung des Hormonstreits in Sicht, *Ernährungsdienst* Nr. 79, 18. Oktober 2000, S. 1.

o.V. (2000): Lösung des Rindfleischstreits in greifbarer Nähe, *Agra-Europe* Nr. 43, Europa-Nachrichten 2, 20.Oktober 2000.

o.V. (2000): Verbraucher sehen keine persönliche Gefährdung durch BSE, Pressemitteilung, *Rheingold/ Institut für qualitative Markt- und Medienanalysen*, 18. Dezember 2000.

o.V. (2001): Konsumenten fühlen sich mitschuldig, *Lebensmittelzeitung*, 5. Januar 2001, S. 26.

o.V. (2001): Umweltausschuss unterstützt EU-Kommission im Rindfleischstreit, *Agra-Europe* Nr. 3, Europa-Nachrichten 11, 15. Januar 2001.

o.V. (2001): EU-Agrarminister erwägen Beitritt der Gemeinschaft zum Codex Alimentarius, *Agra-Europe* Nr. 10, Kurzmeldungen 25, 5. März 2001.

o.V. (2001): Handelsstreit bedroht deutsche Nahrungsmittelexporte in die USA, *Agra-Europe* Nr. 12, Kurzmeldungen 7, 19. März 2001.

o.V. (2001): Staatliche Förderung des ökologischen Landbaus ist gerechtfertigt, *Agra-Europe* Nr. 15, Länderberichte 20-21, 9. April 2001.

Sonstige Quellen

Internetdokumente

AGRICULTURE AND AGRI-FOOD CANADA (Hrsg.): Growth Hormones/ Antibiotics, verfügbar unter: http://atn-riae.agr.ca/public/htmldocs/e2833.htm, Stand Mai 2001.

AMERICAN UNIVERSITY WASHINGTON D.C. (Hrsg.): TED Case Studies – Shrimp and Turtle, verfügbar unter: http://www.american.edu/projects/mandala/TED/shrimp2.htm, Stand Mai 2001.

CODEX ALIMENTARIUS COMMISSION (Hrsg.): Understanding the Codex Alimentarius, verfügbar unter: http://www.fao.org/docrep/w9114e/W9114e03.htm, Stand April 2001.

CODEX ALIMENTARIUS COMMISSION (Hrsg.): Organization Chart Codex Alimentarius, verfügbar unter: ftp://ftp.fao.org/codex/manual/cac_org.pdf, Stand April 2001.

CODEX ALIMENTARIUS COMMISSION (Hrsg.): Procedures for the Elaboration of Codex Standards and Related Texts, verfügbar unter: http://www.codexalimentarius.net/proced1.htm, Stand April 2001.

CODEX ALIMENTARIUS COMMISSION (Hrsg.): Rules of Procedure of the Codex Alimentarius Commission, verfügbar unter: http://www.codexalimentarius.net/manual/rules.htm, Stand April 2001.

CODEX ALIMENTARIUS COMMISSION (Hrsg.): The Codex system: FAO, WHO and the Codex Alimentarius Commission, verfügbar unter: http://www.fao.org/docrep/w9114e/W9114e04.htm, Stand April 2001.

CODEX ALIMENTARIUS COMMISSION (Hrsg.): Codex Alimentarius: Veterinary Drug Residues in Food, Maximum Residue Limits. verfügbar unter: http://apps1.fao.org/servlet/org.fao.waicent.codex.VetDrugServlet, Stand September 2001.

SEA TURTLE RESTORATION PROJECT (Hrsg.): STRP in the news 01/30/01- Turtle-Safe Certification Program Suspended, verfügbar unter: http://www.seaturtles.org/strp_news.cfm, Stand Mai 2001.

USDA (Hrsg.): Schedule CXL – European Communities, Part I-Most-Favoured-Nation Tariff, Section I: Agricultural Productions/Section I-A Tariffs, verfügbar unter: http://www.fas.usda.gov/wto/eu, Stand Dezember 2000.

USDA (Hrsg.): Bovine Spongiform Encephalopathy (BSE) – new information, verfügbar unter: http://www.aphis.usda.gov/oa/bse, Stand Juli 2001.

USDA (Hrsg.): Historical U.S. Import & Export Data, verfügbar unter: http://www.fas.usda.gov/dlp/histdat.html, Stand September 2001.

WTO (Hrsg.): Members and Observers, verfügbar unter: http://www.wto.org/english/thewto_e/whatis_e/tif_e/org6_e.htm, Stand August 2001.

WTO (Hrsg.): What is the WTO, verfügbar unter: http://www.wto.org/english/thewto_e/whatis_e/whatis_e.htm, Stand August 2001.

WTO (Hrsg.): List of Panel and Appellate Body Reports, verfügbar unter: http://www.wto.org/english/tratop_e/dispu_e/distab_e.htm, Stand August 2001.

WTO (Hrsg.): Environment – disputes: United States – Import Prohibition of certain shrimp and shrimp products, verfügbar unter: http://www.wto.org/english/tratop_e/envir_e/edis08_e.htm, Stand April 2001.

Telefonische und schriftliche Auskünfte

Telefonische Auskunft von Herrn W. HÄßEL, Referat 614 im Bundesministerium für Verbraucherschutz, Ernährung und Landwirtschaft BMVEL am 10.5.2001.

Schriftliche Auskunft von Herrn E. SHAVIT, Wirtschaftsattaché der Landwirtschaftsabteilung in der Israelischen Botschaft von Belgien am 13.6.2001.

8 Anhang

Anhang 1: Chronologie multinationaler Regelungen im Bereich von umweltbezogenem Labelling

1991	• OECD-Studie „Environmental Labelling in OECD Countries“:
	- Definition von “Umwelt-Labelling”
	- Bestimmung von drei Label-Kategorien
	  - Lebenszyklus-Label (= “Umwelt-Labelling”)
	  - Einzelkennzeichen-Label
	  - negative Label

1992	• GATT Sekretariat:
	- umfassendere Definition von Umwelt-Labelling
	  - Lebenszyklus-Label
	  - Einzelkennzeichen-Label
	  - negative Label

1993	• Sekretariat der UNCTAD: - Gleichsetzung der Begriffe Umwelt- und Öko-Labelling als Lebenszyklus-Label
1993	• GATT Sekretariat: - strikte Definition von Lebenszyklus-Label als Öko-Label

1994	• OECD-Studie „Life-Cycle Management and Trade“:
	- Definition für Umwelt- und Öko-Labelling entsprechend GATT-Verständnis
	  - Lebenszyklus-Label (= “Öko-Label”)
	  - freiwillige Einzelkennzeichen-Label
	  - rechtsverbindliche Einzelkennzeichen-Label (= negative Label)

1994	• ISO:
	- Kategorisierung von Labels (= Standards für Label)
	  - Typ I: Lebenszyklus-Label
	  - Typ II: selbstzertifizierte Label der Hersteller, bezogen auf individuelle, ökologische Charakteristika der Produkte
	  - Typ III: Umweltlabel für Produkte, die die Kriterien einer unabhängigen, wissenschaftlichen Bemessung erfüllen

Quelle: Vgl. APPLETON, A.E. (1997): Environmental Labelling Programmes ..., a.a.O., S. 78, S. 1-11.

Anhang 2: Chronologie des Labelling von Lebensmitteln in den USA

1906	• *Federal Pure Food and Drugs Act* und *Federal Meat Inspection Act*: - Auftrag Bundesregierung: Sicherheit und Qualität von Lebensmitteln • Gesetz über Lebens- und Arzneimittel: - Verbot über den Verkauf von falsch gekennzeichneten, verfälschten Lebensmitteln
1913	• *Gould Amendment*: - verpflichtende Mengenangabe auf Lebensmittelverpackungen
1924	• Urteil Bundesgerichtshof: - Missbilligung von täuschenden Erklärungen und Darstellungen entsprechend Lebensmittel- und Arzneimittelgesetz
1938	• *Federal Food, Drug and Cosmetic Act:* - ersetzt das Gesetz über Lebens- und Arzneimittel von 1906 - Kennzeichnung von verarbeiteten und verpackten Lebensmitteln (Name, Nettogewicht, Namen und Adresse des Herstellers oder des Zwischenhändlers) - Verbot falscher oder irreführender Kennzeichnungen
1957	• *Poultry Products Inspection Act*: - Aufgabe USDA: u.a. Regulation der Kennzeichnung von Geflügelprodukten
1966	• *Fair Packaging and Labeling Act*: - präzise Informationen auf Konsumprodukten im internationalen Handel
1975	• Inkrafttreten von freiwilligem Nahrungslabelling
1990	• *Dolphin Protection Consumer Information Act:* - Label: "dolphin-safe" • *Organic Food Production Act* - Einführung eines Bundesprogramms zur Zertifizierung von organischen Lebensmitteln • Vorschlag zu *Nutrition Labelling and Education Act:* - rechtsverbindliche Kennzeichnung - standardisierte Mengenkennzeichnung
1994	• *Dietary Supplement Health and Education Act (DSHEA):* - definiert Nahrungsergänzungsmittel als Lebens- und nicht als Arzneimittel
1997	• Vorschlag zur Richtlinie über nationale organische Lebensmittelstandards - in Übereinstimmung mit *Organic Food Production Act*
1999	• Vorschlag zur rechtsverbindlichen Kennzeichnungspflicht für Lebensmittel mit biotechnologischen Inhaltsstoffen
2000	• Zweiter Vorschlag zur Richtlinie über nationale organische Lebensmittelstandards - Herausnahme strittiger Inhalte: Gentechnik, Klärschlamm • Vorschlag zur rechtsverbindlichen Kennzeichnungspflicht für Lebensmittel mit biotechnologischen Inhaltsstoffen

Quelle: Vgl. GOLAN, E., KUCHLER, F., MITCHELL, L. (2000): Economics of Food Labelling..., a.a.O.

Anhang 3: Chronologie des Labelling von Lebensmitteln in der EU

1979	• Richtlinie 79/112/EWG des Rates vom 18. Dezember 1978 zur Angleichung der Rechtsvorschriften der Mitgliedstaaten über die Etikettierung und Aufmachung von Lebensmitteln sowie die Werbung hierfür
1983	• Richtlinie 83/463/EWG der Kommission vom 22. Juli 1983 mit Übergangsbestimmungen über die Angabe bestimmter Zutaten in der Etikettierung von für den Endverbraucher bestimmten Lebensmitteln
1991	• Verordnung des Rates (EWG) Nr. 2092/91 vom 24. Juni 1991 über den ökologischen Landbau und die entsprechende Kennzeichnung der landwirtschaftlichen Erzeugnisse und Lebensmittel
1992	• Verordnung (EWG) Nr. 2081/92 zum Schutz von geographischen Angaben und Ursprungsbezeichnungen für Agrarerzeugnisse und Lebensmittel • Verordnung des Rates (EWG) Nr. 2082/92 vom 14. Juli 1992 über Bescheinigungen besonderer Merkmale von Agrarerzeugnissen und Lebensmitteln
1994	• Richtlinie 94/54/EG der Kommission vom 18. November 1994 über Angaben, die zusätzlich zu den in der Richtlinie 79/112/EWG des Rates aufgeführten Angaben auf dem Etikett bestimmter Lebensmittel vorgeschrieben sind
1996	• Verordnung (EG) Nr. 2400/96 der Kommission vom 17. Dezember 1996 zur Eintragung bestimmter Bezeichnungen in das Verzeichnis der geschützten Ursprungsbezeichnungen und der geschützten geographischen Angaben für Agrarerzeugnisse und Lebensmittel gemäß Verordnung (EWG) Nr. 2081/92 des Rates.
1997	• Verordnung (EG) Nr. 820/97 des Rates vom 21. April 1997 zur Einführung eines Systems zur Kennzeichnung und Registrierung von Rindern und über die Etikettierung von Rindfleisch und Rindfleischerzeugnissen
1999	• Richtlinie 1999/10/EG der Kommission vom 8. März 1999 über Ausnahmen von Artikel 7 der Richtlinie 79/112/EWG des Rates hinsichtlich der Etikettierung von Lebensmitteln
2000	• Verordnung (EG) Nr. 50/2000 der Kommission vom 10. Januar 2000 über die Etikettierung von Lebensmitteln und Lebensmittelzutaten, die genetisch veränderte oder aus genetisch veränderten Organismen hergestellte Zusatzstoffe und Aromen enthalten • Richtlinie 2000/13/EG des Europäischen Parlaments und des Rates vom 20. März 2000 zur Angleichung der Rechtsvorschriften der Mitgliedstaaten über die Etikettierung und Aufmachung von Lebensmitteln sowie die Werbung hierfür (ersetzt 79/112/EWG)

Quelle: Eigene Auswahl.

Des weiteren bestehen zahlreiche vertikale Regelungen zur Angleichung der in den Mitgliedstaaten bestehenden Vorschriften, wie. z.B. die Richtlinie 2000/36/EG des Europäischen Parlaments und des Rates vom 23. Juni 2000 über Kakao- und Schokoladeerzeugnisse für die menschliche Ernährung.

Anhang 4a: **Konfliktpotenziale in agrarrelevanten Streitverfahren seit GATT 1947** (Stand August 2001)

Helle Schraffur: Für Analogien zum Hormonstreit verwendete Fälle zur Klärung der „Interpretation der Produktgleichheit“
Dunkle Schraffur: Urteile, die Produktunterscheidung anerkennen

1. GATT – Fälle bis 1995

Jahr	Streitfall	Beklagter	Kläger	Vertragsgrundlage	Konfliktpotenzial	Konsultation	Entscheid
							Panel
1950	Verbrauchssubvention Ammoniumsulfat (BISD II/188)	Australien	Chile	GATT XXIII	Schutz von Zugeständnissen		keine Verletzung
1952	Zölle, Steuerausgleich, teilweiser Abbau Mengenbeschränkung für verarbeitete Sardinen (BISD 1S/53)	Deutschland	Norwegen	GATT XII bis XIV	Interpretation der Produktgleichheit		Verletzung
1955	Zölle Getreidestärke und Kartoffelmehl (BISD 3S/77)	Deutschland	Benelux	GATT XIII	Interpretation der Produktgleichheit	Einigung auf Empfehlung Panel	Verletzung
1958	Exporthilfe Weizen und Weizenmehl (BISD 7S/46)	Frankreich	Australien	GATT XVI, 3	Wettbewerbs-verzerrung durch Subventionen		Verletzung
1962	Zoll Kartoffeln (BISD 11S/88)	Kanada	USA	GATT II,1a	Interpretation der Produktgleichheit		Verletzung
1972	Dollarzölle div. Produkte (BISD 20S/236)	UK	USA	GATT XI, XIII	Interpretation der Produktgleichheit		Verletzung
1975	Importquoten Eier (BISD 23S/91)	Kanada	USA	GATT XI	Interpretation der Produktgleichheit		keine Verletzung, aber: keine Annahme durch Veto
1976	**Unterstützung inl. Futterproteine: Verkaufsvorgaben BISD 25S/49)**	**EU**	**USA**	**GATT II, III**	**Interpretation der Produktgleichheit**		**keine Verletzung: anerkannte Produktunter-scheidung**
1976	Mindesteinfuhrpreise, Importlizenzen Frucht- und Gemüsekonserven (BISD 25S/49)	EU	USA	GATT II, XI	Interpretation der Produktgleichheit		Verletzung

Jahr	Streitfall	Beklagter	Kläger	Vertragsgrundlage	Konfliktpotenzial	Konsultation	Entscheid
							Panel
1978	Exporterstattung Zucker (BISD 26S/290)	EU	Australien	GATT XVI	Wettbewerbs-verzerrung durch Subventionen		keine Verletzung
1979	Exporterstattung Zucker (BISD 27S/69)	EU	Brasilien	GATT XVI	Wettbewerbs-verzerrung durch Subventionen		Verletzung
1979	Importbegrenzung Äpfel (BISD 27S/98)	EU	Chile	GATT XI, XIII, XXIII	Interpretation der Produktgleichheit		Verletzung
1980	Abschöpfung, Zoll Rindfleisch (BISD 28S/92)	EU	Kanada	GATT I, II	Interpretation der Produktgleichheit		Verletzung
1980	Zoll Geflügel (BISD 28S/90)	UK	USA	GATT III	Interpretation der Produktgleichheit		Verletzung
1980	Importverbot Thunfisch(produkte) (BISD 29S/91)	USA	Kanada	GATT XI, XX(g)	Interpretation der Produktgleichheit		Verletzung
1981	Zoll ungerösteter Kaffee (BISD 28S/102)	Spanien	Brasilien	GATT I	Interpretation der Produktgleichheit		Verletzung
1983	Zuteilung Importquote Zucker (BISD 31S/67)	USA	Nicaragua	GATT XIII	Interpretation der Produktgleichheit		Verletzung
1985	"Industrie"definition zur Untersuchung der Gewährung von Gegenmaßnahmen bei Weinen und Trauben (BISD 39S/436)	USA	EU	Agreement on Interpretation and Application of Articles VI, XVI and XXIII, Art. 6:5, 19:5	Wettbewerbs-verzerrung durch Subventionen		Verletzung
1986	Importquoten auf div. Produkte (BISD 35S/163)	Japan	US	GATT XI	Interpretation der Produktgleichheit		Verletzung
1986	Untersuchungsanfrage der Gewährung von Gegenmaßnahmen gegen kanad. Holz (BISD 34S/194)	US	Kanada	Agreement on Interpretation and Application of Articles VI, XVI and XXIII	Wettbewerbs-verzerrung durch Subventionen	einvernehmliche Lösung	
1987	Anwendung Zölle, Steuern, Label auf Importe von Wein und alkoholische Getränke (BISD 34S/83)	Japan	EU	GATT III, IX:6	Interpretation der Produktgleichheit		Verletzung GATT III keine Verletzung GATT IX:6

Jahr	Streitfall	Beklagter	Kläger	Vertragsgrundlage	Konfliktpotenzial	Konsultation	Entscheid
							Panel
1987	Exportbeschränkung unverarbeiteter Hering und Lachs (BISD 35S/98)	Kanada	USA	GATT XI, XX b,g	Interpretation der Produktgleichheit		Verletzung
1988	Importquoten Äpfel II (BISD 36S/93)	EU	Chile	GATT X, XI, XIII	Interpretation der Produktgleichheit		Verletzung
1988	Importbeschränkung Äpfel (BISD 36S/135)	EU	USA	GATT X, XI, XIII	Interpretation der Produktgleichheit		Verletzung
1988	Importbeschränkung Rindfleisch (BISD 36S/234)	Korea	Neuseeland	GATT XI, XVIII	Interpretation der Produktgleichheit		Verletzung
1988	Importbeschränkung Rindfleisch (BISD 36S/202)	Korea	Australien	GATT XI, XVIII	Interpretation der Produktgleichheit		Verletzung
1988	Importbeschränkung Rindfleisch (BISD 36S/268)	Korea	USA	GATT XI, XVIII	Interpretation der Produktgleichheit		Verletzung
1988	Importbeschränkung Speiseeis und Joghurt (BISD 36S/68)	Kanada	USA	GATT XI:2(c)(i)	Interpretation der Produktgleichheit		Verletzung
1988	**Zölle spezif. kanad. Holzsorte (BISD 36S/167)**	**Japan**	**Kanada**	**GATT I**	**Interpretation der Produktgleichheit**		**keine Verletzung: anerkannte Produkt-unterscheidung**
1988	Ölsaaten- und Proteinsubventionen an Produzenten und Verbraucher (BISD 37S/86)	EU	USA	GATT III:4	Interpretation der Produktgleichheit		Verletzung
1988	Importbeschränkung Zucker (BISD 36S/331)	USA	Australien	GATT XI:1, II:1(b)	Interpretation der Produktgleichheit		Verletzung
1989	Gegenmaßnahmen bei kanad. Schweinefleisch (BISD 38S/30)	USA	Kanada	GATT, VI:3	Interpretation der Produktgleichheit		Verletzung
1989	**Importbeschränkung Zucker und zuckerhaltige Produkte (BISD 37S/228)**	**USA**	**EU**	**GATT XI US-Waiver 1955**	**Interpretation der Produktgleichheit**		**keine Verletzung, wegen „Waiver“**

Jahr	Streitfall	Beklagter	Kläger	Vertragsgrundlage	Konfliktpotenzial	Konsultation	Entscheid
							Panel
1990	Anfrage: Artikel XXVIII (Aussetzung von Zugeständnissen gegenüber einer Nicht-Vertragspartei) in Bezug auf Weizen (BISD 37S/80)	Kanada	EU	Bilaterale Weizenabkommen und Zusammenhang mit GATT XXIV:6	Normenhierachie: Vorrang GATT	Rückkehr zum Schieds-verfahren	
1991	**Importbeschränkung auf Thunfisch („Tuna-Dolphin-Case")**	**USA**	**Mexiko**	**GATT III, XI:1, XX(b),(g),(d)**	**Interpretation der Produktgleichheit**		**Verletzung, aber Panel nicht angenommen (bilaterale Einigung USA-Mexiko)**
1991	Ausgleichsabgaben auf Alkoholische und Malzgetränke (BISD 39S/411)	USA	Kanada	III:2	Interpretation der Produktgleichheit		Verletzung
1991	Verkaufsregelungen alkoholische Getränke (BISD 39S/27)	Kanada	USA	III, XI, XXIV	Interpretation der Produktgleichheit		Verletzung
1991	Gegenmaßnahmen auf US-Getreide-Importe (BISD 39S/411)	Kanada	USA	Artikel 6 SCM	Wettbewerbs-verzerrung durch Subventionen		Verletzung
1991	Gegenmaßnahme bei Importen von Holz (BISD 40S/358)	USA	Kanada	Agreement on Interpretation and Application of Articles VI, XVI and XXIII , 5:1, 4:6 SCM	Wettbewerbs-verzerrung durch Subventionen		Verletzung
1991	Ölsaaten- und Proteinsubventionen an Produzenten und Verbraucher I (BISD 39S/91)	EU	USA	tariff concessions for oilseeds under Article XXVIII III:4	Interpretation der Produktgleichheit		Verletzung Zoll
1991	Anti-Dumping-Abgaben auf Importe von Atlantiklachs (ADP/87)	USA	Norwegen	Agreement on Implementation of Article VI, 2.4, 2.6, 6.8	Interpretation der Produktgleichheit		Verletzung nur bzgl. Höhe
1991	Gegenmaßnahmen bei Importen von Atlantiklachs (SCM/153)	USA	Norwegen	Agreement on Interpretation and Application of Articles VI, XVI and XXIII, Article 11	Wettbewerbs-verzerrung durch Subventionen		Verletzung nur bzgl. Höhe

Jahr	Streitfall	Beklagter	Kläger	Vertragsgrundlage	Konfliktpotenzial	Konsultation	Entscheid
							Panel
1993	Importbeschränkungen bei Äpfeln (DS39/R)	EU	Chile	GATT XXIII:2	Schutz von Zugeständnissen	bilaterale Einigung	
1993	Gegenmaßnahmen auf Milchpulver und Milchprodukte der EU (SCM/179)	Brasilien	EU	Agreement on Interpretation and Application of Articles VI, XVI and XXIII, 5:1, 1, 6:1-4	Wettbewerbs-verzerrung durch Subventionen		Verletzung
1994	**Importbeschränkung auf Thunfisch**	**USA**	**EU, Nieder-lande**	**GATT III, XI:1, XX(b),(g),(d)**	**Interpretation der Produktgleichheit**		**Verletzung, aber Panel nicht angenommen**

Quelle: Eigene Darstellung.

Verfahren nach WTO (Hrsg.): List of Panel and Appellate Body Reports, verfügbar unter: http://www.wto.org/english/tratop_e/dispu_e/distab_e.htm

2. WTO-Fälle ab 1995

Schraffur: Für Analogien zum Hormonstreit verwendete Fälle zur Klärung der „Interpretation der Produktgleichheit"

Jahr	Streitfall	Beklagter	Kläger	Vertragsgrundlage	Konfliktpotenzial	Konsultation	Entscheid		
							Panel	AB	Arbitration
1996	Alkoholsteuer (WT/DS8/AB/R, WT/DS10/AB/R, WT/DS11/AB/R)	Japan	USA, Kanada, EU	GATT III:2	Interpretation der Produktgleichheit		Verletzung	bestätigt Panel-Entscheid	I. 30.7.1997: beiderseitig akzeptable Lösung II. 14.2.1998: Änderung innerhalb von 15 Monaten
1997	Maßnahmen (Zoll) auf getrocknete Kokosnüsse (WT/DS22/AB/R)	Brasilien	Philippinen	GATT VI, I, II, AoA	Dumping		1996:keine Entschei-dung (GATT VI, I, II, AoA nicht anwendbar)	bestätigt Panel-Entscheid	
	Regelungswerk Bananenimport, -verkauf, -verteilung (WT/DS27/AB/R)	EU	Ecuador, Guatemala, Honduras, Mexiko, USA	Artikel I:1, III:4, X:3, XIII:1 GATT, II, XVII GATS, Artikel 1.2, 1.3 Licensing Agreement	Interpretation der Produktgleichheit		Verletzung	bestätigt Panel-Entscheid GATS XVII ausgeschlossen, keine Verletzung XIII:1 GATT	I. 7.1.1998: Einhaltung innerhalb von 15 Monaten II. 2.4.1999: USA erlaubte Strafzölle US$ 191,4 Millionen

Jahr	Streitfall	Beklagter	Kläger	Vertragsgrundlage	Konfliktpotenzial	Konsultation	Entscheid		
							Panel	AB	Arbitration
1998	Importverbot Rindfleisch und Rindfleischprodukte („Hormone-Case“) (WT/DS26/AB/R, WT/DS48/AB/R)	EU	USA, Kanada	3.1, 3.3, 5.1, 5.5, SPS	Interpretation der Produktgleichheit Risikoperzeption/ Vorsorgeprinzip		Verletzung	keine Verletzung 5.5	I. 29.5.1998: Einhaltung innerhalb von 15 Monaten II. 12.7.1999: erlaubte Strafzölle USA: US$ 116,8 Millionen pro Jahr Kanada: CDN$ 11.3 Millionen pro Jahr
1998	Importverbot auf Krabben und Krabbenprodukte (WT/DS58/AB/R) („Shrimps-Turtle“ Case)	USA	Indien, Malaysia, Pakistan, Thailand	GATT XI:1, XX	Interpretation der Produktgleichheit		Verletzung	bestätigt Panel-Entscheid, aber: *XX extraterritorial anwendbar*	
	Importbeschränkung Lachs (WT/DS18/AB/R)	Australien	Kanada	Panel: Artikel 5.1, 5.5, 5.6, 2.2, 2.3 SPS	Interpretation der Produktgleichheit Risikoperzeption Vorsorgeprinzip		Verletzung	Verletzung Artikel 2.2, 2.3, 5.5 (nicht 6.1, 5.1)	23.2.1999: Einhaltung bzw. Änderung innerhalb von 8 Monaten

Jahr	Streitfall	Beklagter	Kläger	Vertragsgrundlage	Konfliktpotenzial	Konsultation	Entscheid		
							Panel	AB	Arbitration
1999	Alkoholsteuer (WT/DS75/AB/R, WT/DS84/AB/R)	Korea	EU, USA	GATT Artikel III:2	Interpretation der Produktgleichheit		Verletzung	bestätigt Panel-Entscheid	4.6.1999: Einhaltung bzw. Änderung innerhalb von 11 und 2 Wochen Monaten
	Maßnahmen (Quarantäne) auf landwirtschaftliche Produkte (the varietal testing requirement) (WT/DS76/AB/R)	Japan	USA	2.2, 5.6, 5.7, 7 (Paragraph 1, Annex B) SPS	Risikoperzeption Vorsorgeprinzip		Verletzung	bestätigt Panel-Entscheid, aber zusätzlich Verletzung 5.1 SPS, keine Verletzung 5.6 SPS	
	Importbeschränkung u.a. auch landwirtschaftlicher Produkte (WT/DS90/AB/R)	Indien	USA	GATT XI:1, XVIII:11, XVIII:B, 4.2 AoA	Interpretation der Produktgleichheit		Verletzung	bestätigt Panel-Entscheid	
	Maßnahmen Milchimport, Export Milchprodukte (Subventionen) (WT/DS103/AB/R WT/DS113/AB/R)	Kanada	USA, Neuseeland	Artikel II, X, XI,XIII GATT, Artikel 3, 4, 8, 9, 10 AoA, Artikel 3 SCM, Artikel 1, 2, 3 Agreement on Import Licensing Procedures	Interpretation der Produktgleichheit		Verletzung	Verletzung (gleiche Artikel, andere Begründung)	
	Alkoholsteuer (WT/DS87/AB/R, WT/DS110/AB/R)	Chile	EU	GATT 1994 [Artikel III:2] Artikel 3.8 DSU	Interpretation der Produktgleichheit		Verletzung	bestätigt Panel-Entscheid	
	Alkoholsteuer (WT/DS87/AB/R, WT/DS110/AB/R)	Chile	EU	GATT Artikel III:2	Interpretation der Produktgleichheit		Verletzung	bestätigt Panel-Entscheid	

Jahr	Streitfall	Beklagter	Kläger	Vertragsgrundlage	Konfliktpotenzial	Konsultation	Entscheid		
							Panel	AB	Arbitration
1999	Sicherheitsmaß-nahmen Import von Milchprodukten (WT/DS98/AB/R)	Korea	EU	Artikel 4.2(a), 5, 12.1 Agreement of Safeguards	inländischer Marktschutz		Verletzung	keine Entschei-dung, ob Verstoß gegen GATT XIX, 5 Agree-ment of Safe-guards	
2000	Antidumping High Fructose Corn Syrup (WT/DS132/R)	Mexiko	USA	Artikel 3.1. 3.2, 3.4, 3.7, 3.7(i), 7.4, 10.4, 12.2, 12.2.2 AD Agreement	Dumping		Verletzung		
	Importbe-schränkungen auf best. Produkte aus EU [3rd March Measure] (WT/DS165/R)	USA	EU	Gatt Artikel I, II:1(a), II:1(b) 3.7, 21.5, 22.6, 23.1, 23.1 DSU	Interpretation der Produktgleichheit		Verletzung		
	Importbeschränkung Rindfleisch (WT/DS161/R), (WT/DS169/R)	Korea	USA	GATT Artikel II:1(a), III:4, XI, XII, XIII,XIV, XVII, XVIII,XX(d) 3.2, 4.2 AoA	Interpretation der Produktgleichheit Labelling		Verletzung	bestätigt Panel-Entscheid leicht modifiziert	
	Sicherheits-maßnahmen auf Import von Weizengluten (WT/DS166/R)	USA	EU	2.1, 4, 8.1, 12.1, 12.3 Agreement of Safeguards	Inländischer Marktschutz		Verletzung	bestätigt Panel-Entscheid, aber keine Verletzung des Art. 12.1(c)	
	Maßnahmen auf den Export von Rinderfellen und den Import von verarbeitetem Leder (WT/DS155/R)	Argentinien	EU	GATT Art. X:3(a), III:2, XX	Interpretation der Produktgleichheit		Verletzung		

Jahr	Streitfall	Beklagter	Kläger	Vertragsgrundlage	Konfliktpotenzial	Konsultation	Entscheid		
							Panel	AB	Arbitration
2000	Sicherheits-maßnahmen auf Import Lammfleisch (WT/DS177/R) (WT/DS178/R)	USA	Australien, Neuseeland	GATT Art. XIX:1(a), Art. 2.1, 4.1(b),(c) Agreement of Safeguards	Inländischer Wettbewerbsschutz		Verletzung	bestätigt Panel-Entscheid leicht modifiziert	
2001	Importverbot auf Krabbe und Krabbenprodukte (WT/DS58/RW)	USA	Malaysia	GATT Art. IX, XX	Interpretation der Produktgleichheit		Verletzung GATT Art. IX, keine Verletzung XX bei Einhaltung best. Aufl.		

Ohne Agrarbezug

2000	Steuerbehandlung von Verkaufs-gesellschaften "Foreign Sales Corporations" (WT/DS108/R)	USA	EU	Art. 3.1 (a) SCM, Art. 8, 3.3 AoA	Wettbewerbs-verzerrung durch Subventionen		Verletzung [Exportsub-vention nach Art. 9.1(d) AoA]	Verletzung nach Art. 3.1(a) SCM, Art. 8, 10.1 AoA, aber nicht nach 3.3 AoA, da keine Exportsub-vention nach Art. 9.1(d)AoA	
2001	Überprüfung von Verkaufsgesell-schaften "Foreign Sales Corporations" nach US-Gesetzes-änderung (WT/DS108/RW)	USA	EU	Art. 3.1(a) SCM, Art. 8, 10.1 AoA (bzw. 3.3, 8, 9.1 AoA), III:4 GATT	Wettbewerbs-verzerrung durch Subventionen		Verletzung nach Art. 3.1(a) SCM, Art. 8, 10.1 AoA, III:4 GATT		

Quelle: Eigene Darstellung.
Verfahren nach WTO (Hrsg.): List of Panel and Appellate Body Reports, verfügbar unter: http://www.wto.org/english/tratop_e/dispu_e/distab_e.htm, Stand August 2001.

Anhang 4b: Konfliktpotenziale in nicht-abgeschlossenen oder ausgesetzten GATT- bzw. WTO-Fällen

(Stand August 2001)

1. Grundlage GATT-Abkommen

Wechselseitig anerkannte Lösung vor der Errichtung eines Panels

Jahr	Streitfall	Beklagter	Kläger	Vertragsgrundlage	Konfliktpotenzial	Konsultation
1992	Gegenmaßnahmen auf Importe auf glasierte Kirschen aus Italien, Frankreich (SCM/178)	Australien	EU	SCM	Zurücknahme der Klage	
1992	**Gesetz zum verpflichtenden "Labelling" von Tropenholz, Anhebung der Zölle für Tropenholz und Tropenholzprodukte**	**Malaysia Indonesien**	**Österreich**	**GATT Art. I, III**	**Interpretation der Produktgleichheit *Label***	**Aufhebung der Zölle und Gesetz zum verpflichtenden "Labelling" vor Panel-Errichtung**

2. Grundlage SPS-Abkommen:

Wechselseitig anerkannte Lösung vor der Errichtung eines Panels

Jahr	Streitfall	Beklagter	Kläger	Vertragsgrundlage	Konfliktpotenzial	Konsultation
1995	Auflagen zur Haltbarkeit importierter Produkte	Korea	USA	Artikel 2, 5 SPS	Interpretation der Produktgleichheit Risikoperzeption	wechselseitig anerkannte Lösung
1995	Auflagen zur Haltbarkeit und Desinfektion von Flaschenwasser	Korea	Kanada	Artikel 2, 5 SPS		

Ausgesetzte Verfahren: ohne wechselseitige Anerkennung und Errichtung eines Panels

1996	Maßnahmen zur Kontrolle, Prüfung importierter landw. Produkte	Korea	USA	Artikel 2, 5 SPS	Interpretation der Produktgleichheit	
1997	Importverbot für Geflügel und Geflügelprodukte	USA	EU	Artikel 2, 3, 4, 5, 8 und Anhang C SPS	Interpretation der Produktgleichheit Risikoperzeption	
1998	Recovery-System zur Festlegung von Zöllen auf Reis	EU	Indien	Artikel 5 SPS	Risikoperzeption	
1998	Maßnahmen auf den Import von Milchprodukten und Rindviehtransporten	Slowakei	Schweiz	Artikel 5 SPS	Risikoperzeption	
1998	**Maßnahmen auf den Import von Holz von Nadelbäumen**	**EU**	**Kanada**	**Artikel 2, 3, 4, 5, 6 SPS**	Interpretation der Produktgleichheit Risikoperzeption	
1998	Maßnahmen zum Verbot der Ein- oder Durchreise von Rindviehtransporten	USA	Kanada	mehrere Artikel Anhang B und C SPS	Risikoperzeption	

Quelle: Vgl. ZARRILLI, S., JHA, V. (1997): Eco-Labelling Initiatives as Potential Barriers to Trade: A viewpoint from Developing Countries, in: ZARRILLI, S., JHA, V., VOSSENAAR, R. (Hrsg.): Eco- Labelling and International Trade, United Nations Conference on Trade and development, Ipswich, Suffolk, S. 277-295.

Anhang 5: Produktkatalog für die Auswahl von Vergeltungszöllen im „Hormonfleisch-Fall“

Zollklasse (Heading)	**Produkt**
0201	Fleisch boviner Tiere, frisch oder gekühlt
0202	Fleisch boviner Tiere, gefroren
0203	Schweinefleisch, frisch, gekühlt, oder gefroren
0206	Essbarer Abfall boviner Tiere, Schweine, Schafe, Ziegen, Pferde, etc., frisch, gekühlt oder gefroren
0207	Fleisch und essbare Abfälle von Geflügel (Hühner, Enten, Gänse, Puten, und Perlhühner), frisch, gekühlt oder gefroren
02101100	Schinken, Schultern und Stücke mit Knochen, gesalzen, in Salzwasser, getrocknet oder geräuchert
02101200	Bauch (durchwachsen) und Stücke vom Schwein, gesalzen, in Salzwasser, getrocknet oder geräuchert
021012000	Fleisch boviner Tiere, gesalzen, in Salzwasser, getrocknet oder geräuchert
02109020	Fleisch und essbare Abfälle von Hühnern, Gänsen, Puten und Perlhühnern, gesalzen, in Salzwasser, getrocknet oder geräuchert; feines und grobes Mehl von diesen Tieren
02109040	Fleisch und essbare Abfälle, gesalzen, in Salzwasser, getrocknet oder geräuchert, feines oder grobes Mehl
04064020	Roquefort Käse im Originallaib, nicht geraspelt oder pulverisiert , nicht verarbeitet
04064040	Roquefort Käse, anders als im Originallaib, nicht geraspelt oder pulverisiert, nicht verarbeitet
05040000	Därme, Blasen und Mägen von Tieren (andere als Fische), ganz und Teile davon
06039000	Schnittblumen und Blumenknospen, geeignet für Bouquets oder zum Zweck von Verzierungen, getrocknet, gefärbt, gebleicht, imprägniert oder anderweitig aufbereitet
06049100	Laub, Zweige, Teile von Pflanzen ohne Blüten und Knospen, und Gräser, geeignet für Bouquets oder zum Zweck von Verzierungen, frisch
06049930	Laub, Zweige, Teile von Pflanzen ohne Blüten und Knospen, und Gräser, geeignet für Bouquets oder zum Zweck von Verzierungen, getrocknet oder gebleicht
07020020	Tomaten, frisch oder gekühlt, eingeführt zwischen dem 1. März und 14. Juli, oder im Zeitraum vom 1. September bis 14. November in jedem Jahr
07020040	Tomaten, frisch oder gekühlt, eingeführt zwischen dem 15. Juli und dem 31 August in jedem Jahr
07020060	Tomaten, frisch oder gekühlt, eingeführt zwischen dem 15. November und dem letzen Tag im Februar des folgenden Jahres

Zollklasse (Heading)	Produkt
07031040	Zwiebeln, andere als Zwiebelsetzlinge oder Silberzwiebeln nicht größer als 16 mm im Durchmesser und Schalotten, frisch oder gekühlt
07129010	Getrocknete Möhren, ganz, geschnitten, in Scheiben, gebrochen oder als Puder, aber nicht weiter verarbeitet
07129074 und 07129078	Getrocknete Tomaten als Puder Getrocknete Tomaten, ganz, geschnitten, in Scheiben oder gebrochen aber nicht weiter verarbeitet
08024000	Kastanien, frisch oder getrocknet, geschält oder in Schale
09042020	Paprika, getrocknet oder zerstoßen oder gemahlen
1004000	Hafer
11041200	Walzhafer oder Haferflocken
11042200	Hafer, enthüllt, geschliffen, gequetscht, geschnitten, gemahlen oder anders bearbeitet, aber nicht gerollt oder geflockt
15059000	Fettige Substanzen gewonnen aus Wollfett (einschließlich Lanolin)
1601	Würstchen und ähnliche Produkte aus Fleischabfällen oder Blut; Lebensmittel-Präparate auf der Basis dieser Produkte
16021000	Vermischte Präparate aus Fleisch, Fleischabfällen oder Blut
16022020	Aufbereitete oder konservierte Leber von Gänsen
16022040	Aufbereitete oder konservierte Leber von anderen Tieren als Gänsen
16023100	Aufbereitetes oder konserviertes Fleisch oder Fleischabfall von Puten
16023200	Aufbereitetes oder konserviertes Fleisch oder Fleischabfall von Hühnern
16023900	Aufbereitetes oder konserviertes Fleisch oder Fleischabfall von Enten, Gänsen oder Perlhühnern
16024110	Aufbereiteter oder konservierter Schweineschinken und Stücke davon, die Getreide oder Gemüse enthalten
16024120	Schweineschinken und Stücke davon, ohne Getreide und Gemüse, mit Knochen und gekocht und in luftdichte Verpackungen verpackt
16024190	Schweineschinken und Stücke davon, ohne Getreide und Gemüse
16024220	Schweineschultern und Stücke davon, mit Knochen und gekocht und in luftdichte Verpackungen verpackt
16024240	Schweineschultern und Stücke davon, andere als mit Knochen und gekocht und in luftdichte Verpackungen verpackt
16024910	Aufbereitete oder konservierte Abfälle vom Schwein, einschließlich Mischungen
16024920	Anderes Schweinefleisch als Schinken und Schulter und Stücke davon, die kein Getreide oder Gemüse enthalten, mit Knochen und gekocht und in luftdichte Verpackungen verpackt
16024940	Aufbereitetes oder konserviertes Schweinefleisch, ohne Getreide oder Gemüse

Zollklasse (Heading)	Produkt
16024960	Aufbereitetes oder konserviertes Schweinefleisch mit Rindfleisch gemischt
16024990	Aufbereitetes oder konserviertes Schweinefleisch
16025005	Aufbereitete oder konservierte Abfälle boviner Tiere
16024009	Aufbereitetes oder konserviertes Fleisch boviner Tiere, geräuchert oder gepökelt, ohne Getreide oder Gemüse
16025010	Büchsenfleisch in luftdichter Verpackung
16025020	Aufbereitetes oder konserviertes Rindfleisch in luftdichter Verpackung, anderes als Büchsenfleisch, ohne Getreide oder Gemüse
16025060	Aufbereitetes oder konserviertes Fleisch boviner Tiere, ohne Getreide oder Gemüse
16025090	Aufbereitetes oder konserviertes Fleisch boviner Tiere, mit Getreide oder Gemüse
17041000	Kaugummi, ohne Kakao, ob zuckerbeschichtet oder nicht
17049025	Zucker, Konfekt, Hustenbonbons, ohne Kakao
18063100	Schokolade und andere Kakaoprodukte, in Blöcken, Tafeln oder Riegeln, gefüllt, nicht in großen Gebinden
19054000	Zwieback, geröstetes Brot und ähnliche Produkte
20021000	Tomaten, ganz oder in Stücken, anders aufgearbeitet oder konserviert als mit Essig oder Essigsäure
20029040 und 20029080	Tomaten, als Puder, anders aufgearbeitet oder konserviert als mit Essig oder Essigsäure Tomaten (einschließlich Paste und Püree) anders aufbereitet oder konserviert als mit Essig oder Essigsäure
20079905	Preiselbeer- und Himbeermarmelade
20083042	Satsumas – Orangen, aufgearbeitet oder konserviert, in luftdichten Verpackungen verpackt, aggregierte Mengen nicht über 40,000 metrische Tonnen je Kalenderjahr
20083042	Satsuma – Orangen, aufgearbeitet oder konserviert, in luftdichten Verpackungen verpackt, aggregierte Mengen über 40,000 metrische Tonnen je Kalenderjahr
20084000	Birnen, anderweitig aufbereitet oder konserviert
20087000	Pfirsiche (ausschließlich Nektarinen, anderweitig aufbereitet oder konserviert)
20096000	Traubensaft (einschließlich Traubenmost, konzentriert oder nicht)
20098060	Saft von jeder anderen Einzelfrucht (einschließlich Kirschen und Beeren), konzentriert oder nicht
20099040	Fruchtsaftmischungen, oder Mischungen aus Frucht- und Gemüsesäften, konzentriert oder nicht
21013000	Geröstete Zichorie und andere geröstete Kaffeesubstitute und Auszüge, Essenzen und Konzentrate daraus

Zollklasse (Heading)	**Produkt**
21033040	Aufbereiteter Senf
(1)21041000	Suppen und Brühen und Aufbereitungen daraus
22011000	Mineralwasser und mit Luft versetztes Wasser, weder mit Zuckerzusatz oder süßende Stoffe noch mit Geschmack
23099010	Gemischtes Futter oder Zutaten für Futtermischungen, gebräuchlich in Tierfutter
35061050	Produkte, die als Leim oder Klebstoff dienen, die nicht mehr als 1 kg wiegen, hergestellt für den Verkauf im Einzelhandel
55041000	Künstliche Massenfasern, nicht gekartet, gekämmt oder anderweitig verarbeitet zum Spinnen, für Viskose (Kunstseide)
55101100	Garn (anderes als Nähgarn) mit 85 % oder mehr des Gewichts aus künstlichen Fasern, nicht für den Einzelhandel hergestellt
85102000	Haarschneider, mit unabhängigem elektrischem Motor
87112000	Motorräder (einschließlich Mopeds) und Fahrräder, ausgestattet mit einem Verbrennungskolbenmotor mit einer Leistung von über 50 aber nicht mehr als 250 ccm Kolbenhub
87113000	Motorräder (einschließlich Mopeds) und Fahrräder, ausgestattet mit einem Verbrennungskolbenmotor mit einer Leistung von über 250 aber nicht mehr als 500 ccm Kolbenhub

Quelle: Office of the United States Trade Representative (2000): USTR Announces Procedures for Modifying Measures in EC Beef and Bananas Cases, USTR Press Release 00-41, Annex IV.

Anhang 6: Organigramm der WTO

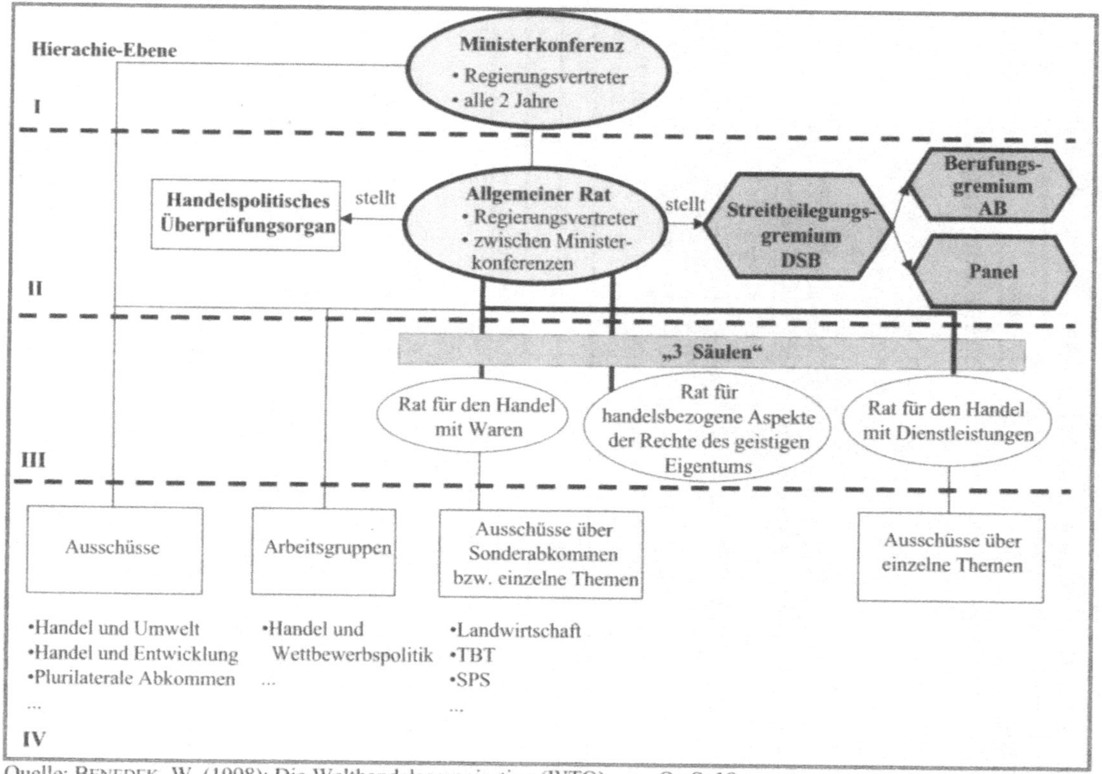

Quelle: BENEDEK, W. (1998): Die Welthandelsorganisation (WTO) ...a.a.O., S. 18.

Anhang 7: Chronologie zur Gründung des Codex Alimentarius

Zeitraum	Ereignis
Antike	• Versuche früher Zivilisationen Lebensmittel zu kodifizieren
19. Jhr.	• erste Konservenfabrikation • Zunahme an Bananenimporten per Schiff nach Europa • erste allgemeine Lebensmittelgesetze, Etablierung von Exekutivorganen • Bedeutung weiter Transporte steigt, Verschiffung von gefrorenem Fleisch von Australien und Neuseeland in das Vereinigte Königreich
1897-1911	• Österreich-Ungarn: Entwicklung des Codex Alimentarius Austriacus
frühes 20. Jhr.	• harmonisierte Standards einzelner Handelsgesellschaften
1903	• IDF (International Dairy Federation): - internationale Standards für Milch und Milchprodukte - später Bedeutung bei der Konzeption der Codex Alimentarius Kommission
1945	• Gründung der FAO
1948	• Gründung der WHO
1950	• Gemeinschaftliche FAO/ WHO Expertentreffen
50er Jahre	• Stresa-Vereinbarung: - Standards für verschiedene Käsesorten • ECE (Economic Commission for Europe) Committee on Inland Transport: - qualitative Standards für frische Früchte und frisches Gemüse • ECE: - Standards für tiefgekühlte Früchte und Gemüse • IDF: - Standards und Kennzeichnungsanforderungen für Milch und Milchprodukte • FAO und ECE: - Verfahren zur Bestimmung des Reinheitsgrades von Fruchtsäften
1953	• WHO: Diskussion um Chemikalien in der Lebensmittelindustrie als neues, öffentliches Gesundheitsproblem
1954-1958	• Österreich: Vorschlag zu einer Lebensmittelrichtlinie
1960	• erste FAO Regional Conference for Europe - Ziel: internationale Einigung auf minimale Lebensmittelstandards - Initiative für Vorschlag zu einem gemeinschaftlichen FAO/WHO-Programm für Lebensmittelstandards
1961	• Etablierung des Codex Alimentarius Europaeus durch FAO
1961	• **Errichtung der Codex Alimentarius Kommission**
1962	• Initiative zur Erstellung des Codex Alimentarius
1963	• Annahme der Satzungen der Codex Alimentarius Kommission

Quelle: CODEX ALIMENTARIUS COMMISSION (Hrsg.): The Codex system: FAO, WHO and the Codex Alimentarius Commission, verfügbar unter: http://www.fao.org/docrep/w9114e/W9114e04.htm, Stand April 2001.

Anhang 8: Organisation der Codex Alimentarius- Kommission

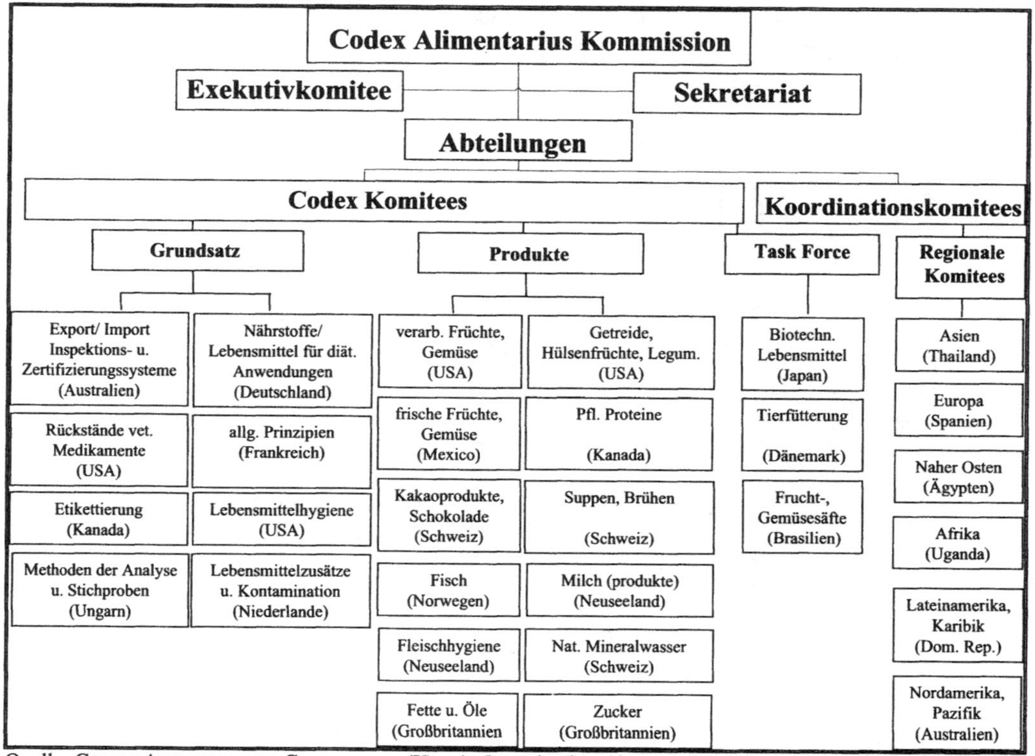

Quelle: Codex Alimentarius Commission (Hrsg.): Organization Chart Codex Alimentarius, verfügbar unter: ftp://ftp.fao.org/codex/manual/cac_org.pdf, Stand April 2001.

Anhang 9a: Verfahren der Standardsetzung durch die Codex Alimentarius Kommission

Schritt 1	• Abteilungen der Kommission bzw. Nationalregierungen: - Vorschlag für einen neuen Standard • Kommission: - Entscheidung über Ausarbeitung des Vorschlags, Ernennung einer zuständigen Abteilung
Schritt 2	• Sekretariat: - Vorbereitung des vorgeschlagenen Entwurfs - im Bereich Pestizide oder veterinäre Medikamente Beachtung der Empfehlungen für Grenzwerte des "Joint Meetings of the FAO Panel of Experts on Pesticide Residues in Food and the Environment (JMPR)" oder des "Joint FAO/WHO"
Schritt 3	• Kommission und internationale Organisationen: - Stellungnahme zum vorgeschlagenen Entwurf
Schritt 4	• zuständige Abteilung: - Verbesserung des vorgeschlagenen Entwurfs unter Berücksichtigung der Stellungnahmen
Schritt 5*	• Kommission (bzw. Exekutivkomitee): - Beurteilung des Entwurfs unter Berücksichtigung der Stellungnahmen • Kommission - Entscheidung zur Annahme oder Ablehnung des Entwurfs
Schritt 6	• bei Annahme - Kommission und internationale Organisationen: - Stellungnahme zum Entwurf
Schritt 7	• zuständige Abteilung - Verbesserung des Entwurfs unter Berücksichtigung der Stellungnahmen
Schritt 8	• Kommission (bzw. Exekutivkomitee): - Beurteilung des Entwurfs zum Codex Standard unter Berücksichtigung der Stellungnahmen • Kommission: - Entscheidung über Annahme oder Ablehnung des Standards - bei Annahme: Aufnahme des *Codex Standards* in den Codex Alimentarius

Legende: * Möglichkeit eines verkürzten Verfahrens durch Wegfall der Schritte 5 bis 7.

Anhang 9b: Umsetzung der Standards des Codex Alimentarius

nachfolgende Schritte	• **Veröffentlichung** des Codex Standards • **Benachrichtigung der Mitgliedstaaten** an das Sekretariat: - Vollständige oder modifizierte Annahme des Standards • **Inkraftsetzung** des Codex Alimentarius: - Regelmäßige Veröffentlichung der Mitglieder über die Umsetzung des Codex Standards - Veröffentlichung einer Länderliste, in denen standard-konforme Produkte frei vertrieben werden können - Angabe speziell vereinbarter Abweichungen • **Revision** von Codex Standards durch Kommission bzw. zuständige Abteilungen: - Überprüfung der Konsistenz der Standards - Berücksichtigung neuer wissenschaftlicher Erkenntnisse oder anderer relevanter Informationen - Revisionsverfahren entspricht Verfahren zur Ausarbeitung neuer Standards

Quellen: CODEX ALIMENTARIUS COMMISSION (Hrsg.): Procedures for the Elaboration of Codex Standards and Related Texts, verfügbar unter: http://www.codexalimentarius.net/procedl.htm, Stand April 2001, CODEX ALIMENTARIUS COMMISSION (Hrsg.): Rules of Procedure of the Codex Alimentarius Commission, verfügbar unter: http://www.codexalimentarius.net/manual/rules.htm, Stand April 2001, CODEX ALIMENTARIUS COMMISSION (Hrsg.): The Codex system: FAO, WHO and the Codex Alimentarius Commission, verfügbar unter: http://www.fao.org/docrep/w9114e/W9114e04.htm, Stand April 2001.

Anhang 10: Chronologie der WTO-Streitfälle „Tuna-Dolphin“ I und II

1972	• **Marine Mammal Protection Act:** - Auflagen der US-Regierung zu schonenden Fangmethoden von Thunfischen zur Erhaltung der Delphinpopulation
1990	• Entscheidung zu Importverbot: - Importe aus Ländern ohne vergleichbares Schutzprogramm und ohne vergleichbare Sterberaten von Delphinen
April 1990	• Privatwirtschaftliche Kennzeichnung: - Label: „dolphin-safe“
Okt. 1990	• **Primäres Importverbot tritt in Kraft:** - Fangländer betroffen
Nov. 1990	• **Dolphin Protection Consumer Information Act:** - Festlegung der Kriterien für das Label
1991	• **Intermediäres Importverbot tritt in Kraft:** - Anwendungsausdehnung auch auf Zwischenhandel
GATT-Fall I: Primäres Importverbot	
1991	• **Panel-Beantragung durch Mexiko** • **Panel-Entscheid:** - Verletzung der GATT Artikel III(4), XI:1, XX (b), (d), (g), aber - Anerkennung des Label • Annahme des Entscheids unterbleibt • **Dolphin Protection Consumer Information Act:** - Festlegung von Kriterien für das Label "dolphin-safe" • Bilaterale Einigung Mexiko/USA: - Importverbot bleibt bestehen, aber - Keine faktische Relevanz durch Verdrängung ungekennzeichneten Thunfischs
GATT-Fall II : Intermediäres Importverbot	
1994	• Panel-Beantragung durch EU und Niederlande • Panel –Entscheid: - Verletzung der GATT Artikel III (4), XI:1, XX (b), (d), (g) durch das primäre und intermediäre Importverbot • Annahme des Entscheids unterbleibt: - Importverbot dennoch von USA ausgesetzt
1997	• Lockerung der Kriterien für das Label "dolphin-safe"

Quelle: Vgl. GOLAN, E., KUCHLER, F., MITCHELL, L. (2000): Economics of Food Labelling..., a.a.O., S. 22-25.

Anhang 11: Chronologie der WTO-Streitfälle „Shrimps-Turtle" I und II

1973	• **Endangered Species Act**: - Identifizierung von fünf in US-Meeren vorkommenden Meeresschildkröten-Arten als vom Aussterben bedroht - Verbot über das Fangen, Jagen und Töten dieser Arten innerhalb der USA, ihren Territorialgewässern und Hochseen.
1987	• Fangmethode Turtle Excluder Device (TED) für US-Fischer vorgeschrieben
1989	• **Entscheidung zu Importverbot**: - Anwendung auf alle Importe aus Staaten ohne Meeresschildkröten-Schutzprogramm
1991	• **Inkrafttreten von Importverbot:** - 14 Nationen in der Karibik und im westlichen Atlantik betroffen
1992	• **Weltweite Ausdehnung des Importverbots erklagt:** - erfolgreiche Klage von NGOs gegen schwache Auslegung des Verbots
1995	• Sea Turtle Restoration Project: - freiwilliges Labelling („turtle-safe") durch eine Umweltorganisation in den USA für Shrimps, die mit TED gefangen wurden (Januar 2001 eingestellt)
Feb. 1996	• **Inkrafttreten von globalem Importverbot:** - Individuelle Anwendung: Bezug ist Flotte und nicht Nation - US-Gericht zu internationalem Handel: Ablehnung
WTO-Fall I	
1997	• Panel-Berufung durch Indien, Malaysia, Pakistan und Thailand
Mai 1998	• **Panel-Entscheid:** - Widrigkeit nach XI:1 und XX des GATT - XX(b) und XX(g) nicht extraterritorial anwendbar
Juli 1998	• Berufung durch USA
Okt. 1998	• **Appellate Body Bericht:** - entgegen Panel-Bericht: - XX(g) grundsätzlich extraterritorial anwendbar, aber - Diskriminierung durch Maßnahme - Stellungnahmen von NGOs auch ohne Anrufung zu berücksichtigen
Nov. 1998	• **Annahme des Entscheids**
WTO-Fall II	
Juni 2001	• **Panel-Entscheid:** - Widrigkeit nach XI:1 - keine Verletzung XX bei Abschluss eines multilateralen Abkommens

Quelle: Zusammenfassung auf Grundlage von CROUSE, D. (1999): Guest Editorial: The WTO Shrimp/Turtle Case, in: Marine Turtle Newsletter 83, S. 1-3, WTO (Hrsg.): Environment – disputes: United States – Import Prohibition of certain shrimp and shrimp products, verfügbar unter: http://www.wto.org/english/tratop_e/envir_e/edis08_e.htm, Stand April 2001, AMERICAN UNIVERSITY WASHINGTON D.C. (Hrsg.): TED Case Studies – Shrimp and Turtle, verfügbar unter: http://www.american.edu/projects/mandala/TED/ shrimp2.htm, Stand Mai 2001. WTO (1998): United States – Import Prohibition on certain shrimp and shrimp products, Report of the Appellate Body, WT/DS58/AB/R, 12. Oktober 1998, GOLDMAN, P. UND WAGNER, M. (1999): The case for rethinking the WTO. The full story behind the WTO's environment and health causes, Earthjustice Legal Defense Fund, San Francisco, WTO (2001): United States – Import Prohibition on certain shrimp and shrimp products, Report of the Panel, WT/DS58/RW, 15. Juni 2001.

Anhang 12: Bedeutung von Umwelt- und Verbraucherschutzproblemen im zwischenstaatlichen Vergleich

Öffentliche Bedeutung	EU	USA	Kanada	Australien	Neuseeland
Eutrophierung	XXX	XXX	X	X	X
Geruchsbelästigung	XXX	XX	XXX	-	-
Biodiversität, Landschaft	XXX	XX	X	XXX	XXX
GMOs	XXX	X	X	X	XXX
Tierschutz	XXX	X	X	X	X
Hormone, Futterinhaltsstoffe	**XX**	**-**	**X**	**X**	**X**
Pestizidrückstände in Lebensmitteln	XX	XXX	XX	XX	XX
Hygieneregelungen für Milchviehbetriebe	XX	XX	XX	X	X
Tierkrankheiten	XX	X	X	X	X

Legende:
- \- keine öffentliche Bedeutung
- X geringe öffentliche Bedeutung
- XX hohe öffentliche Bedeutung
- XXX höchste öffentliche Bedeutung

Quelle: Auswahl nach BROUWER, F. ET AL. (2000): Comparison of environmental ..., a.a.O.

Anhang 13: Kriterien zur Bestimmung von Risikotypen

Kriterium	**Bandbreite**
• Eintrittswahrscheinlichkeit • Abschätzungssicherheit	• 0 bis gegen 1 • geringe bzw. hohe Abschätzungssicherheit bei der Schätzung der Wahrscheinlichkeit
• Schadensausmaß • Abschätzungssicherheit	• 0 bis gegen unendlich • geringe bzw. hohe Abschätzungssicherheit bei der Schätzung des Schadensausmaßes
• Irreversibilität • Verzögerungswirkung	• Schaden reversibel oder irreversibel • zeitliche Distanz zwischen auslösendem Ereignis und Schaden

Quelle: WISSENSCHAFTLICHER BEIRAT DER BUNDESREGIERUNG „GLOBALE UMWELTVERÄNDERUNGEN" (1999): Welt im Wandel: Strategien zur Bewältigung..., a.a.O., S. 58.

Peter Lang · Europäischer Verlag der Wissenschaften

Gerhard Pöttler

Vergleichende Verbraucherschutzrichtlinienumsetzung in europäischen Mitgliedsstaaten

Anhand ausgewählter Beispiele der Pauschalreise-, Timesharing- und Produkthaftungsrichtlinie

Frankfurt/M., Berlin, Bern, Bruxelles, New York, Oxford, Wien, 2001. 353 S.
Salzburger Studien zum Europäischen Privatrecht. Herausgegeben von Michael Rainer. Bd. 11
ISBN 3-631-37428-3 · br. € 50.10*

Der Band bietet eine unverzichtbare Hilfe für Verbraucher und Unternehmer mit einer präzisen Analyse der Umsetzung der einzelnen Richtlinien in den EU-Mitgliedstaaten: – Pauschalreiserichtlinie (Schutz vor Konkurs etc. des Reisebüros u.ä.; Tipps zur optimalen Führung, Gewinnmaximierung etc.) – Timesharing-Richtlinie (Schutz vor aggressiven Anbietern; hilfreicher Ratgeber betreffend jeglicher Rücktrittsfristen; umfassender Regelkatalog und Hilfestellung beim Kauf u.ä. von Immobilien; grundbücherliche Sicherung,Tipps zur Vermeidung/Abhilfe länderübergreifenden Komplikationen, Klagen etc.)– Produkthaftungsrichtlinie (umfassende Tipps rund um: fehlerhafte Produkte, Haftung, Schadenersatz und Gewährleistung, vorbeugende Maßnahmen) – Ausblick: Zukunft eines einheitlichen europäischen Verbraucherschutzes.

Aus dem Inhalt: Vergleichende Umsetzung der Pauschalreiserichtlinie, Timesharing-Richtlinie und Produkthaftungsrichtlinie in EU-Mitgliedstaaten · Praktische Beispiele und Tipps für Verbraucher/Unternehmer · Etappen einer Entwicklung hin zu einem einheitlichen europäischen Verbraucherschutz